高振霄三部曲
文集

王琪珉　高中自　裴高才　编著

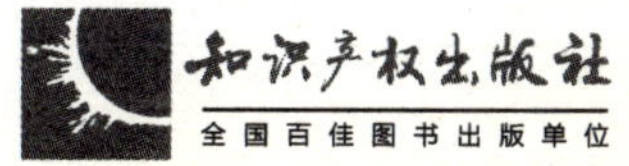

图书在版编目(CIP)数据

高振霄三部曲. 文集/王琪珉，高中自，裴高才编著. —北京:知识产权出版社,2015.7
ISBN 978-7-5130-3392-3

Ⅰ.①高…　Ⅱ.①王…②高…③裴…　Ⅲ.①社会科学—文集　Ⅳ.①K827=7②C53

中国版本图书馆 CIP 数据核字(2015)第 050898 号

内容提要

《高振霄三部曲》是一套献礼于中国人民抗日战争暨世界反法西斯战争胜利70周年的《史迹》《文集》《传记》三卷本图书。本书文史兼具、图文并茂、三位一体，记载了高振霄为“振兴中华，福利民众”奋斗的一生。《史迹》通过辛亥革命以来各种报刊、地方志等文献的记载及辛亥革命志士、国共两党人士打捞的关于高振霄的历史记忆，还原了高振霄“首义金刚”“护法中坚”“抗日英烈”三个历史丰碑；《文集》则是高振霄不同时期的文稿结集，有的篇章还是尘封百年的孤本，反映了主人公对诸多重大历史事件的关切、立场和主张；《传记》以《史迹》《文集》及海峡两岸官方档案与民间原始资料为文学素材，以传主的手稿为依据，描绘了高振霄公忠体国的丰功伟绩和悲壮凄美的传奇人生。《高振霄三部曲》是一部弘扬民族精神的宣传篇、激发爱国主义的教育篇、实现中华民族伟大复兴的励志篇，是一部传承历史、传播文化、亦史亦文的文学佳作。

责任编辑:王　辉　　　　**责任出版**:刘译文

高振霄三部曲——文集

GAOZHENXIAO SANBUQU WENJI

王琪珉　高中自　裴高才　编著

出版发行:知识产权出版社有限责任公司
网　　址:http://www.ipph.cn
http://www.laichushu.com
电　　话:010-82004826
社　　址:北京市海淀区马甸南村1号
邮　　编:100088
责编电话:010-82000860转8381
责编邮箱:wanghui@cnipr.com
发行电话:010-82000860转8101/8029
发行传真:010-82000893/82003279
印　　刷:三河市国英印务有限公司
经　　销:各大网上书店、新华书店及相关专业书店
开　　本:787 mm×1092 mm　1/16
印　　张:26.75
版　　次:2015年7月第1版
印　　次:2015年7月第1次印刷
字　　数:490千字
定　　价:52.00元
ISBN 978-7-5130-3392-3

献给

中国人民抗日战争胜利70周年

世界反法西斯战争胜利70周年

（1945—2015年）

高振霄全身像

智者光风，勇者足印

冯天瑜

读者案头的《高振霄三部曲》，记述了近代一位传奇性人物曲折多致的生平。

高振霄，字汉声，出生于湖北房县一个士人家族。房县古来即是流放之地，高振霄自幼感受民间疾苦，怀抱着对专制政治的愤懑，走出大山、来到省垣武昌接受革命洗礼，并相继在《湖北日报》《政学日报》《长江日报》与《夏报》中发表宣传革命的文章。武昌首义成功，他会同吴醒汉等主持湖北军政府招纳处（复更名"集贤馆"），广纳贤才；又充任"总稽查"，多有建树。其时报刊以《八大金刚》章回小说表彰高氏诸君之功。后来，他历任民国总统府高等顾问、国会候补参议员、非常国会参议员、洪帮大佬、抗日策反委员等，最后血染于上海滩，是一位"忠贞体国"的英烈。

出入帮会，是高振霄身世的一大特色，因此他曾被认为是"黑社会"人物。"三部曲"对此有所辨正。作者旁征博引，系统解读洪帮的来龙去脉，叙介孙中山通过"洪棍"（洪帮元帅）身份，推动帮会参加辛亥革命、策应北伐，进而诠释后来高振霄等作为青、洪帮大佬投身抗日的义举。作者还引述马超俊、瞿秋白等国共两党人士的说法，证明帮会在五四运动、工人运动中所发挥的作用，从而复归高振霄等洪帮"五圣山"兄弟的历史原生态。

这是一套由作家与辛亥革命后裔合作的丛书，文史兼具，史迹、文集与传记三位一体。《史迹》打捞中外报刊及辛亥革命志士、国共两党人士关于高振霄的片段回忆。《文集》是高振霄不同时期的文稿结集，其中不少篇章是尘封百年后首次曝光。而《传记》则是以史实为依据，以讲故事方式，生动反映这位从辛亥首义走出的抗战英烈的可歌可泣一生。

"三部曲"在史料开掘方面多有用力。作者在台湾国民党党史馆找到孙中山给高振霄的信函原件，孙中山称赞高氏"间关流离，不堕初志，至可钦佩"，再现了传主在护法运动中的忠贞耿介。又如高振霄的国会议员身份，史书与辛亥志士回忆没有详细叙介，民国国会议员名单中也没有记载。为此，作者找到

1913 年 4 月 16 日《申报》刊登的消息:《鄂省候补参议员已产出矣》。上面清楚记载,高振霄与张知本等十人当选为首届国会候补参议员。终于考订出高振霄的国会议员身份:民国首届国会候补参议员、广州非常国会参议员。

作者披露当年《湖北日报》《政学日报》的原始报道,披露辛亥革命前夕讽刺清湖广总督陈夔龙"似龙非龙",鄂军统制张彪"似虎非虎",皆是该报编辑高振霄参与策划、亲手编辑的。

《传记》与《史迹》中回放高氏参与创办德育会的宗旨:"应修私德以完人格,重公德以结团体。"《文集》披露,民国十四年(1925 年),高振霄在《几弟提》上发表《我之大同观》,申言"欲达大同,先除异小,以个人进步,来互助精神、排除障碍、改造环境、脚踏实地、再接再励,行见人同此心、心同此理"等,几近建设"和谐社会"的构想,可见一位辛亥先贤与思想者愿景的远大。

(冯天瑜:武汉大学人文社科资深教授、中国传统文化研究中心主任)

为史补遗，情理交融

马勇

几个月前，高中自先生给我发来了三部书稿，并嘱作序。

第一部书稿是《高振霄三部曲》之《史迹》。编者从辛亥以来各种报刊、地方史志等文献上打捞高振霄久已湮没的事迹，由此可以大致重建高振霄先生的历史轨迹。比如该书征引1947年8月22日《武汉日报》的一篇短文，强调高振霄"早岁参加同盟会，辛亥首义任各部总稽查，后任总统府高等顾问及国会议员，赞襄总理从事革命有年。抗战军兴，任策反委员，留沪联络伪方军警掩护后方工作人员，颇著勋劳。经行政院题颁匾'忠贞体国'。"这段文字虽简，但确比较翔实地写出了高振霄的历史与贡献。

第二部书稿是《高振霄三部曲》之《文集》。这是编者经年累月从各种报刊上勾稽出来的高振霄留存文字，包括在辛亥及其稍后的护国、护法、五四、华盛顿会议时期的文字。不论长篇短论，还是只言片语，均反映了作者对这一时期诸多重大政治事件的关切、认知及其主张。这些文字在经历了上百年风风雨雨摧残洗礼后留存至今，是个奇迹，值得珍视。

第三部书稿是《高振霄三部曲》之《传记》。作者以前两部《史迹》《文集》为文学素材，运用亦文亦史笔法描绘了主人公高振霄一生公忠体国的丰功伟绩。文辞华丽，情节曲折，可读性极强。

在我粗疏的阅读中，我觉得三部书统筹兼顾，分工恰当，结构合理，对于重建久已丢失的历史真实，及纪念先烈，弘扬传统，均具有重要价值。三书各有特色、各有所长，值得关注，更值得进一步探究。

我虽为历史学尤其是近代史从业人员，而且也不时写过有关辛亥革命的文字，但在收到这三部书稿之前，我对高振霄其人其事所知甚少，不知道高振霄在武昌首义后漫长的政治经历，更不知道高振霄在抗战军兴时留沪以洪帮首领和抗日策反委员会委员身份，联合国共两党积极抗日并接应保护抗日志士和我后方人员的奇特经历。不是我们这一代学人孤陋寡闻，读书有限，而是传主的史迹被岁月淹没得太深太久。如果没有像高中自先生、王琪珉先生、裴高才先生这样许多有心人的仔细爬梳，我们仍将大而化之地讨论辛亥，讨论护法，讨论抗战，讨论大上海，不免会对历史留下缺失和遗憾。由此，使我想到这样两点。

第一，在历史研究中，不仅要在关注一线人物的同时，最大限度注意大人物身边那些配角或"小人物"，还要正确看待历史上大英雄与"小人物"，即主角与配角之间的关系。以往历史研究的通则当然是英雄创造了历史，没有主角的历史肯定不真实，英雄理所当然成为研究中的主角，这是没有办法的事。如果我们有机会阅读桑兵教授最近组织编辑出版的《各方致孙中山函电汇编》，就知道当年追随孙中山一起干事的人有成千上万，这些还都是留下了名字、有过通信往来的人。至于那些从不发声，或很少发声的追随者、潜水者，更是不可胜数。历史研究如果不能兼及这些人物的行迹、言论，那么所描写的历史总是不完整的。何况，如果没有配角、没有绿叶、没有"小人物"的陪衬，英雄也势必显得孤寂、落寞。《高振霄三部曲》对历史细节有很多补充，由此亦可看到历史主角与历史配角、大人物与小人物、英雄与民众之间不可须臾离开的关系，正是他们的相互配合、补充、合作，构成了历史。

第二，名人后裔为其祖辈撰写家族历史，以此传承传统文化、弘扬民族精神不仅是社会道德示范，同时也考验着这些名人后裔的修养、教养与学识。中国原本是一个最具历史感的国家，至少从孔子以来就格外注意历史资料的征集、整理，注意家族历史的书写，注意前人事迹对后人的激励、示范。这种历史感是最好的道德示范，后人通过历史对祖先敬畏、尊重，在前人奋斗基础上更上一层楼。"慎终追远，民德归厚矣"，曾子的感慨，就是中国人历千百年而不变的历史启示。在以往的传统社会，中国人凭借着自己的力量，编辑出版了大量的家谱、族谱、年谱、史迹、文集、传记等。那时的物质条件和出版条件肯定不如现在。现代社会让人们产生了农业文明状态下不曾有的焦虑，现代人却在过去上百年忽略了这个最重要的精神传承，这是非常遗憾的。高振霄先生之所以没有像其他历史事件参与者那样永远沉没在历史的黑洞里，除了些许碎片化的信息外，主要还是因为传主有像中自君、琪珉君这样的"孝子贤孙"，他们在温饱、体面的生活之余，不忘在浩如烟海的历史文献中寻找祖先留下的印痕。能够静下心来收集祖先的资料，编辑成册，确实不易。经济上的开销是一个方面，而时间、精力、兴致，都在考验着这些名人后裔的修养、教养与学识。他们于情为祖尽孝，于理为史补遗，于性为喜而为，作为读者，我们应该感谢高中自先生、王琪珉先生、裴高才先生的努力；作为近代史从业人员，我也从这几本书中学到了不少，故而乐于向读者诸君推荐。

（马勇：中国社会科学院研究员，中国现代文化学会副会长）

文以载道，辞以情发

阎雪君

鲁迅曾说过："我们自古以来，就有埋头苦干的人，有拼命硬干的人，有为民请命的人，有舍身求法的人……这就是中国的脊梁。"鲁迅是中国的脊梁，高振霄作为与鲁迅的同龄人，一生投身革命、为民请命，也是中华民族的脊梁。

高振霄自投身辛亥革命起，便怀着匡时济世之志、救民水火之心，以报人的身份，襄办、创办了《湖北日报》《长江日报》《政学日报》《夏报》《扬子江小说报》等革命进步刊物，为民请命、宣传革命。后来担任湖北军政府总稽查、孙中山高等顾问、非常国会议员与洪帮大佬后，仍然笔耕不辍，办报如《民风周刊》《惟民》《新湖北》等，就政治、军事、外交、经济、社会等方面，发表了大量的评论、纪实、议案、通电等文章，赢得了"享有盛名的近代武汉报人"与"为民喉舌"的美誉。

《高振霄三部曲》之《文集》就是从洋洋百万字中，通过认真考订、精选摘录而来的。其中大部分珍贵资料都是沉睡近百年后首次披露。这些资料是高振霄后裔及同人，历时二十余年在海峡两岸图书馆、档案馆反复查阅、搜索而来。

对于这些文章的归属，编著者本着对历史负责的态度，组织专家学者从以下几个方面进行了考订：首先确认其政治通电、议案、宣言的归属。此类资料主要来自《申报》《民国日报》《中华民国大事记》《北洋军阀史料》等，记载了中华民国湖北新军都督府参议员、中华民国第一届国会候补参议员、广州南方政府非常国会参议员高振霄，在南北和议、护国护法、改组军政府、巴黎和会、华盛顿太平洋会议等重大历史事件中表现出的立场、观点和态度。他反对国外列强、反对北洋政府、反对陈炯明事件、反对曹锟贿选等。如高振霄在咨请政府速派华盛顿太平洋会议代表议决案中提到："美总统召集太平洋会议一事，关系远东及太平洋问题，至深且巨。我国日受强邻之压迫，北京拍卖主权，国几不国，今此一线生机，正我正式政府独一不二之机会，所有取消不平等之条约，及裁减军备实行民治诸事，尤为我国生死之关系，应请即日开会讨论议决，请政府速派得力代表迅赴列席，实为至要"，得到孙中山的高度重视和亲自答复；曹锟贿选伪总统后，高振霄等护法议员紧急发表宣言："况公然贿买，秽德彰闻，灭廉耻，毁宪纲，率兽食人，罪在不赦。某等谨依国宪之规定宣告宛平为会选举曹锟之所为于法当然无效，所有同谋窃诸犯愿与天下共弃之"，表明反对贿选态度。

其次是同名身份的认定。高振霄字汉声，凡是文章中有这两个名字者，编著者都对其身份进行考订。在辨析时发现，除国会参议员高振霄外，同时代同名者还有书画家高振霄(1877—1956 年)，字云麓，别名闲云，光绪二十年进士，官至翰林院编修。所以，只要不是湖北房县人、非国会议员、或非武昌首义总稽查等身份的文章，《文集》均采取排他法舍弃。如编著者在《惟民》周刊九期(共十期)杂志中发现了一批高振霄的文章，刚开始对其身份难作定论，后经仔细查找，终于在 1919 年 9 月 21 日出版的《惟民》第七号《息争论》一文中查到了作者真实身份。文章说："记者古房陵州人，房陵之南，崇山峻岭，界四川大岭。"因湖北房县古称房陵州或房陵县，那里只有一个辛亥元老高振霄。这些文章归属高氏无疑。而他是主编兼记者，故在《惟民》的"一周纪事"栏目中，他往往以"汉声"署名。

再次是以口述史料与内容辨别相结合。编著者从上海图书馆获得了 1913 年至 1917 年间，在《协和报》上以"汉声"为笔名，发表的 600 多篇各类文章。这个"汉声"到底是辛亥革命时期《汉声报》的作者，还是他人的笔名，或就是高汉声，编著者持慎重态度。为此，编著者一方面从高振霄遗孀沈爱平与女儿高正和的口述史料中得知：高振霄的确此时在上海参加革命活动，同时兼职担任报刊记者，并署名汉声，只是没有确定他是否在《协和报》担任报刊记者。当时的相关报刊资料均毁于"文革"，无据可查。虽然口述、实物与部分内容相互印证，亦忍痛割爱。

高振霄一生阅历丰富，历任记者、主编、国会议员，又曾任汉冶萍公司清算委员会委员。其文视野开阔，题材广泛，既有记者的敏锐，又有政治家的远见，还有实业家的缜密。本书根据文章题材的不同，分为上篇"文存选编"与下篇"历史鉴证"两部分。

上篇"文存选编"中《息争论》《社会主义与我》《自治与自由》《英雄革命与平民革命》《敬告威尔逊》《我之大同观》等是其中的典型篇章。如在《息争论》中，高振霄提及"中华人最宜和平与世界大同"，在《我之大同观》中论及"吾人欲改此杀人世界，谋全人类永久之和平，非达于大同不可。欲达大同，先除异小，以个人进步，来互助精神、排除障碍、改造环境、脚踏实地、再接再励，行见人同此心，心同此理，极乐世界就在此方寸中也"等，充分表达了高振霄以民为本的思想与世界大同观。高振霄在辛亥革命、反对复辟帝制、第一次世界大战、护法等重大历史事件中立场坚定、观点鲜明。其中《武昌起义有三件可纪念的事》中描述了武昌首义中革命党人奋斗的精神、牺牲的精神和无掠夺的行为，画面真实、催人泪下。

下篇“历史鉴证”中《发起成立开国实录馆》《取消中日密约》《 组织军事委员会行政委员会提案》《宣布徐世昌罪状之通电》《宣布吴佩孚罪状之通电》《致全国军人电》等，字里行间不仅记录了高振霄参加中国历史上诸多重大历史事件的真相与细节，并且留下了他珍贵的一笔。1921 年 4 月 7 日，国会非常会议通过了《中华民国政府组织大纲》，孙中山当选非常大总统。当时有报道说：《中华民国政府组织大纲》是高振霄提案《组织军事委员会行政委员会草案》的继续与发展，为孙中山后来当选非常大总统制定了法律依据，高氏维护法统之立场与英明卓见可见一斑。1921 年底高振霄以起草委员会委员长身份组织起草《宣布徐世昌罪状之通电》《宣布吴佩孚罪状之通电》檄文，为讨伐北洋军阀师出有名。

《高振霄三部曲》之《文集》只是编者发现并收录到高振霄文集中很少的一部分作品。遗憾的是，辛亥革命前高振霄创办、襄办了多种报刊，没有找到一篇作品；湖北军政府建立时期，高振霄与孙武、谢石钦等发起成立“开国实录馆”，为武昌首义记录保留了大量翔实的历史资料，但非常可惜的是，没有从中找到关于高振霄的一篇文章。后来在“开国实录馆”收集资料基础上陆续出版的《武昌起义档案资料选编》（上、中、下）及《辛亥武昌首义人物传》（上、下）书中仍然没有高振霄发表或介绍高振霄人物的文章。笔者曾想，除了历史原因外，不知是高振霄本人低调，不善宣传表现自己，还是有其他原因，致使高振霄这个人物及其作品被历史覆盖得很深。希望随着资料挖掘的深入，找到高振霄先生更多、更好的作品，从侧面反映一个真实的历史，为后人留下一笔宝贵的财富。

《高振霄三部曲》是一套由京、沪、汉三地作者，后裔、学者、作家，共同创作、联手打造，以《史迹》《文集》《传记》“三位一体”，亦文亦史之文学佳构。裴高才先生学识渊博、古道热肠，是知名历史传记作家、文化学者，著述以传记与文化类见长，达千万言；王琪珉先生内敛厚重、德艺双馨，是上海从事法律工作的知名律师，同时兼任中华辛亥文化基金会总裁、辛亥革命网上海站工作委员会副主任，于法律、文化事业多有建树并有多部著作发表；中自君是中国农业银行总行 IT 部门的一名高级工程师，同时是中国金融作协理事会成员，亦学有所长、业有专攻，知识多元、阅历丰富，曾学习物理、数学、银行货币、中国史等专业，从事教师、金融、IT 等职业。中自君常以做喜欢之事为人生莫大快乐，享受快乐过程为人生至高境界；认为人类活动分三个层次，由内心发出对生活、人生、生命及社会、自然的理解和感悟，明显高于体行、脑思维活动；运用数学、物理、计算机等自然学科中的概念、定律（譬如："二进制"、圆、场、能量、频率等）定量描写定性的社会、生活、思想、情感、内心活动的表现手法，显得文学创作更具科学性、逻辑性，更能放之四海、融会贯通。笔者曾想，将中自君这种写作特点运用、发挥到文学创作中，抑或是一种尝试，抑或还是一种创新吧。他著书及散文、随笔等百万余字，颇负人生感悟和哲理，别具匠心。他们三人强强联手、精诚合作，与作品交相辉映、相得益彰！

笔者每每读到《高振霄三部曲》，都能感受到编者们身上有一种对先辈崇仰、对历史敬畏、对本真探究之场能涌动和澎湃，他们有责任、有才情、也极有灵性，一个个尘封百年的往事在他们的笔下鲜活绽放，一张张几近忘却的面孔在他们的心血中清晰可辨。我仿佛看到了他们常年泡在图书馆、档案室里的身影，这是深夜人静时窗棂上那幅躬身笔耕的剪影，是一个革命后人对祖辈的意领深情，是对先辈的革命事业，有着血肉、情感和灵魂的相濡以沫。他们仰望着浩瀚无际的星空，凝视着默默不语的大地，身、心、自然、社会、历史、现实全然融为一体，心里一直在寻找着一种倾吐的方式，今天，他们做到了！

是为序。

（阎雪君：中国作家协会全委会委员、中国金融作家协会主席）

编者的话

高振霄(字汉声)是中国历史上颇具传奇色彩的风云人物,他不仅戎马一生,还是博古通今、文笔畅达、颇负士大夫气节,集作家、记者、报人于一身的一介书生。早在辛亥革命前后他就创办了《夏报》《扬子江小说报》,襄办《湖北日报》《政学日报》《长江日报》等进步刊物。1912 年“汉口小志”就记载:“詹大悲、何海鸣、查光佛、高汉声等都是享有盛名的近代武汉报人”。后创办《民风周刊》《惟民》《新湖北》并担任《民风周刊》《惟民》主编,先后发表社会、政治、评论等各类文章及大量议案和通电,弘扬正义、针砭时弊,曾名噪上海滩:“高汉声,有名的洪帮大爷,清高自赏,颇有骨气的书生本色。”1945 年 3 月抗战胜利前夕,高振霄遭日军投毒杀害。临终前他吩咐家人将其大量手稿及照片等资料烧毁,文革时期家中又遭受“造反派”抄家,因此,至今能够看到他的文稿少之又少,并且留给我们深度查找的线索也非常有限。他在武昌首义前后充当辛亥喉舌撰写与发表过的大量文章至今未找到一篇。我们虽然在张知本撰写《国父给我的启示》文章中看到:“民国七年到广州追随国父,国父知道我是学法律的,于是指示我和高振霄、谢英伯、叶夏声等四人对他创造的五权宪法作深入的研究。我们四人分工合作,将欧美各国及日本的政治制度与五权宪法作有系统的分析和比较,最后由我向国父提出研究报告”。这个所谓的研究报告就是后来的《五权宪法草案》雏形。1922 年 4 月 26 日,孙中山向国会议员叶夏声等人“面询”国家大计。孙中山说,“以为五权宪法,确系今日之急务,其关系之重要,胜于 30 万大军。应即由国会本于三民主义之宗旨,化国为家的真理,从速制定公布”。叶夏声受命继续修订,终于同年 6 月 12 日完成,并提交国父中山先生。今天,我们不仅从张知本先辈如是记录的 103 个珍贵的文字中,读出高振霄曾参与五权宪法研究与编撰工作这段不寻常历史而振奋;我们还为看到了张知本、叶夏声等为后人留下了诸多关于《中华民国宪法草案》《宪法论》《宪政要论》《法学通论》《五权宪法草案》《国父民初革命纪略》等煌煌巨著而高兴;我们更为看到今天的海峡彼岸台湾仍然在践行《五权宪法》而欣慰。但是,我们尚未看到高振霄自己在这段历史中留下的只字片语。由于我们的能力所限及历史原因,高振霄文集里收录的文章,只是他作品中的冰山一角。这是我想说明的第一点。

第二,《文集》上篇“文存选编”中的70余篇文稿,基本来源于高振霄等创办的《惟民》《新湖北》杂志并由高振霄或汉声署名的文章。《英雄革命与平民革命》《世界是谁造的呢》《民蠹》这三篇文章的考证是通过高振霄在《武昌起义有三件可纪念的事》一文中提道:“政治革命本乃是不澈底的东西,要想澈底改造,是万万脱不了社会革命的公例(注一:平民革命)。这个分别我去年曾在《人报》上说过……”故可以推断,上述三篇文章出自高振霄之笔。《文集》下篇“历史鉴证”中收集了高振霄与其他议员等撰写或公开发表的议案、通电等40余篇。这些议案、通电绝大多数来自《申报》《民国日报》等报道,由于报纸转摘等原因,有些议案、通电的内容不完整。有些议案、通电包括从发起、起草,到制定、提交等都是他独自一人完成的,有些议案、通电是与他人共同撰写完成并署名,还有些议案、通电是经他阅审后表示同意,仅仅署名而已。这些电稿文字记录了当时历史真相与细节,不仅体现了高振霄参与中国历史上诸多重要事件并且留下了他珍贵的一笔。由于这些“历史鉴证”在《高振霄三部曲》——《史迹》《传记》丛书中都从不同侧面描述了全文背景及详细过程,包括其他所有参与签署人员的名单。为减少篇幅,在《文集》中就没有将文稿背景及人员名单再一一列出。另外,武昌首义成功之时,正值政府草创、百废待举时期,湖北新军政府发布了各种公告。湖北人民出版社发行的《武昌起义档案资料选编》《内务司实录》中记录了当时的背景细节:“旧历壬子(辛亥)年八月十九日,革命军起,攻破督署,占领武昌。以黄帝纪元组织鄂军政府,成立军令部与参谋部两机关。于时规模草创,条理纷然,军民大政,参谋部主持最多。以故始同人,枕戈待旦,日不暇给。越日,参谋部员苏成章提议组设民政一部,管辖民政最急事务,由同志费矩、高振霄、袁国纪、邱前模、黄协丞、聂守经、刘汝璘等数人专任其事。延致人才,编定简章分科办事,渐有秩序可言。兹将所行政略胪述于后:……”我们从权威历史资料文字中读出所述公告从发起、研讨、起草、制定到发布最少是由高振霄与费矩、袁国纪、邱前模、黄协丞、聂守经、刘汝璘等所为,当然,还有更多的从事者未被记录在案。同理,上述名字也没有再一一罗列。

第三,我们曾在《惟民》《新湖北》《人报》《几弗提》《协和报》《时事汇报》《公余》《中华小说界》《东方杂志》《陈炯明叛国史》等百年前后报刊杂志中查找到了由汉声署名的近百万字的文章。仅《协和报》中就有汉声署名的60余万字的文章。虽然,曾从祖母沈爱平的口述中得知:“高振霄1913年至1917年在上海参加革命活动期间,同时署名汉声记者在报界供职”,但是,我们仍然不能确定高振霄就在《协和报》供职,故不能确定汉声在《协和报》署名的60余万字的文章就是高振霄之笔。当我们拿着这些沉甸甸的,从近百年前近百万字的文稿中整理出的文集初稿，请教历史学家严洪昌教授时，受到莫大启发。我们按照严老的意见深入调查研究，终于求证出《中华小说界》中有10余万字的文章确非高振霄文稿。其他文稿仅凭我们现在的能力和时间限制，难以判断。敬畏历史、尊重原著，对于没有百分之百把握之文稿，绝对不能使用，这是我们编著此书的一贯主张。我们又向中国社会科学院近代史所资深研究员马勇老师请教。马勇老师的一席话让我们茅塞顿开："可以从无法排除但又拿捏不准的文章中筛选部分符合作者历史背景及其立场、文风的文章放到附录中，作为靶子交给社会，供学者、读者们去研究判断。学术界是允许的，并且这也是你们在为社会做贡献。"按照马勇教授的意见，我们在原本已整理的《协和报》《东方杂志》《时事汇报》等30余万字的文稿中筛选了5万余字，将这些有待再确认的文稿暂定为"参阅文稿"放在了附录中。

第四，我们将"已编录文稿""未找到文稿"和"参阅文稿"汇总成"文稿收集情况一览表"成为《文集》附录之一，意在将已编录的文稿及未找到的文稿（线索）和拿捏不准、待进一步确认的"参阅文稿"最大化地奉献给社会与读者，希冀学者和有兴趣的读者朋友们在分享这些具有历史价值文章的过程中，能够帮助我们解读出新的内容和思考。

第五，我们查找到的部分原稿比较陈旧原始，许多文稿未加标点，有些字体模糊不清，错讹文字不少，还有一些文稿中出现的老字，现在已不用或在用法上与过去有所差异。我们在互取校雠中，一方面尽量做到细致、交叉、复查，另一方面尽量保持原稿文体背景及原文风格。

由于我们水平有限，经验不足，错误在所难免。欢迎专家、读者批评指正并向我们传递新的信息与线索。在此，表示衷心的感谢。

编者

2015年3月于上海

目　录
CONTENTS

上篇 | 文存选编

一、息争论

第一章 争之概论

人类之争，至今日而已极矣。残忍之搏战，政治之侵略，杀人器具之发明，无所不用其极。当欧战未了之先，宗教家惊为世界末日，呼曰亚格马顿。盖此次大战，杀人盈城，白骨如山。物质上之消耗，一炮之费，巨至数万，每分钟内，死人类千。人类之争，自有史以来，未之闻也。杀人之科学，至今日而已极矣。设非德奥俄之前敌军士，受社会主义之传播，从根本上打消军权势力，吾恐美之百万义兵，非重伤多死，绝无今之结果也。虽然，国际联盟，约已成矣，正义和平，行有日矣。然而尔族与我族之别，甲国与乙国之分，证之意日两国外交政略之结果。吾不敢曰，有此盟约，世界和平即实现也。亦不敢曰，有此盟约，世界和平，不实现也。吾惟知夫今日之国际盟约，亦不过如昔日之海牙和平会耳。果永久和平乎，抑暂时和平乎，吾不敢知。吾惟知夫人类果欲真正和平者，非今后之人类，除却一切人类争端，终无和平之日也。

夫人与人相接而成社会，个人之于社会，其生相互也，非独生也。人之求生，人之同也。人之同生，非欲杀人也。今有人焉，挟千万金钱，具万能学术，设一人而居拍米尔高山之巅，独行寡居，不与他人相往来，其自利也，无人与争矣。然久之又久，不但财无所用，而学无所施，且独劳自毙，此独利而死者也。又有人焉，执枪而立，与千数百徒手之人敌，当者披靡，卒之此千数百人，皆为之杀尽。其结果势必气尽力竭，亦至于死，此杀人而死者也。由是观之，独利者终无所利也，杀者亦必自杀也。以人杀人，非人道也。非人道而数千年人类之历史，无日不在杀人。无日不在杀人，即无日不在利己。无日不在利己，乃利己之结果。演成今日互古未有之惨剧，一般科学家政治家言论家犹诩诩然曰。人类进化，世界文明，如是之谓进化，如是之谓文明，进化再进一步，文明再加一点，世界之上，无人类矣。今日之学者，受欧战之教训，已大觉悟。谋人类之安全，必有真正和平之道。吾故曰，非除却一切人类争端，终无和平之日也。然欲除一切争端，非先求一切争之关系，分析研究不可。

第二章 争之起点

大古之世，浑浑噩噩，熙熙然也。老子曰，老死不相往来。以吾国最古历史考之，羲皇上人日出而作，日入而息，不知帝力于我何有。斯时地广人稀，生存上不相冲突，接触上必无争执。一任自然之现象，以相栖止。各抱固有之天良，以相往来，是以先民无争也。先民无争，争何自起？起于人与兽争也。动物界禽兽为先生，人之生也，后于禽兽。人之生无从得衣食，乃茹毛饮血，取禽兽之生命，以为衣食。史称禽兽逼人，人乃与禽兽相搏战。兽之猛者，或凭暴力，或凭爪牙，各依其天赋能力，以相竞争。人为倮虫之一，无特殊之暴力，无锋利之爪牙，与禽兽相肉搏，终于必败。乃出其别于禽兽之天赋智力，巢居穴处以避之，抛石削木以击之，是为人类第一级之有争性。故人类之争基于图存之心。人类之有战性，习于与兽相搏击，习于与兽战，或久而养成一种残忍之性，渐消磨其天然之爱性，间有近于禽兽之行为。如生番野人，或有食人之事，是为人类第二级之有争性。

今试以人之性，与狗之性，相比较，可知人之初性，绝无残忍之性。例如道傍死人，狗见之必加□及，人见之油然而生恻隐之心。若以进化论，狗为动物中之高等。自有狗类，以至今日，狗之习近于人者，数千年矣。其食不必生肉，乃见生物之死者犹必动其初性。可见兽之野性，终不能同化于人。虽然，人为万物之灵，进化至今，乃犹大发其兽性，盖因此种遗传，多因政治家学说家，推波助澜。而社会中更有种种关系，适足以触发此种兽性。今社会学者之言曰，一为军人，便成兽性。夫兽类如貂性之仁，能护冰中赤身冻卧之他动物，兽不尽为残忍。吾则曰一为军人，便成猛兽耳。故今研究人类问题，必先息人类之争。欲息人类之争，必先去此种社会间之蠹的兽性。

第三章 争之种类

(1)“消极” 人类以生殖关系，有强弱智愚的不同，故生活能力亦不同。在今世以前，无所谓社会教育，故人类之强弱智愚，无术调和，立于平等地位。故愚弱之人，所得恒有不足之象，不足以图存，乃出其最后之能力，奋而争存，久之或出非社会习惯的行为。至于非法，盖因“社会经济”不能得“适当之分配”，故消极的而出于争。

(2)“积极” 人类既有不齐，其智而强者，依其精神上优胜之势力，出而营谋一切，渐为比较的丰厚取得。人之欲望，原无止境，因有多少之比较，故为积极之准备。又因今世以前，群之观念，较薄于我之观念，我之观念厚，故损人利己之演绎，数千年不止。

(3)“侥幸” 因消极之争，或有习惯得利者，故引起人类游惰疲玩之性，结果乃至侥幸。

(4)“强霸” 因积极之争，独利之便宜，久而失于横暴，然横暴不容于人，其冲突的手段，或至于残杀，乃成社会之乱性。

(5)“演进” 上列四端，为抽象争类，其初始于个人。①进而为母系之争，如图腾时代。②进为部落之争。③进为宗法之争。至于宗法，为人类觉悟第一期。盖知争之为害，设为神道及单简条例，以防止之。④进为国家之争。自有历史以来，以各个国家言，或有国数百十年表面少现安静者。而各个国家之间，有形之争如战事，无形之争如侵略，甲种人与乙种人争，甲种国与乙种国争，无日不演杀人惨剧。近世至有专教国民杀人夺地以为主义者，如欧之普鲁士、亚之日本，所谓民族竞争者，皆“万恶国家主义”趋之使然。故今日国家主义之害有如猛兽毒蛇，区区巴尔干半岛问题，引起五洲大战，各色人均加入旋涡中，世界成恐怖时代。然则国家主义，是否人群之利，不待智者而知之矣。

第四章　息争方法经过之无效

历史上息争方法大要有三：

(1)“神道” 神道之设，为最初防止人类争端起见，假天地鬼神，创一种不可见不得闻不可思议之威力，使人迷信以愚人，于人思想上设为莫名其妙之善恶因果，欲人之惧恶而向善。无论东西，除中国尚未大遭神道宗教之祸外，惟佛教尚未演绝对之反抗，其他教争烈矣，如回如耶。宗教战争，在欧洲中世，所谓十字军，所谓新旧教战争，皆为神道之缚束，以致血流数十年。争己教而灭他教，欧亚间死人不可以数计，所争者冢中枯骨，所死者少年精华耳。至于东方，以神道故，至今社会间迷信之毒，不知消灭多少有用之精神。此神道方法，经过之无效也。

(2)“道德” 道德为人类根本。在我中国，唯一仁字，可以括其本体，惟推己及人四字，可以概其作用。故道德是“平等”的，是“互用”的，必须无阶级之社会，始可以言道德，是相对的效力，是自然的行为。一方面不自然，一方面不诚意，则道德之作用，必为虚假二字所误，其害有甚于无道德。如君主绝对之专制，资本家绝对之吸收，必无道德之可言。故有阶级之社会，道德之效力，终不足息争也。

(3)“法制” 此主义之本体，固取预防的。法制之生，为应道德之穷，然法制之穷，亦道德之环境。故律有千条，触者千人，国家借法律问题，所谓只准官家放火，不准百姓点灯，只准国家杀人，不准人民行路，结果徒供强权之利用，资本家之保障。国家愈文明，法律愈繁多，人数愈进化，犯罪愈奇巧。所谓法制完全之国家，约有数十，其措施完全法制，近百年。所谓安宁，所谓秩序，驯至今日，罢市罢工，风起泉涌，其效果可按而知也。

至于政治问题，无论何种国家，措施如何完备，除教育实业交通外，结果终使天然自由生活之人民，置于极不自由之地位。例如食料，人民自种之自食之，本极自由，自有政治以来，甲地之食料，运之乙地则有税，国家无故增加人民负担，反使人民食料昂贵，生活加种种困难，是国家不欲人民得食也。再如衣料，单以棉论，棉有税，线又有税，布有税，衣又有税。根本上国家既不植又不纺，植者纺者人民也，政府何力焉？既不织又不工作，织者工作者，人民也，政府何与焉？而政府，则使一衣之价，由一而进十矣。即就最近所谓多数政治而言，根本上非依地方自治不可。地方自治，仍是多数人民的劳动，政府立于主权上，不过徒供甲国与乙国之争耳。若夫政治之诡诈，政客之捣乱，流毒社会，犹其小焉者也。

第五章 息争方法现在之可能

现世界人类交通，依物质的进化，成精神的接触。人类立于社会，关系更大，利害繁多。守一族之利，不与他族相往来，不可得也。因一族之害，夺他族之利，不可得也。守一国之利，不与他国相往来，不可得也。谋一国之利，移其害于他国，不可得也。协约数国以为利，均沾一国之富裕，亦不可得也。试观欧西各大强国，得之他国之富裕，积之数十百年者，今一旦掷之大战之中，又依然回复旧观矣。我国以天然富裕，成世界竞争焦点，不足之害大矣，足之害亦大矣。

夫世界之物，供世界人类之用，原无彼此之标志。世界之人，同是五官，同是百骸，同是活动于世界，谁定尔我之分别。故现世人类进化，依科学的醒悟，相争相夺，终属消化，互助互生，博爱博存。世界以人类为基本，社会学大昌，此后人类，勉力互助，人类自然和平，故曰息争方法现在之可能。

虽然，大战告终，人类固有觉悟，此次国际联盟，又加一重黑暗，何以故。大战告终，俄奥人类完全觉悟，而其他之人类，依然坚执国家主义。国际联盟，就是国家主义的大结核，社会主义的大障碍，人类和平的大魔恶。美人称国际联盟，为托辣斯大结合，总之国际联盟，纯粹为保护政治家资本家的作用。所谓正义和平，都是假的。故今后人类欲求真正和平，非竭力抵抗国家主义，世界之上，野心不止，侵略不已，人类绝少安全希望。故抵抗强权的国际联盟，为今后人类独一无二之天职。

第六章 中华人最宜和平与世界大同

世界人类，依地理上习惯上之不同，或近于“刚性”，或近于“柔性”，或失之“啬吝”，或失之“隘小”。依政治教育之不同，或偏于“进取”，或习于狠毒，否则“轻燥”，过于“活动”，又或委靡，失于微弱，要皆有利有害。我中华人民，世界为最爱和平之人，证之历史，及先民学说，中华人向不为侵略的行为，恒宽容而同化之。汉唐宋明以来，对于属地属国，多以本部财赋，供属地人类生活。史称汉武帝穷兵黩武，然究竟取本部财产，供给军用，无论征服与非征服，总未有搜刮属地膏血，供给自国人民。如近世国家专以吸收属地他人膏血，而图自国安富尊荣的强盗行为，所以无论何种民族，一入中国，其刚烈性，不十年同化于我。无论何种强盗，一入中国，便有衣食，盗性也就渐归于无，如元金清，纯以暴力，取得中国，久而同化，此证之历史，中国人最宜和平与世界大同也。

至于先民学说，自有文字以来，四五千年，莫不崇尚文雅。非兵禁斗，周武伐纣，放马归山，以示永久不用。如武字止戈为武，如老子重道德而非竞争，韩子有非兵之论，孔子薄子路之勇，孟子最恶兼并，崇尚王道，墨子兼爱，神农之学，创社会主义之祖，孔子说大同，所谓人人不独亲其亲子其子，又曰皆有所养，曰仁，曰博爱，曰宽宏，曰谦让，曰礼让，曰推己及人，曰己所不欲，勿施于人，曰四海之内皆兄弟也，曰浑厚，曰纯朴。盖中华人民，崇尚宽大，气度宏远，所谓古风，皆以不侵为美德，社会间的习惯性，最忌奸薄二字。故我中华地方的空气，多属温和。历史上所谓义士，如伯夷叔齐，视富贵为污浊，如吴季子，视国君如草芥。是以至今山林之民，古风犹存。记者古房陵州人，房陵之南，崇山峻岭，界四川大岭，其间之居民，如不相识之人至其家饮食数日，不取值，彼亦不问其姓名。此种浑厚之风，在今日欧美各国，无论何地，恐无此风。世界两大民族，一美国，一中国，皆以不侵犯他族利益为美德。将来实行社会主义，惟此两大民族，最为相宜。现在威尔逊的假正义，虽不能行，而美国人民的义气，自解放黑奴以来，最能主张人道。此两大民族，精神上的文明，互相交通，互相进化，窃以为世界上真正文明，除美国外，唯吾中华，有此容性。西方德意志，促进俄人之觉悟，而为社会主义之初创。东方德意志，反动吾人之爱力，必为社会主义之大昌。人类真幸福，世界真和平，将于吾人是赖，吾人其自勉之，前途光明，正可立而待也。

文章来源：《惟民》第一号，1919 年 8 月 10 日；第四号，1919 年 8 月 31 日；第七号，1919 年 9 月 21 日

唯民週刊

萬不能的。甚麼緣故呢。因政府當局。仍是國民之一分子。國民腐敗。政府決不能獨有精神。所以近來世界各國。其政治之傾向。大多數都是趨於分權一邊。正以民權愈伸張。政治的進步愈踴進。我等評論中國政治。這條標準。也是要牢記在心。不可忽略的。

上來所立三條標準。皆是針對時事立言。不要誤認了學問上之分類。大凡國家的政治問題。可以分爲兩種。一種是通常的行政問題。關係於一時一事的利害。縱然小有差跌。補救亦易爲力。還有一種往往關係於國民全體的利害。或國家民族根本的存亡。處置一不得當。便有滅亡傾覆之憂。我等評論政治。對於第一種的須要降氣平心。議而不爭。至於第二種呢。那便含忍不得。若使知而不言。是爲全無心肝。言而不能容納。唯一妙法就是脫離關係。

息爭論

高振霄

第一章　爭之概論

人類之爭。至今日而已極矣。殘忍之搏戰。政治之侵略。殺人器具之發明。無所不用其極。當歐戰未了之先。宗教家驚爲世界末日。呼曰亞格馬頓。蓋此次大戰。殺人盈城。白骨如山。物質上之消耗。一砲之費。鉅至數萬。每分鐘內。死人類千。人類之爭。自有史以來。未之聞也。殺人之科學。至今日而已極矣。設非德奧俄之前敵軍士。受社會主義之傳播。從根本上打消軍權勢力。吾恐美之百萬義兵。非重傷多死　絕無今之結果也。雖然。國際聯盟。約已成矣。正義和平。行有日矣。然而爾族與我族之別。甲國與乙國之分。證之意日兩國外交政略之結果。吾不敢曰。有此盟約。世界和平卽實現也。亦不敢曰。有此盟約。世界和平。不實現也。吾惟知夫今日之國際盟約。亦不過如昔日之海牙和平會耳。果永久和平乎。抑暫時和平乎。吾不敢知。吾惟知夫人類果欲眞正和平者。非今後之人類。除却一切人類

高振霄在《惟民》周刊发表《息争论》图片1

唯民週刊

爭端。終無和平之日也。

夫人與人相接而成社會。個人之於社會。其生相互也。非獨生也。人之求生。人之同也。人之同生。非欲殺人也。今有人焉。挾千萬金錢。具高能學術。設一人而居拍米爾高山之巔。獨行寡居。不與他人相往來。其自利也。無人與爭矣。然久之又久。不但財無所用。而學無所施。且獨勢自斃。此獨利而死者也。又有人焉。執槍而立。與千數百徒手之人敵。當者披靡。卒之此千數百人。皆爲之殺盡。其結果勢必氣盡力竭。亦至於死。此殺人而死者也。由是觀之。獨利者終無所利也。殺者亦必自殺也。以人殺人。非人道也。非人道而數千年人類之歷史。無日不在殺人。無日不在殺人。即無日不在利已。無日不在利已。乃利已之結果。演成今日亙古未有之慘劇。一般科學家政治家言論家猶諤諤然曰。人類進化。世界文明。如是之謂進化。如是之謂文明。進化再進一步。文明再加一點。世界之上。無人類矣。今日之學者。受歐戰之教訓。已大覺悟。謀人類之安全。必有真正和平之道。吾故曰。非除却一切人類爭端。終無和平之日也。然欲除一切爭端。非先求一切爭之關係。分析研究不可。

第二章　爭之起點

太古之世。渾渾噩噩。熙熙然也。老子曰。老死不相往來。以吾國最古歷史考之。羲皇上人日出而作。日入而息。不知帝力於我何有。斯時地廣人稀。生存上不相衝突。接觸上必無爭執。一任自然之現象。以相棲止。各抱固有之天良。以相往來。是以先民無爭也。先民無爭。爭何自起。起於人與獸爭也。動物界禽獸爲先生。人之生也。後於禽獸。人之生無從得衣食。乃茹毛飲血。取禽獸之生命。以爲衣食。史稱禽獸逼人。人乃與禽獸相搏戰。獸之猛者。或憑暴力。或恃爪牙。各依其天賦能力。以相競爭。人爲倮虫之一。無特殊之暴力。無鋒利之爪牙。與禽獸相角搏。終於必敗。乃出其別於禽獸之天賦智

高振霄在《惟民》周刊发表《息争论》图片 2

唯民週刊

力。巢居穴處以避之。拋石削木以擊之。是爲人類第一級之有爭性。故人類之爭基於圖存之心。人類之有戰性。習於與獸相搏擊。習於與獸戰。或久而養成一種殘忍之性 漸消磨其天然之愛性。間有近於禽獸之行爲。如生番野人。或有食人之事。是爲人類第二級之有爭性。

今試以人之性。與狗之性。相比較。可知人之初性。絕無殘忍之性。例如道傍死人。狗見之必加嚙。及。人見之油然而生惻隱之心。若以進化論。狗爲動物中之高等。自有狗類。以至今日。狗之習近於人者。數千年矣。其食不必生肉。乃見生物之死者猶必動其初性。可見獸之野性。終不能同化於人。雖然。人爲萬物之靈。進化至今。乃猶大發其獸性。蓋因此種遺傳。多因政治家學說家。推波助瀾。而社會中更有種種關係。適足以觸發此種獸性 今社會學者之言曰。一爲軍人。便成獸性。夫獸類如貂性之仁。能護冰中赤身凍臥之他動物。獸不盡爲殘忍。吾則曰一爲軍人。便成猛獸耳。故今研究人類問題。必先息人類之爭。欲息人類之爭。必先去此種社會間之蠹的獸性。

廣州制憲感言

范鴻鈞

自國會議決廣州制憲以後。即有南京制憲之說。乘時而起。北來之使。僕僕道途。於是乎有武鳴會議南北代表交換意見之舉。南京制憲 卽會議結果之一。同時報載西南某鉅公之駐京代表某某。亦有向北京非法政府。表示條件之讓步。幷聲明第五條以南京制憲爲止。最近港報有西南某鉅公致電北京政府承認南京制憲及六年憲法議會說。以上僅爲閩家言。未必盡實。但就現在各方面情勢觀察。似以上諸說。確有成爲事實之勢。或有告余者曰。南京制憲。卽法律問題完全讓步之一種表示 非眞欲制憲之實現也。蓋六年憲法會議。北政府不難使御用派之舊議員。不出席憲法會議。則制憲之說。無異根本取消。換言之。卽藉南京制憲。以敷衍西南護法之體面。而達其完全犧牲國會之陰謀而已 又有告余者曰。南京制憲之陰謀。知之者夥矣。不知廣州制憲。亦有類此之作用否耶。余以爲吾人立言論世。不能盡以不肯之心待人。報紙流言及局外揣測 未可盡信。不過希望國會中人。藉此說以自警耳。至就

高振霄在《惟民》周刊发表《息争论》图片 3

唯民週刊

的大著隨手一翻。。就知道我的話不是造謠生事了。。

還有一位康有爲。。也算今日文學界中天字第一號的人物了。。我從前見過他的一篇什麼「虛君教國論」的大文。。在他的不忍雜誌之中。。那裡面不通的話。。也不知凡幾。。我如今也不能盡記。。只記得他有一句什麼『類沐猴之楚冠』的一句話。。請問怎講。。…這豈不是文字不依順現代的語法。。糊亂引用古典的笑話嗎。。

以上這幾位有名的文學大家。。他們於舊文學上總算用過深功的。。然而他們不明白文學和時代的關係。。不知道文字是語言的留聲機。。居今違今。。所以鬧出種種笑話。。傳播一時。。我們現在要求免掉這種不通的笑話。。莫妙是把文字和語言打做一團。。不要離開我們現在的時代。。別鬧桃源。。要不然。。就要改變現在的聲音口氣。。使現代人的口舌。都變成了周秦兩漢人的口舌。那纔算是完全的復古。。眞正的保存國粹。。

息爭論 續第一號

高振霄

第三章　爭之種類

(一)『消極』　人類以生殖關係。。有强弱智愚的不同。。故生活能力亦不同。。在今世以前。。無所謂社會教育。。故人類之强弱智愚。。無術調和。。立於不平等地位。。故愚弱之人。。所得恆有不足之象。。不足以圖存。。乃出其最後之能力。。奮而爭存。。久之或出非社會習慣的行爲。。至於非法。。蓋因『社會經濟』不能得『適當之分配』。。故消極的而出於爭。。

(二)『積極』　人類既有不齊。。其智而强者。。依其精神上優勝之勢力。。出而營謀一切。。漸爲比較的豐厚取得。。人之慾望。。原無止境。。因有多少之比較。。故爲積極之準備。。又因今世以前。。羣之觀念。。較薄於我之觀念。。我之觀念厚。。故損人利已之演繹。。數千年不止。。

(三)『僥倖』　因消極之爭。。或有習慣得利者。。故引起人類遊惰嬉玩之性。。結果乃至僥倖。。

高振霄在《惟民》周刊发表《息争论》图片4

唯民週刊

息爭論　（第一卷　第四號）　八

(四)『强霸』 因積極之爭。獨利之便宜。久而失於横暴。然横暴不容於人。其衝突的手段。或至於殘殺。乃成社會之亂性。

(五)『演進』上列四端。爲抽象爭類。其初始於個人。(一)進而爲母系之爭。如圖騰時代。(二)進爲部落之爭。(三)進爲宗法之爭。至於宗法。爲人類覺悟第一期。蓋知爭之爲害。設爲神道及單簡條例。以防止之。(四)進爲國家之爭。自有歷史以來。以各個國家言。或有國數百十年表面少現安靜者。而各個國家之間。有形之爭如戰事。無形之爭如侵掠。甲種人與乙種人爭。甲種國與乙種國爭。無日不演殺人慘劇。近世至有專教國民殺人奪地以爲主義者。如歐之普魯士。亞之日本。所謂民族競爭者。皆『萬惡國家主義』趨之使然。故今日國家主義之害有如猛獸毒蛇。區區巴爾幹半島問題。引起五洲大戰。各色人均加入旋渦中。世界成恐怖時代。然則國家主義。是否人羣之利。不待智者而知之矣。

第四章　息爭方法經過之無効

歷史上息爭方法大要有三

(一)『神道』神道之設。爲最初防止人類爭端起見。假天地鬼神。創一種不可見不得聞不可思議之威力。使人迷信以愚人。於人思想上設爲莫名其妙之善惡因果。欲人之懼惡而向善。無論東西。除中國尚未大遭神道宗教之禍外。惟佛教尚未演絕對之反抗。其他教爭烈矣。如回如耶。宗教戰爭。在歐洲中世。所謂十字軍。所謂新舊教戰爭。皆爲神道之縛束。以致血流數十年。爭已教而滅他教。歐亞間死人不可以數計。所爭者塚中枯骨。所死者少年精華耳。至於東方。以神道故。至今社會間迷信之毒。不知消滅多少有用之精神。此神道方法。經過之無効也。

(二)『道德』 道德爲人類根本。在我中國。惟一仁字。可以括其本體。惟推己及人四字。可

高振霄在《惟民》周刊发表《息争论》图片5

以概其作用。故道德是『平等』的。是『互用』的。必須無階級之社會。始可以言道德。是相對的効力。是自然的行爲。一方面不自然。一方面不誠意。則道德之作用。必爲虛假二字所誤。其害有甚於無道德。例如君主絕對之專制。資本家絕對之吸收。必無道德之可言。故有階級之社會。道德之効力。終不足息爭也。

（三）『法制』此主義之本體。因取預防的。法制之生。爲應道德之窮。然法制之窮。亦道德之環境。故律有千條。犯者千人。國家借法律問題。所謂只准官家放火。不准百姓點燈。只准國家殺人。不准人民行路。結果徒供強權之利用。資本家之保障。國家愈文明。法律愈繁多。人數愈進化。犯罪愈奇巧。所謂法制完全之國家。約有數十。其措施完全法制。約近百年。所謂安寧。所謂秩序。則至今日。罷市罷工。風起泉湧。其効果可按而知也。

至於政治問題。無論何種國家。措施如何完備。除教育實業交通外。結果終使天然自由生活之人民。置於極不自由之地位。例如食料。人民自種之自食之。本極自由。自有政治以來。甲地之食料。運之乙地則有稅。國家無故增加人民負担。反使人民食料昂貴。生活加種種困難。是國家不欲人民得食也。再如衣料。單以棉論。棉有稅。線又有稅。布有稅。衣又有稅。根本上國家既不植又不紡。植者紡者人民也。政府何力焉。既不織又不工作。織者工作者。人民也。政府何與焉。而政府。則使一衣之價。由一而進十矣。即就最近所謂多數政治而言。根本上非依地方自治不可。地方自治。仍是多數人民的勞働。政府立於主權上。不過徒供甲國與乙國之爭耳。若夫政治之詭詐。政客之搗亂。流毒社會。猶其小焉者也。

高振霄在《惟民》周刊发表《息争论》图片 6

唯民週刊

那結果的話。。更不消提了。。究竟這『知其不可而爲之』的請願。。引起『羣衆運動』來也未。。所以記者說請願是請願。。羣衆運動是羣衆運動。。這中間實在沒有什麼因果關係。。我們人民到了今日生死存亡的關頭。。沒有『自覺』和『自決』的意思。。也就罷了。。如果眞覺悟了。。眞有自決的辦法了。。那就不能適用依賴性的『請願』。。無論請到什麼地方。。都是不會有結果的。。所謂『羣衆運動』是靠羣衆的決心和無抵抗的精神。不是請願的方式引得起來的。。這是大家要明白的。。

息爭論（三）

高振霄

第五章　息爭方法現在之可能

現世界人類交通。。依物質的進化。。成精神的接觸。。人類立於社會。。關係更大。。利害繁多。。守一族之利。。不與他族相往來。。不可得也。。因一族之害。。奪他族之利。。不可得也。。守一國之利。。不與他國相往來。。不可得也。謀一國之利。移其害於他國。。不可得也。。協約數國以爲利。。均沾一國之富裕。。亦不可得也。。試觀歐西各大强國。。得之他國之富裕。。積之數十百年者。。今一旦擲之大戰之中。。又依然還復舊觀矣。。我國以天然富裕。。成世界競爭焦點。。不足之害大矣。。足之害亦大也。。

夫世界之物。。供世界人類之用。。原無彼此之標誌。。世界之人。。同是五官。。同是百骸。。同是活動於世界。。誰定爾我之分別。。故現世人類進化。。依科學的醒悟。。相爭相奪。。終屬消化。。互助互生。。博愛博存。。世界以人類爲基本。。社會學大昌。。此後人類。。勉力互助。。人類自然和平。。故曰息爭方法現在之可能。。

雖然。。大戰告終。。人類固有覺悟。。此次國際

高振霄在《惟民》周刊发表《息争论》图片7

唯民週刊

聯盟。又加一重黑暗。何以故。大戰告終。俄與人類完全覺悟。而其他之人類。依然堅執國家主義。國際聯盟。就是國家主義的大結核。社會主義的大障碍。人類和平的大魔惡。美人稱國際聯盟。爲托辣斯大結合。總之國際聯盟。純粹爲保護政治家資本家的作用。所謂正義和平。都是假的。故今後人類欲求眞正和平。非竭力抵抗國家主義。世界之上。野心不止。侵掠不已。人類絕少安全希望。故抵抗強權的國際聯盟。爲今後人類獨一無二之天職。

第六章 中華人最宜和平與世界大同

世界人類。依地理上習慣上之不同。或近於『剛性』。或近於『柔性』。或失之『嗇吝』。或失之『隘小』。依政治敎育之不同。或偏於『進取』。或習於狠毒。否則『輕燥』。過於『活動』。又或委靡。失於微弱。要皆有利有害。我中華人民。世界爲最愛和平之人。證之歷史。及先民學說。中華人向不爲侵掠的行爲。恒寬容而同化之。漢唐宋明以來。對於屬地屬國。多以本部財賦。供屬地人類生活。史稱漢武帝窮兵黷武。然究竟取本部財產。供給軍用。無論征服與非征服。總未有搜刮屬地膏血。供給自國人民。如近世國家專以吸收屬地他人膏血。而圖自國安富尊榮的強盜行爲。所以無論何種民族。一入中國。其剛烈性。不十年同化於我。無論何種強盜。一入中國。便有衣食。盜性也就漸歸於無。如元金滿。純以暴力。取得中國。久而同化。此證之歷史。中國人最宜和平與世界大同也。

至於先民學說。自有文字以來。四五千年。莫不崇尙文雅。非兵禁鬥。周武伐紂。放馬歸山。以示永久不用。如武字止戈爲武。如老子重道德而非競爭。韓子有非兵之論。孔子薄子路之勇。孟子最惡兼併。崇尙王道。墨子兼愛。神農之學。創社會主義之祖。孔子說大同。所謂人人不獨親其親子其子。又曰皆有所養。曰

高振霄在《惟民》周刊发表《息争论》图片8

仁。曰博愛。曰寬宏。曰謙讓。曰禮讓。曰推己及人。曰己所不欲。勿施於人。曰四海之內皆兄弟也。曰渾厚。曰純樸。蓋中華人民。崇尚寬大。氣度宏遠。所謂古風。皆以不侵為美德。社會間的習慣性。最忌奸薄二字。故我中華地方的空氣。多屬溫和。歷史上所謂義士。如伯夷叔齊。視富貴為污濁。如吳季子。視國君如草芥。是以至今山林之民。古風猶存。記者古房陵州人。房陵之南。崇山峻嶺。界四川大嶺。其間之居民。如不相識之人至其家飲食數日。不取值。彼亦不問其姓名。此種渾厚之風。在今日歐美各國。無論何地。殆無此風。

世界兩大民族。一美國。一中國。皆以不侵犯他族利益為美德。將來實行社會主義。惟此兩大民族。最為相宜。現在威爾遜的假正義。雖不能行。而美國人民的義氣。自解放黑奴以來。最能主張人道。此兩大民族。精神上的文明。互相交通。互相進化。竊以為世界上真正文明。除美國外。惟吾中華。有此容性。西方德意志。促進俄人之覺悟。而為社會主義之初創。東方德意志。反動吾人之愛力。必為社會主義之大昌。人類真幸福。世界真和平。將於吾人是賴。吾人其自勉之。前途光明。正可立而待也。

護法與西南分立

潛父

近日以來。有一篇出色當行的著作。時時在新聞上面發表。題目叫做甚麼西南分立論。討論他那分立的內容。還是第一問題。最先要決定的。就發生以下的兩個問題。

（一）在護法旗幟的下面是否有容分立論主張的餘地。

（二）主張分立的結果是否破壞西南護法的根本。

高振霄在《惟民》周刊发表《息争论》图片9

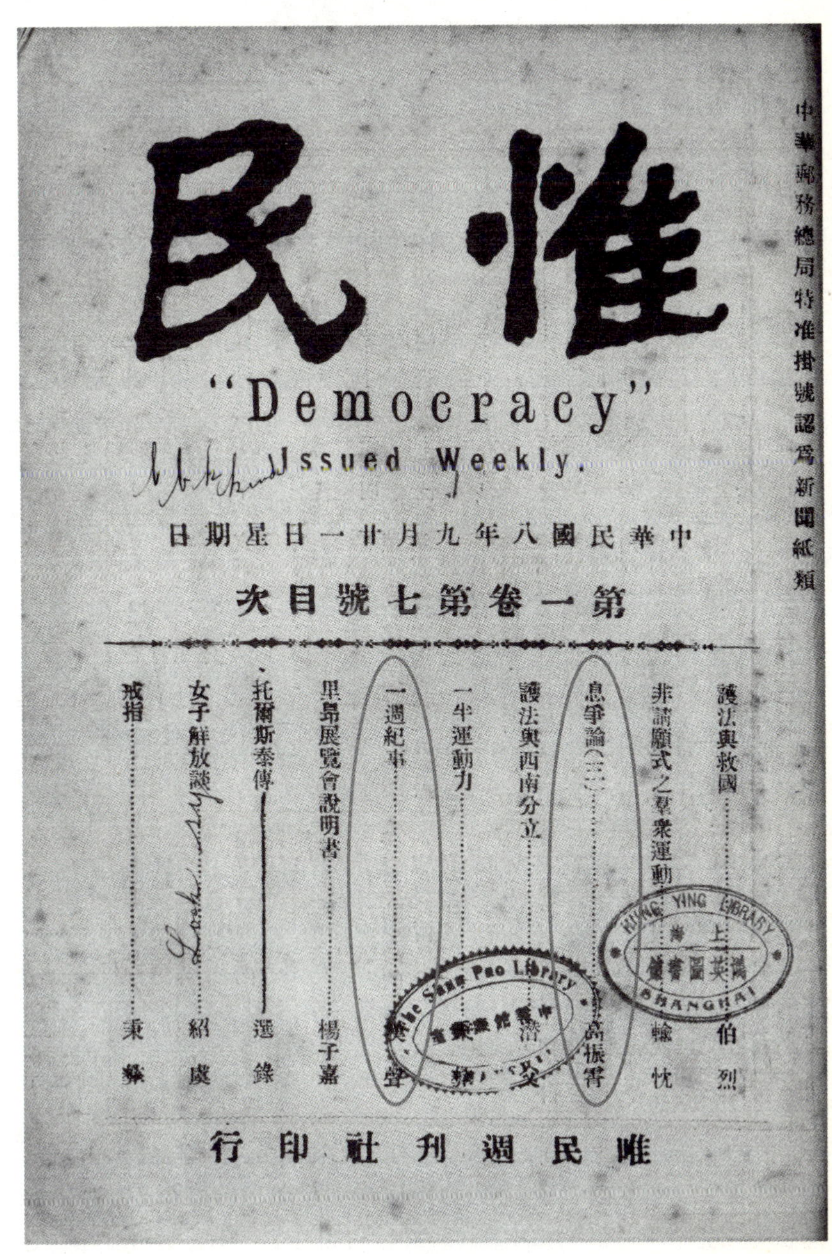

中華郵務總局特准掛號認爲新聞紙類

惟民

"Democracy"

Issued Weekly.

中華民國八年九月廿一日星期日

第一卷第七號目次

唯民週刊社印行

《惟民》周刊第七号封面

二、二十七号警犬

“儿呀，不用哭了。现在冷得紧，儿哭娘不能睡。这被絮太薄。儿呀，还是睡在娘怀，彼此都暖些，来来不用哭了。”“娘呀，我不怕冷。我肚里不知怎的，像机器车盘样响一阵一阵的，难挨难擦呢。牙齿合嘴唇不知怎么也痛的不了。”“儿呀，夜深了，大概儿是饿了。快来睡，忍着些，明天是星期日，你爷回来，引你上街，买饼干吃。今天半个黑饼，亦是完了。吃奶呢，娘这身上，又不太爽快。这一星期内，为娘上气接不着下气，儿来试吃唉！儿轻些个，呷得好痛，唉！大概身上也穷了。”这时间门外忽然一阵响声，打得屋内的人一声了不敢张。五分钟的时间，只听门外自言自语的“真个混帐，半夜三更，这大的雨，你这两个东西不去安心乐意的睡，哭的哭，说的说，再这们闹，一顿棍，打死你这东西。放着床帐到来闹人，真个有福不知福。就因这般东西，黑雨淋淋的我还巡东查西。这时间，我乏了，借着这蓬檐下，打个呼吸，偏是大惊小怪唧里咕噜晦气了。”

列位听者，说也奇怪，一个孩子，准是饿了才哭。被巡捕这们一吼，把饿也就吼跑了，屋内寂然无声。

大路两傍，绿树如盖，更加上绿草一遍，鲜花数朵，天气也还清朗。在这地方行走的人，一个个都是雄纠纠气昂昂，不是腹便便大富人，便是气休休的大牧师，就是那狗吧都是毛如锦绣，势如狮雄。除却了几个小女孩子，嘻嘻哈哈，脑袋中没甚机诈外，所有来往的人都是昂首天外。好像这个世界都不配载着我们这高贵人，恨不得飞上月球，或上升木星去住。就中有一个俾斯麦种的大狗，且行且嗅，时尔东边去了，时尔西边去了，又忽然狂奔疾走。此地又无野兽，又没野鸡，不知这猎取甚么。有人眼快的，看见这狗毛上面，还印着二十七号的警章，说这是警察厅狗侦探。

晨光微微带点青蓝色，地面上的露气合阳光正在交战。这时间大兵工厂中汽笛呼呼响，钟声打了六时，大门一开，整千整万的人都往外走，恰如囚犯出狱景况。有的面色带黄，有的面色带青，多半是面色带黑。这日正是星期日，工厂中作工的时间向来是星期六下午四时或六时，就放了工。现在因为战争在即，故政府下令日夜加工制造这杀人物件，所以星期早放工的是夜班。政府里正借着这些工人的血汗，百万千万的赚钱。又借着东方铁，来吃那西方血。这个工厂，原是依山靠水，沿山均是工人的住屋。政府为防范工人起见，不住散居，又遍布警查陆军，日夜稽查。今天正是工人休息日呢。（未完）

文章来源：《惟民》第一号，1919 年 8 月 10 日

惟民週刊

小說

社會小說 二十七號警犬

漢聲

兒呀、不用哭了、現在冷得緊 兒哭娘不能睡 這被累太薄、兒、呀、還是睡在娘懷。彼此都暖些了。來來不用哭了、娘呀、我不怕冷。我肚裏不知怎的、像機器車發聲 一陣一陣的。難挨難捱哭。牙齒合嘴唇 不知怎麼 也痛的不了、兒呀 夜深了。大概兒是餓了。快來睡、捱着些。明天是星期日 你爹同來 帶你上街。買餅兒吃、今天半個黑餅。亦是完了、吃飽呢、娘這身上。又不太爽快。這一星期內、爲娘上氣接不着下氣。兒來試吃 咳兒輕些個。呻得好痛。唉、大概身上也窮了。這時間 門外忽然一陣響聲。打得屋內的人 一聲了不敢張 五分鐘的時間。只聽門外自言自語的 莫個混帳 半夜三更。這人的屋 你這屋個東西 不去安心樂意的睡 哭的哭 說的說 再這們鬧、一頓捉、打死你這東西 放着床帳 到來鬧人 真個有福不知福、就因這般東西。黑雨淋淋的 我這巡東查西、這時間、我乏了。借着這邊簷下。打個呼吸、偏是大雜小條 啊嘍咕嚷 嚇氣了。列位總者、說也奇怪。一個孩子、准是餓了纔哭 被巡捕這們一吼、把餓也就吼跑了、屋內寂然無聲。

大路兩傍 綠樹如蓋 更加上綠草一遍、鮮花數朵 天氣也這清朗。在這地方行走的人。 個個都是雄糾糾 氣昂昂。不是便便大富人。便是氣休休的大牧師。就是那狗吧 都是毛如錦繡 勢如獅雄 除卻了幾個小女孩子、嘻嘻哈哈 腦袋中沒甚機詐外。所有來往的人 都是昂首天外。好像這個世界 都不配載着我們這高貴人。恨不得飛上月球。或上升木星去住 就中有一個偉斯麥婢的大狗 且行且嗅。 時而東邊去了。時而西邊去了。又忽然狂奔疾走。此地又無野獸。又沒野雞 不知這樣取甚麼 有人眼快的。看見這狗毛上面 還印着二十七號的警章。說這是警察廳狗偵探

晨光微微帶點青藍色。地面上的露氣。 合陽光正在交戰 這時間大兵工廠中汽笛呼呼響、鐘聲打了六時。 大門一開。整千整萬的人、都往外走 恰如囚犯出獄景況 有的面色帶黃、有的面色帶青 多半是面色帶黑 這日正是星期日、 工廠中作工的時間 向來是星期六下午四時或六時。 就放了工 現在因爲戰爭在即、故政府下令 日夜加工 製造這殺人物件、所以星期早放工的、是夜班。 政府裏正借着這些工人的血汗、百萬千萬的賺錢。又借着東方鐵、來吃那西方血。這個工廠。原是依山傍水、滿山均是工人的住屋 政府爲防範工人起見 不住散居、又遍布營查陸軍、日夜稽查 今天正是工人休息日呢。 （未完）

汉声在《惟民》周刊发表《二十七号警犬》

二十七号警犬(续)

这日便是大雨如注。一般工人,都是衣不终身,食不供口。陡然遇着大雨,个个都像倦鸟回林,满身淋淋,日面逃走,夹汗带雨,到把满脸的炭烟滴得五花六道,拖泥带水,满身都像泥人一般。就中有一年近四十的男子,不知怎的,忽然倒卧在地,约有半点钟,仍然不能起来。时工厂钟鸣八下,这人才起身想走,不料刚一抬脚,又扑下去,两支眼,发一阵白。约半点钟,慢慢的一步一喘,依树而立,眼光看着树根左方,略弯腰在草堆中,拾了一件东西,面色略为开展些,回家去了。

矮屋门前,一个年三十余的妇人,手抱着四五岁的孩子。孩子说:"娘呀,爷怎的这时不回?放汽好久了。"妇人说:"儿呀,你爷准是到前面,给儿买饼干,所以这久未回。刻下九点钟,你爷或是病发了。"当时两眼直望着大道,面带炭色,眼光发出一道惨白线,忽然转为笑容,指向大道,"儿呀,你爷回来了。"忽又面带愁容,"儿呀,可怜呵你爷满身,水鸭一样,可怜呵,大概不知跌了几回,儿看下身全是泥呢。"这孩子便大声疾呼的爷……那一种的喜欢景象,比怎么天皇还快活这一阵。只听说:"你怎么这时才回,满身泥水。"工人答道:"我在工厂,也劳极了,脑袋被煤汽蒸久了,一出工厂,被大雨一迫,便栽倒了。在道傍休息了许久,好容易才清醒过来。起先本打算到街上,买点食物,后因大雨,转头回来,倒在地下。后来,又想起回家没么给孩子吃,那时腿也酸麻,依着树正想换口气。可巧树根下,有一个包儿,我拾起一看,原来一个大面包,中间还夹着鱼呢,你道奇巧不奇巧。现在你拿二角洋,上街去,我来把面包给孩子吃。"妇人去了,回头说山田:"这孩子昨夜哭到今早,不要给他吃多了,怕坏了胃呢。我这时腿也不大有力,来的慢点。"工厂钟鸣十二下,四个警兵,随着一个警犬,直向山上来。那警犬且嗅且行,好似奉着命令,有绝大的任务。四个警兵,若临大敌一班刀声隆隆,摇摇摆摆,直抵山田家中,翻箱倒笈,搜索了好久,在床头搜着一个机子,便不问青红赤白黑,拿着就走。

这二十七号的狗侦探,口中还含着一个纸包,洋洋得意的。到留下一个孩子,在地下大哭不了。山田向警兵问道:"我犯甚么罪?这样侵入家宅,侵犯我的身体自由。"警兵说:"你这贼头,证据俱在,还要强口舌辨。"说着就是一顿刀背,生拉活扯去了。

还来警厅为防止工人起见,教狗侦探嗅这机器油味,以便侦探工人,有没暗

运零碎军械的事。山田因拾面包的事，这包使事警查给狗侦记，所以引得警查入室。床头机子，本是无用之物，警查为着教狗起见，便说他暗盗军机。又因这山田，本是台湾人，改了籍的，在警查眼中，看得比狗不如呢。（已完）

文章来源：《惟民》第三号，1919 年 8 月 24 日

唯民週刊

小說

社會小說 二十七號警犬（續） 漢聲

這日便是大雨如注。一般工人，都是衣不終身，食不供口，雖然遇着大雨，個個都像從烏回林，滿身淋淋，因而逃走，夾汗帶雨，到把滿臉的炭烟涌得五花六道，拖泥帶水，滿身都像泥人一般。就中有一年近四十的男子，不知怎的，忽然倒臥在地，約有半點鐘，仍然不能起來。時工廠鐘鳴八下，這人纔起身想走，不料剛一抬脚，又扑下去，兩支腿，發一陣白，約半點鐘，慢慢的一步一喘，依樹而立，眼光看着樹根左方，又彎腰在草堆中，拾了一件東西，面色略爲開展些，回家去了。

矮屋門前，一個年三十餘的婦人，手抱着四五歲的孩子，孩子說，娘呀，爺怎的這時不回，放孩子好久了。婦人說，兒呀，你爺準是到前面，給兒買餅乾，所以這久未回。到下九點鐘，你爺或是病發了。當時兩眼直望着大道，面帶愁色。眼光發出一道慘白綫，忽然轉爲笑容，指向大道，兒呀，你爺回來了。忽又面帶愁容，兒呀，可憐呵，你爺滿身，水鴨一樣，可憐呵，大概不知跌了幾回，兒看下身全是泥漿，這孩子便大聲疾呼的爺……那一種的哀愁景像，比怎麼天皇還快活。過一陣，只聽說，你怎麼這時纔回，滿身泥水。工人答道，我在工廠，也勞極了，腦袋被煤汽蒸久了，一出工廠，被大雨一淋，便跌倒了，在道傍休息了許久，好容易纔清醒過來，起先本打蒜到街上，買點食物，後因大雨，轉頭回來，倒在地下幾來，又想起回家沒麼給孩子吃，那時腿也酸麻，依着樹正想換口氣，可巧樹根下有一個包兒，我拾起一看，原來一個大麵包，中間還夾着魚哩，你道奇巧不奇巧，現在你拿二角洋，上街去，我來把麵包給孩子吃。婦人去了，回頭說山田，這孩子昨夜哭到今早，不要給他吃多了，怕壞了胃哩。我這時聽也不大有力。來的很點，工廠鐘鳴十二下，四個警兵，隨着一個警犬，直向山上來，那警犬且嗅且行，好似奉着命令，有絕大的任務，四個警兵，若臨大敵一班刀聲隆隆，搖搖擺擺，直抵山田家中，翻箱倒篋，搜索了好久，在床頭搜着一個機子，便不問青紅赤白黑，拿着就走，這二十七號的狗偵探，口中還含着一個紙包，洋洋得意的到竈下一個袋子，在地下大哭不了，山田向警兵問道，我犯甚麼罪，這樣侵入家宅，侵犯我的身體自由。警兵說你這賊頭，證據俱在，還要强口舌辯，說着就是一個刀背，生拉活扯去了。

這來警廳爲防止工人起見，教狗偵探嗅這機器油味，以便偵探工人，有沒暗運零碎軍械的事。山田因拾麵包的事，這包便事警查給狗偵記，所以引得警查入室。床頭機子，本是無用之物，警查爲着教狗起見，便說他暗盜軍機。又因這山田，本是台灣人，改了籍的，在警查眼中，看得比狗不如呢。（已完）

社會小說二十七號警犬 （第一卷第三號） 二七

汉声在《惟民》周刊发表《二十七号警犬》（续）

三、国内大事纪要

徐树铮在私宅开会，伊之西北筹边，使内设筹边银行，诡言中国财政困难，非借重日本金钱不可，现大招日本的股。徐贼虎狼手段，直欲以武力金钱亡西北。西北者，中国之首也，首亡而全国去矣。

段祺瑞在私宅招集日本式之安福议员大开秘密会议，预备提出边防署官制案，内容包东三省及西北一带，范围极大。大河以北、广汉以南俨然成了一个第二日本国。

吉林风云原是张作霖想大一统东三省，完全置之日本势力之下。不料老而无知的孟恩远原不要紧，而少年气盛的高士傧不愿作张作霖的间接日本奴。现在两军相距三十里，徐娘在上面左调右和，总不能得日本人的欢心。

顷有某政客由沪至此，言上海发生一新鲜有味之事，即某西人磋商南北单独媾和的条件，至电时被某妓女将其秘密文件盗去，并声言不日和盘托出。某乃诱以金钱，妓女的意思，不要钱只要文件。某亦无面见江东，不能回南。阅者试思此人为谁？

天津代表王醉生、卢剑秋，唐山代表高乃宣等为外交事往见徐世昌。徐命吴秘书长见之，代表是□国民意思，云山东问题，要求对于德约，如不能保留山东三款，请宣布永不签字。请秘书长代达总统，必须一见以达民意。吴答以“总统前数日患痢疾，这几天又大便干燥”。代表问“总统大便几时才能不燥？”吴云“我亦不知”，代表等遂上书而去。记者曰，前任大总统，八十一天的洪宪帝袁世凯患糖尿病，这个间接日本傀儡徐娘又大便不通，民国总统真是不幸。野心家想做总统还早些讲求卫生，才好不要弄得大便不通的小便淋滞。

日前河南香港夜船到粤时，驻码头之警厅侦缉员见一身衣白土布衫、下着黄色军裤者，自远望之，见其臀高起，较诸胖妇为甚。侦者疑之，遽前检查，乃一铁制之扁盒，内贮烟膏，套于臀上，当解警厅审讯，闻为某营上士云。

天津大雨积潦盈街，恐不免又成前二年之大灾。

粤省银根吃紧。

港政府维持米价不准高抬市价。

国贼王揖唐被炸微伤。

日本驻防中国之参战军第二师师长马良在山东大捕山东爱国人士，被其部下兵士以手枪遥击伤股。

山东第五师兵士发出爱国血书，联合西北各军兵士实行爱国主义，连日此项秘密输送已达十万份以上云。

北京卖国政府本月财政支绌万分，连接各督军、各师旅长索饷之电日数十通，其中措词以曹锟、吴佩孚、冯玉祥为最紧要。故徐世昌令龚心湛向旧银行团拟借二千四百万元，分六个月交付，将来即作为新银行团成立后借款之垫款。连日，财政部召集旧银行在京各代表会议，伪财政总长极力呈述困难之状，请借二千四百万，每月分交四百万元。各代表相继发言，有谓南北未统一，不能借给。有向中国借款，借究能否裁兵结果须电各本国政府而后开议。惟日本极力主张借付，并有单独借款之说。西南各省现亦极力反对此借款。如果到手，看看北军又要开战了。

韶州设立护运公所，每包盐加抽护运费一元。为向章所未有，各省所未闻。现在韶关商会议罢市，并派代表至省呈述一切。查地政关系借款产地之多，无过四川，地政之乱，亦无过四川，军队之复杂，亦无过于四川，而四川却无此种苛损。以西南护法中心之地，李督办为护法中坚分子，且以文治而兼军事，想系奸商蒙弊之故云。

粤人以省长之故，沪上四代表回粤，连日在东园开会，终亦无甚结果。此问题在主之者，吾不敢云其非。但粤人治粤须从自治入手，若为省长问题，徒争长者为粤人与否，仍不免为依赖官治的性格。吾愿粤人从根本上着想，以粤之人才，粤之财富，大家要求根本自治。先市后乡，各结各团，作各省之模范省，才称得粤人治粤，否则谓之粤人省长治粤，窃恐终无治之一字也。

……

上海瘟疫大行，死者统计近三千人。日政府已宣布沪汉为疫埠，由沪至日须受检查。

陕西瘟疫已十余日，刻因膏雨疫势已减。

郎房军队近患霍乱症甚剧。

日本以吉林为征服地，强逼我驻宽城子之吉军五百名解除武装，现被解除之吉军已退驻哈尔滨，此为万国古今未有之奇辱。日本驻在长春之军官竟敢驱逐我国军人，驻在该地之大和酒店之东三省巡阅使吉林分署长荣顺中将等一律驱逐者不下二百人。

高士傧宥日宣布讨张作霖的檄文，数其十大祸国罪状，称张作霖受○○（原文为“○”）指使意欲辽□（原文为“空格”）称王。

陇海铁路向由比国包办，欧战以来比人无力继续付款，该路工程完全停止。刻闻该路有日贯串华顶名包办事为豫省议会及赵督所闻，赵亦严电质问，豫省人民亦全体反对。望国人特别注意。

文章来源：《惟民》第一号，1919 年 8 月 10 日

四、安福系破坏教育之计划

日本性的安福系,专持武力拍卖全国。自北京大学风潮以来,全国新教育的生机,已为该系斫丧殆尽。彼等谋除西南的意思,固然甚急,而谋把持大学摧残教育的心,更急上加急。且以金钱收买少数不肖的学生,欢迎胡仁源为校长,继以金钱收买俞忠奎等五人,控告北京大学十余人,遂又由检察厅大捕学生十余人。现在全国学生联合会干事会,每日轮流以十人前往代受这无名之拘押。近数日又捕去学生数十人,手段更加严厉。必欲于假期内将这有良心有知识的学生一网打尽。照这样看来,安福系不但想把中华民国现在的生命拍卖干净,并想把未来的中华民国新生命斩除干净。国人要想子孙不作奴隶,请先把这个中华民国致命伤的毒气消灭了,才有日子过活的。

文章来源:《惟民》第二号,1919 年 8 月 17 日

五、安福臭虫又生子孙了

这几天天津地方,又发生了一个外交协进会,发出三种电报来。一是说日本当亲,美国当排。二是说国内和平,当以王揖唐为总代表。三是借着西藏问题,使国人视线移东就西。无非是要国人拿出几个钱,教他们怎样说,销化这国民爱国的运动。又派郑万瞻等至湖北江西等处,组织卖国安福支行,王某等至江苏浙江。外面说长江三督反对这卖国支行,我想长江三督,也不过为着自己地盘算了,要是反对起初安福选举的时候,记者看他们非常的帮忙,国人要知自决。俗言说臭虫一日生九子,九子九个孙。一个安福卖国总行,中华民国就不了,再加上几个支行,你想国家还受得住吗。

文章来源:《惟民》第二号,1919 年 8 月 17 日

六、军事协定之种种观

中华民国，比方是一个人。军事协定，比方是把刀。日本人要杀这人，把刀交给段祺瑞，一刀正打定中华民国的心窝上。要不把这刀取去，中华民国是永久不得活的。现在就种种方面看来，就知这个道理了。自去年成立军事协定，日本井口大将，就到北京，预备实行。当时那"柔性"卖国贼徐世昌，就派吴笈孙日事招待。这"刚性"卖国贼段祺瑞，就无日不受井口的命令，刻下这军事协定的到处都发现了。①"中东铁路"。日前哈尔滨一面坡地方，忽有日兵五百余名向前进发。当地长官电北京徐世昌请段祺瑞问日兵上岸的理由，日人答曰"这是军事协定的关系，中国不得过问"，徐世昌一笑置之。②"大乌里地方"。因华侨受俄人的凌辱，黑龙江出兵该地，保护侨民。而日本驻满洲里的司令藤井中将，便与鲍贵卿交涉，说中国出兵境外，依"军事协定""须受日本军官的节制"。鲍氏一时良心发现，愤然电请北京政府说这军事协定的害。③"哈克图"。办事长官李垣，电请出兵境外。经大家会议了多日，终久不得回避日人干涉之道。④"新疆方面"。因杨增新想出兵防止俄党之故，日本也要共同出兵。杨氏也不愿意，打电北京，请废军事协定。⑤"库伦方面"。甚么边防军到了一连，同时日本兵到了三百多。并且松井大佐与俄之官僚党谢米诺夫秘密商筹，将外蒙政府所派之乌里雅苏台乌梁海各处之蒙兵皆行调回，用意大不可测。⑥"察哈尔"方面，向无日人。近日大批日人时来时往，都说根据"军事协定"，前来调查的。所以田中玉也电告北京，说这"军事协定"不废，"我们吃饭的地盘也不得了"。本社昨接北方来函，据与参战军有关系者云：你们南方，只知反对"山东问题"，不知注意"军事协定"。山东事只不签字，尚可向和会呈请裁判。"军事协定"不废，不但山东完了，大河以北任何地方都是完了。参战军中所有中下级的官兵，多有觉悟，不过机会未到，不要把我辈都当着"段祺瑞""徐树铮""马良"一样看待，就是代理参谋长"卫兴武"，也都说军事协定不废不了。言外大有意思。

文章来源：《惟民》第二号，1919 年 8 月 17 日

七、广东粮食问题之种种

广东去年米荒，因为大水。今年各属收成，比较去年有多无少，也是米荒。原因欧战告终，各国皆有乏粮的景。况日本人乃大买南洋之米，一面防本国劳动之运动，一面居奇。这“民食问题”，广东大受影响。现在督军一面严禁私运出口，一面筹划接济。而粮食救济会又电苏皖各省接济，现在苏省电准拨给五十万石，而米价仍高。各地绅士，又请禁糟房治酒。不过据记者看来，这些方法都迟了。今日的“面包问题”成二十世纪的大问题，应该早有所备，就是粮食救济会的捐款运施法子，都不如补贴米商运费的法子到好多了。

文章来源：《惟民》第二号，1919 年 8 月 17 日

八、西南政客觉悟之迟延

自徐世昌以柔道卖国，于是和平之声，充漫全国。当上海和会初开的时候，国会同人有反对的，有赞成的。有人问记者作何态度，记者答“不成问题”。问者又说“何以不成问题？”记者答云：“各种势力之冲突，各个人利害之冲突，非从根本解救，求群利目的自决，终是和平不了”。那时说了好多同人都说记者是激烈派，不愿和平就是了。现在政客伟人，到忙断腿，依然说和平无望。北代表徐佛苏倡西南自治，这里又有人说分立。曾彦谭超说地方自治，电告六条办法。不过照记者看，不是“隔靴抓痒”，便是“对牛弹琴”，根本上说到“地方自治”。这个不是向军人官厅说的话，我们人民总须自己解决自己的事才好。政客的觉悟，下回请放早点。

文章来源：《惟民》第二号，1919 年 8 月 17 日

九、孙中山辞去总裁之各面观

孙中山辞电传来,各方面纷纷集会讨论。有说孙中山辞意甚坚,不能挽留,有说护法根本摇动,不能不挽留的。南方军界多持冷静态度,北方军人必认为西南分裂,欢喜不问可知。记者对于此事有两个研究:一是中山个人问题。中山不愿与违法武人为伍,记者深表同情。但认为非依赖中山不可,岂不完了。二是中山与护法关系。自军政改组以来,真正护法只有海军。这假面目不自今日始。不过多一份主持正义的,即多一份的力量。西南政府徒供个人交换之利器,有无均无关于根本问题。不逼到饭碗破碎时候,护法与否终是名义上的关系。再到饭碗破碎时候,再来假借,记者总望多数人民自决的觉悟。至于"国会问题",记者不幸值此阳九,作政治上之傀儡,亦自抱愧。不过为国家初创第一步的关系,留作最后之宣言,故尔始终不离广州一步。大约与记者同心的人,也还不少。又某君对于孙中山之辞职评云,前天政务总裁孙文中山先生辞职的电报,末尾有两句很惹人注意的话,他说"文决不忍与之共饰护法之名,同尸误国之罪",我想孙先生这两句话,虽是他一篇辞职文章的结晶语,大家也很动容的。我还觉得有一点儿不以为然,因为我们这番护法,论时间有了两三年,讲战争也有好几省,怎样说他是饰护法的名咧?再讲到误国的话,那么大家都有责任的,孙先生不就职不敢怪了。孙先生既然尊崇国会的意思,派了代表,参加政务会议。护法的好坏,当然也有责任,不能委卸的。这是我本春秋责备贤者的意思,讲了这几句闲话。其实孙先生派的代表,第一次是徐谦,第二次是谢持,这两人出席政务会议,都是可以代表孙先生的。一个一个不愿干了,这是孙先生辞职的一个原因。况且现在西南方面的投机官僚,无识武人,通敌之使,仆仆道途,都是借这护法的好招牌,谋他局部或个人的权利。章太炎先生前天"五女共夫"的比喻,实在不容讳言了。大家想想,护法都是这样的护,名耶实耶,吾不得而知之矣。

文章来源:《惟民》第二号,1919 年 8 月 17 日

十、十三号两院联合会

是日上午十一时开会，到者三百余人。讨论致谢美上议院电，及反对借款电。现议员之来粤制宪者将近五百余人云。①“电公使银团”。国会致各国公使转银行团之电文云：闻北廷近有向贵国银行团商借二千四百万元之说，敝国人民惶恐万状。查我国内争经年，皆由北廷违法借债，酿成兵祸所致。贵银行团洞悉本源，曾经声明我国南北未统一以前，无论对于何方，不得借款。我国民全体感谢厚意于无暨。北廷此次借款如果成为事实，不独与贵银行团前此声明不符，且恐助长我国兵祸，牵动世界和平，当为主张正义维持人道者所不为。我国约法，凡借款必须合法国会同意或议决。故本会曾于一九一八年八月十九日本会议决，宣言第二条凡北京自非法解散国会之后，非法政府所缔结之条约及其所发行之公债，按照约法，应由国会议决或同意者。在未经议决或同意以前，不得认为有效。以是本会赓续前此宣言，再向贵银行团声明，请拒绝北廷借款二千四百万元之议，直接减少我国之兵祸，间接谋世界之和平。想亦贵银行团所赞许者也，特此申明希即查照为荷云云。②“致各机关电”。各省督军省长省议会教育会商会工会农商会各报馆鉴。我国内争数年，人民涂炭。推其原因，是由北方违法卖国，与日本屡订密约，借款购械所致。乃近闻北方又有向旧银行团订借二千四百万之议，并先与日本接洽，足见北方卖国奸谋，依然未已。山东问题，全国愤慨，均主张留待国际联盟会解决，表示不信任与日本直接交涉之决心。而北方少数私人，不顾国民心理，不顾国内和平，仍有此继续借款之举，假银行团名义，以掩国人耳目，用心尤为叵测。查银行团各国代表，希望我国和平最切，于我国上海和议初发生时，即曾宣言停止借款。如无日本关系，必不能于内争未息以前，贷予北方巨款，直接以表示国际之不公，间接以助长我国之内乱。至我国会对于北方此种违法借款，擅增人民负担，认为按照约法未经国会议决同意，不生效力。早经屡次宣言，兹除迳电北京各国公使转银行团切实声明外，特此布闻，务望全国人民一致否认，以救国威。参议院议长林森，众议院议长吴景濂，暨全体议员同叩。致军政府公函大致相同，故不赘载。

文章来源：《惟民》第二号，1919 年 8 月 17 日

十一、山东问题之经过事实

中美新闻社译密勒评论报云，青岛问题尚未解决，兹将关于本问题之事实概述于后，以资研究。（一）一九一四年八月四日欧战开后数日，日本外相加藤在日议会宣布，日本预备履行英日同盟之义务。（二）中国同时声请美日两国（因彼等为中立国）从中斡旋，使各交战国尊重中国租借与各国土地之中立。（三）八月十五日，日本致最后通牒于德国，谓德国应于九月十五日之前将胶州全部土地交付日本政府，以便将来归还中国。（四）八月二十四，加藤外相送达对德宣战之天皇敕令内云"我政府与英政府彼此完全明白，接洽之后已协定用必要之方法以保护同盟约中所计及之共同利益。"（五）日本致德国最后通牒之同日大隈总理致电美国各报云"日本毗邻中国致发生种种谣诼，但余宣言于此。日本之行动，□凭清洁之良心合于正义，且其同盟国完全一致，日本并无占领土地之野心，惟望以远东和平之保护者自任。"（六）八月廿四日，大隈又致一电于纽约独立报云：余以日本总理之资格前已宣言，今再重行声明于美国人民及全世界，日本并无最后之目的，不再得土地，不想剥削中国或他国人民之任何事约，为彼等今所有者我政府及我人民已发表之诺言及保证，将以信义遵守之，一如日本向来之不失信。（七）日本宣战后数日即通告中国，谓因军事上之必要，须经过中国领土以攻青岛。（八）中国乃宣布一军事区域，九月二日，日军开始在山东各点登陆，由陆地进行围攻。青岛有数队日兵绕道而行，占据进行直线外之重要城镇多处，并擅行管理权，占据交通方法及邮局电局，并使中国居民受种种苦痛屈辱之事。（九）九月廿三日，英军一支在劳山湾登岸，其地乃在德国租借地境内，如是危去破坏中国之中立。（十）日军一队占领胶济铁路全线（该路线十分之九在中国领土内），其所持理由则谓该路系德国资本所造，故应占领。又德人或将用以运供给品与青岛，再则该路即为德国租借地之一部，不能分离。故日本常无可占领路而管理之，无须知照中国政府云云。（十一）日人于一九一四年十一月十六日占领青岛，占后一年闻日人住居该埠者共达一万六千人。全部区域以及铁路一带日本移民充斥，俨然视为殖民地，与高丽台湾满洲无异。（十二）十二月初期，加藤外相利用议会中发生一质问案之机会将日本对于胶州之态度变换其词曰"关于胶州前途之问题，目下不能答复。日本对于此事从未对任何外国表明态度。对德宣战之目的在从德国手中取得胶州藉以恢复东方之和平。至战后归还一层，当时未曾想及，嗣后通牒中亦未提及。"

(十三)一九一五年一月十八日,日本提出二十一条要求于中国,其中大致系欲强迫中国允许将来日政府与德国所订处置德在山东所有一切权利之办法,中国须完全承诺。中国允许从烟台造一铁路与胶济路相接,旅顺大连及南满安奉两路租借期限均须展至九十九年,吉长铁路归日人管理。以九十九年为期,汉冶萍煤铁厂归中日合办,该厂附近各矿非该厂允许不得任何他人开采。中政府须聘用有名日人为政治财政及军事顾问,在中国内地之日人教堂、医院及学堂应有购地之权,重要地方之警察应由中日合管。中国应向日本购办军火至少百分之五十,兵工厂应合办并用日本技师。日本应有权筑一铁路连接武昌九江及南昌又一线。由南昌至湖州又一线由杭州至某处。中国如需款造闽省铁路或海港必须借诸日本。(十四)日政府于提出要求一星期后,由驻英美法俄四国日大使发出虚伪之宣言,谓只想出要求十一条,有著名之报告与日外部之宣言不符,为本国报纸所疑,致提出辞职以证其非虚。(十五)日本立即在山东及满洲增加军队并在军事要地驻兵以恐吓北京,四月廿六日复复提出"修正条件"共三项二十四条。(十六)五月八日,中国因日本已提出最后通牒限九日答复,否则(日本帝国政府将视为必要之举动)故遂允许修正条件。(十七)美国政府当时曾由国务卿白利安氏向驻美日使抗议。(十八)一九一五年五月十六日,美国政府通牒中政府略谓"中日两国间不论以前已订或以后将订任何密约,凡有损害美国及在华美民条约上之权利、损害中国政治领土之完全或损害门户开放之国际政策者,美国不能承认之"。同时致同一之牒文于日本政府。(十九)一九一七年一月二十一日,日英法意俄约于同时互缔密约,由是英法意俄代表同意于日本之山东计画,此等密约直至巴黎和会开始时始宣布。(二十)同年十一月五日,日本驻美大使石井与美国务卿蓝辛交换函牍,重行声明门户开放政策惟因"领土接近之关系,美政府对□日本在中国有特别利益,尤以日本土地毗连之诸处为特甚",此项函牍当时即公布。惟所谓"领土接近"与"特别利益",确实意味如何至今为辩论之一问题。(二十一)一九一八年十月,大限总理宣布,日本将于和议席上提出要求中之若干提议,其关于山东问题者如下:日本应依其宣言归还青岛于中国,但日本应有权在青岛独得一租界并保留界内之各种机关与建筑物。济南铁路为 德国公司之私产,应由德国买收再让与日本。青岛与南洋群岛间之海电线应为日本所有。此海电线为一私人商行之产,故应由德国买收再让与日本(南洋群岛当时为日海军占领)。(二十二)一九一八年十一十二两月间,在华任美商会约以长文报告,请英美公使转达本国政府,揭发日本企图水占青岛德人在山东一切权利之真意。美商会之报告文且附一地图,表示日本在青岛竭力经营,将税关海港车站邮局,以及一切有价值之物尽据为彼有。其意实欲使彼将来可以宣告世界，谓彼已将青岛还中国，但此等经营系日人私有应保留。此项报告原载美国各报。（二十三）一九一九年二月发表一日人在济南经营之统计。据载，日人所为新事业共有一百九十四起。其中六十三系卖吗啡之药店，二十二为卖淫业。此外旅馆十三所，杂货店三十八所，住户二十六家，其余则为银行工厂等合法营业。同时，字林西报京津时报（均英报）发表长文，证明日本利用其在山东之地位，与彼之操纵山东及他处之中国邮局私运大宗鸦片吗啡入中国，直接违犯海牙禁烟条约。（二十四）一九一九年二月四日，北京日使小幡要求中政府训令巴黎华代表勿持强硬态度，盖彼时顾王两专使在和会慷慨陈词反对日本之消息甫传至中国也。（二十五）一九一九年五月，在华英美商界职业界及教会各界一致电和会，英美代表反对以山东让与日本。如果拟如此办法亦必须令日本给予保证，将来实践其归还山东于中国之诺言。同时华人各团体亦纷电巴黎华代表抗议。（二十六）其时传出消息且北京政府于一九一八年九月廿四与日本订密约许日本在山东之计画，而日本已付给借款日金二千万元以作交换。（二十七）一九一九年六月，中国盐务署拟在山东设盐务分署（从前该省免征盐税因系孔子产地之故）。不意成立之后为华人盗匪突然攻击全行毁坏，华人死者甚多，外人有伤者有尽弃所有仅以身免者。据云此事实系日人所煽动云。（二十八）五六两月间，山东日人报纸开始大攻击美国人。尤痛诋山东美国教士后，日本军官竟封闭青岛美国教会学堂并捕其职员，又封青岛境外一教会女学堂，因该校保护中国女学生勿使日兵用强侵人之故。（二十九）和会卒不听中国之吁诉，以青岛及德人在山东之一切权利让与日本，卒酿成华人之抵制日货。最近美国上议院为此问题大起激昂，反对和约中之山东条件，又传中日有私行谈判之说。中国对于对德和约已拒绝签字，惟闻允签奥约以期得入国际同盟云。

文章来源：《惟民》第二号，1919 年 8 月 17 日

十二、投降的事难了

西南的人日与卖国贼议和,闹了半年。从前是与狐假虎威的徐世昌鬼鬼祟祟,今日借着“外交问题”来骗人,明日借着“人民的问题”来骗人,骗来骗去无非是想“升官发财”。那晓得刚性卖国贼发了急,倒来对付柔性卖国贼,派出了破坏大将王揖唐来当议和总代表。在西南的一派人物本定借徐世昌的“狐媚”想分点余润,插几个卖国总次长进去,好似怕刚性的卖国贼段祺瑞一个人卖国卖不干净,日夜的想加入团体,甚么“国法国家”都不必问,满心想有了八成可靠。不料刚性卖国贼原是利用柔性卖国贼,柔性卖国贼也是利用刚性卖国贼,你骗我我骗你,只苦了西南这些投降的,弄到今日左右为难。原日极端运动和议的政学会今日也大声疾呼反对王揖唐。记者是极端反对这“卖国害民”的“假和议”的。人早说这假圈套大家不要问他,免得后来自悔。至于人的问题,这时候就把孔圣人派来做议和总代表也是没用。现在首先发直性的有谭阎恺、赵恒惕那些军官及国会的人,过几天我料想还有多人反对呢。

文章来源:《惟民》第三号,1919 年 8 月 24 日

十三、西藏旧事之重提

西藏问题,中英两国,日来已正式开始谈判。九日北京外交部业将英使所拟解决办法附注意见,咨交国务院预备提出会议讨论。闻英使所议者计三条:(一)西藏版图,依照中国方面之希望,以大吉岭会议时所用地图为根据。(二)西藏自治权宗主权,以西姆拉阿会议时双方所讨论者为根据。(三)西藏之自治权及军备问题,应依照民族自决主义,由藏民代表会议,自行决定云云。闻该部对于一二两条,为尚有磋商之余地,唯第三条关系较巨,且事属我国宗主权范围,恐未便准如英使所议也。唯西藏军事日益紧追,北洋政府闻报后,曾电令沿边各省派兵合剿,其详情已迭纪前报。兹悉甘督张广建电报北洋政府,谓此间所派专员石朗仓等,业已启程赴藏,并由宁海马使调兵五营向玉树进发云云。又另据一报告云,藏番肆扰,甘省先后派兵赴玉树驻防。十日张广建来电报告,开拔各营已均到达,现正与川军联络对待藏番,取一致行动,以期互相策应云云。

文章来源:《惟民》第三号,1919 年 8 月 24 日

十四、德约补签之推测

上星期,本埠岭南新报北京特约电:德约已补签,并云政府因恐各方面反对,故无明令发表。又上海电卢永群接北京电:政府并无向巴黎训令补签事,对于各国调停事亦无何种表示,请各团无疑。而各团仍不信任。又中美通信社电云:闻中国有直接向日本交涉山东问题,日人之在美欧者运动此事甚为忙碌,此问题最为危险。我专使顾维钧电北京:山东问题应留诉之国际联盟,若直接交涉之事最为可危。陆征祥电各调停计分七项:(一)山东主权应完全属于中国。(二)日本应将胶澳定期交还中国。(三)日本驻扎山东之军队应定期撤退。(四)山东之德国物产及特权应由日本交还中国,但中国须于收回时量值给价。(五)青岛应辟为万国租界。(六)山东已成,各路应由中日合办,路警亦由中日特别编制之。(七)已定约未成之铁路应准日本承办。巴黎电英美调停山东问条件:(一)胶澳依德国原价作为日本贷款,其延长路线条约悉行取消。(二)日本驻军限二年内撤完。(三)青岛开作万国商埠,但得另辟一隅为日本租界。(四)矿务认作借款办理。(五)沿路警察权完全归回中国。(六)租界地内物产权及特别权以无条件交还。

按以上诸电,英美调停之说是一方面,日本运动直接交涉是一方面,我专使主张向联盟申诉是一方面。果以何方面主张为结果,刻下固难确定。然而国际间向无弱国之外交,不过利害冲突,弱国立于各强国利害交点上,弱国或有较轻之害者耳。记者于此问题敢正告国人,有两主义(一)“对外之认定,以作对内之方针”。外之认定,试问此次联盟果与美总统之宣言相符否?果正义乎?果和平乎?不然,意大利退出和会,乃足以使和会将就从事。割他人之土地,供联盟之成立。由是观之,我弱国之外交,无正义也。无正义,则我国人对外之方针,宁使全国人抱正义而死,绝不受人之调停。迁就一时,遗祸未来。亡国犹有恢复之日,惟无自立之民气,实足以永久灭亡耳。故曰“对外之认定,以作对内之方针。”(二)“对内之认定,以作外之方针”。内之认定,试问北京政府,为中国政府乎?抑日本政府之出张所乎?举世界人,皆知北京政府受日本势力的约束,听日本人之命令。而外交团犹认为政府,其意可想而知。全国人皆知北京为卖国总汇,不过徐世昌为“柔性的卖国贼”,段祺瑞为“刚性的卖国贼”。乃国人对猛虎讲仁慈,对卖国贼请求爱国,真是南辕北辙,倒行逆施。将来岂但山东断送,全国亦将断送。先民有言:“欲消外患,先除内乱”。这“内乱”二字,不是南北不统一谓之内乱。望全国父老兄弟仔细想想,今日中华民国之“惟一无二的救济方法”,非将卖国贼杀灭干净,永无幸事。故曰“对内之认定,以作对外之方针”。

文章来源:《惟民》第三号,1919 年 8 月 24 日

十五、日本商人又在湖南殴打学生

湘省因日商戴生昌汽船局私行逮殴学生侵犯我国国权一事，昨日上午，特在省教育会集合开市民大会。到会者达三千余人，讨论对于此案办法。卒决定请愿政府，提出下列条件，务期做到：（一）请取消戴生昌汽船局在湘营业；（二）请向日领交涉严办戴生昌经理人；（三）请将戴生昌行凶恶徒归案惩办；（四）请对于被殴之学生，符契重伤或身亡后之赔偿抚恤。决定后，遂排长队举行游街大会。次序如下：（一）音乐队；（二）女学生队；（三）小学生队；（四）中等以上学生队；（五）商界各行各帮各业。每队之中，均杂有军警保护。各行俱执小旗，上书各种触目惊心字样，秩序井然，气象严肃。至督署时，复推举代表进见督军，副官长杨开甲、警察厅长修国安接见，允严重向日领交涉。代表出请愿书，请转呈督军，遂由张督延见，除许严重交涉外，并嘱代表转达大众，速往教育会等候，当即派员宣示政府意见。少选张督即派杨佟雨氏到会演说，略谓：诸君爱国热诚，至堪为尚。惟举行游街大会，未先报告政府，手续上殊欠周到。各位此时可归休息，静候政府办理。事关外交，万不能立刻解决。以后遇有应行商榷之处，可随时公推代表與政府接洽云云。演说毕，遂散会。兹将市民传单录下：同胞醒来！同胞醒来！八月四日，日本人谋杀中国人。同胞醒来！八月四日，日本人谋杀湖南人。同胞醒来！八月四日的早晨，大西门外戴生昌汽船局谋杀学生，这学生名叫符契。八月四日的早上，学生联合会议调查主任符契，在中国的大南门外金家码头经过，突然被戴生昌汽船局的水夫，将他扭，一会拖入汽船局里去了。拖入汽船局，关入一间乌黑的房子里面，多人聚，拿拳向他打。他不动，更死，打的久了，胸部和背部痛起来了，肿起来了，他没法闭眼睛，由他们摆布一顿。毒打之后，有一人提刀向符契的头上便斫，符契站进身一喝“你们敢杀我”，那人便走了。汽船局的经理，知道糟了，才出来安慰。中因警察得知了，再与汽船局经理交涉，才得符契救出，抬入中国的警察署。符契的生死，到底怎么样，这时候我们都不知道，或者不死，或者要死，因为受着了重伤。同胞醒来！这不是日本人谋杀中国人吗？这不是日本人谋杀湖南人吗？这不是明明谋杀湖南的爱国学生符契吗？戴生昌船局的中国人，是日本人的走狗。戴生昌船局，是挂日本的招牌。戴生昌轮船，是打着日本的旗子。诸君，这不是日本人和中国（戴生昌少数败类）合伙来谋杀中国人（我们湖南人）吗？戴生昌赚我们湖南人多少钱，他还要杀湖南人，戴生昌他居然要杀湖南人！阅者注意上文

所述，不过将实情形叙出，请阅者自己去下批注。至于对待日本人，应择我们所能做的事、所应做的事去做。我们虽恨日本人，却要待他文明（千万不要暴动），我们有几多顶文明的办法，足以制他们的死命。（最好使他们饿死）同胞醒来！

文章来源：《惟民》第三号，1919年8月24日

十六、壮哉斐列滨之华侨

日前，斐列滨全岛举行战胜大祝典。马片拉大埠商民全体休息一天，惟该处华侨不肯加入。其原因以德约既不能使吾人满意签字，华人已抱悲观，只有据公理以抗争，并无欣喜之可庆。故所允拨之五十拍索庆祝费已改购办米粮以赈施贫民云。

（斐列滨十四日电）

文章来源：《惟民》第三号，1919 年 8 月 24 日

十七、北廷对德和平之困难

青岛问题,争持激烈时,不但反对签字者仅注意于对日,即各当道亦只顾虑国际地位及种种利益问题,未暇及于对德善后之一切手续也。至拒绝签字以后,陆使并以速行宣示对德终止战争为请,政府亦然而兴,觉此层必须先行办一结果。而宣示之手续与其办法,乃成阁议中煞费研究之问题。第一,拒绝签字为对日也,而形式上则为对德。于和会则拒德之和平条约,而又以一方之意思宣布对德恢复和平,此为创见之国际事例。第二,和战之事须双方定之,一方面之意愿,不必生若何之效力,徒遗相矛盾之话柄。第三,自宣战以来,虽中德未实行战争,而处理德奥侨民财产等已照敌国办理。一旦宣布和平则一切处理办法均须取消,如交还敌俘、发还财产、恢复领事公使等。既不能必彼方之照行,又须与协约各国一致行动。而协约各国之办法,则尚未揭晓无所适。从要之既拒签和约,又不能终止宣战,对德既成一特别之形势,而与协约又不能不取公同之行动,于是外交上之创例难题,纠纷而不可解。当拒约电告之后,陈箓即假请辞职。或谓此事专使及当道责任,陈何必张皇?陈氏则谓拒签事虽无何等责任,但因发生之国际处理事件,实无从办理,亦实情也。然政府诸阁员于外交办法,更不了了,不能不请教于陈,极力劝回。复历开特别外交会议,卒定先发一命令,作为对外非正式订约的披露。至对待德侨等事之实行,则仍俟诸协约各国有办法时,步趋其后,此亦无办法之办法。因各专使后又屡电论及国际联盟问题,即在目前,不终止交战态度,则于加入联盟有大妨碍也。说者谓我国之对德宣战,本是宣而不战,现虽据约,亦断不至有何战争,即处理敌侨,恢复旧状,亦不妨各国公同办理。但因渴想之国联盟利益,时萦魂梦,不能不惨淡经营各方并顾之法,惟究竟俟奥约签定一并发表藉掩痕迹。(因签奥约可为和平之证据)抑先行宣布,又经过许多之商量,前日阁议,以奥约签定,尚无日期,已拟先行宣令矣。昨日又复中止,其原因则忽然想到和使方面,尚有种种问题可虑。和使自中德宣战后,代表德人在华□利,我国之对待敌侨,在协约则时时责备,以为太宽,而在和使,则时时诘问,以为太严。故一旦命令发表,则彼必于解除取缔敌侨发还财产取消禁止通商等事,不肯放松,以待我国之从容,而瞻协约之马首。于是政府又徘徊瞻顾,以为须先与和使商洽,以免事后未见何等利益,先添许多之麻烦。而此令又暂搁置,所谓进退维谷,左右做人难也。

文章来源:《惟民》第三号,1919 年 8 月 24 日

十八、旅墨华侨之呼号

旅墨华侨为苛例颁行，生计将绝，恳请速向墨政府严重交涉。事缘本省议会前通过工人新例一案，现经省督准，令本埠市长强迫执行。惟查此例之苛，诚为世所罕见。兹将该例内容略录数款如下：第一百零六条，略谓凡工厂商店例要每百工人墨人占八十名外人占二十名（譬如一店有华工十人则要墨人四十名）。又每日做工以八点钟为度，每六日休息一天。所给工价倘工人不满意，得会同工务局及其家人酌定之。凡工人做满一年之外要加优俸一个月。倘工人有病要请医生，调理其医费及药费均由东主供给，并每日仍支回工银一半，以三个月为限。对于工人不得无故辞却，倘有工人向工务局告发，要补给足个月薪水。倘遇工人有家眷丧事，东主要帮助其丧费。倘工人有跌伤手足，要东主补给汤药费，另要支给工金。或时有工人有心病抑别病，工人得请医生验过，确实系为工所伤亦要东主补给药费。若不遵例，而行罚款百圆或十五天监禁。上列数款系不过举其紧要者而言，尚有百数十款从略。呜呼！此种苛例诚绝无仅有矣。试问侨等能容纳乎？按之中墨所立商约，贸易自由、用人自由实无款不有抵触。矧世界万国我华人均有寄迹，或农或商，所用工人均由我华人为之，外人固无权横加干涉。也乃该墨人眼光如豆，野蛮是逞，既干涉我商权，复强迫我用人，征之中外古今实无此苛例。美国工党向称最盛，但东主对于工人有采用权，喜则雇之，不喜则辞之。凡工人有病及其家眷有丧事均与东主无涉，从未闻此等事东主亦受牵连之累也。今侨等见得此例太苛，仍力抗拒。但本埠市长排华性成，屡次传集我全体华商到衙门，开强逼手段要我遵守，始则限以时日，继则罚我款项，昨又再限我八天即要遵守，否则再罚再拘终要照行。而后已侨等当时见事机已迫，急请总会律师电禀省督，求暂阻止，勿遽执行。乃昨接省督复电，对于此事不特不加阻止，日复勒令遵从。似此倒行逆施，省督亦是一丘之貉。现八天之限期将届，侨等实属惶恐万分，实惧此风一开各处相继效尤，则于我华侨商务前途不堪设想矣。兹顺将省督复电一份夹呈，到请披阅。万望我公俯念侨艰迅，即据约与墨政府严重交涉以解倒悬，侨等幸甚。谨呈冯代使先生案前察夺施行。旅墨顺省马架连埠团体支会总理林亭、书记陈墨隐等谨禀。

文章来源：《惟民》第三号，1919 年 8 月 24 日

十九、华侨联合会致全国报界书

大主笔先生钧鉴。自国内倡抵制劣货,敝会曾通电海外华侨团体一致进行。继复组织国货调查部调查国内土产实力,提倡讵盛倡抵制劣货之时,忽发生复籍问题。一二挟私怨或含有他种作用者,对于华侨创办之南洋兄弟烟草公司肆力攻击,谓该公司经理简照南为日籍,则其公司所出之烟天然不得谓之国货。此种评论稍有学识者当不谓,然查复籍惟华侨为多。近日暹罗爪哇且生强迫华侨入外籍之事,祖国政府祖国人士均无术挽救。在华侨非甘心弃其祖籍,或因居留政府之强迫,或因不平等之待遇,一时迫不得已,为保全性命财产计,暂忍苦痛投入外籍,此在熟悉华侨情形者类能知之怜之,而何有于责斥?何有于唾弃?贵报馆主持公道,立论平恕对于华侨复籍问题必有极正当之主张为国人宣告。且尤有进者,辛亥光复,复籍华多捐巨款助革命军饷,彼时未闻因其复籍而谢绝之。岂索款时欢迎我复籍之华侨,迨共和告成遂弃之如遗耶?总之,今日乃抵制劣货问题,非抵制复籍问题。况简照南已脱去日籍,该公司之内容均经沪上多数团体详细调查,确系华产国货,登报证明甚。愿贵报有以判决其是非曲直昭示全国,吾华侨当群起馨香祝祷于无既也。肃函奉陈敬颂伟祺。华侨联合会全体同人叩。

文章来源:《惟民》第三号,1919年8月24日

二十、华侨联合会复籍问题之表示

本会为华侨总机关，凡华侨回国兴办工商实业，本会有提倡保护之责。此次国内抵制劣货，本会曾通电海外华侨团体一致进行，讵盛倡抵制劣货之时忽发生复籍问题。查复籍惟华侨为多，华侨非甘心弃其祖国，诚以寄迹海外，或受居留政府之强迫，或因不平等之待遇不得已而列为复籍，此在熟悉华侨情形者类能知之。辛亥光复，复籍华侨多捐巨款助革命军饷，未闻因其复籍而谢绝之者，且共和告成华侨回国振兴工商实业，若先施公司、永安公司、南洋烟草公司、华侨有限公司、张裕酿酒公司、香亚公司等等均中国最大之公司，即上海一隅已容纳贫苦工人数万，利国福民事实具在，功业灿然。近日政府，以及全国人士莫不注意招徕华侨兴办实业。使对复籍华侨而肆力攻击，恐已返祖国者灰心短气，未返祖国者更裹足不前，影响于吾国实业前途至巨，愿全国人士共鉴察之。

文章来源：《惟民》第三号，1919 年 8 月 24 日

二十一、王揖唐偏要来议和

北京自发表王揖唐任北方议和总代表，南方反对文电，几乎络绎不绝。但王揖唐咬定一个"笑骂由你笑骂，好官我自为之"的主义，仍积极在那里布置。今天派某某南下疏通，明天又在某报表示其议和之主张。现在连议和秘书长都定了梁鸿志，居然兴高采烈起来。不料又碰上了吴佩孚，又把他大骂了一顿。原电照录如下：（前略）此次元首任足下为议和总代表，拒绝声浪，洋洋盈耳。始谓足下俯从民意，退让高贤，讵意通电就职，居之不疑，为足下不取也。夫议和乃双方公共之调和，非片言一隅之武断。总代表一席，必须为民意所倾向，元首所倚重，双方所信仰者，方可充膺斯选。默察足下今日，全国侧目而非倾向也，酬恩知遇而非倚重也，南北知名而非信仰也。且身列国会，安能解决国会之问题？身为党魁，安能不受党派之牵制？在天下之未有斯人不出之希望，而足下乃竟有舍我其谁之仔肩。足下自命不凡，不计个人安福，欲谋天下安福，固为厚自期许，希图大展抱负，其如天下人之不谅何耶。统观海内对于足下，不为喁隅之望治，而为瞶瞶之胥才。腹诽巷议，众口悠悠，千夫所指，无病而死。此次促进和局者，并非不世之功，而阻碍和局者，则有应得之罪。足下一出，舆论哗然，不惟不能促进和局，而反阻碍和局，亦何苦贪天之功，甘冒不韪，以与民意为敌。传曰知彼知己，又曰知难而退，又曰众怒难犯，专欲难成。世界潮流，既日趋于和平，则南北争端，自终归于统一。（中略）筹安会之覆辙未远，曹陆章之公愤犹存，勿谓赵家楼之恶剧，不再见于安福俱乐部也。（后略）据此看来，已将王揖唐骂得个不亦乐乎，他偏要来议和。"人而无耻""胡不遄死"，王揖唐可以当之。

文章来源：《惟民》第四号，1919年8月31日

二十二、和议原来如此

上海和议停顿以来，久已声息毫无。不料北方发表王揖唐总代表对于和议居然积极进行，其办法已经定夺。你猜为什么要和？就是要瓜分权利呢。北京某报通信，说得最详，摘录之以饷阅者。据云王揖唐的总代表发表后，最感苦痛的，莫过于某学会一派。所以李曰垓向龚心湛大拍其桌子，谷钟秀堵气不再见客。原来老徐对于西南只看得起□□□，所以要钱给钱要地位给地位。对于□□□总看着他代表不起西南来，所以只一月给他三千元的干修，许他一个可望不可即的副总统，因此即发生一种酸素作用。高而谦已在北京找门路，又来李曰垓携带条件入京。高李两个人本是一对废材，见徐怕说不出话来，见段更怕做声不得，千找万找，找到龚心湛。李见了龚，就说岑春煊请龚转达老徐，西南和议由军政府主持，军政府总裁，他是首领。老徐要想着言和，最好是同他商量，所有种种困难，他都能替解脱的，找别人单独媾和，万不中用，还是同他讲和吧。又说老岑对于北总代表，第一欢迎龚，第二欢迎钱，其他是不欢迎的。还是请龚出来，为是又把老岑议和的条件拿出来，总纲是“先法律后事实”。他所说的法律，是恢复六年的国会制宪法，存留非法的国会行使职权。他所说的实是要三个总长、七个省长。总长正主儿是张耀曾、章士钊，陪客是吴景濂，省长正主儿是李根源、谷钟秀、杨永泰、冷遹、李肇甫，陪客是谭延闿、褚辅成。龚心湛答应了两个总长（张章），七个省长却完全拒绝了，说此时尚说不到呢。李曰垓得此心满意足，当坚嘱龚氏，教他除了老徐老段，千万不可再叫一个人知道。那知老徐老段是通气儿的，当时老段和盘托出。安福俱乐部听见这个消息，把龚氏叫了去，大加申斥。由王揖唐向龚说，没良心的东西，你的总长总理，那里来的，饮水不思源，胳膊往外扭，太不成话了。龚尚瞒瞒哄哄，安福全班大跳起来，说你不实说，对不起我们就请你出阁了。龚大恐，只得将李曰垓所说的一字无遗，向安福报告了一遍。王揖唐大笑，说岑西林太不睁眼，不找有势力的我（主自称），偏找没势力的你（指龚）中甚么用？然而这样做法不过是拿着我们送礼，我们有人情不会自己送吗？滚开吧，北总代表我自己做，别瞎希望了。龚抱头鼠窜而去。王遂通知老段小徐，召集北戴河会议。老徐闻信，赶忙派了个代表加入会议，凡事画诺，免失段徐王之欢心。等王揖唐回，先把他请了去，面许龚当总代表，王氏方平了气，与老徐约定，如果南方去了国会，北方的伪会也可取消的。老徐要求加入，要求南方承认他的位，王笑颔之。李曰垓闻信找龚氏拍台打椅，大不答应，责备他为甚走漏风声。龚氏不答。谷钟秀先跑的狠热，浇了这瓢冷水，攒着头也不出来了。这就是北京方面经过的情形。

北戴河会议之后，老徐完全降服老段，老徐手下一般大谋士，亦一一立于安福旗帜之下，罔弗降心相从，是为老段亲日统一政策大成功，闻已决定各政策如下。（一）撤去文治派假面具，实行军阀的大统一。（二）以日本为友国之主体。军械军饷，胥仰给于日本，俾全国军队，胥受日本教练。以后兴业借款，先尽日本磋商。俾实业交通，由日本人操纵，他派不得染指。（三）王揖唐之总代表职务为取消广州国会。而北京伪会，亦可同时取消，用免人言庞杂。（四）各省军阀之分配。直隶主要军力在湖南，先斩其饷粮，使之自溃。曹无兵力，则代之以小徐（此小徐所以不离北京之原因也）。东三省由张作霖统一之。山东张树元如不善为日本尽力，则代以马良。陕西以许兰洲代陈树藩，俾奉军势力延及关中，为西北两王通声息。豫晋甘新四省无更易，卢永祥免任浙督。沪护军使则任段式妻弟吴光新，相机以代宁督李纯（吴本长江上游总司令，秩高于护军使，所以降就者正为此耳），李去。赣督陈光远受倪嗣冲、吴光新之监视，必出辞职一途，则以施从演代之。湖北王占元，已受何佩镕之监视，然武汉为长江枢纽，于政局大有关系，不可无段氏亲信以镇扼之。闻将以靳云鹏代王，湖南则仍张敬尧，安徽则仍倪嗣冲，而北廷势力范围以下之各省，已清一色矣。两广即以陆荣廷为巡阅使，滇黔以唐继尧为巡阅使，督军各由其自荐。熊克武转任川西边防总司令，乃使刘存厚回川。故上月有大批军火接济刘氏也，惟林葆怿率军舰前往。大足为闽局解决之梗。闻暂定以萨镇冰继李厚基（或主不换）而调林内用（闻拟位置于海军次长）。至驻扎川湘陕之各军，北廷暂不干涉，俟大局定后，责成刘张许荐任之。（五）各省长出缺。一律由督军兼任，不再简放。故岑春煊要求七个省长，龚心湛拒绝之。实行军国政治十年，段之夙志也。今假日本之扶助，降服老徐，统一南北，而告成功。则其报酬日本，焉敢少缓。故南北统一之日，即日本势力遍布中国之秋也，中国不亡尚何待乎。

文章来源：《惟民》第四号，1919 年 8 月 31 日

二十三、美参院将修正和约

此次欧洲和约关于我国山东问题，主张极不公道。经我国拒绝签字，该和约已受一打击。盖我国虽处于弱国地位，然与对手国之德奥而言，总算协约方面之一部。我国若始终坚持非交回山东权利，决不补签德约，则从严格的观察，此次对德和约，已表示协约之不一致。连日美国参院，关于和约中之山东问题，亦主张加以极公正之修正。似此，则该约不能照凡尔塞和会条文完全批准。所谓五大强国执和会之牛耳者，又不能一致，公道犹在，吾人将拭目以俟之。兹将关于此问题之美参院态度汇载如左：容揆来电谓，美总统召见上议院议员及外交委员全体，说鲁案内容，又上议院邀请谙熟中华情形者三人，询问中国内容，福开森亦在被邀之列。嗣威尔逊与上院委员有之一段谈话。威氏曰：余非以美国关于承认国际联盟之事，对于诸君试为说明者，盖因此等之说明解释对于正式之批准，无何等之效力故也。若将以此等之说明解释为正式批准之一部分，则各国政府于条约正文之外，必须更审察。当承认美国上院之解释与否，从而待其批准，必至多费时日。余所谓解释者，不过明白条文之意义而已。又威氏断言曰：余党草国际联盟案时，于斯麦资将军之行动，加重大之注意。将军别有一种之和议案，特对于已解体之战败国，怀分割之野心。又有多数之质问，威氏答之曰：应于必要对于联盟中之某国，约定以兵力援助者。美国非负法律之责任，实负道德之责任。又据国际联盟之规曰，日本不能掌握山东之主权。又有质问日本能实践其誓言否，威氏答之曰：日本有履行誓约之决心，予固不惮公言之也。经此度谈话之后，美国参院开会大加辩难。对于威尔逊总统在凡尔赛所缔结之国际同盟及对德和约，大施攻击，而尤集矢于处置山东半岛之不公允。就中辩论最力者为强生洛克斯洛氏，我国驻美公使。容揆于二十三日电致北京政府，谓本日美国上议院外交股，通过德约修正案。其关于山东问题一章，所有“日本”二字，尽改为“中国”二字，并主张青岛及附属权利，归还中国。而日前南华早报伦敦劳打来电，□有关于同样之电文，译述于下。八月廿四日美京电：美上议院外交审查委员会，已将上议院员律治之决议实行，将德国在山东之权利与中国，而不给与日本。此事将在上议院内为之争持。共和党员声称伊等有十足之投票，以主持修正之条款。而民主党员，则深信其失败，虽为威总统辩护，终不能解释反对派之疑团也。

文章来源：《惟民》第四号，1919 年 8 月 31 日

二十四、匈牙利政局现状

二十三日匈京电:匈牙利内阁会议讨论选举案,已决定九月二十日开会,选举内阁人员。众议决以投票选举法,妇女亦在内。闻匈总统拟与协约国委员会磋商此事,不日起程云。二十□日匈京电:匈国政务委员长藻塞夫大公,因协约国不承认其政府,故告退。

文章来源:《惟民》第四号,1919 年 8 月 31 日

二十五、韩人对日之决心

廿五日法京电:此闻高丽人对于日人修改对高丽制度一事,表示其十分怀疑。汪伯爵宣称,东京发出,诏之策划,不能令人民满意。吾人之争,非为欲得与日人同等利权,只为高丽人之自主独立而争。而高丽人亦永不承认日本人之制治。苟日本人把持高丽为日本之一部一日,即远东一日不得和平云云。

文章来源:《惟民》第四号,1919 年 8 月 31 日

二十六、社会主义与我

我们中国人,有一种毛病,就是虚骄二字。这种病根,要不铲除干净,无论人家甚么学问,我们都不能受益。世界上再好的主义,到了中国,也是无用。就现在社会主义,说将起来,以我中国人的阔大性,与这主义相迎合,将来定能与世界大同。记者在息争论第五六章,另有专论(注一)。但是这德谟克拉西的主义,在政治上说,尚是狭义的多。若是就个人上说,是最广义的,也是最平庸的。怎么说最广义,社会主义的目的,是要各个人尊重各个人的人格。各个人行为上,本其各个完全的人格,互谋有益人类的活动,好增进世界的真正文明。怎么说最平庸的,社会以个人为起点,就是先要认明一个我,就从我的心身上"自觉""自制"。使这主义,自我实现,欲求全社会的人,有独立性又有公共性。先求我这一个人,有独立性又有公共性,同时并且有益于社会,自然是有益于自己。所以说社会主义,是至高尚的,至广义的。若是各个人抱着这主义身体力行,也是很平庸的。现在世界人类,觉悟了从前的他种主义,都不能得人类真正幸福。抱定这主义,以求人类真正幸福,也有行狭义的,如德奥现在的国家社会主义。也有行广义的,如俄之"波尔失委克"(参观本刊波尔失委克之新写真)。大约人类真正幸福,不出十年,必要实现的。吾人不幸生在东方,却幸有这主义,甚么恶魔,甚么军阀,都不必问他,到要先问我。怎样说恶魔军阀不必问他,先问自己。这社会主义,比如春风吹草,一到元阳开泰,凡是有根的生物,都要自然发扬起来。我自己要不自觉自制,身体力行,那就被社会所淘汰,成了过去废物了。再者这主义,好比消毒水,凡世间毒物,一见消毒水,那就完了。恶魔军阀的毒,就现在世界大势看来,最大的毒,如德国的军国主义,都消灭了,到成了社会主义的反动力,结果是助长社会主义。其余的更不必问。就怕的我拿这招牌,来欺世盗名,或者我一知半解,行的有错误,或者我认为人家先做,我做个领袖的样子。像从前的租界革命党,教别人去放炸弹,打手枪,我却怕死,藏在外人保护之下,终局没革到人的命,到革了我的命。或者我有始无终,正做到高兴时,有人反对我,我便灰心,那都是不对的。要知我既认明这个光明大道,一切外界的阻力,都不必问。我第一脚踏实地,由近及远,一步一步的做。我的习惯上,或有奢华的,我改朴实些,我或不能工作的,我先从自己一身之事,工作起来。比如我中国那旧日的使奴唤婢的习气,斯文不过的样子,甚么体面所关的客气,甚么劳心不劳力的古训,甚么喜笑怒骂的神味,甚么浮荡不羁的才子,甚

么离群索居的隐士,一概都要铲除。再把吾友范鸿钧的游民社会的写真,过细看看,我到底是不是个游民。我若是个游民,我就是社会的罪人。我并不是老幼残废,我便分工互助。我的五官百骸,依赖社会的存在,我便尽我五官百骸的能力,先使我一个人,不是分利社会的人。那么一个人如此作法,各个人如此作法,这才能达到"各尽所能""各取所需"的地位。有一个人不尽所能,这一个人,不但为社会所淘汰,因这一个人的关系,就惹起人我间的畸重畸轻状况来。那况状的演绎,就有不平等不自由的祸害了。这个道理,因社会与我的关系,我是社会的起点,社会是我的生活场。社会离了我,不成生活,我离了社会,也不能生活。我的责任轻了,我以外的人的责任,便重了些。比如一家十口人,各个都能作事生产,十个人的负担平等,十个人的生活自然快活到极点了,快活到极点,自然是平等自由了。若是一个人闲着不作事,那九个人,每人身上,就加了一分重量。中国的家庭,多半是一个人,负担八口之家的生活力。八口人依赖一个人,这一个人,就生抱怨心,那八口人,就生了依赖性,其中或以愁苦烦恼,吵闹争执。所以中国人,要讲自由平等,从人格上做,人格的问题,先要从我做起。我望我四万万同胞,都先要认明天赋职能的真我。

文章来源:《惟民》第五号,1919 年 9 月 7 日

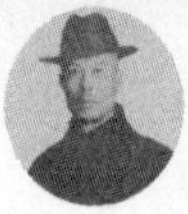

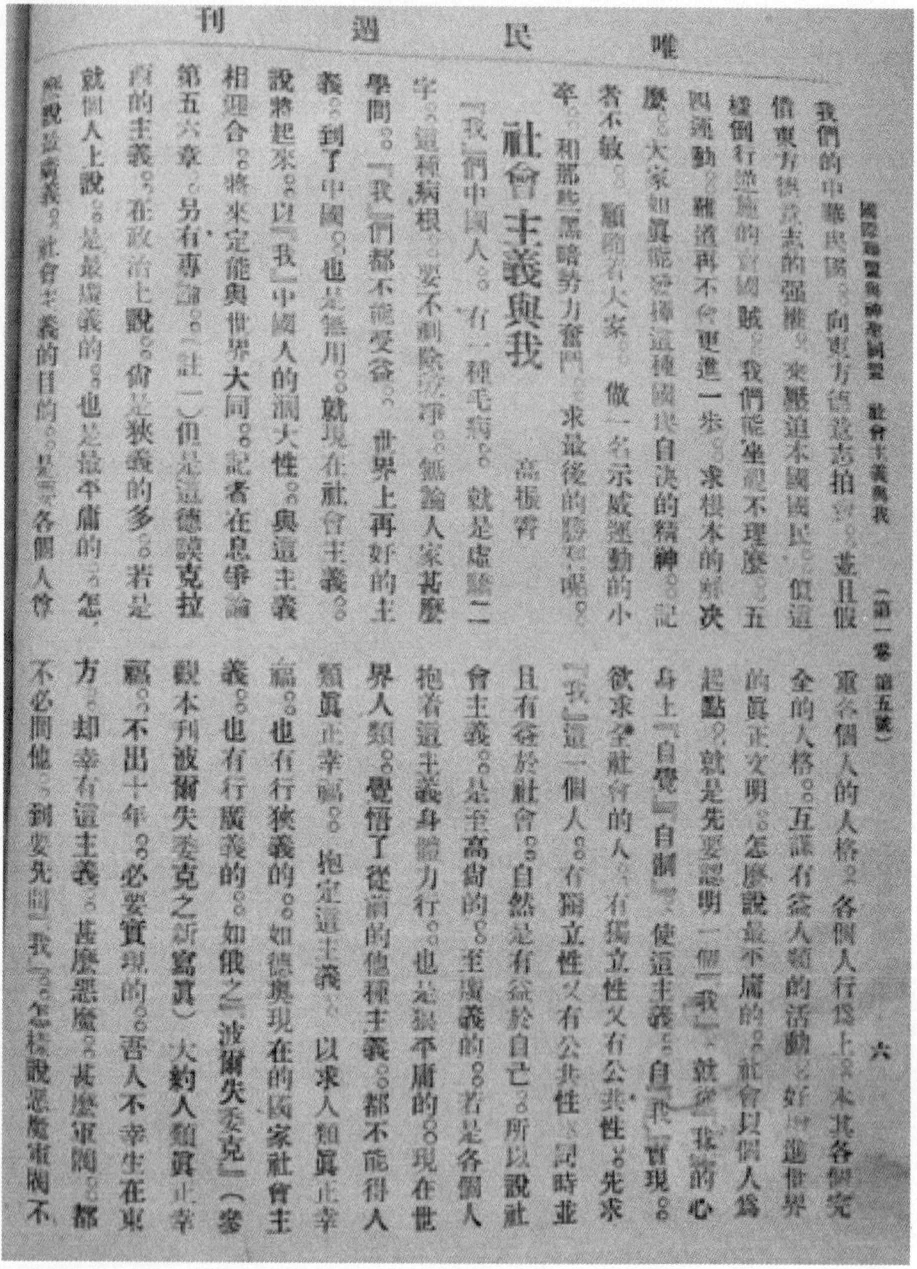

我們的中華民國。。向東方德意志拍賣。。並且假借東方德意志的强權。。來壓迫本國國民。。但這樣倒行逆施的賣國賊。。我們能坐視不理麼。。五四運動。。難道再不會更進一步。。求根本的解決麼。。大家如真能發揮這種國民自決的精神。。記者不敏。。願隨着大家。。做一名示威運動的小卒。。和那些黑暗勢力奮鬥。。求最後的勝利呢。。

社會主義與我

高振霄

『我』們中國人。。有一種毛病。。就是虛驕二字。。這種病根。。要不剷除乾淨。。無論人家甚麼學問。。『我』們都不能受益。。世界上再好的主義。。到了中國。。也是無用。。就現在社會主義。。說將起來。。以『我』中國人的濶大性。。與這主義相迎合。。將來定能與世界大同。。記者在息爭論第五六章。。另有專論。。（註一）但是這德謨克拉西的主義。。在政治上說。。尚是狹義的多。。若是就個人上說。。是最廣義的。。也是最平庸的。。怎麼說這廣義。。社會主義的目的。。是要各個人尊重各個人的人格。。各個人行為上。。本其各個完全的人格。。互謀有益人類的活動。。好創造世界的真正文明。。怎麼說最平庸的。。社會以個人為起點。。就是先要認明一個『我』。就從『我』的心身上『自覺』『自制』。。使這主義。。自『我』實現。。欲求全社會的人。。有獨立性又有公共性。。先求『我』這一個人。。有獨立性又有公共性。。同時並且有益於社會。。自然是有益於自己。。所以說社會主義。。是至高尚的。。至廣義的。。若是各個人抱着這主義身體力行。。也是很平庸的。。現在世界人類。。覺悟了從前的他種主義。。都不能得人類真正幸福。。抱定這主義。。以求人類真正幸福。。也有行狹義的。。如德與現在的國家社會主義。。也有行廣義的。。如俄之『波爾失委克』（參觀本刊波爾失委克之新寫真）大約人類真正幸福。。不出十年。。必要實現的。。吾人不幸生在東方。。却幸有這主義。。甚麼惡魔。。甚麼軍閥。。都不必問他。。到要先問『我』。。怎樣說惡魔軍閥不

高振霄在《惟民》周刊发表《社会主义与我》图片 1

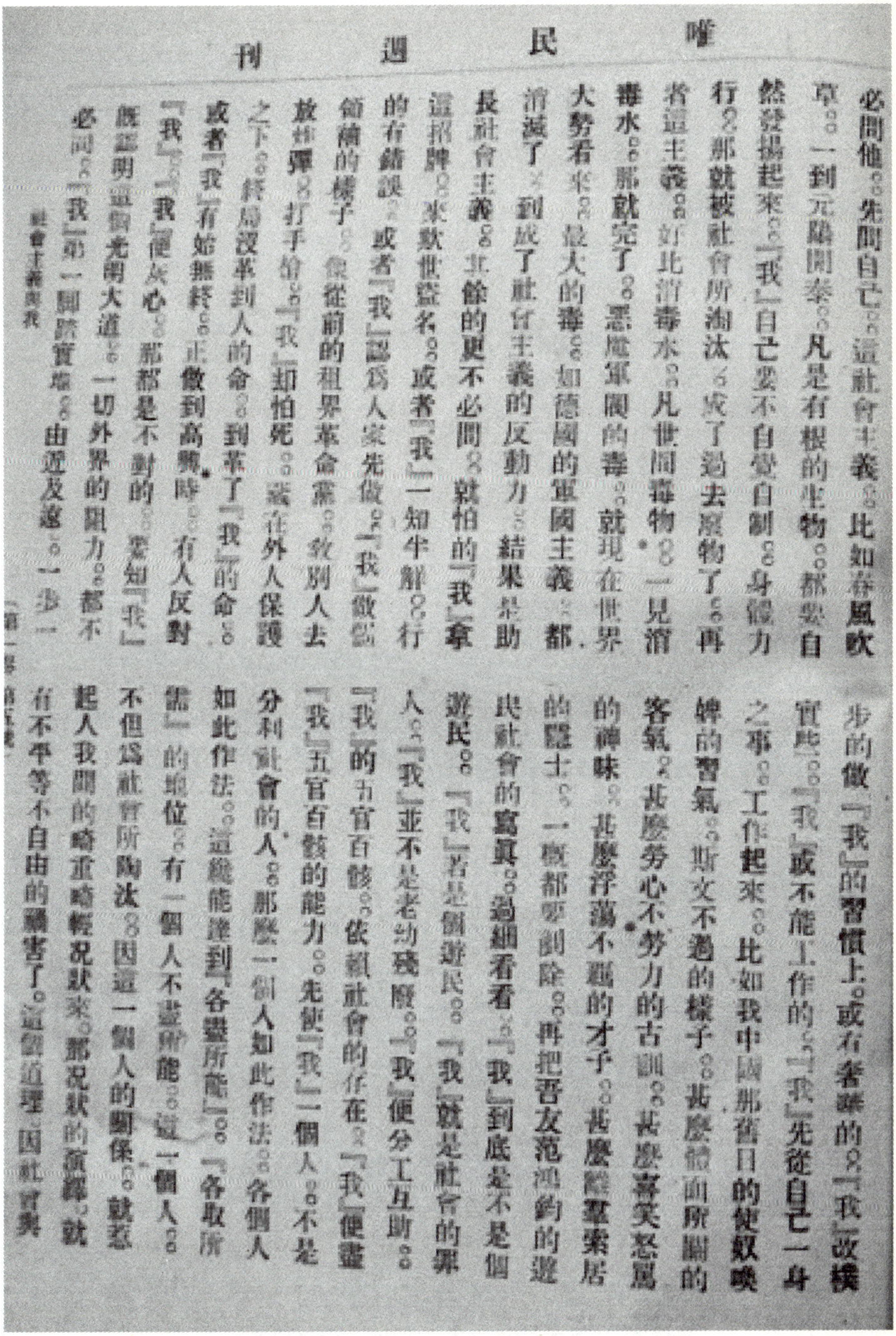

唯民週刊

必問他。先問自己。這社會主義。比如春風吹草。一到元陽開泰。凡是有根的生物。都要自然發揚起來。『我』自己要不自覺自制。身體力行。那就被社會所淘汰。成了過去廢物了。再者這主義。好比消毒水。凡世間毒物。一見消毒水。那就完了。惡魔軍閥的毒。就現在世界大勢看來。最大的毒。如德國的軍國主義。都消滅了。到底了社會主義的反動力。結果是助長社會主義。其餘的更不必問。就怕的『我』拿這招牌。來欺世盜名。或者『我』一知半解。行的有錯誤。或者『我』認為人家先做。『我』做個領袖的樣子。像從前的租界革命黨。教別人去放炸彈。打手槍。『我』却怕死。藏在外人保護之下。終局沒革到人的命。到革了『我』的命。或者『我』有始無終。正做到高興時。有人反對『我』。『我』便灰心。那都是不對的。要知『我』既認明這個光明大道。一切外界的阻力。都不必問。『我』第一腳踏實地。由近及遠。一步一步的做『我』的習慣上。或有奢靡的。『我』改樸實些。『我』或不能工作的。『我』先從自己一身之事。工作起來。比如我中國那舊日的使奴喚婢的習氣。斯文不適的樣子。甚麼體面所關的客氣。甚麼勞心不勞力的古訓。甚麼嘻笑怒罵的神味。甚麼浮蕩不羈的才子。甚麼隱蟄索居的隱士。一概都要剷除。再把吾友范鴻鈞的遊民社會的寫真。過細看看。『我』到底是不是個遊民。『我』若是個遊民。『我』就是社會的罪人。『我』並不是老幼殘廢。『我』便分工互助。『我』的五官百骸。依賴社會的存在。『我』便盡『我』五官百骸的能力。先使『我』一個人。不是分利社會的人。那麼一個人如此作法。各個人如此作法。這纔能達到『各盡所能』。『各取所需』的地位。有一個人不盡所能。這一個人。不但為社會所淘汰。因這一個人的關係。就惹起人我間的畸重畸輕況狀來。那況狀的演繹。就有不平等不自由的禍害了。這個道理。因社會與

高振霄在《惟民》周刊发表《社会主义与我》图片 2

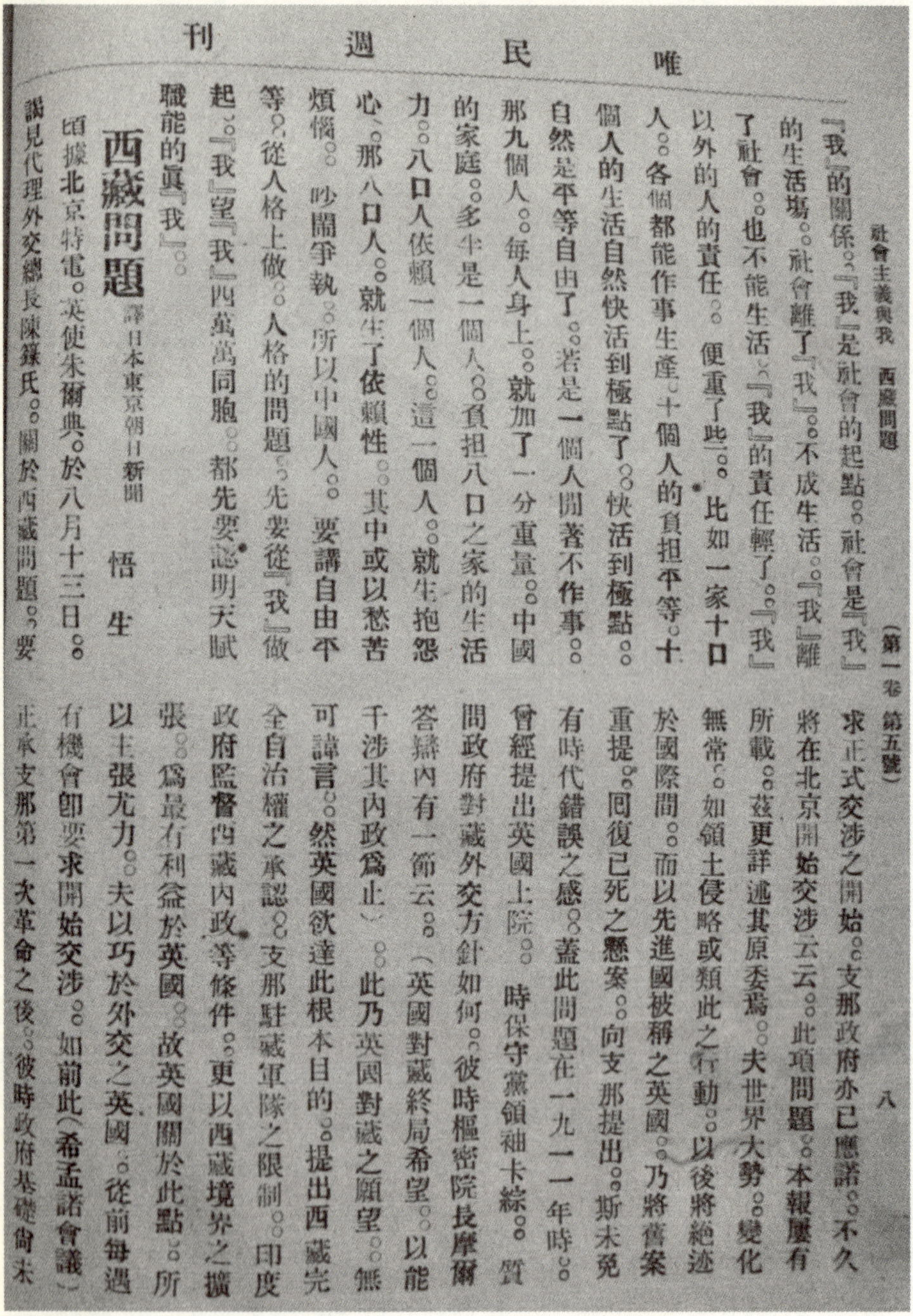

社會主義與我　西藏問題　（第一卷　第五號）　八

唯民週刊

『我』的關係。『我』是社會的起點。社會是『我』的生活場。社會離了『我』。不成生活。『我』離了社會。也不能生活。『我』的責任輕了。『我』以外的人的責任。便重了些。比如一家十口人。各個都能作事生產。十個人的負担平等。十個人的生活自然快活到極點了。快活到極點。自然是平等自由了。若是一個人閒著不作事。那九個人。每人身上。就加了一分重量。中國的家庭。多半是一個人。負担八口之家的生活力。八口人依賴一個人。這一個人。就生抱怨心。那八口人。就生了依賴性。其中或以愁苦煩惱。吵鬧爭執。所以中國人。要講自由平等。從人格上做。人格的問題。先要從『我』做起。『我』望『我』四萬萬同胞。都先要認明天賦職能的真『我』。

西藏問題

譯日本東京朝日新聞　悟生

頃據北京特電。英使朱爾典。於八月十三日。謁見代理外交總長陳籙氏。關於西藏問題。要求正式交涉之開始。支那政府亦已應諾。不久將在北京開始交涉云云。此項問題。本報屢有所載。茲更詳述其原委焉。夫世界大勢。變化無常。如領土侵略或類此之行動。以後將絶迹於國際間。而以先進國被稱之英國。乃將舊案重提。回復已死之懸案。向支那提出。斯未免有時代錯誤之感。蓋此問題在一九一一年時。曾經提出英國上院。時保守黨領袖卡綜。質問政府對藏外交方針如何。彼時樞密院長摩爾答辯內有一節云。（英國對藏終局希望。以能干涉其內政爲止）此乃英國對藏之願望。無可諱言。然英國欲達此根本目的。提出西藏完全自治權之承認。支那駐藏軍隊之限制。印度政府監督西藏內政等條件。更以西藏境界之擴張。爲最有利益於英國。故英國關於此點。所以主張尤力。夫以巧於外交之英國。從前每遇有機會卽要求開始交涉。如前此（希孟諸會議）正承支那第一次革命之後。彼時政府基礎尙未

高振霄在《惟民》周刊发表《社会主义与我》图片 3

中華郵務總局特准掛號認爲新聞紙類

惟民

"Democracy"

Issued Weekly.

中華民國八年九月七日星期日

第一卷第五號目次

唯民週刊社印行

《惟民》周刊第五号封面

二十七、武力统一之新计划

本社接天津急电云，此次国贼王揖唐出任总代表，大家都是说这是徐党失败，段贼上台的结果。不知徐贼本以和议软化西南，段贼原主武力征服西南，两贼一张一弛，互相为用。前者陕西民军，大有直扑黄河以北之势，故利用徐之柔。今者上海和会，露出西南护法的假面具，加上段贼的主义，原想在这个时间，借债筹械，征服一切。一面将东北西北网罗势力，一面进攻陕西，南取闽粤。不料银行外交各团，申明未和平以前，不准军械入口，不借债于中国。又加上学生风潮，市民起而力争外交，于是徐贼亦不敢明签德约，段贼又无法补签德约。一面使人运动变更奥约，一面日人芳泽氏来京为段划策，变更奥约。所以馁国民之气，使补签实现，国人无辞以难政府。国内和平，以王氏为总代表，轻描淡写，唯一条件，“恢复六年宪法会议于南京”，其余皆好商量。现张耀曾电告唐继尧云，如公赞成此说，马上可以了结。唐氏复电绝对反对，闻此策为某人某氏所出，只云宪法会议，法律问题可以遮掩。而宪法会议，决不能召集人数，一切职权仍由伪国会行使，将来暗签德约，调回王氏，外交问题，归罪于国民，和平问题，归罪于宪法人数不足，盖不恢复参众两院及广州国会，不能召集人数。那时段徐挟大东北大西北及参战军之势力，中日和并之实力，一鼓而破西川（现闻熊氏在川，已为人所利用）。再进而平滇黔，至于两粤，一半已在掌握中矣。

文章来源：《惟民》第五号，1919 年 9 月 7 日

二十八、西南各方之觉悟

西南情形，在非常会议时代，尚为国会解决时局。自军政府改组，西南时局，完全为二三小人所播弄。初则树植一二私人权利，继则引诱各军攻击国会，“如四川鱼电”渐则将军政府大纲改更，使各军代表不得参与政务会议，终则唐少川受徐贼及日人的勾引，开甚么和议。于是这堂堂正正的护法讨逆鲜明旗色，到今日成了一个不生不死景象，中间拿到全国讨贼声浪最高的机会，倒反错过了。所以国人对于西南，也不是从前的希望。至今日王贼揖唐出任代表，甚么急切和平的谭浩明也反对。反对之电，军政府已有了八九十件，一号、二号、三号、四号各军代表连同继续开会。这各军代表，本是军政府的主体，自军政府改了大纲，就把他主的人撇开了。有个化学家，剖解军政府，说现在的军政府不是聋了，便是跛了。所以各军代表，一面报告本军，说和平无望，一面准备后事，以谋西南一致的进行。就是岑总裁，也说护法到底，那一军可以打，我就仵到那一军同卖国贼拼命。湖南方面，更是求生不能，非死里求生，无路可走。海军方面，更是抱定初志，誓死不移。只剩了广东省议会，天天闹电车案。国会方面，人数也差不多了。哈哈，王揖唐的反动力，真个不小呢。

文章来源：《惟民》第五号，1919 年 9 月 7 日

二十九、我国民对于国际贸易的动机

现在欧战停息，各国除美国外，都有破产的现况。将来商业家的野心，非全注到中国不可。所以英法的留学生，特别组织一个国际贸易机关，特派法国里墉大学工业化学工程师杨子嘉，三号回到粤省，调查国货出口的实情，以备交易。杨君对记者言，不日分往内地各省，联络调查云。

文章来源：《惟民》第五号，1919 年 9 月 7 日

三十、军政府坚持宣示中日密约覆电

成都熊督军鉴。敬电诵悉,中日密约为国家生死关头,转危为安,迭经严电北方概予宣示,迄未照行。和议幸而复开,当以此款为第一要着,坚持宣示,冀挽危亡,尚希一致主张,是所厚幸。政务会议东印。

文章来源:《惟民》第五号,1919 年 9 月 7 日

三十一、湘省军官请一致反对补签德约

参众两院均鉴。顷闻北廷将与日人直接交涉,补签德约,鲁人愤慨,方在力争。此事前经我国专使徇全国人民之公意,拒绝签字,若任佥壬颠倒变换,竟尔补签。凡有人心,所同愤慨,应请军府严诘北廷,并请诸公一致反对,义声所播,庶戢奸谋。若卖国诸贼,怙恶不悛,愿与诸公共讨之。谭延闿、赵恒惕、林修梅、林支宇、宋鹤庚、廖家栋、鲁涤平、谢国光、罗先闿、刘梦龙、李仲麟、李理珩、吴剑学、张训鹏、张辉赞、萧昌炽、陈嘉佑、田应诏、张学济、林德轩、萧汝霖、胡学仲、周则范、周伟。叩沁。

文章来源:《惟民》第五号,1919 年 9 月 7 日

三十二、美教育家之公言

的文市博士，乃岭南学校校长，在中国办学多年。前月在旧金山商务团体会演说，谓和会在和西城所订合约，不出廿年必要再订。因以山东权利判归日本，实为不公。中日两国现情，一如欧洲，日本由武力派执权，专与共和理想搏战。中国现情，为世界各国所注意，日本不过效泰西各国前时对待中国之法耳。中国所望以协助者唯美，我美国应以助欧政策而助中国。予曾见有日军多数，驻于山东省城，当德国据有胶州时，只有少数德兵在胶州，今日军则深入山东心腹之地，离德前属土甚远。前日本公认辟门主义时，美国已知日人不愿将满洲归入范围，今以山东归日，辟门主义必破坏，美国商务将被逐出于中国国门。美国商人应联请政府，坚守辟门政策，及向中国人明白解释，美国并未公认山东判案。山东为中国富庶之省，亦教育大家孔子降生及坟墓所在地，故华人更重视之，不能以其割与他国。

文章来源：《惟民》第五号，1919 年 9 月 7 日

三十三、北廷外交之阴谋

奥约中关于中国各款大加修改一节，北廷接得专使团报告后，即于星期四阁议席上提出讨论，佥以此种修改案，实将我国应得利权剥削殆尽。且如收回租界一项，前因意国提案，经我抗议，各国均无异词，是已承认在先。此次奥国片面主张，在理协约各国，宜有公允之判断。惟我国为保全固有利益起见，对于修改之点，应予全部否认，当经由院电覆专使团依照此旨相机办理，此为第一步之办法。至此后应采手续，尚未有具体办法。又一消息，北廷得奥约修改报告后，连日会商结果，已发训电致巴黎专使，令向和会抗争，至少以恢复原案为度。而专使方面，昨日亦有电到京，业先于本月十八日正式向和会及五国会议提出抗议，声明不能承认修改之奥约云。果能照此态度，坚持到底，或有转圜地步。乃日人多方游说，以中国既未签德约，今又拒绝奥约，是自失国际同盟之资格，将来国际联盟，中国即不应加入。此种谰言，诚不值识者一哂。无论我国对德宣战，为协约国之一分子，即照中立国办法，亦有加入国际同盟之资格。讵北廷态度暧昧，关于拒绝奥约，尚无决绝之表示，惟电令顾维钧对于奥约交涉，请担负完全责任，并特予以全权，而将其他议和专使，一律撤回，此实出人意表之事也。

南方护法政府，为此事曾致此廷龚仙舟一电，谓尊处电令欧洲和会中国专使，俟奥约签字后，即将代表团解散，并饬陆王魏各使回国。顾使留办德约，查德约关系至巨，国人注目。当此千钧一发，维系需人，岂有将得力人员，遽召回国。王使争持最力，尤须始终其事，且匈布土三约签字在即，此间业已电令王使留待签约，果有召回之事，应请迅令取消，并责成陆王等始终办理，免致国内惊疑，并盼速覆。岑春煊、伍廷芳、唐继尧、陆荣廷、林葆怿、孙文。冬印。国会两议长亦电巴黎中国公使馆转王正廷特使，钱密伍部长转到感电，藉悉北廷将解散代表团，以便使顾使补签德约。此事关系我国存亡，无论如何，兄万勿归国，致堕其阴谋，至盼。林森、吴景濂东。据上列各种消息，奥约是否可以遽行签字，尚待斟酌，陡然解散代表团，专留顾维钧办理德约，北廷之阴谋如见。西南当局，固不应堕其术中，我国民尤当有维持国民威信之良好方法，勿使拒签德约之成绩付诸东流也。

文章来源：《惟民》第五号，1919年9月7日

三十四、日本人亦觉悟耶

日本虽号称立宪国家,其实仍军阀与贵族当权,政治上与社会上之不平等,较之他国尤甚。自黎明运动后,其改造社会之思想,日益蓬勃,是盖世界潮流之激刺,有以致之也。十八日下午五时,东京各新闻记者学者政治家实业家等,在日比谷公园松元亭,开改造同盟发起人总会。其宣言书之原文大略如左:方今天下之急务何在,曰使我六千万同胞宏大其意气而有经纶内外之机会也。世界文明日新月异,所谓国际竞争也,国民生活也,莫不以现代思潮为推移。而一变其内容矣,苟不自振拔,虚与委蛇,则国家对内足以糜烂人心,对外足以失堕实力。我(照原文下仿此)帝国参加大战最初既无准备,又无抱负,所谓战事外交,惟随波逐流,敷衍塞责而已,是以处此议和大局,更无理想可言矣。大限内阁之加藤石井,寺内内阁之本野后藤,原内阁之内田等所办外交,皆未能公诉于世界觉醒者之人心,又未能高崇民族的理想,踌躇复踌躇,逡巡复逡巡,其结果徒招列强之猜疑,而使民国生活基础于国际上不安之念焉?不观夫我当局者于视为国际联盟精神的基础之人种平等一案,任其失败,承认我国于国际联盟诸国中差人一等乎?不观夫视为国际和平根据之经济自由原则,取暧昧态度,而使我为列强保护政策之牺牲乎?不观夫我所占领之群岛,横遭限制其防备设施之自由果,而以太平洋之武装为美国所独占乎?不观夫青岛问题坐失与中国直接解决之机,而徒供离间中日两国之具乎?不观夫我使节于劳动会议固执其不澈底之主张,而贻人以我国贸易须有差别待遇之口实乎?不观夫日本能让步者已全让步,而列强之误会尚多,将自国际的孤立,一变而遭国际的压迫乎?故国民处此时艰,当冷静的反省夫本国之实情,大胆的透视夫时局之真相,然后竭力奋斗以应危机。对外须高崇其理想,以指导世界。对内须保障其生活,以培养民力。盖最富反省者,最能发其义愤者也。夫国际联盟,为英美所专治,固不待言,而我又何以屈服于强国专制之下,而甘受其颐使乎?吾人所深虑者此也。我国讲和外交既完全失败,其末节姑置不论,而我政府与使臣,均保障国民生活之意气,而为失败之根源,则不可讳耳。此虽非一朝一夕所能解决之问题,而根本上政治与经济社会制度之缺陷,皆所以致失败者也。故吾人对内则打破少数专制之旧弊,而已国民之抱负责任为基础,树立最新政治之组织。对外则高尚国民的热情,公布于世界。所以保障国民生活者,列举十项如下:(一)实行普通选举;(二)撤废华士族平民之差别;(三)打破官僚外交;(四)树立民本的政治组织；（五）公认工会“劳动组合”；（六）保障国民生活；（七）依据社会的改革租税；（八）解放形式教育；（九）刷新殖民地行政；（十）肃清宫内省“略如前清之内务府”。以上十项，互相关联，其中一贯之意义，愿与我六千万同胞一扫政治社会经济组织之旧弊焉，其主要目的，则将有所贡献于世界之人道也。苟不实行，国内社会的不平，行将横流溃决，而祸及国体矣。国外与列强之思想悬隔太遥，而在国际上势将步人后尘矣。我辈同志超然于官僚政党等，已成政治势力之外。广檄天下之新人材，而欲实行改造国家者也。凡我同志，盍兴乎来，共除国家内忧外患乎，有决之国民其来毋恐。

文章来源：《惟民》第五号，1919 年 9 月 7 日

三十五、国际公城与国际联盟

协约国际委员会，担任讨论建筑一永久纪念物，以为此次大战之纪念者，建议在比利时建筑一国际公城，名之曰善博里（善博里出于希腊语即世界城市及国际公城之意），此城应在比利时建筑，为永久中立性质，将来即为国际联盟之永久会址云。

文章来源：《惟民》第五号，1919年9月7日

三十六、美国农校纪要

美国农业，日渐繁盛，其所以致此者，教育之力也。顷据中美新闻社华盛顿通信云，美国四十八州，无一不有农科大学之设，间或得政府拨款补助，或由各该州量予补助。有数州中之农校，其教授科目，有农艺及机械学等，但大率将此农科附设于本州大学者居多。农科内有三层工夫。（一）教授生徒。（二）为农艺上之试验。（三）培植人才。实地练习与农夫杂处，以改良物产，节省消费。此等农校，入学资格，须有高等学校预备科四年毕业之程度，并须及大学学龄。换言之，即须先受十二年之教育，始得入此科。生徒来处，城乡各半，其学籍与文科、理科各级颇相等。此项学生毕业后，大率从事于田亩，凡遇学课中有不能了解之问题，则为实地试验。而亦按照各该州特产情形，各为专门研究。例如纽约与威根新多制牛酪，明纳苏太麦产特富，挨华威多牲畜，科洛拉图有水利，加立芬尼亚产鲜果，鲁新亚拿产蔗糖，米歇根产蜜糖，伊黎拿斯产禾穀，土壤肥沃。又各州皆有推广农业之举，其主旨在大学农科生与各乡联络一气，以督促农艺之进步。又设有一公布局，此项局所，战时尤着奇功。例如协约各国与德奥宣战之初，华盛顿农部总长，即召集各农科大学教授，开一会议，历述时局并应时之需，美国农民应各尽一分子之责，以其所出物产，间接扶住各协约。各教授闻言后，于卅六小时内，即已遍传达于四十八州之农民。函电交事，笔舌并用，此即其大效明验也。其结果，则欧战第一年美国农产之富，为有史以来所未有。此并无望报之心与希图高价之意，特徇农部总长之请，而又深明时局，乃克致此。厥后美民参战人数，约有二百万，尚有多人从事所制造军用品。而特产之丰，且超过此次焉。凡农科教职各员，鲜有在五十人以下者，其规模宏大之校，恒有一百五十人之多，此外另有专门顾问。此等顾问，多系农科毕业生，战时物产之特别丰饶。此等农学科大学，实与有力，大学定制，凡身躯健全之男生入农科者，除本科外，须兼习兵式体操二年。体操教师，出身行武，此又不啻为养成军官之教练所。此次欧战中，美国所以能迅速养成军官有大队出发者，职是之故。即如伊黎努斯州大学农科教职员，当欧战初开时，共有一百五十人，外另有顾问员六十人。大学生总额六千人，中有一千二百五十人，从事于田亩，约有农事牲畜八百余头，垦种之地，逾一千二百哀克，均备有适宜屋宇。其总事务所与校舍，约哀克之广，每年教育费有金二兆元（美金），研究调查费三十二万五千元，推广费千万　一千元，尚须陆续酌加至二万元为止。举此一州，以例其

余，大概相近，又间有数州如纽约等独设有农事试验场与农科大学，不相连属。此项农科学校，自美国南北战争时，即已创设，实甚有价值云。

文章来源：《惟民》第五号，1919 年 9 月 7 日

三十七、石井蓝辛条约之解释

八月二十日,大阪朝日新闻载纽约特电云,美国务卿蓝辛氏十一日,在上院对于外交委员会之质问,为左之答复曰:(一)缔结蓝辛石井协约之际,双方商议中,石井子并无一言述及山东,及德领太平洋诸岛。关于日本与联合国间之谅解,但当时予已知日本就于此事,与英国有所谅解。盖英国大使斯布灵克蓝斯氏,于一九一六年十月告予,英国当占领赤道以南诸岛,日本当占赤道以北诸岛也。又蓝辛石井协约商议中,石井子向予语曰:日本当以胶州交还中国,惟欲保持太平洋诸岛,是石井子关于密约一事,故毫无所陈述也。(二)巴尔夫亚氏及威阿亚氏在美国时,并未将各自政府之密约,通告于合众国政府也。(三)日本与联合国间之密约,予于本年二月中在威尔赛尔始闻知之。

于是议员荷拉氏起而质问曰:巴尔夫阿亚氏于一九一八年三月在下院演说,谓威尔逊氏关于联合国间之密约,已受明确通告。然则阁下(指蓝辛氏)将如何解释巴尔夫阿亚氏之陈述耶?蓝辛氏对此质问,不能为明了之答复,惟就于蓝辛石井条件更略述其梗概如左。余问石井子曰:日美两国政府对于中国之开放门户政策,非可再与以保障耶。盖因外间盛传日本利用战时状态,欲谋扩张其势力于中国,故予发此问也。石井氏答曰:吾人无论缔结何种协约,惟日本在中国之特殊利益,似当承认之。予因合众国地理上之位置,颇有疑虑,且日本在中国有特殊利益,纵可承认,然以此载入协约,颇有解释乖误之危险,故予提出抗议,谓日本之特殊利益,若含有超越的利益之意味,则此协约不能讨议。石井子更对于极东主张日本之门罗主义,余因告之曰:合众国采门罗主义,对于美洲大陆无论何国,均不能得超越的利益,故日本对于中国似应采同一之原则。石井子此时缄默不答。石井子其始本主张,于协约中插入特殊之利益及势力一语,后因余之发议遂删去"及势力"三字,仅言特殊利益焉。

文章来源:《惟民》第五号,1919年9月7日

三十八、旅墨华侨之惨痛语

华侨联合会昨接墨西哥华侨代表廖元煌、朱然、谭鹿大、余干生、黄煜江等函云:敬启者,国家立法。所谓保护国民生命财产,使之发展,使之安全。断未闻有国家有政府之人民,受人伤害,受人欺侮,而号呼无告若丧家犬,若无母儿,如我今日旅墨华侨之惨痛者也。我华人旅居墨西哥者,统计各埠不下五六万人,若工若商,日形发达。墨人之见我获利丰而操业盛,遂成一嫉忌之心,排华之风,年来愈炽。一九一一年莱苑之乱,除损失大宗财产外,杀我华人数百名。时驻美公使张荫棠,委员欧阳赓,交涉索偿,将有头绪。会我国革新事起,清政府遂尔搁置,致无结果。一九一七年墨国革命军杀我侨民数百,当由金山中华会馆求驻美领事顾维钧恳政府赈恤,蒙黎前大总统捐款五万元,中华会馆总董林寿图亦募数万元,由林君亲往施赈。是墨人残害华侨之事,历年皆有案可稽,然以犹是一部分之人民,一方面之党派,墨政府虽无关痛痒,尚存一保护之名。此次则上下一心,官民一致,视我如鱼肉,杀我如鸡豚,一夜之焚掠达数十家,一日之死亡至数十口。赤身牵去,不见回家,孩童哭泣,闻声立遭枪决。彼都人士有(杀一个少一个墨西哥免华祸)之谣,当时仇视之心,可想见矣。诉之墨国政府,政府不理,诉之邻邦,邻邦不问,不谓我中华民国所派保护侨民之代表冯祥元,亦置若罔闻也。墨人排外,不仅我华,然美国兵轮入境,美人遂安,英舰一来,英人无恙,独我华人,上无政府之廛护,下无武力以自防,数万侨胞,束手待毙。嗟嗟,谁无父母,谁无妻子,似此极端蹂躏,团体何在,人道何在。我侨虽屡遭屠戮,而此次惨痛特殊,倘政府仍充耳不闻,全墨侨民,将无噍类矣。外人习见华人之可欺,他日凡海外华人,恐亦无噍类矣。庚子团匪之变,我国何等赔偿,山东胶澳之租,仅杀二名教士,今兹华之见害逾数百,华商之损失何止千万。既不闻兵舰之威示,又不闻片言之交涉,政府纵不为侨民计生死,亦当为国体计威风。我侨虽远隔天涯,何至视同化外,是诚大惑不解者也。恭维贵会热心侨务,遐迩不分,查贵会章程第四章第十一条内称,凡华侨返国,谋创各种事业,有须向政府地方官厅交涉者,本会得直接代办云云。窃念创兴尚承协助,生命之危险,当益拯扶,用将最近旅墨华侨惨痛情形,沥陈清听务乞迅赐电达北京政府,代恳一面电令驻墨代使冯祥元向墨政府严重交涉,一面筹派兵舰赴墨游弋,以为后援。俾野蛮墨人,稍知警惕,颠连侨族,稍保残生,感佩德恩,永无既极矣,痛身刺骨,急等燃眉,伏维矜察。

文章来源:《惟民》第五号,1919年9月7日

三十九、南北军人都不容于学生

(1)汕头少年社通告

汕头中华新少年社为警厅查封,泣告同胞书云:"慨自青岛问题,外交失败,举国上下,莫不奔走呼号,期共挽救危亡。汕头一隅,乃有全潮学生联合会,国民自决会,种种救国团体发生。惟国家兴亡,匹夫有责,仝人等虽属青年,亦国民一份子,自当为国效力。遂有中华新少年社之组织,其宗旨以救国为前提,作外交之后盾。而入社人员,多系学校学生,或前为学生而久就社会职业者。人人皆从良心之主张,发为热心救国之言论。故本社成立以来,社员每晚派队演说,无非欲唤醒国民,共挽国艰而已。各界对于本社爱国宗旨及其行为,莫不共表同情,诚以本社宗旨纯正,言论确当故也。殊日前警察厅长突下手令派队强迫解散,越日又下手令将本社钉封。当时同人等据理直争,以本社宗旨之光明,社员纯洁,出而为爱国救国之举动,一切言论,并无防碍治安,及其他不正当之行为,何用解散?何用钉封?究竟解散本社,钉封本社,具何种理由?据何种法律?国民集会结社自由,载在约法,乃警厅一概抹杀,以为同人等年少易欺,佞可横施压抑。呜呼,警吏亦中华国民,而禁止人民爱国救国,警吏为奉法护民之人,而竟摧抑民权蔑视法律,操戈自欺欤?为虎作伥欤?殊堪痛已。本社虽已被封,而含垢忍辱,仍不敢不积极进行,以负国民天职。一而急谋规复,一面通告国民,不达救国目的,誓死不休。区区苦衷,凡我同胞幸垂鉴焉。中华新少年社救国团泣告。

(2)解散天津学生联合会

军阀政府既然愿和国民宣战,于是先用马良压迫山东的人民,再起用杨以德来压迫天津的人民。鲁马津杨,真可谓"无独有偶"了。

前传政府将援湘律,令津沪汉当道解散学生联合会。现在湖南学生呼吁的文章方到,而天津学生联合会解散的消息又来。我们上海的学生应当如何对付政府呢?天津前既解散各界联合会,现在解散学生联合会,是当然在预料中的。不过军阀派既然立志取"报复"的主义来用高压的手段,以便日后"为所欲为",试问国民愿不愿让他压迫。如其愿的,那么束手待毙,一任他们卖国就是。不过从前的"五四""六五"运动都枉费心力,有些自己对不住自己。如其不愿的,那么在此积威高压之下,总应该有一番极强烈极有效的表示,使得军阀派不敢再来摧残民意。

人家常说:“民气是于弹力性的,压迫越大,反动力也越大。”但是在这几天中,我只听见压力的声浪震天价响,却没有一些反动的回声。难道中国的民气已死了么?

文章来源:《惟民》第六号,1919 年 9 月 14 日

四十、西北政府都要封禁报馆

(1)每周评论封禁情形

中美新闻社北京通讯云,此间每周评论报,前日猝被封禁,足见政府厉行压抑政策,不恤摧残民意。前五月间之封益世报,及八月二十三之封京报,特其发端耳。其势必至举京中报纸非安福与亲日派之机关,皆不能存立。益世报与京报之被封,为攻击官僚。今每周评论则以主义不合被封。据警厅传谕,谓政府得赣督来电,请将该报与上海星期评论一併封禁。缘两报言论皆含有过激派臭味,政府因命该报停止出版。警察尚欲捕该报发行人及印刷人,然竟未寻获。盖上星期即有将封该报之谣,其发行人即见机他去。凡投稿该报之各要人京中住宅,均被巡警查抄。期将此辈牵入案内,但竟未戈获一人。该报在京中销至五十万份,众视为京中最善之周刊。现全国各埠,约有五种报纸,仿此办理。其言论大率关系政治哲理,并鼓吹进化主义,至触政府之忌云。

(2)省议会请省长查究受贿新闻

广东省议会致函省署云,迳启者,本年八月十五日爱国报粤事要闻栏内,登载揭破省议之大黑幕一则,谓省议会全体议员,对于电车路案,有受贿十二万元情事。当经本会致函该报馆,请其指出证据,函复本会,否则即须更正。乃该报既不复函,又不更正,复在八月十九日报中登载嬉笑怒骂之案语。本会于九月一日开议时,经议员江仲雅动议此事,签谓事关贿赂,与受均触科条,虚实自宜澈究。查该报原载有大凡与电车来往之人,皆能道及其中黑幕之语。是此案人证,该报馆本无难指出,如果出于传闻之误,则更正责任,实不能辞。乃该报始终嬉笑揶揄,任情污蔑名誉,不特违反报章之公义,抑且触犯国家之法规。本会为人民代表机关,全省观瞻所系,若任该报混淆黑白,颠倒是非,议会前途,不无影响。应由本会函请省长澈底查究,以正舆论,而息浮言。业经表决通过,相应函请贵省长查明施行,实级公谊。此致。顺颂日祺。

文章来源:《惟民》第六号,1919 年 9 月 14 日

四十一、军政府奇怪电报

军政府对外打了一个电报说拒绝王揖唐一人，其他别人，任何人来，都可议和。那么段祺瑞、徐树铮来了，也可议和了。阅者你说，奇怪不奇怪。

文章来源：《惟民》第六号，1919 年 9 月 14 日

四十二、莫督军电促制宪

参众两院鉴。唐总裁马电，请军府通电各省，敦促旧国会议员刻期回粤制宪伟筹硕画，极表赞同，国民肇兴。八年于兹，以宪法未成，迭生政变，故欲求国本之巩固、时局之解决胥赖宪法之速成。请军府主持，敦促俾宪法早日公布以慰全国所属望。

文章来源：《惟民》第六号，1919 年 9 月 14 日

四十三、美院修改合约之内容

美国上议院外交委员会议决对德讲和条约第四章第八项关于山东问题诸条款之修正案，兹照录其修改日本字样为中国字样之条文如左：（第百五十六条）德国一千八百九十八年三月六日之中德条约，及关于山东省其他协约获得之所有权、优先权，暨一切利权。即关于胶州湾租借地，获得之诸权利，并铁路、矿山、海底电线，均让渡于中国（原系日本）。（第百五十七条）德国国家在胶州租借地内之动产、不动产及关联租借地直接间接所经营之作业，改良工事又曾担负其费用，于结果当得之权利归中国（原系日本）。得无报偿，无担负，并不受何种拘束，均获保有。（第百五十八条）德国应于本讲和条约实行后三个月以内，将关系胶州租借地行政（民政军政财政）上之一切登录计画书类地券及文书等引渡于中国（原系日本）。又须于同一期限内，将前二条之记载有关权利权限特权一切协约之详细书类引渡于中国（原系日本）。又参院外交委员会以九票对八票通过合约修正案，共和党奠抗伯氏，并谓修改合约，变更原定山东问题，实为解决山东问题之正当办法。中国既向德国宣战，则一九一五年之中日条约，所订将来与德国解决各项自然失其效力云。此虽系该院外交委员会之多数可决，但以形势窥之，将来大会亦可望其通过。查美国宪法批准合约须得议员三分二之同意，规下美参议院议员总数九十六名中共和党议员四十九名，欲占三分二，至少民主党方面，尚须罗致十五名方能足数。现下共和党结束甚坚，必不致发生分裂。而民主党中对于山东问题，与共和党联合者，亦不乏人。现下确实表示赞成修正案者，已有两名，再有十三人加入，则修正案便可于大会通过。闻共和党干部中，如维治波拉各要人，日来奔走游说甚力。

文章来源：《惟民》第六号，1919 年 9 月 14 日

四十四、美国黑白问题之因果

美国黑白战争早志本刊,兹据中美新闻社华盛顿通信云云。目下美国南部黑白人民,相争愈烈,其间有两大原因:一则当欧战之际,黑种效命疆场,尽瘁国事,厥功匪细,不复甘退处污贱,渐明义务权利之界说,知争权取利之道。一则白种人对于黑族亦渐倡平等待遇之说,拟予以社会政治经济上之公道。往昔凡地方上一切人民应享之权利,绝不容此蛮族参预,尤以南部为甚。今公道之说,流传既广,亦骎骎及乎南方。已有人结合有力之团体防止私刑,并促进二种族间之和平协助,互相体恤。南方报纸尤竭力鼓吹此说。于是新派与旧派,不免时起冲突,遂成一纷争之局。当欧战时,南部黑族所居地点,大有变动,此辈本多租地耕种,为小农户,境况困苦,时遭不公道之竞争。迨去年,(一九一八年)南部棉田受害虫之患,全数毁坏。适北部各州招工,遂相率北迁,以应需求。处境较优,工资较巨,又亲历各地罢工风潮,遂于人类生活上得一新观念。本年春间,此辈黑人,多借回国之黑种兵士南归,然大半仍留居北方,劝诱南中同志北迁。于是南方白人表示反对,一因嫉视黑人获得经济上之新机会,二则白人对于黑种颐指气使已惯,今黑种忽提出工作条件,若者愿为,若者不愿为,安得不骇。当欧战时,白种对黑族多施严厉手段,凡遇招工之处,则强迫禁阻其播迁。又值黑族兴盛之区,辄多方竞争,以攫取其市场。然白人中善良之士,亦渐明黑族之不慊于怀,实有根本之原因在,黑族播迁潮流正亟,若不阻止,经济界将发生大变动。若代以欧洲侨民,势不可能。凡南方具远大眼光之白人,无不预测及此。彼等对于黑种问题咸抱经济上组合之意见,不数年间,行见黑种劳动者,亦将组织工党。现北方保守与急进两派工党及美洲劳动同盟与全世界劳动协会均已宣布:黑种劳动团组立之程序,在大西洋城劳动同盟集议时,亦表示愿容纳此黑族新团体。黑族自得新生活后,尤极力欲争得公民权利,入自由之域,享经济上之独立,尤欲教育上、社会上一切机会均等,此为白人向所不承者(黑人则必欲得之,得期公众大多数之协助,运动不懈,以求如愿以赏云)。

文章来源:《惟民》第六号,1919 年 9 月 14 日

四十五、救国同盟团非根本救国者

现在直系军人发起一个救国同盟团，联合西南军人，也讲那救国主义。不过全国学生的救国，是想取消密约，请愿罢除卖国官吏，却又向卖国首领徐世昌，请贼杀贼，这个救国同盟，是拥护徐世昌，却又是联这个贼，讨那个贼，内容条件甚多，自然是少不了吴佩孚及长江三督，或者西南方面也有加入。这几天，又有一部分政客从中播弄。民国自元年以来，就是直皖捣乱，徐段冯作祸，我中华锦绣山河送掉完了，我少壮人民被害尽了。闹到如今，大家尚不知根本觉悟，不是几个万恶军人争地盘，便是几个该杀政客讨便宜，我同胞若要根本救国，非下最大的决心，用消毒的药水，去死里求生，终是无救的。

文章来源：《惟民》第七号，1919 年 9 月 21 日

四十六、西藏问题之黑幕

记者前五月间，为着外蒙独立的问题，就说这都是卖国党，借题保存参战军，并图谋西南的阴谋。不出三月，又要借西藏问题来吓人（见参议院公报）。我们的本部都卖完了，大家要根本救济，现在西藏问题，英人不过旧事重提，是条约上的争执。乃段祺瑞，又借着西藏问题，利用刘存厚及熊克武，想作征服云南的计划，珠丝马迹，大有作用，并有某国人帮忙。这卖国党要不扑灭干尽，地球虽大，恐怕没中国人立脚的地方。

文章来源：《惟民》第七号，1919 年 9 月 21 日

四十七、卖国军队现状一览表

（一）国防军三师 第一师长曲同丰，住北京园，兵士籍贯河南。第二师长马良，住济南新庄，兵士籍贯山东。第三师长陈文运，住直隶正定保定姚村及窦店，兵士籍贯河南。以上三帅系八年二月成立，欠饷三月未发。

（二）西北军四旅 每旅步兵三团，每团三营，营四连，连百五十六名，缺骑炮辎重。第一旅长宋邦干，住河南洛阳西宫，兵士籍贯安徽。第二旅长宋子扬，住郎房，兵士籍贯安徽河南。以上二旅七年八月成立，欠饷八月未发。第三旅长褚其祥，住包头镇，兵士籍贯河南安徽。第四旅长张亚威，住河南洛阳西宫，兵士籍贯河南安徽。以上二旅八年三月成立，欠饷四月未发。

（三）参战军四混成旅一混成团 第 旅住福建，改名陆军混成旅，兵士籍贯直隶河南。第二旅住河南洛阳西宫，改名奉军第二旅，兵士籍贯东三省。第三旅住湖北湖南，改名奉军第三旅，兵士籍贯东三省。第四旅住河南郑州，改名奉军第四旅，兵士籍贯东三省。第一混成团住河南洛阳西宫，兵士籍贯河南安徽。以上四旅一团系七年五月成立，欠饷八月未发。现在时行哗变，段祺瑞深为惶恐，故竭力使王揖唐议和，以便借款发给。

文章来源：《惟民》第七号，1919 年 9 月 21 日

四十八、日本人赞成分治分立

现在的政客，有两件事，忙得了不起，连外国人，也帮着忙个不了。一件是北方排段的讨贼问题，一件是西南分治分立的问题，记者认为皆是一种作用。要讨贼，连徐世昌及一般军阀官僚，皆是当讨的，并不讨段不讨徐，那就不卖国了。分治分立问题，这种政治关系，一倡之卖国党，一倡之西南政客，闷壶中都有杀人的药。所以驻云南日本领事，也向唐继尧主张分治，美国人安特生又向唐继尧主张联徐讨段。都是中国的政客，自己说话，怕人不相信，借重外人来作运动器。至于日本人赞成分治的心埋，更是可想而知了。

文章来源：《惟民》第七号，1919 年 9 月 21 日

四十九、日本炮兵工厂罢工始末记

日本东京有大规模的炮兵工厂在小石川区，设于明治初年，后经中日战争，得我一大宗赔款，除划一部作改良币制的款外，其大部分拨充扩张该厂之用。近十余年间惨澹经营，益臻完备，现有职工一万五千余人，另分设王子板桥两支厂，遥与大阪炮兵工厂取联络行动。该厂直接归陆军省管辖，为日本厉行军国主义惟一之武库，亦即供我国军阀互相屠杀之军械制造所也。最近厂内职工，内迫于生活问题，外受世界新思潮之鼓荡，蓄有不稳举动已非一日。要求增给赁银，缩减劳动时间，秘密进行，酝酿颇久，于本月十七日早开始对外运动。先假传通院为会所，因官厅严防，不克贷席。至午后一时，男工集大塚仲町西信寺，女工集本传寺，两约一千二百余名。发起人小石川劳动会会长芳川徹，述开会词，次立宪劳动义会总理原惟郭，及山口法学士，各致祝词。演说毕，满场一致可决，推举芳川足立小仓等为实行委员，定翌十八日携决议文请愿于陆军及工厂两方面。其决议文之要项如左。

（一）承认小石川劳动会。（二）实行八时间劳动制度。（三）职工每日赁银加二角五分，未成年及女工各加二角。（四）星期日祭日仍给予赁银，休息日万一须出勤之场合，应倍额支给之，又请负单价准于常备给增额十分之三。

于兹可注意者，即第一项中所谓小石川劳动会是也。该会係合东京炮兵工厂、大塚兵器支厂、王子火具铳炮制造所、板桥目黑火药制造所等之职工团体而组成者，实此次对外运动之总机关也。

十八日午前十一时，小石川劳动会委员足立永水等携决议文，先到陆军省面会松木高级副官，泣诉穷状。午后一时，再赴陆相官邸，请求面会，田中限足立二委员入见，陈情毕，田中略云，现尔等既有机关，俟调查后，期副诸君希望等语。一方会长芳川徹，同日午前十时，由东京宪兵队宫原伍长带赴岩佐队长处陈述此事经过情形。岩佐嘱慰抚委员，尔后勿出越轨行动，他方实行委员协议之结果。拟十九日九时向岩佐队长提出条件，并谓条件若有调停余地。此后一切事项，可委托该氏办理云。其条件如次：（一）执行大会，（十七日）决议事项。（二）关于小石川劳动会之设立，被解职之职工速复职，其为增给运动而被解职者亦同。（三）此次职工蒙多大之损害，係工厂当局之责任，应给予相当慰藉金。

右条件由芳川会长漥田干事对岩佐分队长提出，后（十九日午前九时）该队

长承认第二项有磋商余地，余拒绝之。芳川以无全部承认，不得要领而返，历访王子板桥各支厂。是夜八时开干部会，又选芳川安达清水小仓等七名为实行委员，定二十日出头陆军省请求确实之答覆云。

二十日午前十一时，芳川等再集陆军省要求面会陆相，适其日田中赴日光，由松本高级副官代见，以田中不在官邸之旨告之而退。一面厂内职工挥拳擦掌，议论沸腾，略谓吾人支持至今，未出同盟罢业手段，已属文明举动。乃政府迁延不决，实情所难堪等语。芳川等七人，不得已往谒竹紫兵器局长，该局长极颟顸，竟谓兹事毫不与闻，今日略知梗概，结果一无着落。时已越午，该代表乃折而杀见陆军次官，意谓不得解决，当论诸罢工手段。时有一武官出导入次官室内，静候多时，竟以谢绝面会拒之。七人遂呼负负而返。斯时场内益呈不稳气象，三五成群，虽有出动，多不就业。而王子十条工厂，自十九早以来，已渐趋同盟罢业之倾向矣。陆相不在，次官拒谒。偌大事情，竟以冷眼待之，政府之态度如斯，职工更形团结，亦事之所必至者也。小石川劳动会干事二十一名，二十夜九时，集大塚西信寺筹善后策，定二十四日分头在传通院、本传寺、西信寺三次开大会，报告运动经过情形，另对会员咨解决方法。王子板桥两支厂亦定二十三日午后五时假王子剧场开大会为同一之协议焉。工厂方面，日观形势不佳，对劳动会干事五十名，送怀柔函件。竹田庶务课长，以威吓手段，力戒干部须持镇静态度。并约二十四日大会以前，厂内职工，当一律出动，然仅二十日一天，新加入劳动会之职工又增二千二百余名矣。

二十一日，小石川劳动会干部，提出建白书于陆军省。略云：十八日请愿事件，因宪兵岩佐分队长之无诚意，竹紫兵器局长交涉之不得要领，干部实行委员已失立场之面目。陆军省训令各工厂长，对于尽力劳动会组织之职工，有（解雇之处分此后干部难负维持责任恐不得不任于自然之趋势等语）此种建白书，干部态度之强硬，已可见矣。

二十二日，午前六时，有多数职工，依干部之议定（排立春日町饭田）方面，阻男女工出勤通路，更于诹访门稻荷豊阜门一岐阪门等处，派数名委员，或示威的，或恳愿的。见有出勤职工，力劝休业，取一致行动，专为宪兵队侦知，分队长岩佐为总指挥，另派制服私服宪兵各数十名，扼守要所。至七时终，职工侧委员霪霪酒井等二十五名被宪兵队拒捕带入工厂本部，时职工中有越诹访门而逃走者。未几厂内执业定时已到，而三五成群，互相偶语，不请假而缺勤者甚多。午前十时，宫田提理武田庶务课长同到陆军省筹对待法，一方职工拟撤回工厂内，配电装置全部中止作业，对于出勤者以腕力制裁之。斯时厂内稳和派一部主张圆满解决，力戒越轨举动，两派互相握手，结束益坚。当局以事能重大，分遣宪兵密布厂内外，又对小石川劳动会本部传通院西信寺护国寺等处严加警戒，且派和服宪兵尾随干部人员，其结果职工不得集会，徘徊于小石川劳动会本部一带云。

文章来源：《惟民》第七号，1919 年 9 月 21 日

五十、安南代表到法后之安南自治问题

（巴黎通信）

独立运动之大势，自一般人所认为一线曙光之和平会议开会以来，与自由福利隔绝之弱小民族，无不欲乘机自拔，以尽去其债压束缚之权势。东之韩国，西之爱尔兰，其尤著者也。然以大会在法之故，曾无人能料及安南人亦有公开之动作者。乃不料会将闭幕之时，忽有安南代表，阮爱国氏辗转自美来法，旗帜鲜明，行为公开，欲倚其坚苦勇毅之志，以达到其最大之目的。今在和会，虽无希望，但彼仍继续向各方面进行，而与法下院联络尤著效果。此固亦远东和平关系极重之事，兹特详述其运动大势，并殿以请愿书及阮君之谈话。

法人虽尚自由，重博爱，其治理安南，则向不适用此原则。对于政治，仍专制，教育尚大行其愚民方术。对于经济生计财政方面，尤肆意吮吸以自饱。其思想言论更防范极严，故关于安南独立运动之消息，外闻至少传术。然在其国内流血之举，无时无之，今春其北部，尚有可惨之战事。至安南人之在法国，除供职营生外，纯粹留学者，有数百人，开战以来，曾有种种运动。其为首之富翁范某，因此为法政府软禁于巴黎。记者日前曾就范君详谈，以颁白老叟，其勃蓬雄心，固未常削减也。就彼等运动之全体观之，其难处尤有甚于韩国。第一即法人制驭过久，一切设施，皆根深蒂固，凡足以危及法人之统治者，皆丝毫无存。故彼等于平时之预备，及临时之发动，皆无所承借荫蔽。第二凡四五十岁以下之安南人，久受法人固闭愚蒙之教育，故国之思想，已随知识与俱去，即有少数有志之士，亦有独力难持之感。第三法国政帝骂人，自共和以后，均逐之海外，彼等得此乐土，因即尽情发挥其腐败残毒之手腕，使安南人积久成愤，弹力性已自消灭。第四即安南人受法人经济上之吮吸，以致生计艰难，一般人终日营生，尚惧不能免于饥寒，更无心思余力奔走恢复之事。有此种种原因，故安南独立运动，较之其他民族，尤为困难。因此其国内志士第一步亟欲先获得教育及言论种种权利，使人民知识日有增进希望，然后再谋完全之自治与独立。彼等亦深知与韩国地位不同，故所取之途径，亦稍异。今尚能在巴黎向议院运动，即可知其地位之不同，及用心之苦矣。

代表阮爱国君，係受安南国民团之委托，到巴黎后，即将其请愿书印刷分送法国各界要人并向下议院社会左党为诚挚之联络，兹将其请愿书节译如下。

安南人民请愿书：自协约战胜，世界民族之被屈服者，于此正谊人道大明之日，皆抱绝大希望。以为各强既为全世界除强暴，谋进化，则此次永久之人类幸福，必不靳于屈服之民族。民族自决之说既倡立，得世人之赞颂。于是国际及民族间之不平，于此稍得一吐，故吾葛日安南帝国之人民，即今日法属印度支那之人，亦能向贵协约政府及法贵政府敬陈所愿如此。（一）解放安南一切政治犯。（二）改组安南司法制度与欧洲各国相等，完全取消特别法庭，因此种法庭，实虐待安南人之唯一武器。（三）意思与言论自由。（四）集会结社自由。（五）居住与游历自由。（六）设立各省专门学校与土人职业学校之自由。（七）改命令勒令制度为法律制度。（八）得在法议院，派本地人为长期代表，以便陈诉与请求改良各种缺点及不公平之处。上所陈请安南民族，自信合于列强所主张世界之公理及人道主义，并合于司吾人命运，保吾民幸福之世界先进共和国之法兰西人民之心理。自法兰西宣布保护安南，安南人民了解法兰西人之美意，不但不以为屈辱，且以为光荣，其故以为托庇于爱自由公理之法兰西，人民必能实行博爱主义，以福利吾人也。但吾人所受者，则全异于是，望法人听此被压制者之哀音，对于人道，而尽其素信之天职也。

代表阮君之谈话，其请愿书措词虽甚哀婉，亦代表等所处地位使然，彼等衷心同朝夕来常忘完全之独立也。记者因韩国临时代表金仲文君（金奎植）之介绍，得与阮君晤谈。阮君为三十许沈毅少年人，颀长，能法英语，略通华语，识汉字颇多，能笔谈。过美国时因韩人某君之介绍，得识金君，常与金谈及两国恢复事业，而深慨安南之远不逮韩国，故手续亦稍异，至韩国式之革命，则无时不羡艳之。阮君到巴黎后，即与范君同奔走。范在法十余年，法语极好，记者与金君往访，未遇，次夜阮范君来社纵谈，兹纪其大略如下：记者闻君此来目的何在，阮君答谓为求吾人所应享之自由。又问进行方法何如，答谓唯力是视，终朝前进。记者又问其国内之预备，及今春以来之武力运动，阮君答谓国内之事。言之至为可悲，以云预备，除吾人心志之外，几等于无。最近虽常有武力运动，但百不备具，其结果仍无所影响。法人统治之目的大异于日本之于韩国，日本之心，係欲全变韩人为日人，法国则始终视安南人与法人无平等之日。唯以安南土地肥沃物产丰腴之故，即利用安南人之劳力，以供彼等永久之吮吸，而用种种方法，不使安南人能在经济上占有地位。故其种种税制，以及生计教育，皆以此为标准，既不愿吾人之同化，又防止吾人之进步。盖必使吾人永久生存于世界文明以外，困苦之中。对于彼无厌之要求，为无限之供给。近年以来，国内生气，均剥蚀罄尽，亡国之惨，盖未有如此其深且钜者。记者又问其到法后之进行各事，阮君答谓余除议院活动外，唯有广求同气为心志上之联络。此间社会党，对于其政府设施，亦不满意，乐为余等赞助，此即余等在法之唯一希望。至其他各地

之活动，则以贵国为多。此外满地荆棘，到处强权，余等失家人，殊鲜立足地也。阮君又为述其国，教育经济生活状况，无非一片哀者，范君又述其经历甚悉，同座有金仲文君，及同社诸子。

文章来源：《惟民》第七号，1919 年 9 月 21 日

五十一、敬告威尔逊

威尔逊先生，从这回国际联盟看来，也很苦的。前次宣言十四条，本是极正义，很和平的。刻下因上议院反对山东问题，连累了和约，一时不能批准，所以先生着了急，到处演说，反对少数政治。又言吾人初以为吾人理想之解决，可以达到，不料我等之重要同盟中同僚数人，已将全局推翻。这话的意思，就是痛恨他的十四条理想宣言，完全失败了，却又归罪英日法的秘约上，结果又说山东问题，除由日本交还中国外，实无别法。美上议院，设或不批准和约，这破坏人类和平大文件的大罪案，就是美国人前功尽弃，这是先生近日游行演说的话。先生又怕工党人，反对他的主义，近日又在美京，召集各工党代表、资本家的代表，先生从中双方调和，一面教资本家让一点，一面又教劳动家让一点，这是先生近日的行为。

记者就以上所闻，倒发生了几种疑问，还要请教先生。

第一，先生所谓多数政治，到底是个甚么主义？多数政治，是不是基于正义人道？那么先生这话，是在太平洋舰队中说的，先生之意，说美国这回参与战事，系为拥护“自由”，脱离“专制”，并保证世界各处皆得自由。战事的结果，双方出的代价，共一千八百六十亿元，美国两年之间，出一千亿元，战争死者，大约六百万人。此可悲的战争，吾人决不能令其再发生于世界。唯此国际同盟，可以阻止流血，脱离专制，无论何人，凡少数政治，余皆反对之。又说俄国现状之扰乱，深为可忧。唉，先生悲天悯人的怀抱，我是领教了。不过先生说拥护自由，请教把菲门地方，给他人管理，先生是拥护菲门人的自由，还是拥护意大利的自由呢？把中国参战功劳，抛到九霄云外，初时劝我们参战，现时又把中国山东，送给日本。先生是拥护中国人的自由，还是拥护日本的自由呢？现世界各处皆得自由的保证，我倒没看见，同盟的上面，剥夺了菲门人几百年的自由，我山东数千年的自由，大书特书的，被国际联盟保证到日本人手中了。我今天才明白，美国人一千亿元的代价，却是替东方德意志的日本送礼的。唉，照这样看来，美国兵士，死得真冤枉，不但这回冤枉，恐怕这个祸根，将来还要死六千万人呢。这样防止流血，这样多数政治，我敢断言就是欧美几百个政治家野心家的多数罢了。说到俄国现状，那本是先生最怕的，那是俄国几十万万少数政治呢，那是政治家资本家的仇敌，自然先生忧惧了。

第二，先生的理想宣言，为甚么教同僚推翻了？不是先生行不顾言，就是先

生假借正义，别有野心。不然，别人也不敢对着百余万雄兵的代表，专门利用先生的弱点，今日拿出一种秘约，先生面红耳热，明日退出和会，先生低头慑气。先生的义气，先生的名誉，国际同盟未成立以前，先生为世界的明星，既成立以后，先生就为世界弱小国的罪人了。我听说威廉逃到荷兰，现在投身工界，改头换面，实行劳动事业。威廉倒有觉悟，先生死抱着国家主义，空教三四强国，利用先生的正义，侵夺弱小国的土地，先生的婆心苦口，只好留着历史上纪念罢了。

第三，先生苦苦的为资本家说项，可称现代资本家的保护人。不知先生与资本家有何密切关系，但是就人类正义看起来，先生这种调和主义，终究是失败的。现代社会，依互助的定义，绝不容少数资本家，吸收多数的膏血，供个人的安富尊荣。前几天美国工党的传单，先生既为大总统，当然看见这种宣告。要知这种红色通告，是代表全世界神圣劳动的精神。这种组织，绝不是一国两国人的结合，根本上是不能调和的。先生既主张脱离专制，难到就只消灭几个帝王，那就算脱离专制完了。专制政体，是一国人民的大仇敌，资本家是世界人类的大仇敌。先生主张脱离，请将范围放大些，世界有强权国家，世界无宁日，人类有了资本家，人类永无和平。我因为先生天天说正义人道，所以才对先生说这些话，我更是希望先生始终一致的，还是依那宣言，再加上不屈不挠的精神，这才是真正世界明星。

文章来源：《惟民》第八号，1919 年 9 月 28 日

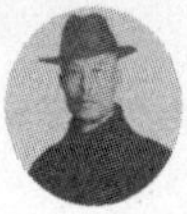

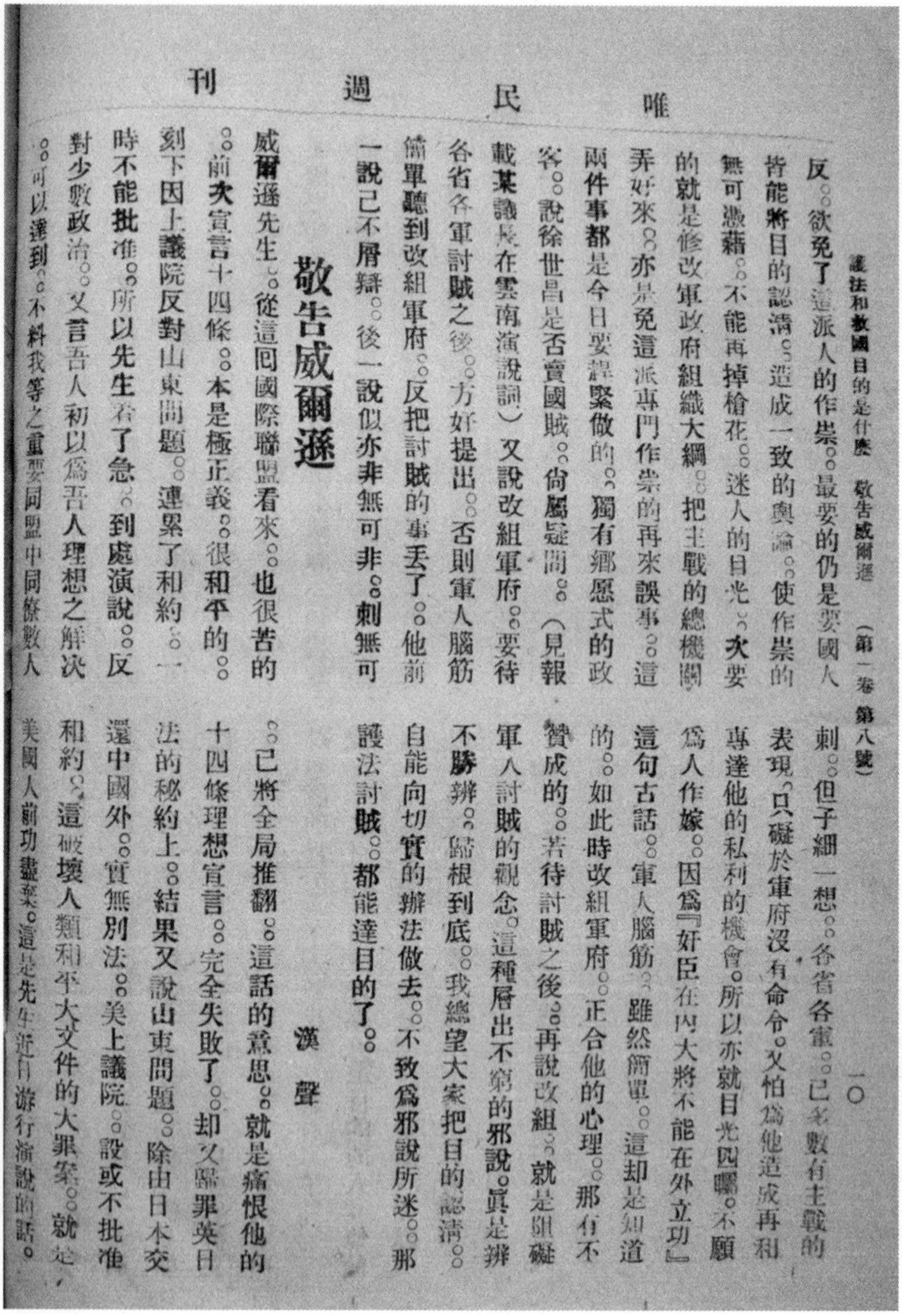

唯民週刊

反。欲免了這派人的作祟。最要的仍是要國人皆能將目的認清。造成一致的輿論。使作祟的無可憑藉。不能再掉槍花。迷人的目光。次要的就是修改軍政府組織大綱。把主戰的總機關弄好來。亦是免這派專門作祟的再來誤事。這兩件事都是今日要趕緊做的。獨有鄉愿式的政客。說徐世昌是否賣國賊。尚屬疑問。（見報載某議長在雲南演說詞）又說改組軍府。要待各省各軍討賊之後。方好提出。否則軍人腦筋簡單聽到改組軍府。反把討賊的事丟了。他前一說已不屑辯。後一說似亦非無可非。刺無可刺。但子細一想。各省各軍。已多數有主戰的表現。只礙於軍府沒有命令。又怕為他造成再和專達他的私利的機會。所以亦就目光四矚。不願為人作嫁。因為『奸臣在內大將不能在外立功』這句古話。軍人腦筋。雖然簡單。這卻是知道的。如此時改組軍府。正合他的心理。那有不贊成的。若待討賊之後。再說改組。就是阻礙軍人討賊的觀念。這種層出不窮的邪說。真是辨不勝辨。歸根到底。我總望大家把目的認清。自能向切實的辦法做去。不致為邪說所迷。那護法討賊。都能達目的了。

敬告威爾遜

漢聲

威爾遜先生。從這回國際聯盟看來。也很苦的。前次宣言十四條。本是極正義。很和平的。刻下因上議院反對山東問題。連累了和約。一時不能批准。所以先生着了急。到處演說。反對少數政治。又言吾人初以為吾人理想之解決。可以達到。不料我等之重要同盟中同僚數人。已將全局推翻。這話的意思。就是痛恨他的十四條理想宣言。完全失敗了。卻又歸罪英日法的秘約上。結果又說山東問題。除由日本交還中國外。實無別法。美上議院。設或不批准和約。這破壞人類和平大文件的大罪案。就是美國人前功盡棄。這是先生近日游行演說的話。

汉声在《惟民》周刊发表《敬告威尔逊》图片 1

唯民週刊

先生又怕工黨人。反對他的主義。近日又在美京。招集各工黨代表。資本家的代表。先生從中雙方調和。一面教資本家讓一點。一面又教勞働家讓一點。這是先生近日的行爲。記者就以上所聞。到發生了幾種疑問。還要請教先生。

第一先生所謂多數政治。到底是個甚麼主義。多數政治。是不是基於正義人道。那麼先生這話。是在太平洋艦隊中說的。先生之意。說美國這回參與戰事。係爲擁護「自由」。脫離「專制」。並保護世界各處皆得自由。戰事的結果。雙方出的代價。共一千八百六十億元。美國兩年之間。出一千億元。戰爭死者。大約六百萬人。此可悲的戰爭。吾人決不能令其再發生於世界。惟此國際同盟。可以阻止流血。脫離專制。無論何人。凡少數政治。余皆反對之。又說俄國現狀之擾亂。深爲可憂。唉。先生悲天憫人的懷抱。我是領教了。不過先生說擁護自由。請教把菲門地方。給他人管理。先生是擁護菲門人的自由呢。還是擁護意大利的自由呢。把中國參戰功勞。拋到九霄雲外。初時勸我們參戰。現時又把中國山東。送給日本。先生是擁護中國人的自由。還是擁護日本的自由呢。現世界各處皆得自由的保證。我到沒看見。同盟的上面。剝奪了菲門人幾百年的自由。我山東數千年的自由。大書特書的。被國際聯盟保證到日本人手中了。我今天纔明白。美國人一千億元的代價。却是替東方德意志的日本送禮的。唉。照這樣看來。美國兵士。死得眞冤枉。不但這回冤枉。恐怕這個禍根。將來還要死六千萬人呢。這樣防止流血。這樣多數政治。我敢斷言就是歐美幾百個政治家野心家的多數罷了。說到俄國現狀。那本是先生最怕的。那是俄國幾十萬萬少數政治呢。那是政治家資本家的仇敵。自然先生憂懼了。

第二先生的理想宣言。爲甚麼收回倒推翻了。

汉声在《惟民》周刊发表《敬告威尔逊》图片 2

不是先生行不顧言。。就是先生假借正義。。別有野心。。不然。。別人也不敢對着百餘萬雄兵的代表。。專門利用先生的弱點。。今日拿出一種秘約。。先生面紅耳熱。。明日退出和會。。先生低頭懾氣。。先生的義氣。。先生的名譽。。國際同盟未成立以前。。先生爲世界的明星。。既成立以後。。先生就爲世界弱小國的罪人了。。我聽說威廉第二。。逃到和蘭。。現在投身工界。。改頭換面。。實行勞動事業。。威廉到有覺悟。。先生死抱着國家主義。。空教三四强國。。利用先生的正義。。侵奪弱小國的土地。。先生的婆心苦口。。只好留着歷史上紀念罷了。。

第三先生苦苦的爲資本家說項。。可稱現代資本家的保護人。。不知先生與資本家有何密切關係。。但是就人類正義看起來。。先生這種調和主義。。終久是失敗的。。現代社會。。依互助的定義。。絕不容少數資本家。。吸收多數的膏血。。供個人的安富尊榮。。前幾天美國工黨的傳單。。先生既爲大總統。。當然看見這種宣告。。要知這種紅色通告。。是代表全世界神聖勞動的精神。。這種組織。。絕不是一國兩國人的結合。。根本上是不能調和的。。先生既主張脫離專制。。難到就只消滅幾個帝王。。那就算脫離專制完了。。專制政體。。是一國人民的大仇敵。。資本家是世界人類的大仇敵。。先生主張脫離。。請將範圍放大些。。世界有强權國家。。世界無寧日。。人類有了資本家。。人類永無和平。。我因爲先生天天說正義人道。。所以纔對先生說這些話。。我更是希望先生始終一致的。。還是依那宣言。。再加上不屈不撓的精神。。這纔是眞正世界明星。。

記者足下。。鄙人有幾句話。。早就想說。。直是無處可說。。今見貴週刊主張。。頗具根本改革的精神。。甚爲佩仰。。我這幾句話。。雖不是根本改革。。然自信是對于西南對症發藥。。苟 足下以爲

汉声在《惟民》周刊发表《敬告威尔逊》图片 3

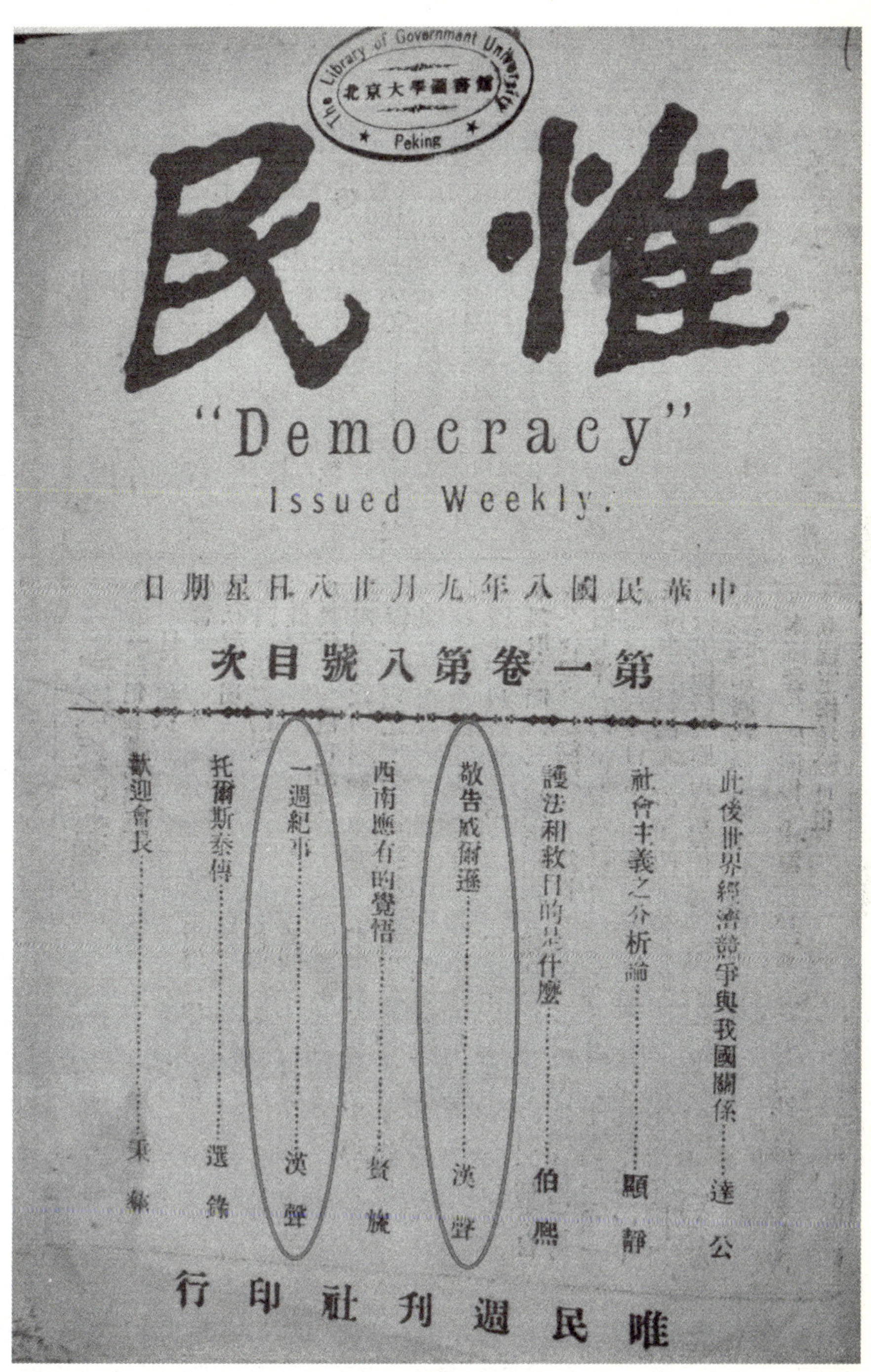

惟民

"Democracy"

Issued Weekly.

中華民國八年九月廿八日星期日

第一卷第八號目次

唯民週刊社印行

《惟民》周刊第八号封面

五十二、中国宜利用水力代煤力说

字林报略云，世界煤斤，虽据科学家云，尚可供许多年之需用，惟世界用煤孔多，出产有限，供给将穷，故觅取他物以代煤斤，俾供产生发动力之用，此乃世人所亟欲研究者。英人巴森氏，近在英国协会演说，估计世界水力，约二万万马力，若欲利用之，则须费英金八千兆磅以经营之。近日英人巴威尔氏，（曾条议上海筑港事）调查长江上游，察航行可以改良之情形，与上游水利之重要。调查所得，录诸笔记，以下所述，即根据其记录而来也。

宜昌重庆间，长江四百英里，共三十五滩，两处高度，相差四百七十六英尺。重庆高出水平线六百十尺，宜昌高出水平线一百三十四尺。换言之，宜渝间之江，自上而下，形势倾斜，每四千四百五十尺，辄低一尺，其险峻两倍于寻常江河江身之斜度，当然差参不齐。中有层层陷阱，间有深逾二百尺者，低地之两旁乃隆起地，瀑布由此而来，或两壁峭立，中留狭峡，江水由此夺路而过。四川平原之水，以宜昌峡为唯一之出路原来。四川平原，本系内海，水一涨起，辄泻于勋阳以南较低之山地，盖大巫山起脉于黔省，与喜马拉雅山之间，沿四川东界而止于勋阳以南也。重庆江水排泻之量，以英方尺记之，当平均低水时每秒钟七万五千方尺，平均涨潮时每秒钟七十七万四千方尺，最大潮时每秒钟一百零六十五万方尺。可以五十尺之水头，发出下述之马力。当平均低水时可得马力四十三万匹，三十一万九千七百八十基洛瓦德，平均涨潮时马力四百四十万匹，三百二十八万二千四百基洛瓦德，较诸美国著名奈格拉瀑布水力尚高百分之三十。奈格拉瀑布，于一百四十尺水头处，约产马力三百二十五万匹而已。今若利用此水力，则非属置轮机于江边，任江水自为之之问题。振兴水利，当兼筹利用水力与便利航行而言，据巴威尔氏计画，宜移去低水处之岩石，开浚河身之淤积，使低水处，竟至九百尺，深至十五尺，然后起筑七堤，以保持水平，以减除巫山与重庆间之险滩。堤长各三千尺，高出低水五十尺，堤设闸门，用电气马达机，司其开闭。筑堤地点当在巫山藁府安平云阳小江忠州涪州等七处，每堤三闸，共二十一闸。水涨时则开闸以泄水，水低时则水越堤而流。如此办法，长江上游几同巴拿马运河，每堤蓄水既多，则可安置水电过轮。而发展上表所列之水力，按用煤生力，须雇技士矿工运工，人数既多，用费亦昂。若用水生力，则仅需十人，两相比较，则水力之发展，尤宜致意矣。巴威尔氏估计发展水力之经费，约需英金八百二十六万磅，计修治险滩费四十五万磅，筑堤设闸费七百二十一万

磅，每处水电机费六十万磅。巴威尔氏此项计划颇为伟大，但非想象之言。使巴威尔氏之言，而果确切不移也，则长江上游当不致永为航行之障碍。据巴威尔氏计算，如七处水电厂各皆设立，则可得三千一百万匹马力。巴森氏谓世界有水力二百万兆马力，须费八千兆磅。今依巴威尔估计，则长江上游可发展全世界水力六分之一，而所需经费，较巴森所言者，尚远不及六分之一也。

文章来源：《惟民》第八号，1919年9月28日

五十三、中国工业大进步——日本所受影响不浅

日本朝日新闻近载记事一则云，据通商局所接上海领事报告，此次上海之排日，与中国人以经营工业勃兴之机运，不可轻易看过。彼华人以为好机不可失，大声疾呼，奖励国产，提倡国货，而排斥日货，力求自制品之贩路扩张。罢市期内，各处华人商店，抵制日货之旗，与奖励国货之旗，殆无不同时并揭，是盖此等工业家之企图也。中国工业，自排日以来，日见勃兴者，为纺织、线袜、衬衣、无大小阳伞、雨伞、火柴、时表等各种制造工业。此等工业，日事扩充，工场增设机械，又于大计画之下，别筹新法。用本国品，代日本货，以应国内之需要，准备极忙，兹列举其主要者于下：（一）纺织业。排日运动勃兴以来，以丝线供给不足之故，中国纺织工场，操作日忙，更有设立大中华纺织公司、恒太纱厂、浦东丝厂等之计画，以纺出细丝为目的。又于英美人与华人共同经营之下，谋设立纺织工场者，亦有数处。目下在外人与华人计画之下者，将近二十万锤，此等计画之从事设立，当在一年以后。（二）珐琅伞及铁器。上海市场之洋伞，日本品占百分之九十五，自排斥日货之后，均以本国之雨伞代之。雨伞生意，极其繁盛，现在有志家江政卿等，于中华实业制造厂之名，下筹设洋伞珐琅器之制造工场，该会社有资本金数十万元。（三）线袜与衬衣。此种工业，为大正四年排日时之一种新兴工业。此次为应各方面之需要，制造异常忙碌。（四）帽子制造业。日本麦秆草帽，占中国人需要品之大部分，今则已被排斥，彼国学生等戴本国制白布帽，以为爱国之表征，中国制狭边帽需用最多，中国人帽业亦非常发达。（五）实业银行计画。以上所述，各种制造工业之勃兴，因乃有设立实业银行，流通金融之必要，近日虞洽卿等正从事筹办云。

文章来源：《惟民》第八号，1919 年 9 月 28 日

五十四、警厅擅捕学生之风潮

前日下午五时，有学生多人，在西堤验货厂搜查劣货。即有岗警返区报告，电厅请示，旋由警厅派游击队一队，前往验货厂劝止。各学生以此为爱国举动，不服制止，当场为游击队将学生十一人带回警厅候办。适魏厅长未回，由陈秘书以电话请示核办。而中等以上学生联合会闻耗，即派出学生多人赴警厅打探。查悉被捕各生，仍未释放，于是电召各校同学。讵料所有学校电话悉数不通，迫得派出多人，分投报告。未几有公立法政、广州中学、中法、番中、岭海、效忠等校学生约三百余人，列队到厅，路经长堤，观者均异常激慨。各生到厅不多时，有武装警察及游击队百余人，护卫魏厅长步行返厅。由各学生举出张启荣等九人，并被拘各生，次第由魏厅长分传入见。魏厅长一见即云：本厅长已有布告，严谨调查劣货，尔等竟敢抗令私自调查？本厅长为执行职权起见，当然要干涉，且尔等是否学生，殊难认识，若要取保，非校长监学不可，至尔等回校与否，听自裁之云云。各生答谓，此次外交失败，全国皆愤，粤省继津沪之后，实行杯葛，至搜查劣货，虽非法律规定，然在总商会邀请各行商会议取决。此次经由学生示商人以凭证，举动文明，今奸商畏查，藉词骚扰，而警察无理拘捕学生，情实不甘。如厅长不准学生搜查劣货，请厅长担任交回青岛，废除密约，生等奉厅长为伟人。不然学生等协助官厅挽救危亡，今官厅不保护，反加摧残，若谓青岛应拱手让与外人，二十一条密约应该遵从，请以明命公布，学生等则永不调查劣货云云。魏厅长未有置答，时已两点，后由旅省潮州中学校长亲到警厅保回三生，余均在厅。二十四日中等以上学生联合会召集公立法政广州法政等二十余校，议定对付办法：(一)定今日十二时在天字码头齐集各校同学，举行示威运动。(二)请愿军政府。(三)请愿国会。(四)请愿省会。(五)质问督军。(六)再赴警厅交涉。(七)通电全国学生联合会。(八)通电本省各地学生联合会。闻赴军府请愿时，有公立法政、公立医药、甲种工业、潮州旅省中学、培正中学、广州法政、广州中学、第一中学、中法医学、教忠师范珠江中学、番禺中学、公立监狱、番禺师范、妇孺医学、女子职业、领海公学各学生。各总裁据报，当派副官出语众人，着其举派代表晋府，旋由学生举定代表八人，女学生举定代表二人随该副官晋府，面陈一切。闻各总裁已允电警厅释放，至是日下午三时，又有教育会长陈其瑗、南武校长何剑吾及教育界陈信明等十余人，到厅慰问各生，拟即取保。奈被拘各生，力陈无故被拘，未允即出。经陈其瑗一再苦劝，惟各学生始终均以救国为词，置生死于度外，陈等迫得慰勉含泪而别。查被拘各生，除韶州中学保回三名外，实余八名，现均留在侦探室，其姓名校籍如下：周其鉴（工业），张殿邦、冯世英（公立医药），蔡沙棠、潘寿海（番中），梁安民、关荣衮、何鸿芬（岭海中）。闻昨晚九时学生已释放，而各学生多人往欢迎，于昨晚十时，由永汉马路至西堤一带巡行。又中上学生联合会昨发出通电云，上海全国学生联合会急转各省学生联合会各社团各报馆均鉴，学生查禁日货，被捕十余人未释，请一致协助。广东中等以上学生联合会。二十四。

文章来源：《惟民》第八号，1919 年 9 月 28 日

五十五、两院同仁之愤慨

两院同仁公鉴。敬启者，顷阅学生团通告，谓有先施大新真光公司等组成之联益会，甘受日人运动，呈请督军令行警察厅取消规约，严究学生调查，以便私办劣货，冀图厚利等语。查该公司等，久标不卖劣货字样，果真毫无劣货，何妨任人调查，今乃勾结外人，呈请官厅，禁止调查，显系图卖劣货。同仁相约自今以往，不到先施公司大新公司真光公司等商店购买货物，并劝爱国诸君，勿为所愚，幸甚幸甚。褚辅成等二百五十人同启。

文章来源：《惟民》第八号，1919 年 9 月 28 日

五十六、军政府之心理

军政府不死不活，如妓女坐床，两眼直望有个好客人。前者王揖唐出任代表，军政府只反对人，不反对和，其心理必以谓龚心湛若当代表，我是很欢迎的。刻下北京政潮，又有龚去靳上的消息，军政府的好客人，居然要倒霉。西南各军，大家都请根本解决，有人主张讨伐令，而军政府的聋子跛子，却都现出本像来了。我想军政府本是国会产生，却处处反对国会的主张。各省各军，是军政府主体，却将各军各代表，置之度外，一味听任几个奸党，在那的鬼鬼祟祟。国家事要想解决，还是我们人民直接解决罢，这政府是供少数个人交换权利的，终是人民之害。

文章来源：《惟民》第八号，1919 年 9 月 28 日

五十七、自由同盟会之组织

中美新闻社纽约通信云：此间有报馆记者，与新闻家及国际学学者，约五十余人，组织一自由国同盟会，其宗旨系促进美国在大战中所执持之自由民治政策，并扶助国际同盟会之成立。及其目的之实行，兹将该会于本年七月八日开会议决之案录下（此案过后经备函抄送威尔逊总统及参议院）。

决议案

本会会员决议，请本国公民要求参议院批准。对德和约，连国际同盟约章在内，不必另立保留条件，如此可使世界秩序及进步所急需之和平，可立即恢复废除许多引起此次大战之国际的不公道，并造成一修正其余许多不公道之机关，以谋将来国际上之公平往来。唯于批准对德和约及国际同盟约章之时，须附颁一宣言书，说明美国在国际同盟支配下之目的。（一）胶州及德人在山东之权利应立即归还中国。（二）和约或同盟约章中，任何条件，均不得解释为可许国际同盟干涉国内革命，或可以阻止边界界限之公平，划正为关涉之人民之幸福及利益所要求者。（三）德国新共和国一经诚信履行和约条件时，即须许其加入国际同盟之行政院，俄国设立巩固政府，亦即许其加入，并许德俄两国于一切经济交易，得有完全均等之参加，以免复返于以前之均势计划与经济特权及战争。（四）各国军备须逐步减少。（五）应以全力倾注于国际同盟之组织及实施，务使其性质多民治的，其手续多法律的，而少外交的。

说明书

对德和约应批准之理由，因（一）消灭以武力缔结之布加来斯脱，及勃来斯德黎多司脱条约。（二）恢复阿斯萨斯劳伦两州于法国。（三）恢复五十五年前丹麦被夺之省份。（四）波兰恢复自由。（五）捷克斯拉夫族得独立。（六）承认赛尔维克路脱斯劳文诸族之复合。（七）预植俄国人民自由之基。（八）西西利亚休麦斯威比德边界沙河流域诸问题均得由当地人民自决。（九）战时被攻各国人民所受之损害得当赔偿。（十）国际同盟行政机关中许各民治国之立法机关代表参列。（十一）采用进步公平之国际劳动标准。（十二）许各国互相自由交通经商，其陆地封锁之国亦得通海之权。（十三）保证各代管国对于被管人民须竭力注意其幸福发展，并得享商业上之均等机会。（十四）规定减少各国军备。（十五）设置一国际机关从事消灭不公道之事或战争之原因，如日本之占据山东等皆是。（十六）禁止任何国以武力强侵他国，如何屈抑须经同盟会调查解

决。（十七）规定以后任何国如有危害国际和平之举动由各国联合责惩之。（十八）规定即使国际同盟会已公决一致对任何国宣战，而美国之出兵仍须专待国会决定。（十九）允许早日承认德国加入同盟并许一切国入会。（二十）同盟约章中设有一种支配国际关系之文具极适合。而能伸缩于将来国际大有裨益，如批准和约内附有条约。若有一国反对，即足破坏此和约，使和会前功尽弃，或则使美国不得参加。凡主张保留条件者，大都以毁坏同盟约章为主的，不知约章虽未能尽善，亦不为恶，与其毁之，不如保存之，使已成之功不亏，而再从事改良，此自由国家同盟会之目的，而以全力求达之者也。

附约说明宣言之理由

自由国家同盟会，为持自由民治主义，而深信国际间之新秩序者，故亦拥护美国在战时、休战时、及议和时所持之某种主义。此种主义有已经采用者，有于和约及同盟约章草案中所被推翻者，本会今与全世界自由团体一致要求，依照美国主义修改此等草案。本会深信同盟约章，确足代表一九一四年后国际事情之一大进步，倘拒绝之，是使世界复退化而不克保将来再有优点。及此事之公约发现，然则欲保存和约与约章中已有之优点，同时加以改良，使与吾人之宣言不背，其道何由。曰是全在吾参议院只须于批准之时附一决议案，说明美国在同盟约章之下直接目的。若能如此，则吾美之反对和约者，将一变而为赞助。兹将应说明之目的，列举如下：（一）以山东权利让许德国是违反自决主义。德以武力得之，今又以秘密条约之故，承认移让于日本。此项密约，诚如威尔逊总统所谓在和议中不应有立足地者，吾人曾得日本专使之口头保证，山东将归还中国。然和约之现定则适得其反。今我参议院如承认和约应附一明白宣言，山东应立即归还中国。吾人应以此为先例，为将来接续取消欧洲各国在华势力范围之张本。（二）吾人所拥护之最大主义为民族自决权，即任何民族不应受违反其自己意志之处置，或使之处于外人羁绊之下。中欧种族复杂，人民愿望不一，其问题非此次和会所确能解决，然须开一解决之门路。和约中之第十款及和约与同盟约章之他款，论者谓其于民族疆界问题，依然苟且不决，且使美国不能不承认此等非出于当地民族自愿之疆界。故吾参议院于承认和约之决议案时，不能不另有说明，否则将使误解，以为美国对于此等条款并不视为有禁止民族革命之权，或以有秩序的方法改正疆界之权之意味也。（三）俄德之被排除于同盟之外，吾人视为于世界和平有危险，且足使均势之策复活。凡国家之政体，与同盟会中各国之政体不同，因而不许其加入，吾人以为不合。应请参议院之决议案中声明，应将德俄两国迅速加入同盟会之代表团及行政院，并使得完全均等参列于一切经济往来。（四）同盟约章规定将来逐步减少军备，德国已被和约条件强迫解除军备，吾人应切实保证吾美与联合各国之军备亦早日减少。（五）和约之中尚有关是民政及经济各点，与休战条件中之主旨相冲突者，惟欲将其修改。以为吾美承认和约之条件，则恐毁坏同盟约章。唯此等诸点，将来同盟倘能逐渐生长，得各进步国之民治力量之扶助则亦可解决，此吾人所信也。

若承认和约，而不附以声明，将使吾美人之地位，与德人之默认勃来斯德立多斯克条约，而不抗争者相同。若承认和约，而仅附以关于国家自己利益之保留条件，则与吾人之宣言不符。故唯有承认和约，而附以与吾美人所发表之主义相同之宣言，庶几吾人对于应解决之大问题，自立于正当之地位也。

文章来源：《惟民》第八号，1919 年 9 月 28 日

五十八、日本最近之政潮

某东报记西园寺返国后，日本新起之政潮云，日本讲和特使西园寺公望氏，回抵日本之日，即宪政会猛攻政府外交内政之时。日民对此次日本在讲和会议之外交，心悦诚服欢呼满愿者虽多，而满胸不平仇恨特使之无能者亦不少。故宪政会之冲锋的舌战亦博奇效，致有热血壮士愤恨之余，暗图狙击特使。去月西园寺抵日本时，即有青年数人潜伏途中，意欲袭击专使以舒宿恨。事为警察所侦知，壮士登时逮捕，现已送署审究。唯内情极秘密，尚不知其主谋嗾使者为谁何耳。

政友会自讲和会议终了后甚形得意，恒在各处夸张政府之功，以图博民望。近见宪政锋刀颇极炽烈，一般对政府之信用，亦逐日减退。原内阁之声，虽未至完全扫地，而比之初组阁时已多逊矣。乃亦屡次开大演说会，选择能辩之士，宣揭政府内治外交之功绩。八月二十七日，即政友会开辩护大演说会。时京满区新富座之演说会场早于下午五时，听众盈满入场者约三千余名，不得入场者尚千余名。警署为维持秩序，并暗护政友会起见，增派巡警三百余名，内外警戒，异常严厉。六时由严崎勋氏略述开会词，旋即竭力称颂政友会对内之施措，长谈高论。正在洋洋得意时，忽有自由劳动者组合，与日本劳动会会员数名，大声云：国民生活则如何？因此满场骚然。旋有一壮士团围击劳动会员，顷刻间大起格斗，场内纷乱。警署派来之巡警，则反捕劳动会员，而置加害壮士辈于不问。吾于是始知是等壮士乃政友会之人，若辈早与巡警结有密约矣。被害者鲜血淋漓，伤处甚重，全系劳动界中人，警察亦不之恤矣。先是于纷乱中又有一壮士大挥铁拳，殴击政友派之壮士某，会场益复骚扰。巡警无法制止，只得任其所为。而殴政友会派之人者，即宪政会派来之壮士团。警察肉眼，亦不辨其为政友派或宪政派，仅将受伤者关治而已。及至会场静肃，早已八点余钟，时场外亦已人如蚁集，共与场内之人响应，屡欲攻入场内以资破坏，幸有警察多人，竭力遮压，遂得无事。严崎氏演说毕，继登坛上者为政友会舌战之健将松田源治氏。演说之大意，亦不外称扬政友会内阁之功劳。卒又有听众数名，发大声妨害，有某者跑登演坛，殴击辩士。忽又有一人出长蛇三条，分投于听席及辩士立处，会场因复纷扰不堪，为时已十时有半，遂乃一哄而散云。

文章来源：《惟民》第八号，1919 年 9 月 28 日

五十九、南北和局与日本关系之前因后果

去岁唐少川自日本回国，言和识者谓其与原敬结有若何条件，一时群相揣度。咸以为将来南北和议，恐终不能免受日本之指挥，或脱出日本之关系，在唐氏亦讳莫如深。然究其所结之条件维何，盖第一须承认徐世昌为总统也。设不如是，则日本与北京所缔结之种种亡国条约，不能有所保障，且亲日政府一经动摇，则日本侵略中国之计画将不克发展。盖亲日政府存在之日，即日本兼程并进一往坦途之日。固不仅保障各项之亡国条约已，夫寺内利用北廷，实行其侵略之政策。原敬以和平巩固其垂成之业，离和战不同，然异途同归，仍系萧归曹随，侵略中之最善利用时机者也。及至沪上和议，因陕西问题稍事停顿，日本即无限惶悚。当时五国提出劝告，日本实为主动，嗣和议破裂，北代表联翩北旋，南代表羁留沪上，旷日持久，日本已不能再耐。原敬已大受抨击，地位颇有摇动之势，遂亟派芳泽西来，与北廷交涉，迨芳泽返命，而总代表王揖唐发表，阅者犹忆芳泽返命未久，即有庄景珂致电北廷，谓日本朝野亟注意，吾国和议情形，务请随时电告，以便转达日当局云云之一事乎。今庄又奉日令电催矣，其电略谓（日本朝野盼吾从速和平，请王总代表毅然南下，尤祈冯段龃龉，日臻融洽云云）。所谓冯段龃龉，即直皖两系中吴佩孚反对王揖唐事，日本对于和议如此督饬，则王揖唐毅然南下，是必无所顾虑。即南代表迫于公意，不肯与议，彼日本当复主动，提出警告，虽欲不和，亦不可得。故军政府歌电，正式拒王之后，竟出徐意料之外，立与段商，闻结果仍拍致庄景珂一电，内容虽不得详，大约不外使庄运动日本表示促成我国之和平统一或再提出警告，然后国民迫于外力，而噤不敢声。究竟如何，一二日后证以庄之覆电，当不难明了。且此次和局各方面运动，虽不能证实，然金钱魔力，何事不可转圜。观于汪有龄致和密急电徐有云，近徐与南代表交换意见，所得结果，言南方激烈派之反对王揖唐，不可过为重视，仍宜来沪，力图进行。末复云，和议既有开幕之望，在在需款，务请多拨经费，交由王氏携带来沪云云。又时事新报专电，据安福部员某君谈话，王揖唐做总代表，化去一百二十万元疏通费云云。吾人对于此等黑幕，虽不能加以明晰之解剖，然以今日时局论，南北和会，即注意于大借款，为彼此分肥之计，区区代表等，为金钱势力所软化，又奚足责哉。所可叹者，一般商学界无拳无勇之运动虽力竭声嘶，将不值代表先生一笑也。

文章来源：《惟民》第八号，1919 年 9 月 28 日

六十、最黑暗的川广女界

（缺）

文章来源:《惟民》第九号,1919 年 10 月 5 日

六十一、一周纪事

（缺）

文章来源:《惟民》第九号,1919 年 10 月 5 日

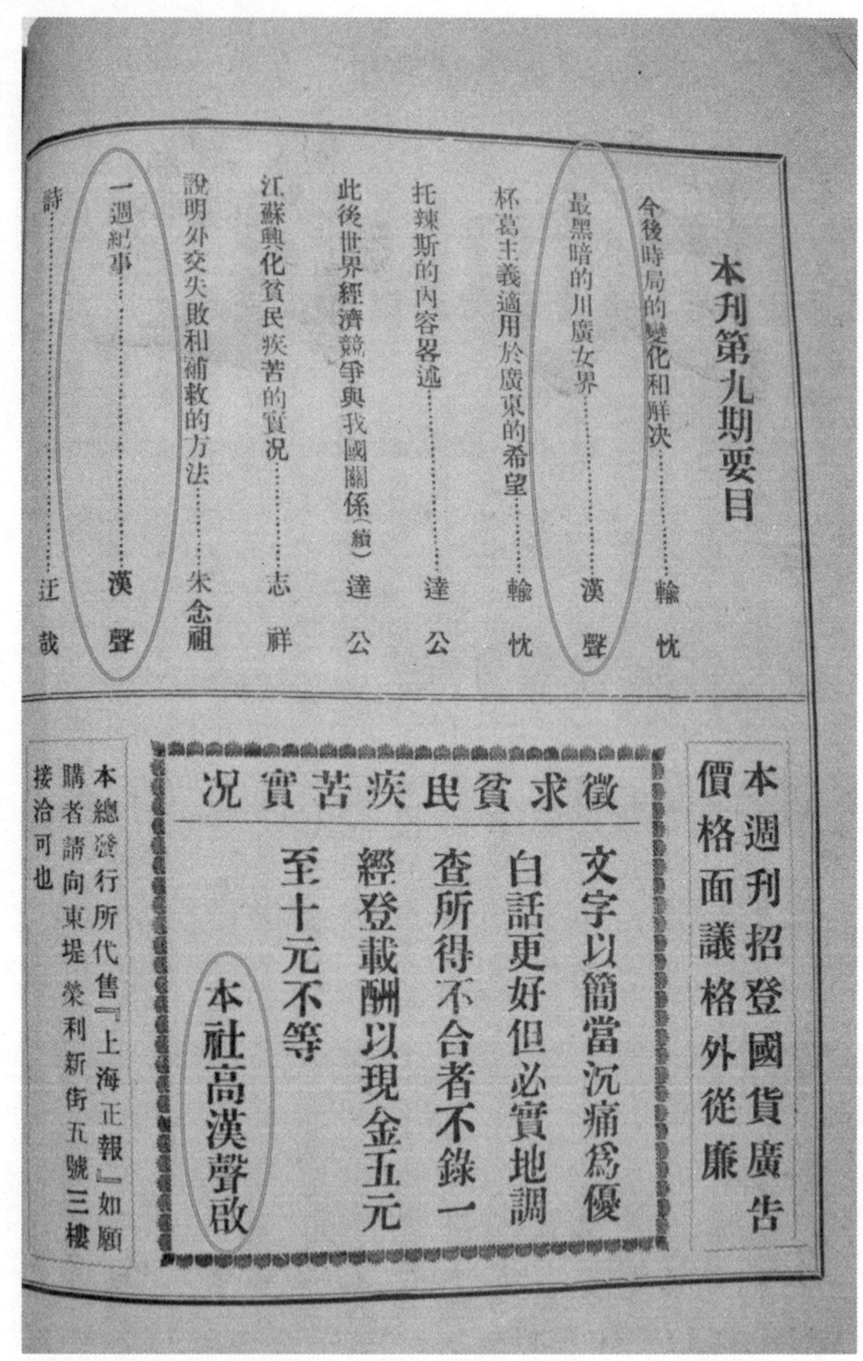

本刊第九期要目

今後時局的變化和解決……輸忱
最黑暗的川廣女界……漢聲
杯葛主義適用於廣東的希望……輸忱
托辣斯的內容畧述……達公
此後世界經濟競爭與我國關係（續）……達公
江蘇興化貧民疾苦的實況……志祥
說明外交失敗和補救的方法……朱念祖
一週紀事……漢聲
詩……汪哉

本週刊招登國貨廣告價格面議格外從廉

徵求貧民疾苦實況

文字以簡當沉痛爲優白話更好但必實地調查所得不合者不錄一經登載酬以現金五元至十元不等

本社高漢聲啟

本總發行所代售『上海正報』如願購者請向東堤榮利新街五號三樓接洽可也

汉声在《惟民》周刊第九号发表《最黑暗的川广女界》和《一周纪事》

六十二、举市若狂的双十节

广州此次对于双十节,非常热心,记者为首造此节之人。但前次七年在津京沪汉各地,所见各地情形,均不及广州此次。是日东园左右,由上午八时起至下午三时止,经过学界商界及劳动界各数十万人,各种各色的欢声震天,就中还有学生的血书,请同胞救国,各种插画,及讨卖国贼等字。西妇参加运动的,均是身着夏布。活人队里,忽然现出一个孙文黎元洪的油画像,令记者心中发生一种感想,非常不快,一个是创造民国的思想家,一个是功不及过的昏东西。前次吾人种种血汗,尽被黎氏送脱。故记者一见此像,遂亦观止。

文章来源:《惟民》第十号,1919 年 10 月 12 日

六十三、靳云鹏登台之由来

云鹏前年主张以武力剿平西南，持议最坚。当时所有军事计画，率皆出于靳手，小徐在外，不过号召奔走而已。人第知小徐骄恣妒燥，易于遭忌，而不知靳氏阴毒险很，其所造之罪恶，故犹重于小徐也。盖一则阴柔奸诈，胸罗兵甲，一则阳刚自炫，贪功忘能。故段祺瑞每语人曰，冀卿余之腹心，又铮余之股肱，尔君和衷共济，吾又何畏彼乱党耶。所谓靳徐相争，亦全系作态欺人，量为操纵政局之骗术，即靳徐间或因己身厉害，小有冲突，亦绝无碍于自派之全局，犹段之与徐世昌，互相狼狈尔。此次靳上台主和，识者早已窥其甘为日本傀儡，欲藉合议巩固中日军阀之势力。与其目为南北分赃之合议，勿宁谓为日本收买之合议。靳氏以主战最力之人，不嫌矛盾登台，与□主和，时人群相诧异，疑团莫决。然一察其内幕，实为日本迫命使然。原敬内阁，因吾国合议延宕，屡遭国人非难。前日东京外交调查会鉴于山东交涉经美国上院委员会之修正，将有变迁，益形惶悚，特开会议决，接济巨款，拥护北洋军阀直接握有政权，促成和议，以便易于解决中日各项问题，发展其对华政策。原敬允即照办，此靳氏上台所由来也。初日本迫拟使段代龚，当时小徐曾极力怂恿之，徐世昌亦遣人往请。段以己身为主战派之领袖，太露痕迹，若则在幕中赞翌，人亦深沉，较易收和议未竟之功，以符日命。密商数日，靳遂毅然出马，故反小徐之所为，以施其牢笼诡计。其实小徐筹边使之头衔，及握有之实权，仍然存在，并暗中积极发展。谁谓其积不相能耶，所可异者，靳未登台之先，主张废除军事协定，即预备登台后迎合南代表之心理，以为易于谋和条件。以亲手订定之人，而反力主废除之，其真不知曾经两次订有替代之附约乎？靳昨电王揖唐，促其讯谋开议，盖不欲其久滞沪上，停顿不进，致和议前途反生障碍，复受日本之叱责也。近据京函，谓更换北方总代表之说，已盛传多日，靳屡电饬庄景珂征询日当局之意见云云，是则北廷急遽谋和，实不容违反日本命令，其张皇失措，奉命唯谨之态，亦不能有所掩饰矣。

文章来源：《惟民》第十号，1919 年 10 月 12 日

六十四、第三次请愿代表之残凌史

京函云徐段故纵马良，杀人称霸，向国民示威，冀贡媚于日本。京津鲁三处人民，以痛遭切肤，乃有第二次四批千余人之大请愿。乃北廷视国民如仇敌，以效忠外人之故，公然向尢拳尢勇之人民代表，大施蛮暴。虽已孱弱纯洁之爱国女子，不能免其狂殴滥捕，军警有为之色沮泪下者，虎狼奴吏，谄上性成，不少见也。因而唐山代表郭友三君因伤殉国，北京女代表击伤肋骨，天津西沽大学李君伤腑，失血旬余，其他鳞伤遍体之代表与童子军，尤不可胜数。至断绝饮食，露宿雨泊，虽盗贼无此凶残，不图竟见之于肉食之官吏军阀，乃心犹未足，且欲枪杀爱国青年马俊以泄愤。幸外交团主持人道，电话告诫，北廷虽媚日性成，然外交之告诫，亦闻虎色变。此后始将拘捕代表省释。吾民几因触起日本而死，复因外交缓颊而生，是北廷缓之出生入死，一视外交之旨趣为转移。此等代表中国之半性政府，吾人犹容许之，以对外对内，岂不为中国悲。乃半性之西南政府，对于苟合借款，则如望云霓，对于国民代表之残凌，则如秦人视越，而公然反对北廷卖国，不与言和，尤恐妨及借款之分肥，故从不敢道及只字，向卖国党讨余沥者，吾民尚希望其救国吊民乎？人民得此觉悟，惟有联合各省人民向卖国北廷再谋一次抗争之奋尔，此第三次请愿代表之所由进行不懈也。截至十月一日，到京代表，有津鲁汴晋宁沪湘鄂八处之多，而北廷对此防范颇严，侦察四布，俨临间谍。而人民代表易服晋京，有数百人多，拟分批进行。一般忠奴，竟毫无觉察，其蠢拙亦可知矣。而北廷所深恃者，商会某首领，已得贿金六万，决然奉领全部，脱离中华民国国民范围。□门学子因教育泰斗蔡孑民先生回京，受尢抵抗主义之影响，且以前次众运动，备尝艰辛，已成惊弓之鸟，未曾加入运动，已出始料所及矣。第三项请愿者，共三十五人，天津女学界郭隆真亦在列。郭女士第二次请愿曾与刘清扬女士共尝八日牢狱之灾，此次仍勇往直前，在国人视之，因以志向坚定。而北京之怕高士巨富，不以干廷犯阙视之，已属万分庆幸，畴尚冀威动之援助之乎。代表到新华，又有军警数百人森严排列，百般阻止新华门首，围之水泄不通。代表等勇往直前，遂为不卫国而卫徐段之军警所包围，直至夜午，尚未辞严。而徐世昌初令教育次长傅岳棻往劝，傅置诸不理，复令曾彝进下逐客令又无效果，乃令民忠士，出头御敌。北京学生联合会各界联合会，遂一改其前此谓愿救国之方针，而为解散请愿救国代表之专使矣。惜粲花三寸，不能回一片至诚，热语冷嘲，终未迫代表退去。徐氏遂又用其山大王故套，下令军警强拽三十五代表离去新华，押解警厅。代表何章，屡受此次卫国卫民为标帜之军警左右进陪，数元一月之饷金，肯为人民出此大力，报酬与劳力，未免太不相乘。未识吾全国爱国同胞，当何以答谢此鞠躬尽瘁之神圣军人也。代表等解至警厅后，徐段密商处置方法，闻决定三步办法。第一起先以好言劝之，自行解散。如代表不肯自散，请行第二步，即押送出京解回原籍。倘照此办理后，再有请愿代表出现，宣布戒严令而以扰害秩序罪相加矣云。

文章来源：《惟民》第十号，1919 年 10 月 12 日

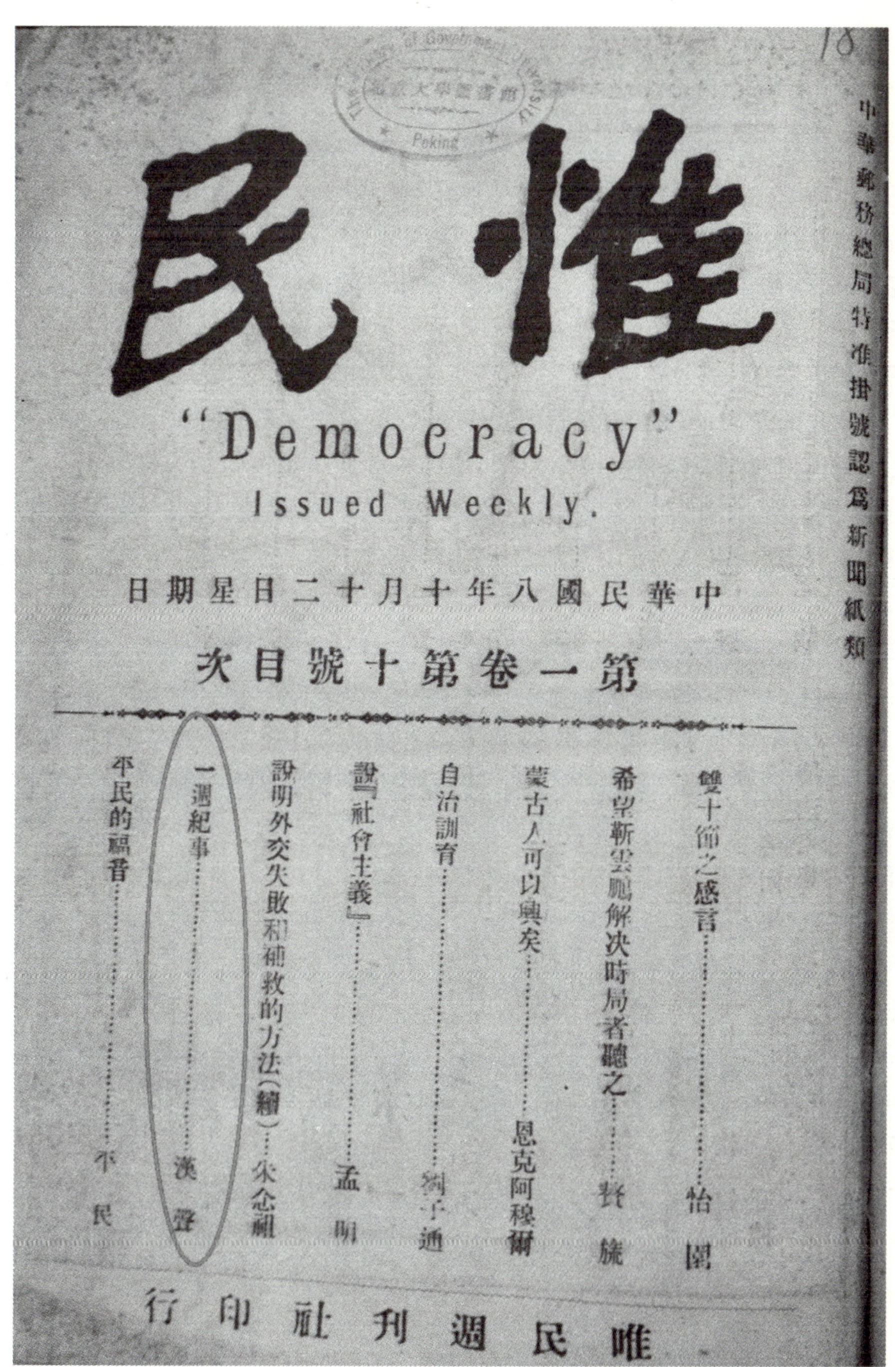

18

中華郵務總局特准掛號認爲新聞紙類

惟民

"Democracy"

Issued Weekly.

中華民國八年十月十二日星期日

第一卷第十號目次

唯民週刊社印行

《惟民》第十号封面

六十五、英雄革命与平民革命

现在有一班知识薄弱的人，也不管三七二十一，动口便说闹不得了，再闹人民更不得了。人民不得了这句话，真是不错。但是人民不得了，不是革命不革命的关系，横直人民总是不得了。不过是革命呢，平民是有形的遭殃。不革命呢，平民是无形的受害。平民要想得了，除非推倒了强权代表物件，永久没有安乐日子。要推倒强权，不革命绝做不到。人类是自然进化的，革命是进化的利器，也就是进化的表现。

依我的意思，人类要真正觉悟，就要绝对的自由。要绝对自由，在这环境不良的时代，非有奋闯能力，拼命前进，但没有能脱苦海的。所以陷在苦海的人类，想要快乐，非革命不可。不过革命，要根本革命不要枝节革命；要多数革命，不要依赖少数革命；要平民革命，不要英雄革命。那是甚么道理呢？枝节革命，去了一段的恶浊，那环境恶浊未去，反引起恶的反动了。少数革命，一部分的少新一点，那大多数的旧势力，更生出刺激了。英雄革命，多半是教人家去死，他自己居于领袖的地位，他的野心，总在权利上着想，结果是以暴易暴。新官僚革老官僚，新军阀革旧军阀，与我们平民丝毫没益处。譬如一家人，外面来了强盗，请几个打手，打走强盗，我们又要供给这几个打手。不过损失多少的问题，横竖我们总要受损失。要是我一家自己打走强盗，就没有损失了。我这话虽是有点浅薄，要知道在中国这个强盗世界，强盗的变相太多了，防之不胜防，我们平民要小心点。

我从辛亥革命以来，在当初本觉得革了命，就能国利民福。那晓得革了这几年，平民更不得了。那么，革命二字，真是不祥之物了。我们不革了，是不是可以得了，我恐怕谁也不敢答我这句话。世界上的人类，愈革命愈进步。不过中国情形，是受的英雄革命的病。所以如此，怎么叫做英雄革命，怎么叫做平民革命，且听下回分解。

文章来源：《人报》（编者推测 1919 年发表）

（三）　報　人

小朋友。社會主義講的人類互助。不相競爭。不相傾害。和孟子說的「出入相友。守望相助。疾病相扶持。則百姓親睦。」差不多。大學說在親民。不是後世說知縣等。是親民官的親民。也是使人相親的意思。若算出門同人和同入子弟。便是大朋友了。有人說照著樣講起來。羣己，兄弟、朋友。合成一倫不好麼。我說倒也不錯。不過羣己。是拿相關說。兄弟。是拿相親說。朋友。是拿相助說。還是分開作三倫好。

大五倫說。暫且者樣收了。還有未盡的意思。和未曾發揮到家的地方。要希望大家再補正一下子。可以成完全一種議論。那是我歡喜不了的事情。千萬莫要客氣。莫要推辭。（完）

英雄革命與平民革命

漢聲

現在有一班知識薄弱的人。也不管三七廿一。動口便說鬧不得了。再鬧人民更不得了。人民不得了這句話。真是不錯。但是人民不得了。不是革命不革命的關係。橫直人民總是不得了。不過是革命呢？。平民是有形的遭殃。不革命呢？。平民是無形的受害。平民要想得了。除非推倒了強權代表物件。永久沒有安樂日子。要推倒強權。不革命絕做不到。人類是自然進化的。革命是進化的利器。也就是進化的表現。

依我的意思。人類要真正覺悟。就要絕對的自由。要絕對自由。在這環境不良的時代。非有奮鬭能力。拚命前進。但沒有擺脫苦海的。所以陷在苦海的人類。要想快樂。非革命不可。不過革命，要根本革命不要枝節革命。要多數革命，不要依賴少數革命，要平民革命，不要英雄革命。那是甚麼道理呢？。枝節革命。去了一段的惡濁。那環境惡濁未去。反引起惡的反動了。少

汉声在《人报》发表《英雄革命与平民革命》图片1

（四）　人　報

數革命。一部分的少新一點。那大多數的舊勢力。更生出激刺了。英雄革命。多半是數人家去死。他自已居於領袖的地位。他的野心。總在權利上着想。結果是以暴易暴。新官僚革老官僚。新軍閥革舊軍閥。與我們平民絲毫沒益處。譬如一家人。外面來了强盜。請幾個打手。打走强盜。我們又要供給這幾個打手。不過損失多少的問題。橫竪我們總要受損失。要是我一家自己打走强盜。就沒有損失了。我這話雖是有點淺薄。要知道在中國這個强盜世界。强盜的變相太多了。防之不勝防。我們平民要小心點。

我從辛亥革命以來。在當初本覺得革了命。就能國利民福。那曉得革了這幾年。平民更不得了。那們，革命二字。眞是不祥之物了。我們不革了。是不是可以得了。我恐怕誰也不敢答我這句話。世界上的人類。愈革命愈進步。不過中國情形。是受的英雄革命的病。所以如此。怎麼叫做英雄革命。怎麼叫做平民革命。且聽下回分解。」

女子爲甚麼要嫁？

慧

我小小的時候就聽說女子要出嫁的。究竟「嫁」是爲甚麼？。什麼事要嫁字。想來想去也想不一個法子來解决他。

過了幾年眞要嫁了。曖呀。那時候眞是害怕呀。

嫁到了夫家。才曉得這就叫做嫁。這就叫做爲人婦了。家裏上上下下。也很和氣很親愛的。雖不算是很富足。也還能彀安安閑閑的過日子。有好些姊妹們還替我道喜。說我命好嫁的丈夫好。我自已心裏也私自歡喜的。嫁了這家人。這個丈夫。雖沒有全從前理想的完全一樣。也還不

汉声在《人报》发表《英雄革命与平民革命》图片 2

英雄革命与平民革命(续)

(一)英雄革命

我上文说的,怎么叫做英雄革命,又怎么叫做平民革命,这地要分别来说。先有一个前提,必要明白。是什么前提呢?就是这革命二字的义意。革命的义意,是革故鼎新,将一切旧生命铲去,另立一个新生命。就伦理上说,是必要将旧的革尽,然后新的才能成立。就精神上说,是必先有新的主义,然后才能彻底觉悟旧的当革。大家都说革命是破坏,不过就行为上看,是非常破坏。但就本根上看,他要新建设成立,所以先破坏旧腐败。那们,这革命的起端,纯是建设的善意。不过革命是绝对,不是相对了。甚么改良哪!改造哪!都是相对的,内中都含有存一部分改一部分的意味。依物理学的观察,旧的不去,新的不生。旧物质或有进化的,旧生命是不存在的,所以说革命是绝对的,这就是革命的解释。

依上文的解释看来,这革命所发生的事实,必定要如何程度才算革命?那们,顾名思义,凡旧生命未能革尽的,都算不得是革命了。中华民国自辛亥以来,有一班人,自称革命党。依我看来,也不过同前清官僚一样的思想,把革命二字当作红顶花翎的头衔就是了。所以中国的革命,革去了大清二字,皇帝依然还在。其他旧的、腐败的、荒谬的、恶浊的,反因激动,比前更加多了。这样的事实,说他是改良呢,实在改而不良;就他是改造呢,实在改而不造。因为这几年,四万万人,到有一万万人说中国革了命。我也没法,只好在革命二字的上面加个英雄二字罢了。我今且把英雄革命的现象和结果分晰述来。

(甲)英雄革命的现象

我要说这现象,又要先解释这英雄二字的义意。英雄二字,就是特别人物,因为这人的思想能力,在无思想能力的人群中,比较的好些。俗言说矮子国的将军,近人说的伟人,都是英雄的别号。他的心思,不是要人人都有思想能力,他是自逞他的思想能力。自古以来,一个英雄出世,其中就要夹带着无数的生命财产供他的牺牲。所以英雄革命少不得要牺牲些平民。请看中国自辛亥以来,几次的革命人物,除下黄花岗七十二烈士牺牲了自己,武汉起义死脱了数千义士外,那些传布主义的人,生命都是很贵重的。作起事来,不管多数了解不了解，大半是命令人去服从，失败了先往租界一跑，日本就是他的常用住所。一般盲从的小伟人，就凭血肉来换金钱。有多少佩服中山的，都是佩服中山的个人，却不知道中山的主义。就有最少数实行中山主义的，要不是同盟会，或中华革命党，那就不算革命。甚至同党的又与同党争功。我常说一句伤心话，内伤的革命太少，外感的革命党太多。平是既没有精确的研究，临是又纯以客气用事，口内说民主主义，一身的官僚气习。总而言之，英雄革命，只知道革命是我专业，或是我的特许品，就不知道革命是人人的心理，也是人人应有的义务。只知道招成一党一派的人，就不知道造成普遍的知识，成为普遍的心理，就发生多少不纯粹的现象。

(乙)英雄革命的结果

我提笔来说结果，我就有无限的悲伤。辛亥武昌的事，我们本没要那不知而为的黎元洪，却那一班八大爷，一定要从床底把他拖出来，杀来杀去。杀得黎元洪副而大，大而富，他个人还说不愿意。汉口湖中尸，汉阳山下坟，多少青年血，送人不成情。烧了一半汉口耗了无数的金钱，这是第一个结果。

各省响应以后，大家都说北伐。十二三省的兵力，抵不住汪兆铭一条腿，唐绍仪一张嘴，袁世凯教几个兵在北京放一点火。南京北京，一面打陕西，一面说和议，也就依了他。一直闹到洪宪出世，这是第二个结果。

督军团造反以来，更不堪问了。甚么直系皖系鲁系，第一回他们大一级，甚么桂呵滇呵粤呵，革一回他们多一点。说到平民，真是求生不得，求死不能。全国的生命财产，就成少数武人的私有物。看到中国的地图，快要改名变姓了。完了完了，这就是大家的结果了，我也不忍再说了。

文章来源：《人报》(编者推测 1919 年发表)

(十一)　報　人

英雄革命與平民革命（續）

漢聲

(一)英雄革命

我上文說的，怎麼叫做英雄革命，又怎麼叫做平民革命，這地要分別來說，先有一個前提，必要明白。是什麼前提呢？就是這革命二字的義意。革命的義意，是革故鼎新。將一切舊生命剷去，另立一個新生命。就倫理上說，是必要將舊的革盡，然後新的纔能成立。就精神上說，是必先有新的主義，然後纔能徹底覺悟舊的當革。大家都說革命是破懷，不過就行為上看。是非常破懷。但就本根上看，他要新建設成立，所以先破懷舊腐敗。那們、這革命的起端、純是建設的善意。不過革命是絕對，不是相對了。甚麼改良嘿！改造嘿！都是相對的。內中都含有存一部分改一部分的意味。依物理學的觀察。舊的不去、新的不生、舊物質或有進化的，舊生命是不存在的、所以說革命是絕對的。這就是革命的解釋。

依上文的解釋看來，這革命所發生的事實。必定要如何程度！纔算革命？那們，顧名思義。凡舊生命未能革盡的！都算不得是革命了。中華民國自辛亥以來。有一班人，自稱革命黨。依我看來。也不過同前清官僚一樣的思想。把革命二字！當作紅頂花翎的頭銜就是了。所以中國的革命，革去了大清二字，皇帝依然還在。其他舊的，腐敗的，荒謬的，惡濁的，反因激動，比前更加多了。這樣的事實。說他是改良呢？實在改而不良。就他是改造呢？實在改而不造。因為這幾年！四萬萬人，到有一萬萬人說中國革了命。我也沒法！

汉声在《人报》发表《英雄革命与平民革命》(续)图片1

（十二）　人　報

只好在革命二字的上面加個英雄二字罷了。我今且把英雄革命的現象合結果分晰述來。

（甲）英雄革命的現象

我要說這現象，又要先解釋這英雄二字的義意。英雄二字，就是特別人物。因爲這人的思想能力，在無思想能力的人羣中！比較的好些。俗言說矮子國的將軍。近人說的偉人。都是英雄的別號。他的心思。不是要人人都有思想能力，他是自是他的思想能力。自古以來。一個英雄出世。其中就要夾帶着無數的生命財產。供他的犧牲。所以英雄革命！少不得要犧牲些平民。請看中國自辛亥以來。幾次的革命人物。除下黃花岡七十二烈士。犧牲了自已。武漢起義，死脫了數千義士外！那些傳布主義的人。生命都是很貴重的。作起事來，不管多數了解不了解。大半是命令人去服從、失敗了先往租界一跑，日本就是他的常川住所。一般盲從的小偉人。就憑血肉來換金錢。有多少佩服中山的！都是佩服中山的個人。却不知道中山的主義。就有最少數實行中山主義的。要不是同盟會，或中華革命黨。那就不算革命。甚至同黨的又與同黨爭功。我常說一句傷心話。內傷的革命太少。外威的革命黨太多。平是既沒有精確的研究。臨是又純以客氣用事。口內說民主主義。一身的官僚氣習。總而言之，英雄革命，只知道革命是我專業，或是我的特許品，就不知道革命是人人的心理，也是人人應有的義務。只知道招成一黨一派的人。就不知道造成普遍的知識。成爲普遍的心理。就發生多少不純粹的現象。

（乙）英雄革命的結果

汉声在《人报》发表《英雄革命与平民革命》（续）图片 2

我提筆來說結果，我就有無限的悲傷。辛亥武昌的事，我們本沒要那不知而爲的黎元洪。卻那一班八大爺，一定要從床底把他拖出來，殺來殺去，殺得黎元洪副而大，大而富，他個人還說不願意。漢口湖中死。漢陽山下攻。多少青年血。送人不成情。燒了一半漢口耗了無數的金錢。這是第一個結果。

各省響應以後。大家都說北伐，十二三省的兵力。扺不住汪兆銘一條腿，唐紹儀一張嘴，袁世凱數幾個兵，在北京放一點火。南京北京，一面打陝西，一面說和議。也就依了他，以直鬧到洪憲出世，這是第二個結果。

督軍團造反以來，更不堪聞了，甚麼直系皖系魯系，第一回他們大一級。甚麼桂呵滇呵粵呵，革一回他們多一點。說到平民，眞是求生不得，求死不能，全國的生命財產，就成少數武人的私有物。看到中國的地圖，快要改名變姓了。完了完了，這就是大家的結果了。我也不忍再說了。

共同生活的社會服務

（惲代英）

我們幾個完全彼此互相了解的朋友，現在正進行用自己及社會各方面合理的互助的力量，創辦一個獨立自給的共同生活，爲我們同將來繼續由彼此了解而加入的朋友爲一切社會事業的根基。我們同時做兩件事：

一於城市中組織一部分財產公有的新生活，

二創辦運售各種新書報以及西書國貨的商店。

汉声在《人报》发表《英雄革命与平民革命》(续)图片3

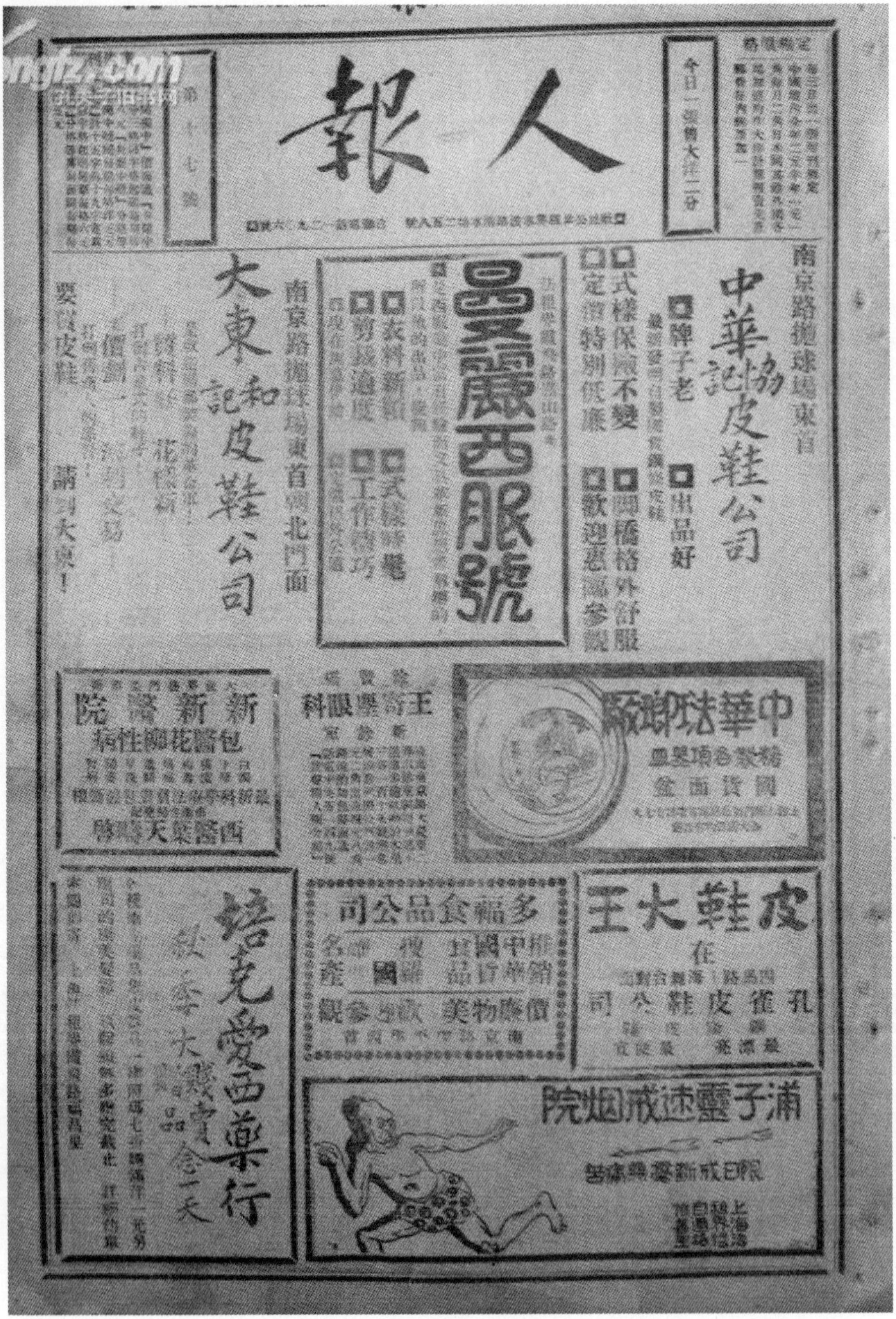

人報

第十七號

今日一張 價大洋二分

南京路拋球場東首

中華協記皮鞋公司

□牌子老 □出品好

□式樣保險不變 □價格外舒服

□定價特別低廉 □歡迎惠臨參觀

晏嚴西服號

□衣料新穎 □式樣時髦

□剪裁適度 □工作精巧

南京路拋球場東首朝北門面

大東和記皮鞋公司

要買皮鞋，請到大東！

新新醫院

包醫花柳性病

王寄塵眼科

中華琺瑯廠

多福食品公司

皮鞋大王

在

孔雀皮鞋公司

浦子靈速戒烟院

限日戒斷

培克愛西藥行

紀念大減價

《人报》样刊

六十六、自治与自由

人类生于天地间，本是绝对“自由”的，完全“自由”的。自从社会日渐复杂，人事也就繁难起来。那些中间奸猾之徒，也就从中渔利。漫漫的又有了什么领袖、什么头目。有了领袖头目，就生出了“威权”“势力”。有了“威权”“势力”，人类的“自由”就被种种“威权”“势力”剥夺去了。但是这种事，在那中古时代，人类的知识薄弱，那些领袖头目假设些条例神鬼的胡说。人类习于环境的恶浊，也就屈服盲从起来。在历史上，虽说出了多少革命志士，牺牲个人的生命，反抗这种“威权”“势力”替人类谋那真正自由。无奈“威权”“势力”的压迫，重重叠叠，一时推翻不了。到得如今，全世界的专制帝王，虽说推翻了十分八九，但是什么武力、什么资本，依然是有威有势。所以人类，仍不能完全自由。因为这个缘故，近代的革命志士，大声疾呼，天天说推倒军阀财阀。我们读书看报，对于这推倒军阀财阀的呼声，也是最为欢迎。推倒他的手段，以各种方面，也会亲身试验过几次。何以现在的世界还是武力横行，资本吸收呢？唉，这个道理，我实在有点不服。军阀也好，财阀也好，依世界的人类计算，他们总是些少数。不是军阀、不是财阀的，终是多数。为什么多数人推倒不了少数人呢？哈哈，这个问题，在别人脑精中，是如何的观念，我可不能知道。在我个人的观念，我也学学什么大总统大皇帝的口气，总是我们德薄能鲜，不知道根本“自治”，所以才养成了这些“威权”“势力”。自己作贱自己的生命，自己不收回自己的权利，倒让些混账东西，占了便宜去了。全世界的同胞呵，我湖北的同胞呵，要认定人不“自由”，就不算个人。人不“自治”所以才不能“自由”。起起，个人“自治”；起起，群众“自治”。

什么叫做“自治”什么叫做“自由”这个问题，依学者的解释却有两派。一是政治学者的解释；一是社会学者的解释。政治学者心中怀着鬼胎，眼中看着金钱。以政府说到人民“自治”，他说话的时候多半是以上面说到下面。什么监督“自治”，什么上级下级，什么“自治”是辅助政府，什么“自由”于法律之内。我中国自前清筹备立宪以来，这些东洋式的鬼话，耳朵里，都灌满了。不但是知识薄弱的人，被这些鬼闹昏了，就是自命为知识阶级的人，也是与鬼为邻。我不幸当了一回议员，去岁在广州制宪，为这上级下级的鬼话，同一个很好朋友，争论得你死我活。到底还是鬼话有灵，也幸这宪法快完的时候政学会的议员廿六人，受了徐世昌的运动，死人也不肯出席，那鬼话也就散了。大家想想，政治学者的流毒,真个大呢。

社会学者的解释是依据真理的。他说凡人均不应受何种的干涉,谁也不能限制谁、束缚谁。人类的"自由"丝毫不受侵犯的,人类依向上的个性,完全由我。"自治"问题,在社会学者,只分个人与社会两种。认为"自治"是理性生活的组织,其名词或有依职业不同的,或依地理不同的。凡受政府支配而成的"自治"团体皆不得谓之"自治",只依人民自动组织、自由的发展,如往岁巴黎市民自治团,最为学者所称许。可惜了巴黎的真正自治团,竟被法国政府用一班警察宪兵,乒乒乓乓打散了。他的内容组织方法,也就不多见了。大概现在的新村呵共产村呵这都是最合于真正"自治"的。

我在政治漩涡中这几年,精神上不知受了多少痛苦。政治学者的言论,我是不大相信的。我们依社会学者的言论看起来,"自治"的解释,对于被治说的,一切都由自己治理,是各个人的天职,也是群众的天职。一个人要是不能"自治",必定为人所治;一群人要是不能自治,必定被他群人所治。被治的人,绝对不能自由。西人常说"不自由毋宁死"。"自由"是人格的要义,"自治"是恢复"自由"的要义。幸福是人生的目的,"自由"才有幸福,自治是讲求"自由"的手段,"自治"始能"自由",自由!!! 我们湖北人,怎么样子呢?"自治"!!! 我们湖北人,又怎么样呢?我们说爱人,我们更爱我天天所见的人。我们爱世界,我更爱我生长那一小世界。湖北自黎元洪引贼入室,段祺瑞到湖北的时候把一班革命的人杀的杀、囚的囚。段芝贵到湖北的时候,不是革命的人也是杀的杀、囚的囚。什么三烈碑也铲了,起义门也毁了,临走的时候腰缠四百余万。所带一班小强盗更不消说,个个都是升官发财。到了现在简直成了王占元的征服地。说来大家都说人家不好。依我看来,责人不如责己。辛亥的事,湖北人能做,这"自治"事,湖北在民国元年,也曾首先创设。最好现在还是自行自治。几个蠢强盗算不了什么。

文章来源:《新湖北》第一卷第一号,1920 年 9 月 20 日

自治與自由

高振霄

人類生於天地間、本是絕對「自由」的、完全「自由」的、自從社會日漸複雜、人事也就繁難起來、那些中間奸滑之徒、也就從中漁利、漫漫的又有了什麼領袖、什麼頭目、有了領袖頭目、就生出了「威權」「勢力」、有了「威權」「勢力」、人類的「自由」就被種種「威權」「勢力」剝奪去了。但是這種事、在那中古時代、人類的知識薄弱、那些領袖頭目假設些條例、神鬼的糊說、人類習於環境的惡濁、也就屈服盲從起來、在歷史上、雖說出了多少革命志士、犧牲個人的生命、反抗這種「威權」「勢力」、替人類謀那眞正自由、無奈「威權」「勢力」的壓迫、重重疊疊、一時推翻不了、到得如今、全世界的專制帝王、雖說推翻了十分八九、但是什麼武力、什麼資本、依然是有威有勢、所以人類仍不能完全自由、因爲這個緣故、近代的革命志士、大聲疾呼、天天說推倒軍閥財閥。我們讀書看報、對於這推倒軍閥財閥的呼聲、也是最爲歡迎、推倒他的手段、以各種方面、也曾親身試驗過幾次、何以現在的世界、還是武力橫行、資本吸收呢？唉。這個道理、我實在有點不服、軍閥也好、財閥也好、依世界的人類計算、他們總是些少數、不是軍閥不是財閥的、終是多數、爲什麼多數人推倒不了少數人呢？哈哈、這個問題、在別人腦精中、是如何的觀念、我可不能知道、在我個人的觀念、我也學學什麼大總統大皇帝的口氣、總是我們德薄能鮮、不知道根本「自治」、所以纔養成了這些「威權」「勢力」、自已作賤自已的生命、自已不收回自已的權利、倒讓些混賬東西佔了便宜去了、全世界的同胞呵、我湖北的同胞呵、要認定人不「自由」、就不算個人、人不「自治」、所以才不能「自由」、起起個人「自治」。起起羣衆「自治」。

高振霄在《新湖北》发表《自治与自由》图片1

新湖北

什麼叫做「自治」什麼叫做「自由」這個問題依學者的解釋却有兩派、（一）是政治學者的解釋、（二）是社會學者的解釋、政治學者心中懷着鬼胎眼中看着金錢以政府說到人民「自治」他說話的時候多半是以上面說到下面什麼監督「自治」什麼上級下級什麼「自治」是輔助政府什麼「自由」於法律之內、我中國自前清籌備立憲以來這些東洋式的鬼話耳朵裏都貫滿了、不但是知識薄弱的人被這些鬼閙昏了、就是自命爲知識階級的人也是與鬼爲隣、我不幸當了一回議員去歲在廣州制憲爲這上級下級的鬼話同一個很好朋友爭論得你死我活、到底還是鬼話有靈也幸這憲法快完的時候政學會的議員廿六人受了徐世昌的運動、死人也不肯出席那鬼話也就散了、大家想想政治學者的流毒、眞個大呢、

社會學者的解釋是依據眞理的、他說凡人均不應受何種的干涉、誰也不能限制誰、縛束誰人類的「自由」絲毫不受侵犯的、人類依向上的個性完全由我、「自治」問題在社會學者只分個人與社會兩種、認爲「自治」是理性生活的組織、其名詞或有依職業不同的、或依地理不同的、凡受政府支配而成的「自治」團體皆不得謂之「自治」只依人民自動組織自由的發展、如往歲巴黎市民自治團、最爲學者所稱許、可惜了巴黎的眞正自治團竟被法國政府、用一班警察憲兵乒乒乓乓、打散了他的內容組織方法也就不多見了、大概現在的新村呵、共產村呵、這都是最合於眞正「自治」的。

我在政治漩渦中這幾年精神上不知受了多少痛苦、政治學者的言論、我是不大相信的、我們依社會學者的言論看起來、「自治」的解釋、對於被治說的、一切都由自己治理、是各個人的天職、也是羣衆的天職、一個人要是不能「自治」必定爲人所治、一羣人要是不能自治、必定被他羣人所治、被治的人、絕對不能「自由」、西人常說、『不自由毋寧死』「自由」是人格的要義、「自治」是恢復「自由」的要義、幸福是人生的目的、「自由」才

自治與自由　一七

高振霄在《新湖北》发表《自治与自由》图片2

第一卷第一號

有幸福自治是講求「自由」的手段「自治」始能「自由」「自由」！！！我們湖北人怎麼樣子呢？「自治」！！！我們湖北人又怎麼樣呢？我們說愛人我們更愛我天天所見的人我們愛世界我更愛我生長那一小世界湖北自黎元洪引賊入室段祺瑞到湖北的時候把一班革命的人殺的殺囚的囚段芝貴到湖北的時候不是革命的人也是殺的殺囚的囚什麼三烈碑也毀了起義門也毀了臨走的時腰纏四百餘萬所帶一班小強盜更不消說個個都是升官發財到了現在簡直成了王占元的征服地說來大家都說人家不好依我看來責人不如責已辛亥的事湖北人能做這「自治」事湖北在民國元年也曾首先創設最好現在還是自行自治幾個蠢強盜算不了什麼

記『新湖北』運動的開始

一九二〇九月十四號　思補

▲湖北省議會主留何

▲北京同鄉會十拒孫

▲旅滬湖北自治協會要根本解決

湖北亡省的這段痛史本來湖北人都該負有責任不能事後專責備那一個人和少數人因爲湖北爲湖北四千萬人民之湖北不是那一個人和少數人所私有可以聽其自由處分的設使湖北多數人富於責任心和判斷力以天下皆知的『九頭鳥』的湖北老我可斷定不至做亡省之民比方辛亥起義的那一年革命黨多數人

高振霄在《新湖北》发表《自治与自由》图片3

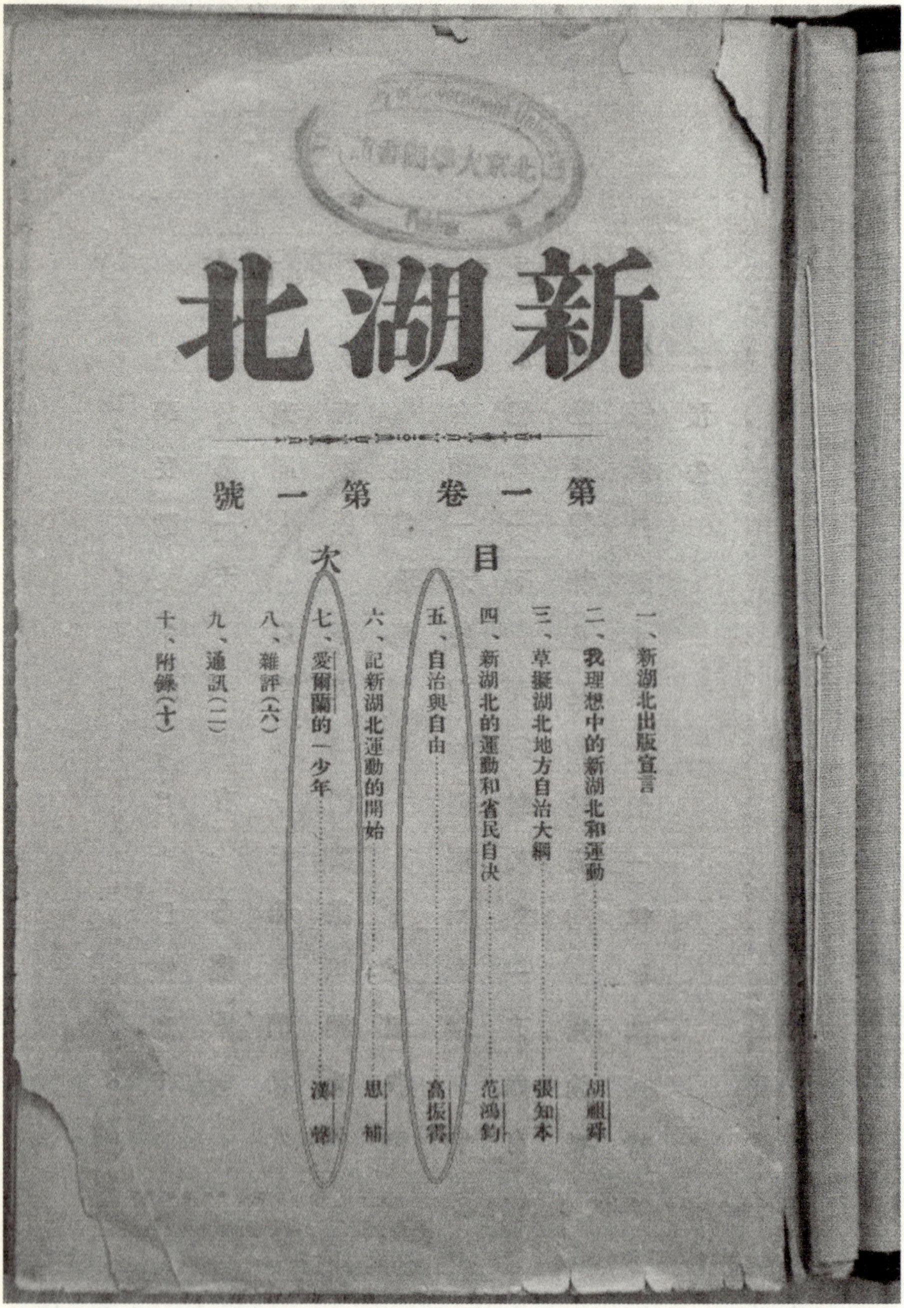

新湖北

第一卷　第一號

目次

《新湖北》第一卷第一号封面

六十七、爱尔兰的一少年

一个三等火车上，东倒西歪的，都是些劳动人。你的脚压着我的头，甲的股偎着乙脸，人多了拥挤的很。那一种汗气透出来好像带点血味。我看得正在出神时候，管车的叫道查票啊！起来罢！

这时候，正是四月天气。从香港到九龙时候天晴，日光交关晒人。车顶上的风扇到是呼呼响，总是热风。过了九龙忽然大雨，窗上玻璃都上起来了。半点钟的光景，玻璃外面大汗直流。这里面却是一天云雾，对面都不见人，只见几条大吹火筒的火光闪闪。

原来广东的劳动家，吸食旱烟。那烟袋多半是碗粗的长竹筒。因为起先都睡着了，查票的破了他们的清梦。他们坐着没事，都吸起烟来。他们都是一片天真，吃毕了烟，也就说起桑呵麻呵，稻子好不好？工钱多少呢？

就中有位西洋人，穿着工人的衣服，听他们说得热闹，也就插着问东问西。与他最近一个老者也就同他谈将起。西人问你在香港作甚？老者说在机器处作工。西人说现在罢工事怎样了？老者说中西各厂已经承认加增工资，现在多半上工了。西人说，这回总算东方罢工的第一回胜利了。可见罢工的事，只要大家齐心，没有不胜利呢。说着就拿出两枝雪茄来，一送老者，一枚自吃。老者接在手中，一面刮着火柴，便问道阁下到中国几年了，中国话说得很熟呢。西人道，我到中国这是第二次了。头次我到中国，作一个小小工程师。为着战争回国，受了伤养息了半年。一则因为欧西的生活困难，二则我最欢喜中国人和平爱人。这次又到中国，我因为旅费的困难，这次谋了一个船上照料机器的工业。不料到了香港又因为船员罢工的问题，政府一味压迫。我为着人格的问题，也就辞了船工，想到广州谋点事做。你们广州现在如何，年光怎样呢？老者叹口气道，广州在军人势力之下，说什么好呢。年来兵荒水荒，鸦片赌馆，害人不浅，生活也就艰难到万分了。听说你们西洋都是富裕之地，观阁下这个样子，好像很同中国人一样，景况大概不佳。西洋人都是富翁的多，未必阁下也是个穷人吗？西人听得这话，跕将起来，将衣服伸了一伸，仰天长叹，半晌不语。目光中发现一种可悲可愤的视线，到把老人弄得坐卧不安。约有十分钟的光景，西人才又坐下道，清平世界，那里这多强盗政府。我在英国为着不平才到广州，广州又是如此。言时将烟管在车门上连击数次。老者听说他是英人，便道，英国是个富强的国家，全世界的富源大半为英人所占，为什么阁下一人还是如此光景呢？西人道，英国虽然富强，说不到我，更说不到我那个地方。我那个地方比我还苦的更多着呢。我那地方人种了田没有饭吃，织了布没有衣穿。大批金子、小批的银子、众多的膏血尽数是供给了伦敦的爵爷大人们挥霍了。我那地方为了自治问题，争了数十年，至今还是不能完全，也不知死了多少志士。老人道，英国也有这事吗？这事到与我们广东人争省长差不多呢。西人道，广东怎么争省长呢？老人道，广东人治广东。前日大家想伍博士做省长，几乎罢市罢工呢。西人道，广东治广东的问题是要争财政权，更要争自治权，并不是一个广东人做了省长，便算了数。你们还是要争自治才好呢。二人谈了好久。老人说快到了，我们要分别了。我到没请教阁下的姓名，下次也好谈谈呢。西人笑道，我是英人，我并不是英国伦敦的人。我也不便说我的姓名。你下次再还谈，就教我为爱尔兰的一少年罢了。言时若有无限悲痛，两人遂握手而去。

文章来源：《新湖北》第一卷第一号，1920年9月20日

第一卷第一號

三二

愛爾蘭的一少年

的結果總可得一個意外的成功、所以我個人對於新湖北運動的前途、還是悲觀少樂觀多。

小說 愛爾蘭的一少年

漢聲

一個三等火車上、東倒西歪的都是些勞働人、你的脚壓着我的頭、甲的股偎着乙臉、人多了擁擠得很、那一種汗氣透出來、好像帶點血味。我看得正在出神時候、管車的叫道查票啊、起來罷！

這時候正是四月天氣、從香港到九龍時候、天晴日光交關晒人、車頂上的風扇、到是呼呼響、總是熱風、過了九龍、忽然大雨、窗上玻璃都上起來了、半點鐘的光景、玻璃外面大汗直流、這裏面却是一天雲霧、對面都不見人只見幾條大吹火筒的火光閃閃：

原來廣東的勞動家、吸食旱烟、那煙袋多半是碗粗的長竹筒、因爲起先都睡着了、查票的破了他們的淸夢、他們坐着沒事、都吸起烟來、他們都是一片天眞、吃畢了烟、也就說起桑呵麻呵、稻子好不好、工錢多少呢？

就中有位西洋人、穿着工人的衣服、聽他們說得熱鬧、也就插着問東問西、與他最近一個老者、也就同他談、將起西人問你在香港作甚？老者說在機器廠作工、西人說現在罷工事怎樣了、老者說中西各廠、已經承認加增工資、現在多半上工了、西人說這回總算東方罷工的第一回勝利了、可見罷工的事、只要大家齊心、沒有不勝利呢、說着就拿出兩枝雪茄來、一送老者、一枚自吃、老者接在手中、一面刮着火柴、便問道閣下到中國幾年了、中國話說得很熱呢、西人道我到中國、這是第二次了、頭次我到中國作一個小工程師、爲着戰爭回國、受了

汉声在《新湖北》发表《爱尔兰的一少年》图片1

新　湖　北

傷養息了半年、一則因爲歐西的生活困難、二則我最歡喜中國人和平愛人、這次又到中國、我因爲旅費的困難、這次謀了一個船上照料機器的工業、不料到了香港、又因爲船員罷工的問題、政府一味壓迫、我爲着人格的問題、也就辭了船工、想到廣州謀點事做、你們廣州現在如何、年光怎樣呢、老者嘆口氣道、廣州在軍人勢力之下、說什麼好呢、年來兵荒水荒、鴉片賭館、害人不淺、生活也就艱難到萬分了、聽說你們西洋都是富裕之地、觀閣下這個樣子、好像很同中國人一樣、景況大概不佳、西洋人都是富翁的多、未必閣下也是個窮人嗎？西人聽得這話、跕將起來、將衣服伸了一伸、仰天長嘆、半響不語、目光中發現一種可悲可憤的視綫、到把老人弄得坐臥不安、約有十分鐘的光景、西人才又坐下道、清平世界、那裏這多強盜政府、我在英國、爲着不平、才到廣州、廣州又是如此、言時將烟管在車門上連擊數次、老者聽說他是英人、便道、英國是個富強的國家、全世界的富源、大半爲英人所佔、爲甚麼閣下一人、還是如此光景呢？西人道、英國雖然富強、說不到我、更說不到我那個地方、我那個地方比我還苦的、更多着呢、我那地方人、種了田沒有飯吃、織了布沒有衣穿、大批金子、小批的銀子、衆多的膏血、盡數是供給了倫敦的爵爺大人們揮霍了。我那地方爲了自治問題、爭了數十年、至今還是不能完全、也不知死了多少志士、老人道、英國也有這事嗎、這事到與我們廣東人爭省長、差不多呢、西人道、廣東怎麼爭省長呢、老人道、廣東人治廣東、前日大家想伍博士做省長、幾乎罷市罷工呢、西人道、廣東治廣東的問題是要爭財政權、更要爭自治權、並不是一個廣東人做了省長、便算了數、你們還是要爭自治才好呢、二人談了好久、老人說快到了、我們要分別了、我到沒請教閣下的姓名、下次也好談談呢、西人笑道、我是英人、我並不是英國倫敦的人、我也不便說我的姓名、你下次再還談、就教我爲愛爾蘭的一少年罷了、言時若有無限悲痛、兩人遂握手而去、

愛爾蘭的一少年　三三

汉声在《新湖北》发表《爱尔兰的一少年》图片 2

六十八、汉冶萍的危机

廿世纪的世界是煤铁的世界。欧美地方,都有缺乏的呼声。日本立国的要素,更是缺乏这项东西。所以竭全国的死力,来图谋这大冶的铁矿。汉冶萍公司借了日本二千余万。日本的野心,天天在那地想行使他的债权的作用。我湖北人,自南京政府时候,就拼命的想争回自办。九年以来,湖北全体人民,都把这事认为“全国生死”的关系。就是欧美实业家政治家,都说是东亚和平不和平的关系。欧战期间,日本人用汉阳铁厂念五两一吨的铁,制造枪炮,卖给我们中国的李完用杀我们的同胞,到还赚了亿万金钱。可惜了日本总没有机会,把这铁厂弄到手。现在听说汉阳铁厂停了工。这中间的黑幕,一定是什么督军省长,受了运动,替日本人造机会。你既停了工,他当然借口债权的问题,同中东铁路一样。湖北人呵;中国人呵!这铁是中国的“脊梁精”。若是弄到日人手中,就同打断了中国的脊梁。东亚的和平,也就永久无望了。这比那山东并高徐顺济的铁路,还要重大。大家还是起来想想法子呢?还是束手待毙呢?

文章来源:《新湖北》第一卷第一号,1920 年 9 月 20 日國之患難；或則欲應世界之思潮；不惜捐棄精力磨厲從事、卒之舉國之幸福未見、而鄰邦之寇盜已𧗠天矣。自今以往、吾得與諸志士約。有高談國事而不理鄉土教育實業講演團防諸任務者謂之棄民。氓氓蚩蚩固未易言有爲矣。倘終於不爲、不幾沈埋萬古乎？今者施鶴地方、雖屬彈丸、然究未始非一成一旅以致中興之道也。篳簬藍縷以啓山林、今其時矣。任士達人、胡不興乎？

漢冶萍的危機

漢聲

廿世紀的世界、是煤鐵的世界、歐美地方、都有缺乏的呼聲、日本立國的要素、更是缺乏這項東西、所以竭全國的死力、來圖謀這大冶的鐵鑛。漢冶萍公司借了日本二千餘萬、日本的野心、天天在那地想行使他的債權的作用、我湖北人自南京政府時候、就拚命的想爭回自辦、九年以來、湖北全體人民、都把這事認爲「全國生死」的關係。就是歐美實業家政治家、都說是東亞和平不和平的關係。歐戰期間、日本人—用漢陽鐵廠念五兩一噸的鐵、製造鎗砲賣給我們中國的李完用、殺我們的同胞、到還賺了億萬金錢。可惜了日本總沒有機會、把這鐵廠弄到手、現在聽說漢陽鐵廠停了工、這中間的黑幕、一定是什麼督軍省長、受了運動、替日本人造機會、你既停了工、他當然借口債權的問題、同中東鐵路一樣。湖北人呵；中國人呵！這鐵是中國的『脊梁精』、若是弄到日人手中、就同打斷了中國的脊梁、東亞的和平、也就永久無望了。這比那山東並高徐順濟的鐵路還要重大。大家還是起來想想法子呢？還是束手待斃呢？

汉声在《新湖北》发表《汉冶萍的危机》

六十九、武昌起义有三件可纪念的事

上个月，我在上海要走时候，胡玉斋对我说："我们新湖北的杂志，十月十日一定出个纪念号。这辛亥的事，是我们这些人干的，你在江船上没事，也该送点文字来。"

读者诸君呵，我平时最怕提起这事，我提起辛亥故事，我很悲伤的。这十月十日的纪念，不过是个政治革命的纪念。政治革命本乃是不撤底的东西，要想澈底改造，是万万脱不了社会革命的公例（注一：平民革命）。这个分别我去年曾在《人报》上说过，但是辛亥的事虽不算个什么，辛亥以后的革命，又怎么样？

读者诸君呵，我的悲伤并不是我革了命，没得什么权利，我才伤心的。我所悲伤的是辛亥以后的革命，一回不如一回。什么癸丑呢？丙辰呢？靖国呢？护法呢？都带点英雄革命的彩色，甚至毫无结果。总说起来，都是将领革命，不是群众革命，都有点权利的兴味，不是牺牲的精神。看来看去，除了五四运动以外，到是辛亥的事，还有二三件可纪念的。那三件呢？（一）奋斗的精神。（二）牺牲的精神。（三）无掠夺的行为。当八月十九日夜间黑地枪声一出，城内尚有抵抗最力的旗兵一营，伏暗射击，分不出你我。真正革命党人，合军学两界，总共不到五六百人是有组织的。其他压迫的、观望的，十倍于党人。党人誓死相抗，半夜巷战。黄土坡一带，尸横遍街，党人终没一个畏怯的。这是他们奋斗的精神第一着表现。刘家庙的战事，冯段两贼用海陆两方面的攻击，炮弹及枪弹如淋雨一样。党人以数百敢死队赤身作战。曾记炮兵孟华丞一人，身受数十伤，下半部为炮弹所削，华丞横尸马上，兀狂呼杀贼，西洋男女争相拍手表示敬意。到底敌人数万万众不敌数百党人的勇气。这是他们"奋斗的精神"第二着表现。汉口失守，汉阳的措置不当，又相继失了汉阳。黎元洪走出葛店，这时党人未死的不过数十人，最后宣言："愿与武昌的居民共死，绝不愿弃人民去到南京。"这是他们"奋斗的精神"第三着表现。

在事初起时候，一切组织都不完全，这是必然的。十九、二十、二十一日，三日夜的巷战，党人连吃饭都忘记了。二十三日清晨的时节，有一百多兵士饿昏了，睡倒在蛇山上下。大家将他们扶起，慢慢的用稀饭来喂。有人说街上不是有油条饼子，你们怎么也不会吃呢？有一个断手兵士说："我腰中没有铜元，我们绝不敢吃民间一点东西。"当时听者闻之大家都哭起来了。现在当贵州军事代表的李子仁先生，前日说起此事，叹息好久。这事是凡亲与其事的都知道的。

这是他们“牺牲精神”第一着可爱。到了汉口汉阳的战争，因为大江阻隔，军事上的运输，一时不能连贯，军人们饿着肚子打仗。汉口的商人小贩，组织一个送食队，担上些橘子、水梨、饼干、面包等类，不顾死分送火线上。我有一次一马跑到卢沟桥下首，见一个女子跪在一个兵士面前，眼泪汪汪将橘子开了，一片一片的往兵士口中送。那兵士仰天长叹：“死人也不吃。我下得马来，抱着兵士，问他为甚不吃东西。他说：“先生！我打败了仗，也快死了，省一点东西给别人吃罢！”我当时也同这女子一样，眼圈儿不禁红了。就现在想起，写到这地，也不觉泪下。这是他们“牺牲的精神”第二着可敬。就是后来停了战，无论何人，自都督起，都是二十元纸票的薪水，绝不乱用公款。这一点，也不能说那时的人不会用钱呢？说到纷争的时代，无论那一国，到了战事一起，不能说兵士们绝对没有掠夺的。武昌起义的时候，《汉口新闻报》什么凤竹荪先生，还是抱着大清说话，骂我们是乱臣贼子，但是他反对我们的报纸上绝找不出一个字说我们抢谁杀谁。我那时管理军法事情，杀敌奸细是有的，抄没旗官的财产是有的，至于兵士们奸掠烧杀，直到了第二年春上才发现三四种这样的案件，真所谓绝无仅有了。冯国璋烧了汉口那就不在此例了。读者诸君呵，你们把这几年的战况想一想，比较上湖北革命就可纪念了。

克鲁泡特金先生每论学理的时候，总称许巴黎市民的精神是人间少有的。武昌起义就以上三种精神，总说起来，中国人的特性也不弱于巴黎市民。中国自古的烈士仁人，杀身成仁，大半并不想到自己权利生命上，这也是中国人的特性。现在四万万人，只要万分之一有上说的精神，那们什么事情中国人做不到呢？要知道中国人现在的生命财产付托在武人蛮夫之下，横竖总是不得活的。与其俯首帖耳的作牛马死，倒不如大家放出一番牺牲的精神来，同这些武人蛮夫奋斗！先消灭了国内的武人蛮夫，再消灭那东亚的武人蛮夫，那时我们才有快活日子过。不要怕，更不要斯文架子，韩国人的东方式革命，并没有强烈牺牲精神，那是很吃苦的。放胆做去，现世界援助革命的人多着呢！

文章来源：《新湖北》第一卷第二号（国庆纪念号），1920 年 10 月 10 日集地盛開慶祝大會、繼以遊行、而發揚民主精神、表示我人實愛民主之心志。 假使身爲民國之公僕、與我人擁護民主而開之雙十節國慶大會宣戰、是蒙民主國家之皮、而行專制國家之實、惟有以血肉培養自由之花、立中華民主國家億萬斯年之基、望諸大團體奮袂劍及履及、以盛行立國國慶雙十節之紀念大會。 本團當義不反以從。

武昌起義有三件可紀念的事

高振霄

上個月我在上海、要走時候、胡玉齋對我說、我們新湖北的雜誌、十月十日一定出個紀念號、這辛亥的事、是我們這些人幹的、你在江船上沒事、也該送點文字來。

讀者諸君呵、我平時最怕提起這事、我提起辛亥故事、我很悲傷的、這十月十日的紀念、不過是個政治革命的紀念、政治革命本乃是不徹底的東西、要想徹底改造、是萬萬脫不了社會革命的公例。（注一平民革命）這個分別、我去年曾在「人刋」上說過、但是辛亥的事、雖不算個什麼、辛亥以後的革命又怎麼樣？讀者諸君呵、我的悲傷並不是我革了命、沒得什麼權利、我才傷心的。 我所悲傷的、是亥辛以後的革命、一回不如一回、什麼癸丑呢？ 丙辰呢？ 靖國呢？ 護法呢？ 都帶點英雄革命的彩色、甚至毫無結果、總說起來、都是將領革命、不是羣衆革命、都有點權利的興味、不是犧牲的精神、看來看去、除了五四運動以外、到是亥辛的事、還有二三件可紀念的。 那三件呢？ （一）奮鬬的精神。 （二）犧牲的精神。 （三）無掠奪的行爲。 當八月十九夜間、黑地槍聲一出、城內尚有抵抗最力的旗兵一營、伏暱射擊、分不出你我、真正革命黨人合軍學兩界、總共不到五六百人、是有組織的。 其他壓迫的觀望的、十倍於黨人、黨人誓死相抗、半夜巷戰、黃土坡一帶

高振霄在《新湖北》发表《武昌起义有三件可纪念的事》图片1

屍橫遍街、黨人終沒一個畏怯的。　這是他們奮鬥的精神、第一着表現。　劉家廟的戰事、馮段兩賊、用海陸兩方面的攻擊、砲彈及槍彈如淋雨一樣。　黨人以數百敢死隊、赤身作戰、曾記砲兵孟華丞一人身受數十傷、下半部爲砲彈所削、華丞橫屍馬上、尤狂呼殺賊。　西洋男女爭相拍手、表示敬意。　到底敵人數萬、萬衆不敵數百黨人的勇氣。　這是他們「奮鬥的精神」第二着表現。　漢口失守、漢陽的措置不當、又相繼失了漢陽。黎元洪走出葛店、這時黨人未死的不過數十人、最後宣言。　願與武昌南居民共死、絕不願棄人民去到南京、這是他們「奮鬥的精神」第三着表現。

在事初起時候、一切組織、都不完全、這是必然的。　十九、二十、廿一、二三日夜的巷戰、黨人連吃飯都忘記了、廿三日清晨的時節、有一百多兵士、餓昏了、睡倒在蛇山上下。　大家將他們扶起、漫漫的用稀飯來喂。有人說街上不是有油條餅子、你們怎麼也不會吃呢？有一個斷手兵士說、我腰中沒有銅元、我們絕不敢吃民間一點東西。當時聽者聞之、大家都哭起來了。　現在當貴州軍事代表的李子仁先生、前日說起此事、嘆息好久、這事是凡親與其事的都知道的、這是他們「犧牲精神」第一着可愛。　到了漢口漢陽的戰爭、因爲大江阻隔、軍事上的運輸、一時不能連貫、軍人們餓着肚子打仗、漢口的商人小販、組織一個送食隊、担上些橘子、水梨、餅乾、麵包等類、不顧死分送火線上。　我有一次、一馬跑到盧溝橋下、首見一個女子跪在一個兵士面前、眼淚汪汪、將橘子剝了、一片一片的往兵士口中送。　那兵士仰天長嘆、死人也不吃、我下得馬來、抱着兵士、問他爲甚不吃東西、他說先生！　我打敗了仗、也快死了、省一點東西給別人吃罷！　我當時也同這女子一樣、眼圈兒不禁紅了。就現在想起、寫到這地。　也不覺淚下。　這是他們「犧牲的精神」、第二着可敬。　就是後來停了戰、無論何人自都督起、都是二十元紙票的薪水、絕不亂用公款、這一點也不能說那時的人、不會用錢呢？　說到紛爭

高振霄在《新湖北》发表《武昌起义有三件可纪念的事》图片 2

第一卷第二號

新湖北運動和排滿運動　　二八

的時代、無論那一國到了戰事一起、不能說兵士們絕對沒有掠奪的、武昌起義的時候、漢口新聞報、什麼鳳竹蓀先生、還並抱着大清說話、罵我們是亂臣賊子、但是他反對我們的報紙上、絕找不出一個字、說我們搶誰殺誰。　我那時管理軍法事情、殺敵奸細是有的、抄沒旗官的財產是有的、至於兵士們姦掠燒殺、直到了第二年春上、才發現三四種這樣的案件、眞所謂絕無僅有了。　馮國璋燒了漢口、那就不在此例了。　讀者諸君呵、你們把這幾年的戰況想一想、比較上湖北革命就可紀念了。

克魯泡特金先生、每論學理的時候、總稱許巴黎市民的精神、是人間少有的、武昌起義就以上三種精神。　總說起來、中國人的特性、也不弱於巴黎市民、中國自古的烈士仁人、殺身成仁、大半並不想到自己權利生命上、這也是中國人的特性、現在四萬萬人、只要萬分之一有上說的精神？　那們什麼事情、中國人做不到呢？　要知道中國人、現在的生命財產—付托在武人蠻夫之下、橫豎總是不得活的、與其伏首帖耳的作牛馬死、到不如大家放出一番犧牲的精神來、同這些武人蠻夫奮鬥！！！先消滅了國內的武人蠻夫、再消滅那東亞的武人蠻夫、那時我們纔有快活日子過、不要怕、更不要斯文架子、韓國人的東方式革命、並沒有強烈犧牲精神、那是很吃苦的、放胆做去、現世界援助革命的人多着呢！

新湖北運動和排滿運動

范鴻鈞

排滿運動是祕密的革命運動；新湖北運動、是公開的革命運動。　排滿運動、感情的種族革命—新湖北運動、主義的政治革命。　前者是舊式的革命、後者是新式的革命。　舊式的革命、運動軍隊、運動會黨、一方面說武力

高振霄在《新湖北》发表《武昌起义有三件可纪念的事》图片3

新湖北

國慶紀念號

第一卷　第二號

此關爲辛亥武昌起義時首先佔領之城門故曰起義門即舊中和門二年湖口事變失敗後被黎都督元洪所毀今已改觀

《新湖北》第二号(国庆纪念号)封面

第一卷第二號　國慶紀念號

目次

第一卷第一號

目次

《新湖北》第一、二号目次

七十、世界是谁造的呢

现在的世界,大家吃饭穿衣住房子,说将起来,人人都说,只要有钱,便得有饭吃有衣穿有房子住。唉,照这样说,这世界是钱的世界。没有钱的人,就不能生活了。唉,这就是现在人的罪恶,也就是现在人的忘本。要知道金钱的万恶,都是人人忘了本,这金钱才能作恶。倘是人人都不忘本,金钱就不能作恶了。依我看起来,全世界都是那没有钱的人造的。换一句说,全世界都是这没有钱的工人造的。

我们中国人,在古时代,原知道这道理。所以古人造字的时候,将这"功"字造成。说什么有功于国家,有功于人,开口便说功劳二字。这"功"字左边是工人的工,右边合上工人的力,才叫做功劳。原认定世界的事业,都是工人作成的。

我们神圣的工人呵,你看看世界上从古到今,那一件、那一事,不是工人的血汗换来的?走路的人,只知路平才好走,不知道平路,都费了无数工人的劳力,才有可走的路。吃饭的人,只晓得米好吃,不知道一颗米里面,都有无数农人的血汗。穿衣的人,只知道衣长短,那知道一尺布,都有无数农与工的血汗。住房子的人,只晓得高楼大厦好,谁还念这高楼大厦中,一个钉一片瓦,都有工人的脚迹手印。我神圣的工人呵,你看看世界上一草一木,都要工人费力,所以说世界是工人造的。世界既然是工人的世界,为什么现在世界上,不作工的人,吃的比工人好?穿的比工人华美?住的比工人宽大?我们神圣的工人,到成了自己耕田,自己没饭吃;自己作衣,自己没衣穿;自己盖房,自己没房住。你看看世界无量数的忍饥受冻的工人,成日成夜劳动,结果都被些官僚军人强盗游民占便易。一点不如意,那些官僚军人强盗游民,反要杀我们打我们,这真是反了天。我最亲爱的神圣工人呵,我们要晓得我们这痛苦,都是因为官僚军人强盗游民太多了,所以我们没吃没穿没住的。我们的劳力有限,他们的欲望无穷,我们不把那们去干尽,我们终久没得快活日子。

世界从来是工人的世界,现在就恢复工人的世界。我神圣的工人,在欧美方面,都晓得振奋起来,同盟罢工。我们东方的工人,还在醉生梦死,甘愿吃苦。快些起来哟!快些起来哟!

文章来源:《人报》第三期,1920 年

七十一、民蠹

平民以上的人,拢总说起来,就是不耕而食、不织而衣的人。分析说起来,就是官僚、军人、资本家、大地主、绅士、阔少、遗老、商业中的经纪。这些人,都是四体不勤,坐吃享福的人。他们不但坐吃,并且要吃好的。穿衣要穿上等,住房子要住华美的。试想他们钱,从那儿来的?诸君呵,什么福贵由天、命该如此,都是骗人的话。他们那些人的衣食住都是平民血汗造成的。他们借口什么国家、法律、秩序,剥削平民的权利生命。十个平民的生产,不够他们一个人的挥霍,百个平民的能力,不抵他一个人的意气。这便叫做民蠹。(汉声稿)

文章来源:《人报》第十七期

七十二、我之大同观

人类过去之历史，一杀人之历史也。富者以资杀人，强者以力杀人。驯至所谓道德、所谓法律、所谓学术，竭若干聪明才智，原思所以维护安宁福利人群者，结果强半为人所利用，益增其杀人之势力。博博大地，充满残忍之气，芸芸众生，只闻悲痛之声。吾人溯及既往，证以现在，觉此血染之地面，实非人类之世界，少有人心者，有不忍一朝居此。

夫天地至仁，创化万物。万物至繁，供给人类。全人类生存于天地之间，至繁之万物，任人类之取求，无所吝亦无所别。天地之生人养人至深且厚，人类对于天地及人生，各尽所能，各取所需，便能各生其生，各养其养矣。

缘何有杀？曰以争故。缘何有争？曰以别故。缘何有别？曰以小故。云何曰小？知有小我而不知有大我，知有我身我家我族我国而不知全人类为一体。是故因小生异，因异生别，因别生争，因争生杀。狡且黠者，更假借于道德学术法律，人为之方法日多，自然之生机日微，于是杀人之制度，至于今日，已有愈演愈精之势。人性沦亡，兽性不如，由今不变，人类之绝灭可待也。

19世纪以来，一部分人类渐有觉悟，注重内部自由心之发展，与推翻现社会一切组织，及改变物质的生产法之呼号，弥满于大地之上，亟欲一蹴跻于极乐之境。就实际上客观之观察，固非旦夕所能奏其效。而变化之来，自无人能强加遏抑，自由世界，在吾人努力耳。

所可惧者，历史传来之恶制度，既已固结于社会，而深入乎人心。经一度变化之后，保无迷信历史之演进程序，致懈其再进之勇气，出其补苴罅漏之手段。结果造成一种较新之杀人制度，因循敷衍，以待其第二次之自然崩裂，斯吾人遗害于后人也。由是言之，吾人欲改此杀人世界，谋全人类永久之和平，非达于大同不可。欲达大同，先除异小，以个人进步，来互助精神、排除障碍、改造环境、脚踏实地、再接再励，行见人同此心、心同此理，极乐世界就在此方寸中也。

文章来源：《几莃提》，1925年

我之大同觀

漢聲

人類過去之歷史、一殺人之歷史也、富者以貲殺人、強者以力殺人、馴至所謂道德、所謂法律、所謂學術、竭若干聰明才智、原思所以維護安寧福利人羣者、結果強半爲人所利用、益增其殺人之勢力、博博大地、充滿殘忍之氣、芸芸衆生、祇聞悲痛之聲、吾人溯其既往、證以現在、覺此血染之地面、實非人類之世界、少有人心者、有不忍一朝居此、

夫天地至仁、創化萬物、萬物至繁、供給人類、全人類生存於天地之間、至繁之萬物、任人類之取求、無所吝、亦無所別、天地之生人養人至深且厚、人類對於天地及人生、各盡所能、各取所需、便能各生其生、各養其養矣、緣何有殺、曰以爭故、緣何有爭、曰以別故、緣何有別、曰以小故、云何曰小、知有小我而不知有大我、知有我身我家我族我國、而不知全人類爲一體、是故因小生異、因異生別、因別生爭、因爭生殺、狡且黠者、更假借於道德學術法律、人爲之方法日多、自然之生機日微、於是殺人之制度、至於今日、已有愈演愈精之勢、人性淪亡、獸性不如、由今不變、人類之絕滅可待也、

十九世以來、一部份人類、漸有覺悟、注重內部自由心之發展、與推翻現社會一切組織、及改變物質的生產法之呼號、彌滿於大地之上、亟欲一蹴躋於極樂之境、就實際上客觀之觀察、固非旦夕所能奏其效、而變化之來、自無人能強加遏抑、自由世界、在吾人努力耳、

所可懼者、歷史傳來之惡制度、既已固結於社會、而深入乎人心、經一度變化之後、保無迷信歷史之演進程序、致懈其再進之勇氣、出其補苴罅漏之手段、結果造成一種較新之殺人制度、因循敷衍、以待其第二次之自然崩裂、斯吾人遺害於後人也、由是言之、吾人欲改此殺人世界、謀全人類永久之和平、非達於大同不可、欲達大同、先除異小、以個人進步、來互助精神、排除障礙、改造環境、腳踏實地、再接再勵、行見人同此心、心同此理、極樂世界、就在此方寸中也、

評孫文之大亞細亞主義

宜明

孫文顛覆五千年之大帝國、爲四億萬蒼生建設民衆的國家、廢去一切不平等之條約、更進而爲亞細亞十二億萬民努力、造一有光輝之社會、畢生從事於此之政治家也、其理想原趨於平和、却非軍閥之頭腦、有謂其耽於讀書善思索之理想家

高振霄在《几萧提》发表《我之大同观》

下篇 | 历史鉴证

一、改制共和 编定简章

（一）改制共和。义军之起，原为推到专制政府，建设共和国家，以增进我国民之完全幸福为目的。故于八月二十一日由部呈请都督宣布改制，以期一新天下耳目焉。兹录其原文如下：

为谕饬遵办事：照得军政府愤清政府占据中华，政治混乱，丧失主权，暴敛横征，朘削膏脂，强夺吾民已成之公共财产，钳制吾民之热心义举；斥志士为乱党，目公论为嚣张，逮捕株连，杀人无算。本军奉军政府命，特于八月十九日倡义，征讨民贼，驱逐清贪污残酷官吏瑞澂、连甲等，克复武昌、汉阳等处地方。元洪不德，谬膺举为中华民国军政府鄂军都督，勉图报称，光复旧物。

查旧日清流毒之由，在于政体专制太甚，民气不扬，以致利无由兴，弊无自黜。亟应将全鄂地方改为共和政体，所有各厅、州、县政务，仰各自治公所妥筹办法，移请各该地方官施行。各该地方旧制官吏，应一律呈缴伪印，听候支配录用，不愿者，缴印后听其所之。如官吏有人地相宜、民间倚重者，准该自治公所俱禀详叙情由，连同伪印赍送来辕，经本都督核夺，颁给民国新印，即留原任以从民望。各该公所应办事务，以警政、民团为第一要着。应即日兴办警察，以维持秩序，清查奸宄，惩治痞匪，保卫闾里为主。团练以驱逐乱民，抵御外侮为主。均不准借端讹诈，扰累无辜，并于外人生命财产切实保护，以酬严守中立之谊。

为此谕仰该自治公所各员知悉：迅将警察、团练二项开办方法，及旧日官吏伪印并愿否投效情形，刻日禀复，勿得延迟殆误。有敢与旧历结党，勾通清政府反抗义师，违误新政或乘机扰害良民，擅作威福；或官吏有志投诚，而该公所各员阻挠挟持者，大兵一到必以军法惩办！该员等为桑梓造福造祸，皆在今日，幸勿观望徘徊，坐失机会也。切切此谕。

（二）豁免钱粮及苛税。立国之道，以收拾民心为第一要义。乃由部建议呈准都督豁免本年下忙钱粮及前清一切厘金苛税。其布告之文如下：

父老清苦苛政久矣。元洪倡义武昌，天下响应。亟应将湖北境内一切恶税先行豁免，以安我父老而为天下倡。谨开列于后：

①除盐、烟、酒、糖、土膏各税捐外，所有统捐局卡一律永远裁撤。

②本年下忙丁漕概行蠲免。

③除海关外，所有税关一律永远裁撤。

④本年以前积欠丁漕，概行蠲免。

⑤各属杂捐，除为地方所用者，概行蠲免。

（三）延揽人才。倡义之初，需才孔急，因设招待所于都督府前两等模范小学校内，以高振霄、袁国纪等专任其事。于是延致鸿儒硕彦及东西洋留学各生如张何白、潘祖裕、黄应龙、肖韵涛、陈锡仁等二百余人，皆于是时投效。旋又改招待所为集贤馆，迁地于武昌甲栈之内。

（四）派员演说。义军卒起，人心恐慌，莫知所措。虽迭经出示安民，而愚民无知，终不免疑畏自扰。乃由部刊印通俗白话，派徐夏昆（名阙）、向理鉴等数十人分途传递，武昌二十人，汉口二十人，汉阳十人，就便演说。略谓：革命军起，系为推倒满清专制政府，建设共和国家，图享我同胞国民之完全幸福为目的。除满奴汉奸外，特申军令：与民秋毫无犯。凡尔商民务各照常开市，安居乐业，勿稍惶乱云云。于是人心大定，鸡犬不惊。义声所播，远近称颂不绝矣。

（五）筹办临时警察。起义之夕，前清武昌巡警纷纷逃散无余，站岗职守皆以军队充之。无何，备战在急，乃由部出示招考东西洋留学警察及省垣高等警察、或速成警察毕业各生，得五百余人。仍前清警务公所署址，组织湖北临时警察筹办处机关。以高等警察毕业生高元藩为总理。仿各国非常警察集合制，划分五区驻巡，以防奸细，以卫治安。厥后，于兵事急剧之时，屡获巨奸，讯供正法。复日夜梭巡，维持市面，安宁秩序，颇资得力。

（六）提倡保安社。规模甫具，士民归心。士绅李国镛等联名赴部呈请倡办保安社，为防火、防盗、自卫治安之计。由部批准立案，促其赶办成立，冀或守望相助之效。故其后阳夏失守，居民纷纷迁避溃去，房屋器物财产得保存无恙，沿街路灯及巡更复终夜络绎不绝者，皆保安社之自治力有以致之也。

（七）创办团练。武汉底定，始从事于经略各属。由部飞檄各府、州、县反正安民，一面分派干员康藩楚、向炯、向丙炳坤等十余人（按：康藩楚赴施南，后被害于拥兵窃据之朱扬武手）回籍创办团练，以保地方安宁，即为迫令官吏投顺地步。于是各属之响应益速矣。

（八）维持金融。易代之际，纸币滞碍难行，特出示晓谕，一律照常通行。并设官钱局兑换所于前清善后局内。又解铜元十万交汉口商务总会以资接济市面，得免恐慌。

（九）注重外交。部务就绪，即以正式公文照会各国驻汉领事，声明遵守条约，担负前清赔款外债及保护租界人民财产各节，于是外人知我举动文明，始行宣布局外中立焉。

（十）《中华民国军政府鄂军都督黎布告》全文如下：

今奉军政府令，告我国民知之：凡我义师到处，尔等不用猜疑。我为救民而起，并非贪功自私。拔尔等出水火，补尔等之疮痍。尔等前此受虐，甚于苦海沉迷。只因异族专制，故此弃尔如遗。须知今满政府，并非我家汉儿。纵有冲天义愤，报复竟无所施。我今为民不忍，赫然首举义旗。第一为民除害，与民戮力驰驱。所有汉奸民贼，不许残孽久支。贼昔食我之肉，我今寝彼之皮。有人激于大义，宜速执鞭来归。共图光复事业，汉家中兴立期。建立中华民国，同胞其毋差池！士农工商民众，定必同逐胡儿。军行素有纪律，公平相待不欺。愿我亲爱同胞，一一敬听我词！

（十一）《布告全国电》。宣布革命目标，呼吁全国人民奋起响应："深望于十八省父老兄弟，戮力共进，相与同仇，还我邦基，雪我国耻，永久建立共和政体，与世界列强并峙于太平洋之上，而共享万国和平之福。"

（十二）《宣布满清罪状檄》。指责清政府"使汉人永远降为满清之奴隶"，"割吾民之膏，吮吾民之血"等罪状八条。

（十三）《告汉族同胞之为满洲将士者》。劝告清军中的汉族将士反正："我辈皆中国人也。今则一为中华国民军之将士，一为满洲政府之将士……虽立于反对地位，然情谊尚在，心事又未尝不合也。"

（十四）《檄各督抚电》。劝告各省督抚反正："幸贵大臣勿拘君臣小节，而贻万世殷忧。"

（十五）《免税公告》。宣布豁免湖北境内一切"恶税"：除盐、烟、酒、糖、土膏各税捐外，所有统捐局卡，一律永远裁撤；除海关外，所有税关，一律永远裁撤；本年下忙丁漕，概行豁免；各属杂捐，除为地方所用者外，概行豁免。

（十六）《谕湖北各府州县政务及自治公所电》。宣布全鄂地方一律改为共和政体，要求各地清吏一律呈缴伪印，听候支配录用；不愿者缴印后听其自由；"人地相宜，民间倚重者"经自治公所推荐，可以留任。

（十七）《通告城、镇、乡自治职员电》。要求各城、镇、乡自治团体速筹自保之计："赶办团练，守卫乡里，贫者效力，富者输财，既使游手无事之民，有谋食用武之地，而富足之家，得因以保全。"

（十八）《通告各省城、镇、乡地方巡警电》。要求各地巡警坚守职事："深恐饥寒无告之民，乘间窃发，施其抢劫之手段，而本军政府军事旁午之际，势难兼谋并顾，所有保护人民之生命财产，维持地方之安宁秩序，皆惟我同胞巡警是赖。"

注：《改制共和 编定简章》一文的选编依据："旧历壬子（辛亥）年八月十九日，革命军起，攻破督署，占领武昌。以黄帝纪元组织鄂军政府，成立军令部与

参谋部两机关。于时规模草创,条理纷然,军民大政,参谋部主持最多。以故始同人,枕戈待旦,日不暇给。越日,参谋部员苏成章提议组设民政一部,管辖民政最急事务,由同志费矩、高振霄、袁国纪、邱前模、黄协丞、聂守经、刘汝璘等数人专任其事。延致人才,编定简章分科办事,渐有秩序可言。兹将所行政略胪述于后。"

文章来源:《武昌起义档案资料选编》(上),《内务司实录》;《中华民国史第1编 全1卷》第十一章 武昌起义和各省响应

二、刑赏令

又据访友抄示革命军之告示,文云:“中华国民军鄂军都督黎示,本都督驱逐[鞑虏],恢复汉族,凡我同胞皆宜谨守秩序,勿违军法,所有刑赏各条开列于后:藏匿[鞑虏]者斩,藏匿侦探者斩,买卖不公者斩,伤害外人者斩,扰乱商务者斩,奸掳烧杀者斩,邀约罢市者斩,违抗义师者斩。乐输粮饷者赏,接济军火者赏,保护租界者赏,守卫教堂者赏,率众投降者赏,劝导乡民者赏,报告敌情者赏,维持商务者赏。黄帝纪元四千六百零九年八月某日”。

注:《湖北省志人物志稿》(第一卷)记载:“武昌起义初,地方流氓地痞趁火打劫,高振霄与张振武面陈黎元洪,以黎名义颁《刑赏令》及军令8条。”

文章来源:《申报》,1911 年 10 月 16 日

三、军令八条

二十五日(10月16日)复颁军令八条。

一、军队中上自都督下至兵夫一律守纪律,违者斩。

二、无论原有及新募兵士人等,有三五成群不归编制者以及至编制内擅离所在易装私逃者斩。

三、擅入民家苛索钱财及私行纵火者斩。

四、各干部如有不遵约束者斩。

五、官兵不受调遣及违背命令者斩。

六、擅自放枪恐骇行人往来者斩。

七、兵士中如有挟私仇杀同胞者斩。

八、如在当铺强当军装物件者斩。

注:《湖北省志人物志稿》(第一卷)记载:"武昌起义初,地方流氓地痞趁火打劫,高振霄与张振武面陈黎元洪,以黎名义颁《刑赏令》及军令8条。"

又《武昌起义档案资料选编》(上)《军法处事略》记载:"十九之夕,弹雨横飞,不无误死。至是,经执法官程汉卿报告,请都督黎公与诸革命[家]张振武、高振霄、陈宏诰诸君商定,以义军举动,总宜文明,故不命令,不准私放枪声。即巡查军队,见有路近问谋[遇间谍]与旗民等,均不准擅杀戳[戮],必须送交执法处审理处置。以光复之际,人心未定,且民军已募集数革[军],尤应严加维持,故都督黎公颁布禁令八条,通贴市街,俾众遵守。民军后来始终举动文明,其所以维持人民有法可守为法令之祖者,则为此禁令。专其八条如下:(编者按:八条原件缺。据湖北革命实录馆编修按,'八条见《中华民国公报》辛亥八月二十五日版,编修周处有底稿。')"

文章来源:《武昌起义档案资料选编》(上),《军法处事略》,湖北人民出版社,1981年8月版;杨玉如:《辛亥革命先著记》,知识产权出版社,2013年1月第1版

四、集贤馆紧要布告

敬告者:本馆设立,雇[顾]名思义,原以招贤士。贤士之定义,固甚广漠,要必有技之长,始足备贤士之万一有补于同胞。昔孟尝养客之千,作用者一冯欢耳。今日时势万艰,恐不能孟尝之广范。凡来投效诸君,抚心自门[问],必先有自知之明而后可。如系平庸之才,则少壮者,仅可投入军队。尚可练成军国民,其效犹大于坐论。至本馆如有招待不殷,办理不当之处,统希不时训指,切勿自生恨悔之念,因而观望,致同胞无人,群负责任,则甚误矣。

注:《中华民国公报》1911 年 10 月记载:"武昌起义,各地前来投效者甚众。军政府于 10 月 12 日晚间成立一招纳处。13 日招纳处奉令:勿论文武员弁,有一技之长,即送府委用。同时派吴醒汉、高振霄、蒋秉忠三人经管其事。吴醒汉招待军界;高振霄招待政学两界;所有条陈文件,则由蒋秉忠汇总转呈军政府。14 日,吴、高两人分别带领一批军政人员到都督府和政事部任用。投效人员络绎不绝,15 日一天即有 400 多人。不久军政府改招纳处为'中华民国鄂军政府集贤馆',并拟订《集贤馆章程》,规定集贤馆的任务是'招集文武贤才,襄助军政,共图大业,建立共和民国为宗旨。'"

资料来源:《武昌起义档案资料选编》(下),P628

五、汉口大舞台救国会演说

民国由我辈造成，万不可存，由我得之，由我失之。之见今日之会，总以实力捐输为第一义，继续有恒为第二义，切勿有始无终，贻六国资本团之讥笑。

摘自《申报》，《汉口救国会断指悲剧》，1912 年 5 月 31 日

六、发起成立开国实录馆

副总统钧鉴。敬禀者，窃谓汤武革命，开环球肇治之先；周召共和，作华夏大同之始。史书所载，亘古为昭。乃勋名既启乎日轮，而事业遽终于发轫。称天而治，臣妾亿兆人三千年；帝制自为，贻毒八方者二十纪。武昌首义，诸州景从，廓尽胡氛，解除苛政，易专制为民主，进独断为共和。以三月未竟之时间，建亘古无前之盛业。较其勋绩，发皇与法美齐驱；溯源由来，彪炳与商周竞美。一时豪杰投笔云兴，或奔走外洋，或号召同志，或毁家纾难，或捐躯效忠。共集之勋，以有今日。披世界旁行之史，列强无此事功；览神洲疏仡之文，前古无此伟绩。听其淹没，不予表扬，非但无以彰副总统之盛德，亦无以餍全世界之人心。伏维国家之盛强，端赖忠义之奋发；忠义之奋发，资于文字之鼓吹。纵横今古，莫不皆然。一代龙兴，人文虎变，而况乎创神洲第一共和之国，建中国万年有道之基，甲胄躬亲，河山平定者乎！近者止戈偃武，治定功成。开馆储贤，从事撰述，编成国史，昭示将来。事关至要，时不可缓。惟设局伊始，需款筹办，公恳副总统饬财政司拨款一万元，以为开办开国实录馆经费；并请详中央政府立案。俟举定职员，延聘通儒，再行预算每月经常费用，汇册呈报，以备查核。庶几名山事业，与旌常日月以常新；缔造艰难，为奕世后昆所共凛。伏乞核准施行。

资料来源：蔡寄鸥：《鄂州血史》

鄂州血史

蔡寄鷗遺著

龙門联合書局

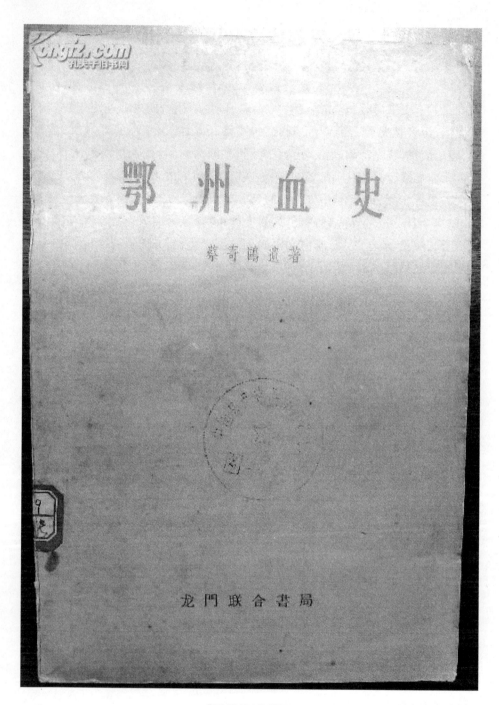

《鄂州血史》封面

七、依法速选总统

制定宪法为吾人天职，而遵守宪法尤为将来之表率。我中华民国之宪法全部虽未成立，然而一部分已经宣布者允宜严谨信守。查大总统选举法二年十月四日公布，乃宪法中之一部分，已经天经地义永誓遵守之宪法。谨按大总统选举法第五条二项“大总统因故不能执行职务时以副总统代理之；副总统同时缺位，由国务院摄行其职务”。同时，国会议员于三个月内自行集会组织总统选举会，行次任大总统之选举。又按七年十月十日中华民国国会第三次宣言，自民国七年十月十日起，委托军政府代行国务院职权，依大总统选举法第六条之规定“摄行大总统职务至次任大总统选出就职之日为止”。兹幸两院国会议员均足三分二列席之人数，按照大总统选举法第二条二项，应行即日组织大总统选举会。本席认为，此会较之制宪尤为切要，不可缓者。盖制宪尚无时日之限制，此则皇皇大典，神圣不可侵犯。即令等下而言，揆之政局更为如网在纲，吾人责任所在，即国家安危所关，此正吾人本良知以致良能之时也，迫切之言敬候公决。

摘自《申报》，《旧议员之政治谈话会 选举大总统问题发生》，1919 年 1 月 16 日

八、不增加南方议和代表

广州军政府各总裁、政务会议各代表、国会同人、上海唐少川先生均鉴。顷闻政务会议有人提议加派鄂省一人为和议代表，用意公允，良深感佩。然画蛇添足，窃期期以为不可查。此次国内和平会议系全国问题，非一隅问题，必欲按省份遣代表转形西南狭隘。不可者一，前者国会谈话会佥谓，和议代表应以人才为前提，不以各省为本位。虽谈话会之主张，法律上无何种效力，然国会意旨所在，宁能故与背驰。不可者二，南北两方代表均以十人为限，我若逾额，赴遣北方将以此借口指我为地盘主义。不可者三，吾鄂起义，荆襄顺国民全体之意志以拥护法律为已任，非有部藩思想也。乃于各分代表经派定后，忽有以鄂省为名添派代表之议，在倡者或持之有故惟同人等统筹全局，觉此举于和议前途无关宏旨，与其节外生枝，贻他方以误解。孰若信任，现已派定之代表用昭吾人酷爱和平，敬恭桑梓之诚意。我总代表暨各分代表公忠体国，谅不以鄂省无人列席和平会议而歧视之。谨布区区伏维亮察。

摘自《申报》，《南方商增代表之经过》，1919 年 2 月 11 日

九、交涉军政府支援陈炯明

总裁诸公钧鉴。启者，援闽粤军总司令陈炯明君血战经年，复地千里，诚西南护法军人之最力者。刻因子弹缺乏，万分告急，未识诸公已否接济。查闽陕湘鄂为护法军重要门户，敌人以和平为政策，停战为军略，不惜四面来攻，司马之心路人皆知。现在虽云停战，而军事上之先着要不能以人之愚我自愚，致陷援军于死地。诸公鸿谋远略，千乞勿分畛域，速为接济，粤军之幸，全国之幸。用是公推林赵二君代表本会趋前呼号，迫切之至，无任待命。

摘自《申报》，《广东之闽陕湘鄂联合会成立纪》，1919 年 2 月 12 日

十、关于方化南杀害蔡济民的公电

各报馆均鉴：

近阅方纵队长化南筱电，不胜骇叹。蔡总司令济民惨被方军劫杀，前经同人电请查究在案。方军初既劫杀，生前兹复污蔑，死后证以该参谋长吴清熙啓电，未及蔡公一字之非，即该纵队长由万致黎公原电更颇示引罪垂悼之意。初无相稽之恶，今以舆论申讨，欲盖未能，遂出以构诬之计，审其辞屈，具见情虚。蔡总司令即迭次勾煽友军部曲，当局何竟未之前言，该纵队长既早受凌逼，当时何不申请查办？萧柏所部，既同为叶军之叛兵，何以在蔡则为勾煽，在彼则为招安？情词诡异，显然可见。况萧柏叛蔡之后，该纵队长既不扶同剿办，更结以为利，特使蔡部孤寒，遂遭毒计，爰书已具，置辩何辞？总之，方军枉法杀人，罪无可逃，其事实已于黎联军总司令转述叶、冯两代表之报告见之矣，同人均为护法而来，原属同仇，有何歧视？以人心未死，直道当存，义师方兴，法不可挠，用是申辩，凡以为川鄂前途计也。现方化南既已自承罪人，斯得伏乞护法政府唐联帅、熊督军、黄、黎各总司令依法调集人证，秉公讯办，并希诸公扶持正义，一致主张为荷。

摘自《申报》，《公电》，1919 年 3 月 18 日

十一、致唐少川书

少川先生左右南北，汹汹动行，筹策折冲，尊俎倍企贤劳。前闻政体违和至深驰，系又料吉人天相，当邀勿药之占。尚祈与时节宣为国珍重葆，吾元气赋彼不祥，幸甚幸甚。慨自护法以来，瞬经两载，一时名流蛳比，高议龙雕，各竭智能，竞谈国故。虽或臭味之差池，要以爱国为职志。所谓斐然狂狷，不知所裁，固未可以孤往之心，期强众人，以同我也。他勿具论，即如媾和问题，是非得失，本有当然之主张，徒以静躁不同斯权衡各异。不知者几疑宗旨之，或乖知之者自信径途之必合。吾公周游八表，学识闳通，对于和会初终，举凡一切事项，重轻缓急，自然智珠在抱，烛照无遗。先后次序，厘然一贯，预计将来必收圆满之结果。森等备位议席，夙所心仪，用敢抒其诚悃，藉慰典签。诸维亮照无任钦迟专肃祗颂筹祺不备。

摘自《申报》，《旧国会议员致唐少川书》，1919 年 3 月 27 日

十二、反对南北分治

近来因和议停顿，一部分人忽发为南北分治之言。而南北有政治责任之人，亦有为此主张者。某等不敏，窃期期以为不可。数年来，国内所争持者，逆与不逆，法与不法而已。固非以南北为鸿沟，实以邪正分泾渭，南北名辞将嫌不伦矣。况陕西非南，实力护法，福建非北，犹有逆师，更无从别分南北。在主张南北分治者，无非以息争为辞。究之南北将以黄河为界？抑以长江为界？福建、陕西、湖南、湖北各有其半，孰北孰南，何从面定。欲以分南北而息兵者，不啻以争南北之界而战争益烈。蒙古、西藏更无从定其所属，平分既有不能，偏归则五族共和之民国自为破裂。匪独内争愈粉，无法保全固有之国土，不至使分而为二者，更离而为三。即准之国际当时承认之中华民国亦属不符，加以野心之国从而利用侵占，卖国者益易自由，势必外祸纷来，各谋脔割循至扰乱世界和平斯时，国已不国，南北何有？言念及此，尤深惶骇，纵令万幸南北分界能悉行妥协，蒙藏亦不发生问题，南北内部亦各益团结，国家可收支配得宜之效。然南方之人不少有关系在北，北方之人不少有关系在南，斯时南北互归，驱国人于流离转徙，择居谋业，实陷入无穷之困境，国计民生损失又岂浅鲜！且一国化而为二，各有野心，以谋统一，南不侵北安保北不侵南？即暂时归于平息终必按剑相防。于是南北军队非惟不减且日以增，武人专权为祸更烈。国家政治永无清明，学术荒芜，百业停废，民生益困，以此求治实南辕而北辙，是南北分治无一见其可也。夫吾国不欲立于世界则已如欲立于世界，决无可以苟且求安者，提倡此言实摇国本。目前，解决时局惟有悉泯内部之私见，坚持护法之初心，厉兵秣马，直捣黄龙。上也本正义之主张，勿屈挠于坛坫以待国中舆论公判，求最后合法之和平以收统一次也。若夫单独行动，以为腐鼠之争者甚至互相倾轧，不惜内哄非特有污护法之旗，即所谓个人权利亦归失败，徒遗人格损失之讥而已犹较胜于倡，分裂者谋各固武力以益国民之纷扰，促国家于危亡也。心所谓危不敢缄默，深盼不弃浅陋，加以教益，幸甚幸甚。

摘自《申报》，《粤当局痛辟局部谋和》，1919年4月6日

十三、致唐总代表、各代表电

历年变乱皆由毁法,法为国本,西南兴师血战两年皆为此根本问题。直接护法,间接即为对外。试问北方所结各种密约断送我列祖列宗之大好山河,所余有几?将来欲求挽回,非有约法上之国会,孰能争于国际?国人望永久和平,我公受军府重托,乞为民国前途计,为个人名誉计,坚持到底。否则,西南不免为土匪,中国不免为朝鲜,千钧一发,敢布区区。

摘自《申报》,《和会续开之第三十二日》,1919 年 5 月 11 日

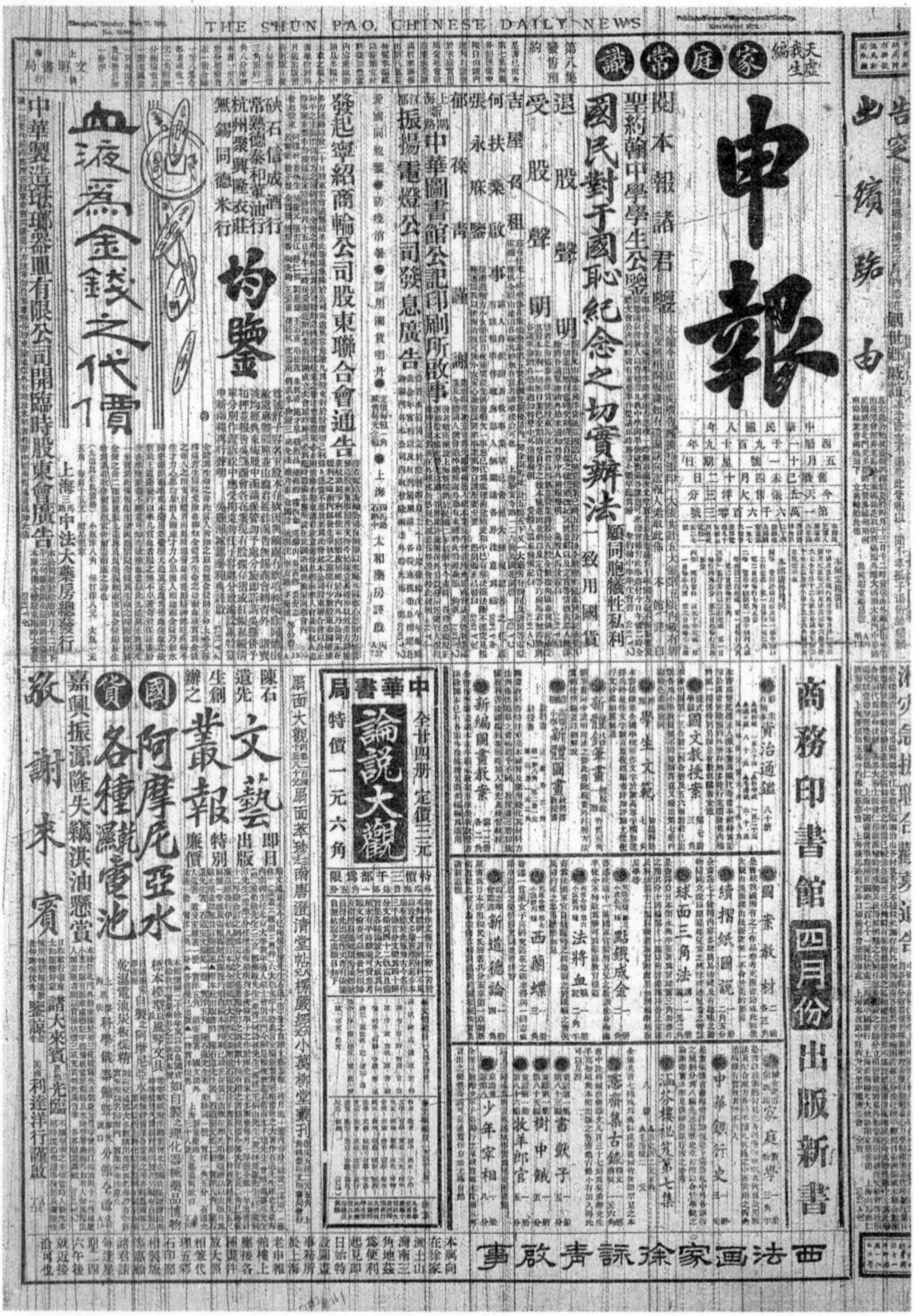
THE SHUN PAO CHINESE DAILY NEWS
申報
國民對于國恥紀念之切實辦法
商務印書館
四月份出版新書
論說大觀
西法畫家徐詠青啟事

《申报》样刊

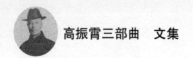

十四、致各报馆公电

各报馆均鉴:报载上海和平会议我分代表章士钊致护法政府漾电,有法律趋势只能办到南京单纯制宪,另由平和会议承认徐为第二届大总统等语,不胜骇异。查约法制宪系国会职权之一部,有何单纯制宪之可言?选举总统亦具有专条,何劳和会之承认。如此电果确则护法者身先违法,自陷不义。年来,我西南护法各省劳师动众,将士暴骨,黎庶流离,所讨者违法,所争者约法,非对人施攻击也。今议和结果终至舍法就人,则其初何必倡义兴师,多此一举,累我国民,劳我将士,以护法始,以违法终。纵章士钊不畏清议,独不留护法群帅地乎!此法律之不可违也。即以事实论,试问漾电主张万一办到,能否保其长治久安?我中原多贤豪志士,恐未必尽甘屈服于章士钊违法主张之下而不敢反抗,再兴问罪之师以暴易暴,终难服人,以此求和,适益纷扰,此事实之不能行也。章士钊身为护法议和代表,不知遵守护法政府议和大纲,竟敢公然讳反,祸国贼民莫此为甚。同人等为永久和平计,通电纠正,望公等坚持正义,戢彼奸谋,贯澈初衷,拯民卫国,临电神驰,至盼至祷。

摘自《申报》,《公电》,1919 年 6 月 13 日

十五、取消中日密约

(一)下令讨贼;(二)取消中日一切密约;(三)任伍廷芳兼任广东省长。乃政府无相当办法,致起罢市已逾二日。今复有罢工之举,水火俱绝,若不速行解决,恐险象环生,不可终日。政府究应如何处置,限于三日内明白答复。

摘自《申报》,《粤垣罢市后之各方消息》,1919 年 7 月 23 日

十六、坚持护法救国宗旨

北方派王揖唐为议和总代表，我西南一致拒绝，即北方明达将领亦复严电诘责，表示反对，足见义声所播，薄海景从。值彼图穷匕见之时，正我正本清源之会，若徒拘于是王非王之争，而仍苟延不和不战之局，不惟无以解人，亦且无以自解。代表等闻见所及，特为诸公约略陈之：

窃护法军兴以来，内而国人，外而友邦，莫不协助，宜若早告成功。乃迟至今日，反奄奄无生气，推厥原因约有三种：第一，北方以和议为手段，南方则误以和议为目的。第二，北方以徐世昌为言和之傀儡，南方误认徐世昌为有统一北方能力并言和诚意。第三，北方籍某国势力压服西南，如国人誓死拒签德约，而北方当局且以去就为日人争，是其彰明较著者；南方不知此意，反认此点为外交危迫，自相顾虑。此皆已往事实无可讳言，今则“主战派”之王揖唐竟悍然派充和议总代表矣，岂唯无意言和，不啻公然宣战。徐世昌果有统一北方之能力暨言和之诚意，又何至受彼派之约束而出此诡异之行为？

至论外交，除某国外率皆协助我者，如此次拒签德约，各国悉表同情，美尤特申抗议，是某国勾结北方军阀图霸东亚久为列强所嫉视。

内政外交情势如此，是北方卖国党与某国军阀派已将陷于绝境，我西南不可不有最后之决心以筹相当之办法。旷观西南现势，突言进取、容或不易，然严陈防守，渐图发展则绰乎有余，所望诸公及时愤发，协力进行。和则必有一定之条件，战则必须共同以动作，举凡从前派往北方接洽之公私代表拟请概予撤回，一以表示决心，一以间执谗口，如此切实进行，目获最后之胜利。否则彼辈诡计百出，而我犹一筹莫展，噬脐之悔必有不堪言者。

总之，伪国会、边防军暨一切密约苟一日存在，则卖国党之势力即一日不能消灭，无论其所派代表为谁，恐终不能达我护法救国之主者。盖反对王揖唐，人的问题小计划也，取消伪国会、边防军及一切密约，国的问题大计划也。不仅与北方争胜负，实与某国争存亡。明知诸公神算在握，原无庸怀土益山，然心所谓危，不敢不告。临电神驰，伫候明教。

摘自上海《民国日报》，《西南各军代表表示决心之通电》，1919 年 9 月 21 日

十七、组织军事委员会行政委员会提案

国将亡矣,北为卖国,南为误国,此今日稍有常识者所公认之事实。吾人受全国父老兄弟之委托,此次南来、云护国本,变谋建设,虽谋建设,又为创造,凡来粤者,当然抱有一种救国之希望。民与贼合,自春徂秋,不特和平无望,大好河山,日蹙千里。军政府不死不生,倘若再另其迁延迟迴,非特前敌义勇之士,转展就木,半壁西南,胥沦于夷,吾人坐以待毙,后之人不责军府之昏,而吾人同为千秋罪人矣!英之立宪,法之共和,在历史上其国会议员均以代表资格为革命手段,故能战胜王党,永奠国基,此稍治世界史者所知之。特证今吾国,帝妖充塞燕幽,国贼布满中北,此种猛兽毒蛇,非斩尽诛绝之利器,非西南政府也,非成文法也。爱国之将士,全国之人心,均吾人十方之横磨也,唯在吾人之志气如何耳。青年救国声嘶,各军代表再请作战,乃军府无人为助,借口作梗,是则军府为执行中枢者,都亦绝望。非吾人自为执行,绝不足以救危亡,故此泣恳同人,抛却一切将就敷衍的思想,共起最后之决心,由两院组织军事委员会、行政委员会,以代议资格作救亡的奋斗。古语云:求人不如求己。吾人自辛亥以来,凡事改革、卒居退让,致为一般官僚、武人所把持,驯至吾人血汗终成泡影,国家前途更不堪问,是前车也,是吾人之罪也。吾今悔罪,吾人之责也。吾人之责,不死中求生,更为国之罪人。昔鲁仲连死不帝秦,行见子孙为人之奴,犹不乘此机会伐罪立功,吾人无人格矣!心危莫择,敬乞公决。

附:组织委员会草案

第一条　本委员会以代行国家最高职权,至完全国权恢复为宗旨。

第二条　本委员会分军事、行政二股。

第三条　委员由两院议员互选若干人,委员长即以两院院长充之。

第四条　委员会、国会负国务院之责任。

第五条　委员会议决事件许军政府总裁署名行之。

第六条　委员会办事条例另订之。

第七条　本会至约法有效或宪法完全有效之日废止。

以上七条,略述大概,同人如蒙赞成,当另案讨论。

提出者:高振霄

摘自上海《民国日报》,《旧国会中之新议案》,1919 年 10 月 28 日

十八、广东东园集会发表意见

(一)已往政治运用之谬误。即以前之内阁制、总统制两说均趋重对人的多,故结果多不良善。(二)法律相对的失效。因前军政府改组之始,大纲上的条文少限制,责任上便得互相推委、互存私见。(三)政府须容纳多数的民意,必使各省各军及各省议会镕作一炉,行使护法救国的意思。以上三点乃今日改组军府制度上应细为研究者。

摘自《申报》,《广东之东园重要集会》,1919 年 11 月 3 日

十九、批评少数议员缺席导致制宪停顿

各省省议会、教育会、商会、各报馆转全国父老昆弟鉴:此次广州制宪所余尚有数条,满拟一月必可完全成立。乃自一月六日宪法会议地方制度第十一条第一项通过张瑞萱之修正案,政学会少数议员以己之主张不得多数,公然宣告不出席。终至一月二十二日共八次均以少数不出席,不足法定人数,遂使我全国所渴望之宪法因而停顿。我鄂参众两院议员,除邱国翰因病在家调理外,参议院议员韩玉辰、众议院议员袁麟阁始终不出席。众议院议员廖宗北七次不出席,众议院议员陈应昌请假六次。夫宪法为根本大法,国会以服从多数为原则,今以多数九仞之功,竟为少数一篑而亏,破坏国家罪有攸归,特用电告诸维谅察。

摘自《申报》,《公电》,1920 年 2 月 9 日

二十、否认补选总裁

慨自我国会南来护法四稔于兹，几经险阻艰难，方足法定人数。近因政潮恶劣，两院议长及大多数议员相率避地，暂离广州，留粤议员只有百数十人。乃参议员孙光庭、众议员陈鸿钧竟敢以一二次之临时主席冒称两院代理议长，窃取议员三百五十六人及三百八十四人名义两次发布通电。又于四月三十日攘窃两院联合会之名通告开会阳假外交问题，实谋开非常会议补选总裁。迭经在场多数同人反对，提出诘责。孙光庭自知情亏，俯首无词比，即自承错误，退居秘书长席，改联合会为谈话会。同人等方期孙等悔祸不为已，甚对于大局徐图调和。乃五月四日，孙光庭、陈鸿钧又忽发通告开非常会议补选总裁，同人极为诧骇。查国会非常会议组织大纲第六条"国会非常会议之正副议长就现任两院正副议长内，推定之正副议长均有事故时，得选举临时议长"，今两院之正副议长因一时之政潮与大多数议员离粤，既非议长本身别有事故，非常会议当然不能开会。即以有事故论，亦当选举临时议长方可开会议事，断不能以一二次之众议院临时主席陈鸿钧窃取非常会议议长之位同人等比。即前往则见军人荷枪监视议场，以暴力相威吓。同人睹此暴举，益为心痛，不忍以法律正义竟为威屈。遂根据国会非常会议组织大纲第六条再三质问。而陈鸿钧竟置若罔闻，卤莽灭裂，急以讨论终局。付表决人数尚未点查，径行宣告多数，遽尔发票投票，以一手掩尽全场耳目，甘心为此违法举动补选总裁。同人等职在守法，誓不承认，况伍总裁廷芳始终未有辞职之宣言，孙总裁文、唐总裁绍仪虽从前或一度辞职，或未就职，皆未经国会允许。今忽选举三人，七而加三其数为十，殊与中华民国军政府组织大纲第三条政务总裁七人之数不符。陈鸿钧等此举不独视国会选举职权为儿戏，实为破坏西南之第一导火线。同人等环顾大局，心切忧危，仍再三力争加以苦劝，陈均置不理。同人见其悍然不顾，无可挽回，不得已遂宣告退席。关于此次违法补选总裁，同人决不负责。至派遣军队荷枪监视，惟袁世凯压迫选举大总统时有此恶举。今于护法策源地竟再出此，尤深慨叹。同人等饱经忧患，奔走连年，目击心伤，维持乏术，谨此电闻诉诸全国舆论，即祈谅鉴。

摘自《申报》，《公电二》，1920 年 5 月 13 日

二十一、致刘显世电

一九二零年十一月二十九日

读元日通电，裁撤联军副司令一职，不胜失望。……特此联电挽留。务肯仍任联军副司令，与唐公共策大计，早就总裁之职，以西南局势，翼达护法目的。

资料来源：韩信夫等编：《中华民国大事记 第一册 第一卷至第十二卷》，1997

二十二、宣布徐世昌罪状之通电

（衔略）天下之元恶大憝，孰有甚于欺世盗名，祸国残民者乎？乃伪总统徐世昌竟以滃滃小人之心而行其奸诈贪残之术，祸国虐民十年于兹。兹本吊民伐罪之义，再将其罪状胪列于后，愿国人洞烛其奸，急起而共图之。查徐世昌自前清试办新政总督奉天，以赵尔巽任内之公余二千七百余万，大兴土木藉以侵蚀，适其去任，竟反公亏至一千七百余万之多，彼之私产，大半即此，此贪婪殃民之罪一也；及至民国成立，徐氏以亡清宰辅出入于袁世凯之门，兴风作浪，危我共和，又复上计袁氏，嗾使北京之兵变，遗累居民，此残民祸国之罪二也；进袁氏总统时代，徐氏复以清宰之资格一变而为袁氏之国务卿，一朝贿来，便无顾忌，竟于廿一条亡国之约首先签字，此贪利祸国之罪三也；且又嗾使袁氏解散国会，伪造民意，称帝洪宪。幸天眷共和，云南首义，致不至颠覆于袁氏此几希，此欺诈祸国之罪四也；呜呼！袁氏死矣，徐氏若知世间有羞□□□，当应与之□亡，以报知遇，乃不此之讨而反潜居津门，播弄政潮，瞰段祺瑞之不满于黎元洪也，乘机教唆段氏召集督团围困京城，逼黎氏自食其三不之言□遗祸至今，此毁法祸国之罪五也；及黎氏出走，徐又纠合叛督，会议津门，甘为戎首，居然主盟命张勋复辟，拥戴废帝，而复婢颜奴膝，匍匐称臣出入宫禁，自鸣得意，幸此时之段祺瑞尚明大义，马厂誓师，不崇朝而共和恢复，堂堂共和旗帜犹能飘扬于世界，而不亡于徐世昌之手者亦云幸矣，此叛乱祸国之罪六也；夫桀犬吠尧，不失之忠，徐氏即应于失败之后高蹈远游，如夷齐之不食周粟，乃反复鬼蜮，腼然而虚與段氏委蛇，至民国七年利用冯国璋之大总统代理任满，竟大施伎俩收买段氏之私造国会议员，攘窃总统，继又恐其非法难欺，复窃用约法上之议会选举，冀巩固其伪总统之地位，以至选弊弥漫全国骚然，此盗权祸国之罪七也；昔山巨源谓王衍必误天下之苍生，郭汾阳谓卢杞以出，子孙必无遗类，已视今之徐世昌，殆有过之而无不及，何以言之？徐氏自据伪总统以来，手订高徐顺济之条约，不知有亡国之惨，吉黑林矿，吉长、四郑、满蒙各铁路，皆为借款之押品，乃零售不足，更思趸卖涂林矿，续借吉会，重订中央路股种种押款外，又复举我护法区内之两广、云贵之铁路为借法钞五万佛郎之抵押品，此犹未足，又以无定价之金库券发行内外，重吾国人之担负，甚至有与某国经济同盟大借三十千万巨款之传闻，果尔，则吾国不待民国十四年早已经济破产矣。观其所为，殆不啻大盗临刑狂饕怒饮，作须臾之快活耳，此拍卖国家之罪八也；查历年各种借款总数不下数千万万，如能用之得当，则国家之元气尚可望其培补，乃徐世昌不惜以亡国借得之款，供给杀人军阀，养为爪牙，而于教育经费竟逾半载而不发，甚至教员等赴院质问，反纵使卫兵殴辱几死，此破坏教育之罪九也；自古丑之不浮，终难饰掩，方□可欺，总必败露，视徐氏就任为总统之时，曾不曰裁减军费、注重文治、顺从民意、力谋统一者乎，胡今历时未几，而竟依仗军阀倒行逆施，当吴佩孚金口决堤淹没鄂人数百万之生命财产之际，罪不容诛，全国声讨，乃徐氏悍然不顾，竟大加奖誉，晋给勋位，即此以例。则伪国务总理靳云鹏致乃弟靳云鹗篪密之电谓，南人难以理喻，唯有杀尽无遗等语，殆亦徐氏有以教之耳。视此嗜杀之惨，似较贼清入关扬州十日、嘉定三屠之惨无人道，更有过之。夫此次湘鄂之役，原鄂人自治之运动，有何深仇，竟痛恨之至于此极，此欺世盗名、祸国残民之罪十也。综此十罪，皆荦荦大者，至于纵容叛兵破坏教育，卖官鬻爵，重征苛敛，殴辱代表，勾结外盗，坐失蒙边，侵吞账款，罪恶更复，擢发难数，以上等等，虽皆徐世昌殃民祸国之恶，然伪总统靳云鹏确亦不能辞其长逢之罪焉，况亡国条约之经其手订者，亦复不少。总之，吾灿烂之中华民国，十年来之祸乱频仍，惨杀浩劫直延至今而犹不已者，无一非徐靳之互相济恶所酿而成，此獠一日不死，国人永无生机，国人一日欲生，应起共诛此獠，邦人君子其昭鉴之。

委员长　高振霄　押

理　事　张凤九　押

文章来源：《北洋军阀史料 吴景濂卷》第 49 至 52 页

宣布徐世昌罪狀之通電

（銜略）天下之元惡大憝孰有甚於欺世盜名禍國殘民者乎乃偽總統徐世昌竟以陰險小人之心而行其奸詐貪殘之術禍國虐民十年於茲蘇本平民伐罪之義再將其罪狀臚列於後願國人洞燭其奸急起而共圖之查徐世昌自前清試辦新政總督奉天以迄尔冀任內之公帑二千七百餘萬大興土木藉以侵蝕迨其去任竟欠公帑至一千七百餘萬之多飽之私囊大半即此此貪婪殘民之罪也及至民國成立徐氏以亡清宰輔出入於袁世凱之門與聞作惡危我共和又復上計袁氏嗾使北京之兵變遺累居民此殘民禍國之罪二也迨袁氏總統時代徐氏復以清宰資格一變而為袁氏之國務卿一朝賄來便無顧忌竟於廿一條亡國之約首先簽字此貪利禍國之罪三也且又嗾使袁氏解散國會偽造民意稱帝洪憲幸天眷共和雲南首義致不至顛覆於袁氏之篡竊此欺詐禍國之罪四也嗚呼袁氏死矣徐氏

若知世間有羞恥事者在興之實亡以張宗遏乃不此之計而反滔居
津門播弄政潮鐵段祺瑞之不滿於黎元洪乃密机嗾使段氏召
集督團圍困京城逼黎出府食其三不之言遣編兵分批毀法禍
國之罪五也及黎氏出走徐又糾合叛督會議津門皆為戎首居然主
盟命張勳復辟擁戴廢帝而復辟演奴隸開閣稱臣出入宮禁自
鳴得意幸於此時之段祺瑞尚明大義為廉恥不棄翻而共和恢復
堂堂共和慎樹然然纔揚於世界而不亡於徐世昌之手者亦云幸
矣死叛亂禍國之罪六也夫張敬堯不悉之怨孫氏即應於失敗之
後高蹈遠避以表考之不候閣票乃反藉策識醜然而遂與段氏
委蛇至民國七年利用馮國璋之大總統代理任滿竟大施伎倆收
買段氏之私造國會議員攘竊總統繼又恐其非法難欺復竊用
約法上之議會選舉冀箝國人偽總統之地位以丞選弊濁漫全
國騷然此盜權禍國之罪七也書此亦足逐鋪手何必誤天下之蒼生

郭汾陽謂盧杞以出子孫必無遺類以視今之徐世昌殆有過之而無不及何以言之徐氏自擁偽總統以來手訂高徐順濟之条約不知有亡國之慘吉黑林礦吉長四鄭滿蒙各鉄路皆為借款之押品乃零售不足更思躉賣涂林礦續借吉會重訂中央路股種種押款外又復攀我護法區內之兩廣雲貴之鉄路為借法郎五萬佛郎之抵押品此猶未足又以無定價之金庫券發行內外重吾國人之担負甚至有與某國經濟同盟大借三十千萬鉅款之傳聞果尔則吾國不待民國十四年早已經濟破產矣覌其所為雖不審大盜臨刑狂饕怒飲作須臾之快活耳此拍賣國家之罪八也查歷年各種借款總數不下數千萬萬如能用之得當則國家之元氣尚可望其培補乃徐世昌不惜以亡國借得之款供給殺人軍閥養為爪牙而於教育經費竟遲半載而不發甚至教員等赴院請願反縱使衛兵毆辱致死此破壞教育之罪九也自古誠之不孚終難師獲方賊可欺總必收感覩徐氏猶在斷

總統之時曾不因裁撤軍實注重文治順從民意力謀統一者乎胡今歷時未幾而竟依仗軍閥倒行逆施當吳佩孚金口決堤淹沒鄂人數百萬之生命財產之際罪不容誅全國聲討乃徐氏悍然不顧竟大加獎譽晉給勳位即此以例則偽國務總理靳雲鵬致乃弟靳雲鶚麾案之電謂南人難以理喻惟有殺盡無遺等語殆亦徐氏有以教之耳視此書殺之慘似較滿清入關揚州十日嘉定三屠之慘無人道更有過之矣此次湘鄂之役原鄂人自治之運動有何深仇竟痛恨之至於此極，此欺世盜名禍國殘民之罪十也綜此十罪皆犖犖大者至於縱容叛兵破壞教育宣鸞甫聲重征等欽敬兩代表勾結外盜坐失蒙邊侵吞賑款罪惡更僕難數以上等等雖皆徐世昌殃民禍國之惡然偽總理靳雲鵬確亦不能辭其長逢之罪焉況亡國条約之經其手訂者亦復不少總之吾燦爛之中華民國十年來之禍亂頻仍慘殺浩劫直延至今而猶不已者無一非徐靳之互相濟惡所釀而成此種一日不死國人永無生机國人一日欲生應起共誅此獠凡人君子其明鑒之

委員長高振霄押

理事張鳳九押

二十三、宣布吴佩孚罪状之通电

衔略鉴吾民受国贼之摧残久矣。一残于黎元洪之误国,再残于袁世凯之叛国,三残于徐世昌之卖国,乃不意天未悔祸,更加以人道之贼,为吴逆佩孚者,集误国、叛国、卖国之罪于一身,而推波助澜,日益加甚,其惨无人道,荼毒生灵,如张献忠、李自成所不忍为此,而亦悍然为之,是贼不除,吾民真无唯类矣。查吴逆以鬼蜮之性为禽兽之行,盗名骗世,外欺知而不全之外人,内欺热心爱国之青年,当全国声讨卖国贼时,彼则利用机会讨卖国贼之总理,而拥一卖国贼之总统。党同系以伐异,正春耕而用兵,使直、鲁、豫数千里之人民仓皇奔逃,有麦无收,失其天食,故华北二千余万民之灾荒,吴佩孚实造成之,此该逆为人道之贼者一也;河南、湖北为南北要冲,吴逆欲雄挟据中原,暗唆成慎扰乱豫北,贿买王贼占元之部下焚掠宜武,用为攘夺张本,迨成败,则反攻之,湘鄂自治军与该逆阳许,驱王以冕湘鄂之志士,阴率大军,乘其废弊,讨收渔人之利。不料自治军义勇莫当,该逆以三倍之众战而不胜,乃不惜决沙湖、磁矶、武泰、金口等堤,使武汉各属数百万生灵同葬鱼腹,贻数百年后无穷之祸,此种战略,以世界言,对国际且悬为万禁,以历史言,虽金、元、清之野蛮尚不敢冒万世之不韪,该逆乃公然为之而毫无顾忌,其残忍无丝毫人性,实为中国近世史中绝无仅有之毒物。况湘鄂当秋收之交,驱王运动满望结果,该逆为一己地盘关系,重复引起战争,决水助虐,其农民之被淹者,漂泊以死,即未被淹之区,惊扰流亡误时失业不□,转瞬而全鄂三千五百万人又将等于华北之饿殍,此吴逆为人道之贼者二也;至其空谈国民大会,叫买庐山面目,对于湖北市民会则摧残之,凡所主张均属愚弄未来之官僚政客,以强奸民意手段为招揽政权之具,司马昭之心路人皆知,而醉翁之意原不在酒,我国民顾可受其愚以自愚。本该逆既无人性,焉知人事,前者对于非法之徐世昌失欢,则称徐菊人同意,又称大总统,对于护法政府骗欵,则认为同志得势又视作敌人,宣誓不为督军乃为太上督军之选阅使,迹其所为,唯利是视,全不知人间有羞耻事,且,知有贼而不知讨其误国之罪,浮于黎元洪,讨贼而反拥护贼魁,其叛国之罪,浮于袁世凯,至于坐拥重兵,作卖国党之护符,朋分卖国金钱,以厚己势,厥罪又浮于徐世昌,况复□□埋□□残民以逞抗自治之潮流,为人道之蟊贼,种种罪恶,罄竹难书,均属有目共见之事实,传曰,是可忍也孰不可忍也,唯望全国父老昆季一致讨伐协力杀贼,不唯国家之幸抑亦人类之幸也,邦人君子实养图之。

委员长　高振霄　押

理　事　张凤九　押

文章来源:《北洋军阀史料 吴景濂卷》,P45 -48

宣布吳佩孚罪狀之通電

銜略。蓋吾民受國賊之摧殘久矣。一殘於黎元洪之誤國，再殘於袁世凱之叛國，三殘於徐世昌之賣國，乃不意天未悔禍，更加以人道之賊如吳逆佩孚者，集誤國、叛國、賣國之罪於一身，而推波助瀾，日益加甚，其慘無人道，荼毒生靈，如張獻忠、李自成所不忍為者，而亦悍然為之，是賊不除，吾民真無噍類矣。尊吳逆以鬼蜮之性，為禽獸之行，盜名騙世，外欺私而不全之外人，內欺熱心愛國之青年，當全國聲討賣國賊時，彼則利用機會，討一賣國賊之總理，而擁一賣國賊之總統，同復以伐吳正春耕而用兵，使直魯豫數千里之人民，倉皇奔逃，有麥無收，失其天食，致華北二千餘萬民之災荒，吳佩孚實造成之，此吳逆為人道之賊者一也。河南湘北為南北要衝，吳逆欲雄據中原，暗嗾成慎擾亂豫北，賊害主賊吉元之部下

焚掠宜武用為據奪驛者追戕敗剡反攻之湘鄂自治軍
興該逆陽許驅王以愚湘鄂之志士陰率大軍乘夜猝討
收漁人之利不料自治軍義勇莫當該逆以三倍之眾戰而不勝
乃不惜決沙湖磚磯武泰金口等堤伏武漢多屬數百萬生靈
同葬魚腹貽數百年後無窮之禍此種戕暴以世界言對國際
且懸為厲禁以歷史言雖金元清之野蠻猶不敢冒萬世之不韙
該逆乃公然為之而毫無顧忌其殘忍無倫毫人性實為中國
近世史中絕無僅有之毒物湘鄂秋收之交驅王運動滿
望結果該逆為一己地盤關係蓄機引起戰爭決水動虜其眾
民之被淹者飄泊以死即未被淹之區驚擾流亡誤時失業不
轉瞬而全鄂又千五百萬人又將等於華北之饑饉此其逆為人道之
賊者二也至其空談國民大會叫買廬山面目則於湖北市民會
則摧殘之凡所主張均屬愚弄未乘之官僚政客以孫姦民

意手段為招攬政權之具司馬昭之心路人皆知而醉翁之意原不在酒我國民願受其愚以自愚乎該逆既逆人性焉知人事前者討於非法之徐世昌失敗則稱徐爲人同意又稱大總統討於護法政府騙欺則隱爲同志得勢竟視作敵人宜誓不爲背軍乃爲太上背軍之逆閥段逆其所爲惟利是視全不知人間有羞恥事且知有賊而不知討其誤國之罪浮於黎元洪討賊而反擁護賊魁其叛國之罪浮於袁世凱且至於坐擁重兵作賣國黨之傀儡所分賣國金錢以厚己勢厥罪又浮於徐世昌況為狐埋狐搰殘民以逞抗自治之潮流為人道之蟊賊種種罪惡罄竹難書國人有目共見之事實傳曰是可忍也孰不可忍惟望全國父老昆季一致討伐協力殺賊不惟國家之幸抑亦人類之幸也邦人君子實深圖之

委員長高振霄押

理事張鳳九押

徐世昌(左)吴佩孚(右)

徐世昌(1854—1939 年),曾任中华民国大总统(1918 年 10 月—1922 年 6 月)。吴佩孚(1874—1939 年),直系军阀首领。1921 年,高振霄受中山先生委任,担任起草委员会委员长与理事张凤九撰写并宣布讨伐徐世昌欺世盗名、祸国残民等"十大"罪状及吴佩孚集误国、叛国、卖国之罪于一身之讨伐檄文——《宣布徐世昌罪状之通电》《宣布吴佩孚罪状之通电》,议决赴广西取道湖南出兵北伐。一场打倒军阀割据,武装统一全中国的北伐战斗号角在中国大地上正式吹响。

二十四、中韩协会组织简章

本会为中韩两国人民之组织，故定名曰“中韩协会”（第一条）；本会为谋中韩民族之发展，以互助为宗旨（第二条）；本部暂设于广州，上海各处得设支部（第三条）；入会人以男女国民为限，并须有普通知纳、正当职业，再经会员二人以上之介绍，始得入会（第四条）；会费除发起人自行任担外，会员费分特别、普通两种，依其人之志愿定之（第五条）；会务设毕术、议事、干事、文书四部，每部得互选主任一人、副主任二人，其章则另定之（第六条）；本简章如有未尽事宜，依议事部或发起人之提议得修正之。

注：《民国日报》一九二一年十月四日记载：“近有识者多人发起中韩协会，公推丁象谦、朱念祖、高振霄等草拟组织简章。昨经委员会通过八条如下……”

摘自《民国日报》，1921 年 10 月 4 日

二十五、咨请政府速派太平洋会议代表

美总统召集太平洋会议一事，关系远东及太平洋问题，至深且巨。我国日受强邻之压迫，北京拍卖主权，国几不国，今此一线生机，正我正式政府独一不二之机会，所有取消不平等之条约，及裁减军备实行民治诸事，尤为我国生死之关系，应请即日开会讨论议决，请政府速派得力代表迅赴列席，实为至要。

摘自上海《民国日报》，《新政府咨复国会非常会议文》，1921 年 10 月 10 日（原件未署日期，经考订应在八月）

附录：

议员高振霄提出咨请政府速派太平洋会议代表议决案，文曰："美总统召集太平洋会议一事，关系远东及太平洋问题，至深且巨。我国日受强邻之压迫，北京拍卖主权，国几不国，今此一线生机，正我正式政府独一不二之机会，所有取消不平等之条约，及裁减军备实行民治诸事，尤为我国生死之关系，应请即日开会讨论议决，请政府速派得力代表迅赴列席，实为至要"等语。经于本月二十七日开会议讨论，依法提付表决。大多数表决，照案通过。相应备文咨达，即希查照办理等因前来。查此事政府早已虑及，现正在筹备进行中。准咨前因，除仍饬外交部妥为筹备外，相应咨复贵会议查照。此咨。国会非常会议。孙文。

注：据上海《民国日报》(民国十年十月十日)"新政府咨复国会非常会议文"条。原件未署日期，经考订应在八月。

文章来源：《孙中山全集》第五卷

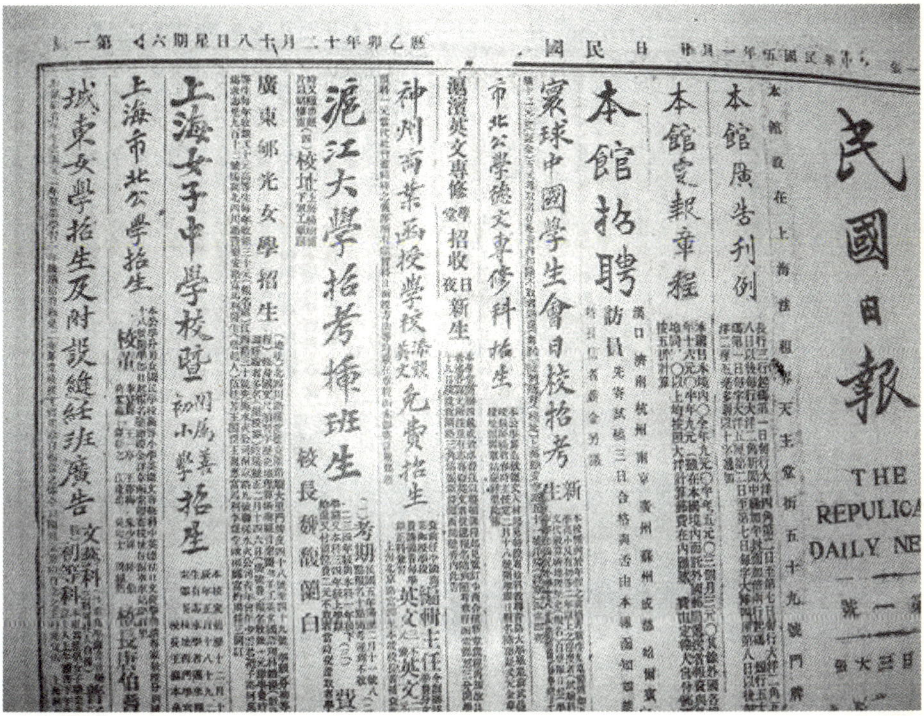
民國日報
THE REPUBLICA
DAILY NE
本館廣告刊例
本館定報章程
本館招聘
寰球中國學生會日校招考新生
市北公學德文專修科招生
滬濱英文專修學校招收日夜新生
神州商業函授學校添設英文免費招生
滬江大學招考插班生
廣東郇光女學招生
上海女子中學校暨附屬初小學招生
上海市北公學招生
城東女學招生及附設縫紉班廣告

《民国日报》样刊

二十六、广州国会对外宣言

人类依正谊以进化，以互助为生存，此天然之通。则今之号称文明国家者，非以群之幸福相互谋乎？自近东问题酿成未有之大战，故有凡尔塞之和约用谋国际之公平，乃诚意未孚。又以远东问题引起太平洋之会议，当倡议之始，吾人力冀获得公平待遇，庶免未来惨剧。乃消息迭传，所有会议情形以各大强国之意思为意思，不容被害者之陈诉。关于太平洋关系间最重要之我国问题中，如最无理由之山东问题及最苛酷之二十一条密约尚不得提出大会以供国际之研究求为公平之解决，则其所传之领土保全、主权独立云云者，均不过暂缓，其武力侵略一变而为经济侵略而已。吾合法政府迭经宣言，不承认北京卖国代表有代表国家之资格。今吾人代表四万万国民正告于世界诸友邦，并请国人注意，不忘者中华民族，一至公无私酷爱和平之民族也，此特性早为世界所公认。此次太平洋会议之种种及已往之条约的、势力的、经济的，凡为国际不平等之解决及待遇，但有碍中华民国之领土及主权之一者，吾人誓死不能承认。若以现状为借口，或与非法代表及北京私人所订各条件有不互相尊重者，吾人除绝对否认外，当相机以图自卫。特此宣言邦人诸友庶几鉴之。

摘自《申报》，《广州国会发表对外宣言》，1922 年 1 月 4 日

二十七、告国人书

各省省议会，农工商会、各师旅长、各司令、各团体、各报馆均鉴。陆军总长陈炯明，于六月卌日，黑夜称兵，谋弑总统，背叛国家。翌晨令杨坤如之副官赖永忠等，率匪军数十人，困海珠国会议员招待所。初时不准出入，继则按房抢劫。直至下午三时，挟①迫所内各人，即时离去广州，衣服行囊，完全劫夺。及各人出门时，男女身上之长衣、眼镜、手镖[表]②、戒指零碎等件一概搜括净尽。日暮，该副官等将衣服、银钱册分后，所有书籍、器具等，均用汽车运至杨之司令部。次日，又至士敏土场第二国会议员招待所，亦如前次搜法，且加伤害。两所之同人，仓皇奔走，仅以身免。现在广州市面，每日抢劫，十室九空。似次盗贼行为，袁世凯之叛国，张勋之复辟，莫荣新之祸粤，不忍为不敢为之事，陈炯明之粤军，公然为之。是则陈炯明者，直匪首耳。匪而不肯自认为匪，胆敢饰词通电，谓旧会重集，请孙下野云云。夫孙大总统护法之目的，唯求国会能真正完全自由行使职权，其宣言大公无我，最为明白。该匪首此次叛乱，不但广州所有之公署机关，均被洗劫，近且奸淫女学，烧杀市民，是则张献忠、李自成之流，何得借口法律政治。盖陈炯明前借粤人治粤之名，盗取广东政权，今乃借国会恢复之名，劫掠广州财产。盗匪之面目，自行暴露。除请孙大总统就近严剿外，特将身受目睹之事实，敬为国人告之。

文章来源：鲁直之、谢盛之、李睡仙：《陈炯明叛国史》，中华书局，2007 年（原书编于 1922 年 8 月）

---

① 《革命文献》作“胁”字。

② 《革命文献》作“表”字。

二十八、忠告黎元洪勿复任总统

北京黎宋卿先生鉴：

近日直系武人有拥公复职之主张，闻公腼然受之而不辞，天下闻之哑然失笑，初不意有不知人间羞耻事者，至于此极也。稔公生平者，谓公一生为人傀儡，因以为利习与性成，无怪其然，然今所欲问者，则公所复者何职也？六年解散国会之非法命令，公实发之，借曰被迫使然，则匹夫尚不可夺志，况于国家之元首，况被迫程度，刑律固有分析，未可辄为援引，要之违法之罪，公必无所逃。身既为国法之罪人，尚安得有国法上之地位，此公所当知者一也。张勋复辟，公狼狈逃死，事后通电，汲汲于引去，至自比于堕溷之花，难登衽席。国家名器，非可私有。不利于己，则避之若浼；有利于己，则趋之若鹜，此公所当知者又一也。六年以来，国家大乱，领土则分崩离析，人民之生命财产，则损失无数，谁生厉阶，至今为梗，公则怡然不以属意、藉天津租界为安乐土，黩货嗜利，面团团作富家翁。公既果相忘天下若此，天下安得不忘公，此公所当知者又一也。藉曰礼义廉耻，非可以相期，然公须知按之国法，公已为平民，今日之事，无所容其觊觎。盖六年秋，公去职后，由冯国璋代理大总统，至八年之秋而任期已满，公之大总统之独立资格，消灭久矣。今日复职，诚不知所复者何职也？道德以施于君子，法律以绳之小人，公纵不言道德，其如法律之究何？及今悔祸，毋与直系武人同恶共济，则一平民之生命财产犹得保全，□此不图，必无卒矣。

摘自上海《民国日报》，《国会议员重要通电》，1922 年 6 月 14 日

二十九、否认王家襄召集六年国会

(一)近日津沪报载王家襄等在津筹备召集续开六年国会,阅之不胜骇异。六年国会经军阀迫令解散后,即移会于广州。民国七年续开常会时一再电催王等到院,而王等于开会后满一个月未到院,又未声明故障,是王等显然甘弃职责。曾经依法解职传人递补,王家襄之议员资格在法律上早已消灭,更何得冒议长而任意鼓簧以愚弄国人。民国六年,国会之分子既依据院法变更,已在广州自由行使职权,复于民国八年续开宪法会议。现在若欲促成宪法,只能继续八年而召集之,万不能任依法解职之分子羼集其间,以招乱法之嫌,国会若自身乱法,将来何能立法以绳人?故宁暂玉碎而岂容迁就以瓦全。况此间不日由两院秘书厅召集续开八年宪会,自无另行召集之必要,开会亦无法定地点,更无集会于京津之必要。民国法系一线,仅延河堪令军阀与政客再事拨弄而紊乱之。试看今日之军阀,其暴横又何减于昔日。今日役使国会集会之人,非昔日首倡毁法之人乎?其所以不惜矛盾,其行为系铃而复解铃者。项庄舞剑,别有用心,回忆民国五年统一曾几何时,即酿出毁法乱国之剧变,覆辙当前,堪再蹈用,特宣言以辨真妄,而维法统邦人君子其庶鉴之。(二)贼祸中国,忧乱频仍,外则辱国丧权,内则残民以逞。推原祸始固由袁氏毁法种此乱因,而推波助澜患无已时者,实由于北京武人不能守法所致。故所共知者也以祸首罪魁叛法,殃法殃民之徒,此全国人所共知者也。以祸首罪魁叛法殃民之徒而忽然大声疾呼曰“尊重法律,尊重民意”。国人若不善忘,则今日所称尊重国会之人即前日迫散国会之党也,今日所谓尊重民意之人即前日违反民意之徒也。前日之毁法欲武力以求逞,今者甲武人仆而乙武人起武。人亦知武力不可恃,又欲假借民意法律以遂其政治上之阴谋。所谓政治,阴质言之,利用一部分已失议员资格之人,如王家襄等,用以谋取总统位置而已,语曰“前事不忘后事之师”。此种人即使遂其阴谋,试问能守法律以组织良好政府乎?吾民苦兵祸久矣,亦知以兵祸吾民者,非今日自称尊重法律、尊重民意之武人乎。指拨武人以图祸团者,非今武人所欲推戴之领袖乎。武人而果悔祸,当立解兵权,听诸法律裁判,庶乎祸乱可已。否则,以武力而主张法律废置,由己取便私图由而效之,其祸乱恐更甚,于今日愿邦人君子实深图之。日来此间迭接旅沪旧国会议员来电主张自由,召集吴景濂亦有开会之通电,是国会问题在今日实有最关重要之焦点。昨据民党某要人谈话云,国会在法律上只能自由集会,若云恢复,已失国会尊严。且国会之

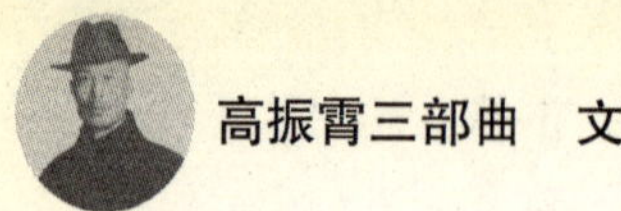

能行使职权必须有合法政府为之保障，否则徒存饩羊供武人，官僚之宰制傀儡而已。如民国元二年未尝无国会而横被袁世凯之摧残，六年又被黎元洪之解散督军团之仇视，即护法南来在岑莫时代亦曾为一度之播荡。故欲谋国会之安存，必须行政首长之为民党领袖。而真能尊重国会者，国会方不致有名无实。若在北方伪政府之下而言恢复国会，无论限于事势之不可能，即幸而恢复矣，不久仍将蹈黎元洪柄政时代之覆辙。在言恢复国会者必以为一经恢复即可解决时局，不知如此胡涂恢复必更陷时局于纠纷而莫可收拾，议员中不乏晨明达谅早已见及于此也云云。另据某议员云，近日旅店津沪之旧国会议员公然通电主张恢复历史上过去之六年国会，且推举前此解散国会之黎元洪继任总统，此种举动业经国会非常会议于江日通电驳斥在案。昨大总统亦以津沪议员之主张为不合，已令秘书处起草宣言书，将其对于时局之政见向国民详细说明，使免入歧途。五维系法统闻该宣言书草稿已于昨五日提出国务会议，因辞句尚须略加斟酌故未发出，大抵今日可以公布布也。另一消息，闻孙氏将于日内开政务会议发出否认通电，又闻孙氏对人言谓召集旧国会极端主张，惟是召集地点应于广州，再选举大总统亦当承认。唯黎元洪复任则绝对否认。盖黎当时以非法解散国会致有护法南来之事，彼以非法而解散之。已否认有国会之存在，而国会乃又拥护之，何以自处我之总统固无所恋栈。然系由非常国会选举，我决拼老命与护法相终始，宁为玉碎不为瓦全，言下极为愤慨，并谓决亲赴惠州与竞存作最后之解决云云，但能否成行尚难预料耳。

摘自《申报》，《恢复旧国会中之广东空气》，1922 年 6 月 11 日

三十、咨请政府宣布黎元洪徐世昌罪状案

自民国六年宪法会议地方制度开议之初，议员汤化龙等反对地方分权无效，遂勾结北方督军省长在徐州、蚌埠、天津、北京各处会议，谋解散国会，推倒总统，各督军省长联名呈请总统以反对。宪法上地方分权之故，请解国会六年之乱，汤氏倡之。安徽省长倪嗣冲首先称叛，要挟解散国会，总统黎元洪不即行讨伐。奉直鲁豫各省督军相继称叛，黎氏如能命令近畿各军及南方各军讨伐叛贼，尚可救济。乃为引贼入室之计令皖督张勋出任调停，张勋带兵到津，以解散国会为第一条件。黎氏不自振作，甘心破坏约法，允许解散国会。代理总理伍廷芳不允副署，遂免伍总理之职，以非法命令命令非阁员之江朝宗为总理副署非法解散国会之命令。张勋见国会解散，政府不能自立，乘机入都拥前清废帝溥仪复辟。黎氏既不命令国军讨贼，又不能以身殉国，奔走日本使署求一身之保护，弃职辱国，陷国家于无政府之地位。六年之乱，黎氏成之，逮张勋被段祺瑞驱逐，亡清不承认复辟之乱，冯国璋继任总统，不知招集国会，组织政府，反破坏约法、国会选举法，选举非法国会以欺人，与日本订军事协议乃种种丧权卖国之条约，密借日款数万万，倚傍外力以图久存。冯氏之罪，百死不足以塞责。冯氏既死，又以非法国会选举徐世昌为非法总统，窃据北京。如高徐顺济各铁路借款及其他秘密借款不知凡几，丧失种种权利。借得之金钱除饱私囊以外，各叛督争自养兵以侵害护法区域。对于护法政府，曾阳予议和，阴行收买令全国人格破产，不可收拾云云。

摘自《申报》，《时局变动中之粤讯》，1922 年 6 月 13 日

三十一、亲历“六一六”事件

晚夜三点钟，叶举兵谋叛，攻取总统府及各机关。今总统已移驻军舰。伍博士尚在省公署，不肯迁徙，誓以死殉职守。贼匪则正围攻卫戍司令部，拟夺其械，散其军云。

注：“六一六”事件当天早八点钟，高振霄与某国会议员在广州长堤海珠酒店（议员寓所）后楼梯侧谈话记录。

资料来源：鲁直之、谢盛之、李睡仙：《陈炯明叛国史》，中华书局（原书编于1922年8月）

三十二、声讨陈炯明第二次宣言

第二次宣言：民国成立十一年耳，濒于危亡者二次，一曰洪宪之乱，一曰复辟之变，皆以解散国会肇其端，然国会职权揭橥约法非何种强力所能予夺。民国六年，孙大总统率海军南下，各省景从刘建藩崛起，零陵以弹丸之地毅然兴护法之啧。厥后虽更多故而再接再厉，诚以护法勘乱，事不容已，道合志同，历久不敝也。乃陈炯明与吴佩孚狼狈为奸，一则藉叛军之暴力麾议员便去，一则分卖国之余润招议员使来。归劫掠者既惨无人道，示优异者尤蔑视人格。举袁世凯、张勋不敢为者而悍然为之，纪纲扫地不有拨反则正气或几息矣。某等忝列议席，民志所托，当沧海横流之会懔，裁胥及弱之痛，矢志讨贼，义无徘徊。邦人君子，其昭鉴之。

摘自《申报》，《旅沪国会议员之两宣言 根据二日会议议决案》，1922年7月4日

三十三、声讨陈炯明第三次宣言

第三次宣言:国会在粤六年已开常会,并依法选举总统组织政府。法统国纲峙如由岳迩来,北方武人嗾使三五不肖冒集国会,拥黎僭位,背义毁法,早为国人共弃。兹复诱令陆军总长陈炯明称兵作乱,图覆国本,扰害一时之秩序。其罪小残破人类之道义,其罪大应由大总统行使国会赋予职权,外僭窃之奸徒,内清反侧之叛徒,澄奠民国,巩固共和于焉。斯赖谨此宣言。

摘自《申报》,《旅沪国会议员之两宣言 根据二日会议议决案》,1922年7月4日

三十四、坚持护法废黜奸邪

中华民国之法统创始于民国元年之约法，约法制宪之大权隶属于第一届正式之国会，国会职权之行使议员资格之得丧皆根据于法律，非何种命令所能支配。溯第一届国会自被黎元洪不法迫散，旋即集会广州迭开非常会议、正式会议、宪法会议，中经蹉跌改建，政府付以讨贼戡乱之大任，至约法究全有效之日乃止。约法完全有效云者，义在实行主权在民之旨，与民贼独夫势不两立，岂复容其假借伪托滋为乱阶。乃黎元洪以待罪之身忽承王家襄、吴景濂之私戴僭称总统谬行职权，招致业已解职议员冒充国会，是吾人护法之责任未尽，而大盗毁法之技术弥工。盖明明毁法而诡称恢复法统，明明经济调查局员而忽又自称议员，宁非视国人为易欺而以群狙相待乎？我旅沪国会同人第一次宣言书亦既摘发奸回照告天下矣。伏思中华民国开创于辛亥革命，巩固于临时约法，既不可自有法返于无法，使国家永无宁日，更不可认矫法为合法，使佥壬长窃政权。爰集同人组织斯会，意在护法统黜奸邪，辨真伪明是非。维是强力方张习非，胜是拨乱反正，匹夫有责，国人须知。国会者，四万万人之所有，非数百议员之所有。中华民国者，四万万人之国家，非数百议员之国家。法统之存亡，国会之真伪，其为利害祸福，唯我全体人民实身受之。某等受民军托，滥竽议席匡时之乏力，寝馈难安，顾自到院以来，迭□寒暑险阻艰难备尝之矣。夫好逸而恶劳，某等亦犹是人情耳，而必严拒非义。誓与奋斗，含辛茹苦，局蹐海隅，朝斯夕斯，锲而不舍者，诚以法统。不容僭乱名器，不得冒窃真伪，不能并立是非，不可混淆，未敢苟且迁就贻国民羞，岂有一毫私意于其间哉。幸我国人念国命之垂危，明乱源之所在，共图补救，力挽狂澜。俾矫妄者无所施其技，则国家前途之福也。谨沥血披诚宣言如右，凡我国人，其昭鉴之。

摘自《申报》，《法统维持会昨日发表之宣言》，1922 年 7 月 26 日

三十五、致函各国驻华公使否认北京国会

国会基础建筑于法律，此世界各国所同也。我中华民国惟一最高立法机构之国会（即参议院众议院）于民国六年被当时之大总统黎元洪违宪解散，同年八月，议员前往广州开国会非常会议。至七年六月，依照民国法律开正式会议。至八年九月，又开制定宪法之宪法会议。在民国七年开正式会议时，有一部分议员违犯法，经参众两院分别取消其议员资格，久经宣告。近来此等丧失议员资格者，如王家襄等多人，与国会一部分不守法律之分子，在北京组织参议院众议院，吾人因此等国会实与法律不合，因此等议员既经依法丧失议员资格，在未经下次合法当选以前，无论在何时何地不得再为议员，再组织参议院众议院。因此之故，前八月一日在北京开会之参议院众议院及预备继续在北京开会之非法分子杂凑之参议院众议院，吾人依照法律实不能承认其为国会，是以吾人虽属议员，然对此不合法律冒充国会之参众两院绝对否认，所有伪国会议决之案及一切行为概属不法行为，不但违反国法，且为未来种无穷之隐患。吾人为敝国永久和平计，为各友邦免除淆惑计，一概不能承认其有效，贵国与敝国素敦睦谊，且向为法治先进国，谨以国会议员资格代表国民公意，奉渎左右，尚祈鉴察。

文章来源：中华民国史事纪要编辑委员会编：《中华民国史事纪要（初稿）中华民国十一年（1922）（七至十二月份）》，1983

三十六、否认北京国会

此次北京开会之所谓国会，并非依法继续民六后正式国会，所议各法案，同人业经叠次宣言斥为不合法之集会，否认其一切行为，并力求国会本身为法律上正当之解决。乃本月十八日，竟有所谓国会闭会之谬举。开会既经非法，闭会尤为滑稽。且黎元洪前在总统任内非法解散国会，促成复辟，今又出席与破坏国会之解职分子，为此不伦不类之闭会，尤为不经。同人对于此种假借国会名义之弄法举动，认为系吴景濂及解职分子王家襄等私人行为。此四十余日之弄法，不适为其谋权利而已，于法律上国会会期任期不生丝毫关系，应予绝对否认。特此布闻，中外咸知，邦人君子，实共鉴之。

文章来源：中华民国史事纪要编辑委员会编：《中华民国史事纪要（初搞）中华民国十一年（1922）（七至十二月份）》，1983

三十七、指斥吴景濂指使仆役殴辱议员暴行

吴景濂集合一部分议员，邀约非法议员及北廷官吏，凑足人数，冒称国会，业经某等一再斥其矫诬之罪，诏告天下，谅为我父老昆弟所共鉴。乃吴于理屈词穷之余，反取倒行逆施，拒绝合法议员出席，则以军务罗列于外；禁制合法议员发言，则以仆役朋殴于内。目前李君烨阳、徐君清和、杨君时傑均以争持法律问题横遭殴辱，此种怪剧，竟演自命恢复法统者之手，中外腾笑，国体安在？某等无状，言之滋痛，诸君子或代表民意，或主持舆论，或服务社会，于是非曲直所在，必有至公至明之评判，以慰人心。顾亭林所为清议若存国不可亡者，诸君子倘亦题之。

文章来源：中华民国史事纪要编辑委员会编：《中华民国史事纪要（初稿）中华民国十一年（1922）（七至十二月份）》，1983

三十八、致各国公使反对宪法借款

致各国公使函云（衔略）：敝国不幸，官僚军阀毁法营私以致民敝财竭，向日国人有知敝国非崇尚治法，不足与世界友邦共谋和平幸福者，是以有护法之役，彼时一二友邦不察，尚有借款与非法政府者，以后深得各友邦谅解，不借款与何方面，以增长敝国内乱，国人深为感荷。今者，北方军阀官僚之首领徐世昌虽被驱逐，然合法国会尚未开会，合法政府尚未成立，北京仍是以前状态，所有在北京自称国会之团体乃是一部分议员及许多依法丧失议员资格之人杂凑而成。吾人依据法律绝对否认，尚望各友邦于敝国合法国会未曾集会暨全国真正统一未曾实现以前，仍持现在态度，不借任何名义债款于北京官僚，斯则敝国人民所厚望也。

摘自《申报》，《旅沪议员反对宪法借款函电》，1922 年 9 月 17 日

三十九、致全国各公团反对宪法借款

致全国各公团电云（衔略）：报载某外人鼓吹宪法借款等语，名称离奇，骇人听闻。某等以为伪会无制宪之权，借款实亡国之具，敢代表真正民意，绝对否认。愿我父老昆弟共鉴之。

摘自《申报》，《旅沪议员反对宪法借款函电》，1922 年 9 月 17 日

四十、中华民族自决会展期成立

本会发起时，原为急欲联络全国各界共谋救国方策，以期从速进行，俾中华民族自决之精神得早实现，故拟于民国十二年元旦开成立大会。但在此短促时间，宣言简章虽已拟就，然筹备手续尚未完备，是以不得不将成立日期略为展缓，一俟筹备手续完竣后，再通告各团体及各界爱国人士订期开成立大会云云。闻该会之宗旨不分派别，不限畛域，凡有志加入者，无论团体、个人以及任何方面人物均一律欢迎云。

摘自《申报》，《民族自决会展期成立》，1922 年 12 月 30 日

四十一、否认北京伪国会一切行为

曩者黎元洪蛰居津门，无预政局叛人曹锟、吴佩孚利其傀儡矫法拥出，早经我同人暨海内明达痛斥其奸。今曹吴又藉冯玉祥之暴力逼黎出走，以为彼可取而代也，借伪阁摄政为前驱挟解职议员以自重，觊觎非分，情罪益昭。愿我全体国民本主权在民之旨，一致与民贼宣战，同人无状忝代民意大义所在，始终以之谨具所见敢告邦人：（一）召集合法议员择地自由开会；（二）否认北京伪国会一切行为；（三）曹吴私设政府之一切行动国民概予否认，并无纳税义务；（四）南北当局及在野人士凡有阿附曹吴冯者皆视为公敌，凡能声讨曹吴者皆引为良友，消灭一切党派及地域之狭隘私见，右陈诸义系吾人职权所在，责无可辞。至于改造大计及权宜救济办法应就商于国人之前者。当此政局纷乱之时，或暂由合法国会选举有功劳于国家，名望素著者若干人为摄政委员组织。摄政委员会主持政务，或合法国会集会后由同人依法提案，将制宪权及选举总统权公诸全体国民，胥关国家根本，人人与有责焉。

摘自《申报》，《沪人士对于北京政变之表示（三）》，1923年6月17日

四十二、否认曹锟伪总统贿选

本月微日宛平所行伪总统选举会，其出席分子半为议员（如吴景濂等是也），半为非议员（如王家襄等是也），揆诸大总统选举法根本不能成立，应构成紊乱国宪之罪。况公然贿买，秽德彰闻，灭廉耻，毁宪纲，率兽食人，罪在不赦。某等谨依国宪之规定宣告宛平为会选举曹锟之所为于法当然无效，所有同谋盗窃诸犯愿与天下共弃之。特此宣告。

摘自《申报》，《护法议员昨日之紧急会 发表否认贿选宣言》，1923年10月7日

四十三、国会议员尚镇圭追悼会通启

敬启者尚君镇圭,品高志坚,主持正义,向为吾人所钦佩。不幸于本月十八日疾终于沪寓,同人闻之不胜悲悼,乃于十九日在国会议员通信处决议订期追悼。兹订本月二十三日筹备追悼事宜,届时务乞贲临为盼,余不一一。

摘自《申报》,《二十三日开筹备会》,1923 年 10 月 22 日

四十四、孙中山逝世致子唁电

北京铁狮子胡同孙哲生先生鉴。文晚闻前大总统孙公噩电,不胜惊骇。孙公手造民国,启迪颛蒙劳身,焦思护法救国,扫历朝之积毒,开东亚之曙光。纺氓受其帡幪,环球钦其学理,而乃未竟全功,大星忽陨,小民共悲慈父,国家顿失长城。先知既没后生,何依瞻念前途,弥深悲痛。愿先生节哀继志,从事恢宏,临电神驰,哀悼不尽。

摘自《申报》,《各界之唁电》,1925 年 3 月 17 日

四十五、致全国军人电

上海英捕房肇衅，贼杀吾民，交涉未了，而汉口英租界戕杀苦工之事又见告。是则英人于此，绝无悔祸之心。究其所以跋扈如此者，实由频年军界内争，置外患于不顾，故英人得伺隙而起。临时政府及工商学界，对于此案，非无严重之抗议，相当抵制，而彼方犹恃顽强，听之藐藐。然则樽俎之外，当有折冲，非可以徒手交涉明矣！历观诸公对外交各电，濡笔陈词，非不慷慨，然果使同心卫国，何不联名署电，表示一致，使英人有所慑而不为？且国家之设军队，自警备队外，皆名国防，年来内战频繁，其始或能树名义，其终且自为私图，乃并国防名义而亦忘之。长夜未醒，外衅猝至，若不尽释旧嫌，武装卫国，微特本案永无了结，正恐英人所以蹂躏吾民者，又将出于上海、汉口之外。彼焰愈张，民心愈愤，此后越出轨道之举，又焉能保其必无，则遍地皆成荆棘，诸公亦无所藉手矣！窃请连名署电，敦促临时政府函外，更尝请求临时政府开一国防会议，以国防纪律之师，卫国防重要之地，庶足对现局而毙方来。仆等手无尺兵，不得不以空言督责。诸公身绾军符，高权在手，若亦以空言自了，甚非所以望于介胄之士也。

摘自《民国日报》，1925 年 6 月 19 日

四十六、湖北省政府公奠刘君公

启者革命先烈、前共进会总理、辛亥武昌首义元勋刘君公,字仲文。先生追随总理奔走革命,念余年殊勋硕德,为时宗仰。民国六年秋奉总理命,起护法军于鄂北,辗转川鄂数年,山僻沮塞困厄万状,卒因劳瘁致病,于民国九年四月十二日卒于沪上,旅次年仅四十。忠榇迄未掩奠,生平事迹详见总理自传及胡汉民先生为君撰事略兹。蒙湖北省政府特予公奠刘君于武昌宾阳门外卓刀泉御泉寺南山之阳,谨订于民国十七年十月二十一日(旧历重阳)举行公奠典礼,並于先一日(即十月二十日)假武昌首义公园设灵公祭。届时恭祈各界惠莅或派代表参加,用彰先烈而慰英灵。如蒙惠锡挽章,请逞寄武昌巡道岭街一百零二号刘仲文先生公奠筹备处。为荷此启。

文章来源:手抄史料副本

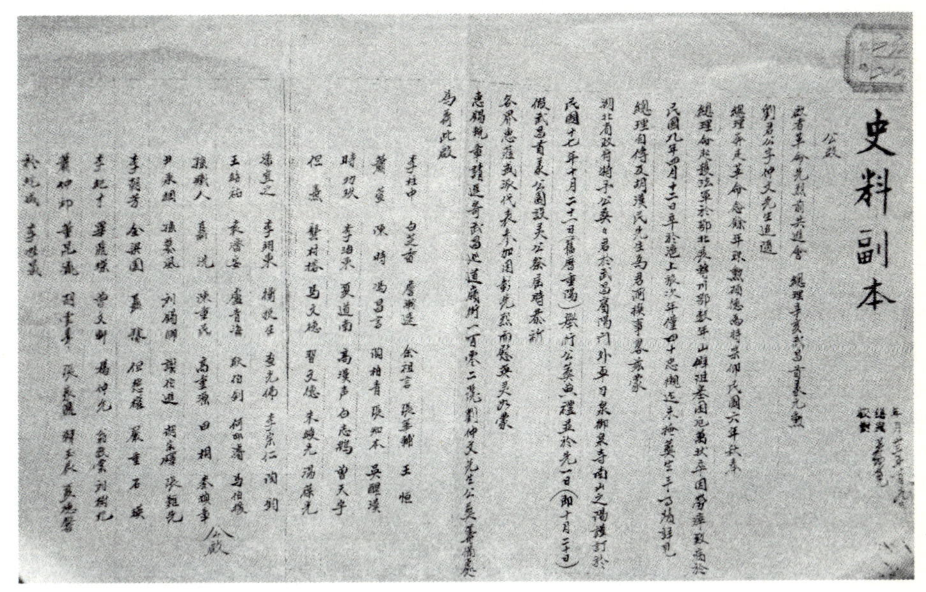

史料副本

公啟

啟者革命先烈前共進會總理辛亥武昌首義元勛
劉君公字仲文先生追隨
總理奔走革命念餘年殊勛碩德為時宗仰民國六年秋奉
總理命起護法軍於鄂北輾轉川鄂數年山僻沮塞困厄萬狀卒因勞瘁致病於
民國九年四月十二日卒於滬上旅次年僅四十忠骸迄未掩葬生平事迹詳見
總理自傳及胡漢民先生為君撰事略茲蒙
湖北省政府特予公葬劉君於武昌賓陽門外卓刀泉御泉寺南山之陽謹訂於
民國十七年十月二十一日(舊曆重陽)舉行公葬典禮並於先一日(即十月二十日)
假武昌首義公園設靈公祭屆時恭祈
各界惠蒞或派代表參加用彰先烈而慰英靈如蒙
惠賜輓章請逕寄武昌巡道嶺街一百零二號劉仲文先生公葬籌備處
為荷此啟

史料副本

附 录

一、参阅文稿

（一）德国青岛之经营

十余年来德国经营青岛，不遗余力。至近年而成效卓绝，为世人所注目。按青岛位居胶州湾上。当千八百九十七年间，德人欲谋远东势力之扩张，在华商业之发达。思于中国开一殖民地，以为根据，此为德国窥伺青岛之原始。千八百九十八年三月六日，德国租借胶州湾之约成，于是青岛乃入德人掌握之中。此项条约，中国主权丧失殆尽。惜中国国势孱弱，力不能抗耳。岁月易逝，青岛之租借已十有五载，德人矻矻经营，日不暇给。据千九百十二年之官报，青岛于经济上政治上，均得良好之成绩。兹请分析言之。

中国革命事起，中原鼎沸。青岛为德人权力之下，鸡犬不惊。于是中国富商逃官，趋之若鹜。此□寓公，目眩其同胞之居留是土者，贸易之发达，乃各探巨囊，以经营商业。小本经营家，闻风来归者约万余人。绸缎商业，亦舍烟台而就青岛。胶澳之富饶，乃为山东全省冠。加之德国资本家，争出巨资以兴工艺。中国大银行，纷纷亦来此设立支店，以图营业之发达。职是之故，青岛一隅，遂为远东有名之商埠矣。

据胶州中国海关报告，千九百十年之收入总数，为一百三十万六千五百二十两。千九百十一年之收入总数，增至一百四十万六千一百十三两。其比例为百分之七又二分之一。千九百十一年，贸易总额为六千九百四十万元，约合德币一万三千八百八十万马克，法币一万七千三百五十万佛郎。而千九百十二年贸易总额，突增至一万万元，约合法币二万二千四百九十万佛郎。内计德国进口货，约占二千万佛朗以上。出口货，以棉花各种丝织品及海参威铁产为大宗，约占一百七十五万佛郎。胶州湾每岁入港船只，千九百十年，总计五百九十只，共一百零二万五千二百六十七吨。千九百十一年，总计七百零二只，共一百十三万六千零十二吨云。

德人在胶澳经营铁道，开采矿产，获利之巨，尤为可惊。据胶州铁路公司报告，千九百十年，旅客项下收入，计六十四万四千八百八十元；货物项下收入，计二百七十五万零九百十一元；合计三百三十九万五千七百九十一元。千九百十一年，旅客项下收入，计九十六万零二百四十七元；货物项下收入，计三百零六万八千四百零六元；合计四百零二万八千四百零六元。两两共比较，其增加额，为六十三万二千六百十五元。公司获利之丰,已足见一斑。夫地方商业之发达,恒恃铁道运输之便,青岛之臻臻日上,有由来矣。德国山东矿物公司,千九百十一年之产额,为五十三万二千五百八十九吨。现正计划探掘沿湾一带之铁矿,而立冶金场于青岛。胶州附近矿产最富,燃料尤丰,不数年后,青岛一隅,将为矿业之中心点,可拭目俟之。

经济之发达与否,恒视政治之良窳为因果。青岛商务,发达如是,亦良好之政治有以致之也。德国自租借胶澳后,德政府对于管理新殖民地之计划,可简单述之如下:"务增殖民地总督独立之精神,不为母国长官所箝制""殖民地工艺及商业,国家不置代表""采取自由贸易主义""殖民地自由之扩张,一视其发达之成绩为断"。此项计划,德人逐条实力奉行,均得良好之结果。而青岛之得有今日,尤以最初实行自由贸易主义之功为多。当千八百九十八年之冬,距租借条约签字后六阅月,胶州湾内门户洞开,帆樯辐辏,货物山积。德人对于此项船只货物,绝不征税,以为招徕之计。夫德人经营胶澳,既如是其力,而租借条约第五款,所谓租期未满前归还中国之议,宁有履行之一日耶。

青岛财政状况,自今日言之,尚未可谓已达完美之境。盖千九百十二年,德政府支出之补助金额,尚达八百二十九万八千马克,约合法币一千零三十七万三千佛郎。唯地方收入之额渐增,向日补助额与收入之比较相差甚远,今则渐渐相等。按千九百零八年,地方收入额,为一百四十五万马克。千九百零九年,为三百七十七万马克。千九百十年,为四百八十二万马克。千九百十一年,为五百八十七万马克。千九百十二年,为六百七十四万马克。比较最近四五年之收入,其增加额可谓巨矣。

德国经营青岛,进步何以如是之速,其理由亦非幽邃难明。盖德人所持之政策,其初恒不惜力投巨资,以博将来之胜利。千九百十二年,胶澳之支出总额,达一千四百五十万马克以上。然将来国家官有财产之收入,已可预计者,约得左列之数项。

土地让渡	四十六万五千马克
入港税及水手税	三万六千马克
电气厂余利	八万四千佛郎
水利收入	六万六千佛郎

其余种种,不暇枚举。此不过就国家官有财产收入之初步而言之耳。

游弋中国海岸舰队经费之支出,亦为胶澳预算之一部分,故德人欲求此新领土预算之出入足以相抵。今尚非其时,唯据青岛最近发达之成绩而论,一切支出,有需德国国库之补助,为数亦仅矣。

综观上述,德国经营青岛,于经济上政治上已得完全之胜利。从此列国对于殖民事业之倾向,行将益增其热度。而德国之野心方炽,宁不大可畏乎。

文章来源:《东方杂志》第九卷第十二期,1912 年

(二)中美日三国之关系

近数月来,吾国政府,大施实业借款之政策者,无非欲求日后之有利也。盖以我国目前国计民生之情形而论,非大兴实业,发展经济,终莫能救其困也。而经济之富源,又首在路矿两项。今者路既多归国有,矿亦当迅速开办。如由国人自办,非特缺乏此项人才,且亦无此财力。而悉让与外人,又无益于我。所以据译者观之,如近日政府中外合办一举,诚善法也。唯有是此重大之政务,宜始终慎审而行,否则非惹起东邻之嫉妒,亦恐误堕西人之奸计。如果未见其利而先受其害,岂非深负诸公救国利民之初意乎。今者本埠德文新报,以局外人之眼光所观察,而连篇累牍评论此事之利害。虽不能谓其言皆符合,谅其亦必非凭空杜撰。盖其言之凿凿,皆有据可证也。他且不论,今姑撮其要,节译于下,以供众鉴。

近时美人在中国之事业,如北方之煤油协约,如中央治水导淮之协约,如福建海防借款之协议,以及如奉天葫芦岛之建筑种种小借款,凡旧日所谓美人之不为者,据近日所得报告观之,是美人一一为之矣。至于美人是否从此一往直前,而不中止或行至中途掉头而去,今固不能豫定。然今若就其经济一方面之事务观之,如美国财政家之自始迄今,屡屡言退者,而今突然先得满意而去,诚自故意周章,令人惊叹也。就以上所言四项合而计之,将近二百兆元。或以美法计之,二十万万元,亦可谓非细矣。

夫美人之无政治上目的,在吾德人方面,本久已确定,所以谓美德两国利害之关系,绝然平行者,亦不胜枚举。于是吾人先勿需乎斤斤于前迷信之言,而姑且解明他一问题可也。现在吾人固欲确定前言,恒为无理之谈,而今实为无理也矣。至于美国政治上之目的,如详言其在中国,或与中国孰善,亦诚非易矣。盖今美人自己尚多不了然,或概不自知也。而美之当道,亦多未定,故今只可追踪一二前事,而测其未来。其余则可由美洲大陆上美国官场,与非官场之政策中,及美对于日本与日本对于中国之位置中抽得起钥匙焉。总而言之,亦惟有保全中国之愿望是一政策耳。然而于是不宁美国之关系,谓与德国者平行,即彼英国如所谓英德在中国协同进行者,亦越时未几也。然英德常久协同之进行一说,英则终未实行也。其实此种沽名钓誉之事,虽不声言,亦可共表同情,又何必声明也哉。如谓保全中国,本当初列强共表同意之志愿,而迄今多年,果有和衷共济保全中国而不图自利者乎?呜呼!是此种外交名词,如言不践行,吾诚不知其何谓也。五十年前,英人先助太平天国,旋复突然竭力助前清。洎夫前两次革命,又先助党人,后助政府。似此反复无恒,果为统一以上所言之政见乎？抑彼英人凡此种种举动，皆为使中国强盛与可独立而发乎？不过假名保全中国，而实则究其利之所在，是为主要问题耳。想明眼人，当能自知，勿庸记者赘述。至于吾德人所谓保全中国者，其目的不在吾德，而在中国自己。盖吾人之意，中国不强则已，苟其强而能独立，则吾德之政治经济，以及文化种种事物，凡在中国所行者，无一不有大利也。而美国之政见，则惟保全中国于己何益，及行保全政策，何以无害等问题之是究，决无疑义耳。前者当革命之际，吾德既因协同列强保全中国，受有损害，而今无论如何是不可不放开眼光矣。

美人持退后之主义者，由来久矣。而中国革命，不但有害中国，且亦能益于其外交上一切利益。盖除其资本投机家数人外，大抵得不偿失也。而资本投机家中，尤以粤籍华侨为首，所以然者，以美日两国，自彼时以来，亦已效法列强之反复无恒所致也。美日两国，原本用相同之手段，蛊惑华人革命，以期收渔人之利者。而日人迄今，又用其原来之手段，美则于上次革命已完全取消矣。现今美人既已收回其旧日之款，遂只愿用谢绝革命党之巨款，施之于资本之中心点矣。是此一端，虽谓达拉之新政策，而实则政治之目的也。

今者美国已至于坦途，据所得报告而言，现在中国各地，虽有抵抗而甚微弱。况今中国朝野，又多竭力搜集材料，以便赴巴拿马赛会乎。而中国各地商会，以及满蒙，又咸派代表聚集沪上，除会商中国宜有适当之商法典外，并议组织商团，前往美国观光，以赴美国于革命前之约。讵意是时有美国芝嘉哥青年会之总干事，梅色君就观察中国青年会之便，而突临沪上，商团联合大会代表美国商会前来邀请，此诚咄咄怪事也。

现在美国各界领袖，关于直接实行之方法，简而言之，可谓自己尚未协商妥定。盖上海大陆报与前美总领事解尼千君，关于中国财政事业，是否当用自由竞争，或独一专利之手段，尚各逞雄辩未已也。

中国与美孚煤油公司，一经订立协约，既激动太平洋岸之日本。甚形注意者，以中国北方煤油之矿产，据所传言，忽而为美有，忽而为日有者，月余之久。一旦谓由日本某公司开采业已定局，而终为美孚煤油公司用七千万元所战胜。似此情形，日人安得不气而且妒也。而当中美未订约以前，日美两国先各自努力竞争，嗣后日本因有一切国事犯，感激岛国，向来庇护之恩为之援助，非特不至于徒劳无功，且冀有良机亦可同事此日本于半年前竞得煤油采掘权之优势也，而后竟寂然无闻矣。

本年二月间，突有真信传来，谓中国政府，已与美孚煤油公司订立协约，名为中美公司，开采直陕两省延热等地煤油。而美孚独得该公司资本百分之五十五，中国政府得三十七分半。其余之七分半，中国于两年内，有优先购买权。采

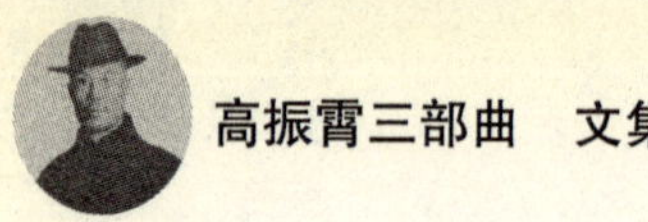

掘之期，以六十年为限，而先由美孚派人调查，其地油矿，是否足敷大资本之开采，再定行止。嗣后一年内，中国不准再让他人开采权，而该公司应由营业所得之利中，提出百分之半分纳充地税云云。此中美公司所组织之大概也，于是日本甚不满意焉。据北京英文日报所言，日本政府迄今并未令其公使出头反抗，而实则日本山座公使早已私自要求于煤油督办熊希龄焉，惟所要求未得如愿耳。

日美两国现虽同在中国努力竞争，而在中国遇有事故，无论何种，日终不敌美得中国信赖之深。盖今中国政府，与人民皆深信美国无二事事，可托也。至于日本虽亦不惮劳瘁，欲获中国之信任，而终不得，即偶尔以两国之情谊，观之礼尚往来，是已稍形亲近，已而复疏矣。此盖以日本保护党人，不遗余力，复时与中国巡警起衅，专用强横手段，欺压中国所致也。

今者中日实业公司之创办人，涩泽男爵，方有信来华，中国舆论既已惴惴不安，可见中国疑忌日人之深矣。于是涩泽男爵虽声言其来华，并无野心之企图，而中国朝野，终不能深信无疑。盖以年将就木之老翁，不殚跋涉之苦，远道来华，终必有所图谋也。

文章来源：《协和报》第四年第二十三期，1914 年 4 月 11 日

(三)日本志不在青岛

日本欲并吞中国,而称霸于亚洲者,由来久矣。只因列强在华有连鸡之势,未敢妄动,而我中华亦得藉此苟延残喘焉。今也不幸欧祸猝起,而列强连鸡之势,亦即随之而破矣。然其始也,吾人犹以为欧祸继起,尚不致波及于远东。盖中美日三国,皆有恪守中立,维持远东和平之宣言也,讵知日本包藏祸心,藉口于英日同盟条约之束缚下哀的美敦书于德国,限其交出青岛,而己则自为渔翁焉。详查英日盟约,有二国之中之远东领土被第三国侵占时,则其他一国当出兵救助之。今试问英国在远东之领土,果被德人侵占乎,如曰未也,则邻人相斗干乡何事?况今德未攻英,而英先攻德乎。推日人之意,并不仅注其眼先于青岛,其目的物固为中国也。盖中国中立一破,彼即可肆其鲸吞之志,其用心之毒可谓至矣。而日本藉口英日同盟,先攻取青岛者,以青岛与朝鲜相对,为渤海第一重门户,烟台与旅顺相对,为第二重门户。今日若得获青岛,尔后再占取长江以北各省,即易如反掌。故今乘列强不暇东顾之际,即急谋攻取青岛,以为根本,而又可送情于英也。惟如我国中立何,他且不论,今姑将路透电所得日本解释爱的美敦书之理由转录如下,以供留心国事者鉴。路透访员得悉日本解释以哀的美敦书致德之理由如下:日本帝国深以被迫(谁迫你来)致哀的美敦书与德为憾(然则又何必枉动干戈哉),帝国之愿望一言以蔽之曰维持和平耳。日本之政策常以愿为规范,自信久为全世界所公认职是之故,帝国乃与大不列颠联盟盖期东亚之和平可以永远维持而得享安宁之幸福也。比者欧洲发生大战祸,如幸能阻其延及远东,则帝国自愿严守中立以保远东之和平,唯大不列颠乃吾日之联盟国也。日本今为自卫以拒德国侵逼之举动起见,不得不公然与德开衅,且德国现在远东胶州租借地内昼夜备战,其军舰游弋东亚之海面,大碍商业之进行。而其改装之巡洋舰复从事拘捕商船,此项举动实足扰害远东之和平,日本不能漠然视之。故帝国政府抒诚与英政府磋商,知不得不以爱的美敦书致德,以便保全英日联盟条约规定之各项权利。帝国政府无其他目的,惟求以此方法完全恢复远东受扰之和平而已。今舍此方法别无良谋,此则深为抱憾者也。

十六日东京专电

文章来源:《协和报》第四年第四十二期,1914 年 8 月 22 日

（四）法人广州湾之经营

广州湾在雷州之东，高州之西，与琼州岛对峙，而尤与法领之印度支那相呼吸，诚法人经营中国南部之唯一根据地也。前清光绪二十四年，俄英德三国既向政府攫得旅大威海卫胶州湾之租借权，法人亦于是年三月十三日援例提出广州湾租借案，清政府不得已允之。至四月六日而广州湾租借条约成立。自是而后，法人矻矻经营，不遗余力。近且抽收人税勒捐护照公布市政行政条例，不啻以属地视之矣。唯广州湾僻处南疆，其种种状况，国人鲜有研究及之者。最近法人某氏游历该湾，着有视察书，叙述法国经营广州湾之情形甚详。特录之以稔国人。

某氏之言曰：余尝闻人言广州湾为一荒凉之区，不毛之地，绝无事业之可言。余愿将目所亲睹，耳所亲闻之事实，为诸君言之。余尝周游内地，驻足数旬，徘徊乎市肆之间，骋驰于乡野之区，问风访俗，亲与赤坎广东澳门及本地之商人相交接，而知广州湾之面积虽狭，土质虽瘠，租借期限虽仅八十有三载，法国不可不汲汲经营之。商人及实业家，尤当投资各种事业，以图企业之发达。质言之，广州湾者，实与法国以远东莫大之利益者也。

广州湾沿岸周围约六十基罗密达，其外群岛环绕马溪（译音）河入海之口在焉。马溪河大汽船得以航行，且上溯可深入内地。两岸地土肥沃，较法国所租借之沿边，相差甚远。吾人未能攫得此地，实为恨事。唯广州湾之面积，虽仅九万爱克答尔，人口虽仅十八万，而十余年来，法国官吏所以经营之者，具见毅力，至最近更有蒸蒸日上之势。盖广州湾自表面上视之，虽甚荒芜，试探内地，则土质极佳。大宗产物，如甘蔗、马铃薯、花生、菜蔬、谷类，牧畜如山羊、水牛等，产额甚丰。群岛气候极佳，蕴藏虽不甚富，然亦有塞门汀土及煤矿之发见。商业集中于赤坎城，该城共有人口十万，与中国境相近，距离白雅特城（法人在广州湾所筑之首府）约十二基罗密达。赤坎有小港一，港有泥河，通于马溪河。平时可汽船航行无阻，唯每载在一定时期内，船舶均无法通行。但该港仍形发达，盖中国通广西之路，至此厥为终点。此外尚有小河多道，附近中国港湾之船舶来者极多也。

莫洛克（译音）城居民共八万人，其位置在法境北部，为商业之中心点。赤坎城所需之砖瓦、建筑材料、燃料及各种中国工艺品，均系莫洛克城所供给。莫洛克城亦将鸡卵、猪肉、花生油运入赤坎，而更由赤坎输往香港澳门各地。该城有航务公司一，系赤坎商人所组织，共有载重四百吨之船舶三艘，载重一千四百吨之船舶一艘。每船每星期来往广州湾澳门香港各一次，所载之货以煤油、美国面粉、呢绒及他种洋货为多。此外有大宗商业因法港课税繁重，华商为之裹足。现广州湾当道已决拟裁灭，设一旦广州湾而为无税口岸，则商务之兴，可拭目俟之矣。

广州湾之工艺，尚在幼稚时代。其中唯糖业极盛，每村落必有糖坊一二所，除供给本地消费外，余均运往香港精制之。以上为地方经济状况。余于研究广州湾将来如何而得臻发达之前，请先一述该湾之现状。广州湾自租借后，十二三载以内，成绩极为简单。文武官吏均居于首府白雅特城，军士驻扎南部，管理机关设于北部。唯该城地势甚狭，故至今仅有华人住宅数十家，店铺二三十处。此外沿湾附近，警政邮便已组织完备。南川岛已筑有极明之灯塔，最近又于惊湖（译意）设立无线电站，以通消息。当法人租借该湾之初，法军官本筑有极华美之道路，后行政机关，不加修缮，以致废弃。今有议筑通莫洛克城及西江之铁道者，亦法军官之力也。

今日广州湾有一违拂华人心意之事件发生，既抽收人税是也。按人税系按照一种护照抽收，与俄国所行之派司等，但非绝对强迫之举。乃有少数之人，从中渔利，以致其弊遂不可究诘。华人不知此项税则系何用意，惊惧异常。以致外来之商人，亦无敢入者。盖华人以干涉其人身之自由，遂起反对，固非反抗完纳税则也。华人在本国会为地方治安起见，完纳一种轻税。然在上海租界，则纳税甚重。唯上海租界所收税则，乃以之整理市政，保持公安，组织极为完备。至广州湾华人所以迭起反对者，实因当道以前并未有何等事业，便利华商。使自后广州湾之市政，组织良善，一切公共事业，如道路、交通、电话、自来水等设置完备。华商日见其营业之发达，则今日反对之举，必可消灭，无待言矣。且华人有完纳地税之习惯，吾法人亦有权征收之。唯近日地税收数甚微，要当由整理地籍入手。盖整理地籍，一方面可使行政机关得悉地亩之价值，一方面可确知荒芜田亩之面积究为若干也。

白雅特城为广州湾之首府，位居马溪河之左岸。该河约广一千二百米，深二十五米，对面更有通英洛克城之河一道。白雅特城位置极佳，宜于商业。筑于一高堤之上，气候尤宜于卫生，风景绝佳，建筑物甚为美观，道路亦极齐整，惟本港商业尚未发达。赤坎汽船经此约停一小时。香港广南（属越南）往来之船舶，约每两星期泊此一次，其余尚有载货之船舶及渔船来往其间。要之当道对于本港之工程，绝未整理及之也。

广州湾虽于过去之数年内，毫无成绩之可言，然今日当道，急起直追，其进步亦多足述者。白雅特城现已有广宽洁净之道路。六阅月前，曾筑一长十二基罗密达之广道，通至赤坎。白雅特之北山（译音）之道，共长十四基罗密达，亦已完工。此外尚有一长四基罗密达之道,亦已开始建筑。自后由白雅特至惊湖,自行车须三刻钟,摩德车仅二十分钟即达。白雅特港现已筑有船舶停泊所,以后各种船舶及渔船均可盘缆,而白雅特将为广州湾第一良港矣。

广州湾向无旅舍,故商人游历团群苦之。现已于黄加尔筑有相当之旅馆,此项重要建筑,足使华人知吾法人已有久居白雅特城之决心(法人于广州湾已有久假不归之意,我国上下其注意之)。故自该旅馆工竣后,华人亦开始建筑。当余离白雅特时,已有多处华人房屋,将届竣工。其余方着手建筑者正多。医院法庭,不久即可成立。华人自后已可安居无恐,而外来之华商将益多矣。

当道规划广州湾之计划,尚不限于白雅特城,道路建筑计划,现正在研究中。沿马溪河之军道,及往北境宝塔市之大道,决拟重行建筑。此外尚拟建筑往济亩(译音)之大道,往北闸(译音)之道,则拟延长至极南之太平。若中国当道不加反对,则更拟延长至雷州。若此道完成,则自白雅特城至雷州,摩德车仅一时半足矣。

尚有一有关军事之道路,亦正在筹划中。此道拟沿边境由北闸经济亩而达赤坎,与中国马厂(译音)大市相离甚近。大道而外,乡道亦拟竭力推广。通赤坎之道,一旦告成,当道即拟实施利用之法,奖励人力车之输入。而法属东京之人力车当源源而来矣。

内地警政,现亦拟锐加改良,并拟广设电话,以佐电报之不及。至关于广州湾与香港及澳门之交通,设该两港均置有无线电站,则交通当更形便利。惟香港政府严禁其商民设置无线电,实莫明其理由。现澳门当道,正研究设立无线电站问题。澳门香港广东间,均有电线联络。自后广州湾惊湖之无线电站,自可由八打威而与上海通询无疑矣。此外更有一事,足令人注意者。余前所述之赤坎航务公司,本悬葡萄牙旗,舰长亦由葡人任之。自该公司船舶两次在葡萄牙所辖之海被盗后,华人即将此事诉诸法国官吏。广州湾当道乘此时机,乃令该公司改悬法旗,并用法人为技师。此类敏捷之政策,不特为国人广谋位置,且可推广航务于香港方面也。余今更进而研究广州湾如何而得臻发达之问题,及自后法人经营之程序。按广州湾绝非不毛之地,唯荒土实多。后此当改良耕种,及利用肥料,使变石田而为沃野,实为入手第一办法。广州湾地亩约分三类:(一)以前本为沃土。华人因乡野不靖,或时疫传染,弃之而去者。(二)地土不甚肥美。华人因不勤于耕种,致无所获者。(三)不毛之地。第一类之地,面积极广,土质肥沃,宜植甘蔗及棉类等。农商局长洛尔君曾辟地千三百爱克答尔,试种马铃薯、棉类、甘蔗等,同时兼营牧畜,成绩极佳。余以为极可行屯田之法,则法军愿耕种此地者必众。更清理地籍,无主田亩之面积,当在数千爱克答尔以上矣。第二类之地，大半皆不宜耕种，惟据洛尔君之试验，则大部分皆可植马铃薯及玉蜀黍等。至第三类之地，则可广植嘉木，使之成林。目前投资较巨，然将来获益，实非浅鲜也。至于地方工业，则赤坎与白雅特城，可兴电气事业。雷州、莫洛克城及附近岛屿可试行浅水汽船，其他如自行车制造厂、榨油厂、玻璃制造厂、制糖厂、制砖瓦厂均有大利可图。上海制造肥皂业极为发达，现中国粗皂销路甚广，广州湾大可制造供给之。余旅行该湾，为时仅八日，调查所及，今止于此。

文章来源：《时事汇报》第五期，1914 年

更有建築規則。期如德國本國之都市。美其觀瞻。適於衛生。據該規則所定土地使用之目的。分爲三種。第一種住宅。得建築其土地之十分之六。第二種別墅地域。得建築全土地之十分之二。第三種中國人街。得建築全地之四分之三。此規則自占領膠州灣之次年。卽千八百九十八年十月已實行之。其後之建築。隨市街之發達。皆成其爲整然之規模。故市街之秩序。及衛生得以保持。而外觀亦非常美麗也。現青島市街道路之廣闊。家屋之偉大。正與其整然之秩序。互相調和。令遊觀者不覺其在中國領土內之市街。況圍繞市街者。山色其蒼蒼耶。水光其盈盈耶。綠水青山。別有天地。又令人由荒凉之中國地方來遊者。起無窮之感想矣。

法人廣州灣之經營

（漢聲）

廣州灣在雷州之東。高州之西。與瓊州島對峙。而尤與法領之印度支那相呼吸。誠法人經營中國南部之唯一根據地也。前清光緒二十四年。俄英德三國旣向政府攫得旅大威海衛膠州灣之租借權。法人亦於是年三月十三日援例提出廣州灣租借案。清政府不得已允之。至四月六日而廣州灣租借條約成立。自是而後。法人矻矻經營。不遺餘力。近且抽收人稅。勒捐護照。公布市政行政條例。不啻以屬地視之矣。惟廣州灣僻處南疆。其種種狀況。國人鮮有研究及之者。最近法人某氏遊歷該灣。著有視察書。敍述法國經營廣州灣之情形甚詳。特譯之以稔國人。

某氏之言曰。余嘗聞人言廣州灣爲一荒凉之區。不毛之地。絕無事業之可言。余願將目所親睹。耳所親聞之事實。爲諸君言之。余嘗周遊內地。駐

時事彙報　事件

汉声在《时事汇报》第五期发表《法人广州湾之经营》

（五）上海之外人教育事业

兹篇为法人亨利高登所著。于上海外人所经营之教育事业，详晰调查，织细靡遗。上海为外人集中之点，读兹篇不特可周知外人在上海之教育势力，且可察其对我之状态矣，译者志。

高氏之言曰：欧洲列强，除在欧洲本土外，竞争最烈之点，厥为教育事业。广布其语言，商业即随其语言而蔓延。故欲求商业之发达，势力之扩张，政治行动之猛进，其法唯在广设学校。近东之操法语，远东之操英语，厥唯法美英三国各在该地广设学校之力。唯自君士坦丁（土耳其京城）以迄爪哇，至今杀机暗伏，剧战正未有艾。德人意人则竭其全力而与法争，法人德人则觊觎于中国之侧，而与盎格罗萨克逊帝国（即英国）争，战斗最剧之处，厥为上海。欲述其战况如何，此余所以有是篇之作也。

上海为欧人集中之点，辟有万国居留地。无论何国人民，均得自由居住，其中以英德美法四国人民占第一位置。法人人数虽寡，然其势力殊为优异。上海共分两租界，一为公共租界，由各国人所组织之市政厅（即工部局）以管理之；一为法租界，由法领事及法人所组织之市政厅以管理之。两租界之市政，可与欧洲最新式之城市相颉颃。共有华人六十万人，欧人一万五千人。学校共分三级：曰小学，曰中学，曰大学，其中以私立者为多。英法美三国，以天主教会及耶稣教会为其代表，而耶稣教会势力尤雄。其他学校或为各国居留人民设立，而以教育其本国子弟，或为英法工部局设立，而属公立性质。兹据公私报告，述其详细情形如下。

一华人教育

华人教育共分三级，曰大学中学小学。在上海设立大学者，为法美德三国，详列如左。

（甲）震旦大学　震旦大学为天主教所设立，西洋教师共十五人，华人教师共五人，在千九百十一年学生数共九十六人。该校能容学生一百五十人，学生学费每载四十元。课程共分两科，一为预科，一为专科，毕业期限各三载。专科共分三类，一哲学科，二言语科，三理学科，其他尚有医工两科。所给文凭，与法国学士文凭等。工科修业完毕，给工程师文凭。

（乙）圣约翰大学　圣约翰大学为耶稣教所设立，建于千八百九十四年迄千八百九十六年。今日共有房屋四大幢，大半均系私人捐助，而尤以美人所捐者为多。西洋教师共十八人，华人教师共十人。课程共分五类，曰艺科理科神学科中文科医学科。艺科及理科组为哥来奇（专科之意），各以四载为毕业期限，毕业后授艺学士文凭。神学科三载毕业，授神学士文凭。医学科五载毕业，派往同仁医院实习。言语科亦四载毕业。圣约翰于千九百零六年承认为美国大学，所给文凭，与美国大学文凭等。学生一百二十六人，均系寄宿校内，其中大部均在专科修业。校中有角斗会一，音乐队一，并发行约翰声杂志。

(丙)哈佛医学校 哈佛学校系最新设立者，于千九百十一年开课，为美国哈佛大学分校。其宗旨在养成华人医学知识，以备进而研究高深科学。该校与圣约翰大学甚为接近，故约翰自后医学科仅开预科一级，其本科须往哈佛学校肄业云。

(丁)德文医学校 德文医学校成立于千九百零八年。其课程共分三级，一预科，二中学科，三医学科。学生共六十五人，可容至九十人，均系寄宿校内。每年学费一百五十元，共十二年毕业。

(注)除此四大学外尚有华人自立之南洋公学(按今改称工业高等专门学校)，中政府于千九百年设立。其学科共分三级，一小学，学生共一百二十人。二中学，学生共六百人。三专科，学生共一百五十人。专科更分三类，一铁道，二电气，三商船，各以三载为毕业期限。

上海一区，中学与小学之区别最难，盖两级同于一校授课也。上海华童之受小学及中学教育者，大致均肄业于公共租界及法租界工部局所设立之学校，或天主教耶稣教所设立之学校。公共租界及法租界工部局设立之学校有二。(一)中法学校。(二)华童公学。中法学校成立于千八百九十年，系法国工部局所设。学科共分二级。(一)小学。(二)中学。法国工部局将教育权授诸天主教之教士。能容学生二百五十人，惟均系通学生，月纳学费两元。讲师法国教士六人，华人十人。

华童公学成立于千九百零四年。校系华人捐款建筑，约费银三万七千两，公共租界工部局每载津贴银九千七百十八两。学生四百人，年龄大半均在十三岁至十六岁，概不寄宿校内。学费每年四十元，修业年限共八载。课程分两级，(一)英文科，(二)中文科。课程中所载学科，均系必修课，英文科分英文、英语、地理、历史、算学、物理、博学、卫生、经济、图画、音乐、运动、体操等课。讲师共十八人，计英人三人。学生成绩佳者，可应康勃列奇大学入学试验。

公共租界除华童公学外，不日即将增建学校两处。华人私立之中国工业学会已将其基本金及会址归诸公共租界工部局，该工部局即拟在原址增设一校，并将嘉道理学校，改归工部局设立。两校课程，均将仿照华童公学办理。故上海除法国一官立学校外，英国官立学校将有三焉。

(注)上海有华人自立之学校，调查甚难，故从略。

私立学校均系教会所经营，天主教学校常带法国形式，耶稣教学校大致均以英文授课。兹将天主教会所经营之学校列下。

一小学及中学

校名	成立年代	学生数
徐汇公学	清道光二十九年	四零零
圣方济学校	清咸丰七年	二五零
启明女学校	清同治八年	四零零

二小学

校名	成立年代	学生数	
圣若瑟学校	清道光二十七年	男六五	女五零
六童学校	同上	男一零零	女二五
新闸学校	同上	女二零	
土山湾孤儿院	清道光二十九年	三零零	
圣鲁意学校	清道光三十年	一一零	
董家渡学校	清咸丰二年	男四六	女一七二
圣心学校	清同治五年	男三零	女三零
启明弃儿院	未详	男	女一
圣家学校	清光绪十九年	男三	女二零六
扬子浦学校	清光绪二十八年	男六	女十二
嘉兴路学校	清光绪三十二年	男一二	女二六

共计男女学生二千四百九十人

（注）徐汇公学成立于前清道光二十九年，为天主教会最重要之学校，共五载毕业。奉教学生年纳学费七十元，教外学生年纳学费一百二十元。

启明女学校亦设立于徐家汇，为上海最大之女学校。学生约四百人，共分三类，（一）寄宿生，（二）通学生，（三）孤儿。前两种之学生，月纳学费四元。

上述学校之外，尚有徐家汇艺徒工厂印书馆博学院天文台等，在远东极为著名。

耶稣教学校均为英美教会所经营，其详数如下。

一小学及中学

校名	成立年代	学生数
圣约翰预备学校	清道光念四年	二四九
APM 高等学校	清咸丰九年	二零零
SDBM 高等学校	清光绪十四年	四三
ARM 高等学校	清光绪二十二年	三五

FCMS 耶稣教学校	清光绪念三年	八二
中国青年会学校	同上	二九七
LMs 中学校	清咸丰九年	六八
APM 女学校	清咸丰十年	一二零
圣玛丽亚女学校	清光绪七年	女一五零
AMM 马克学校	清光绪十五年	女一五零
ARM 女学校	清光绪二十二年	女五六
LMS 女子中学校	清光绪二十八年	女一八
二小学		
CMS 英华学校	清道光二十九年	一二零
AMM 英华学校	清光绪六年	七五
圣玛丽亚孤儿院	清光绪九年	女五六
耶稣教日学校	清光绪五年	五零
铎玛斯学校	清光绪十六年	男一九女一四
女子日学校	清光绪十七年	女八四
谷克斯学校	清光绪二十年	二零
粤童学校	清光绪二十一年	一六
圣约翰青年会学校	清光绪念二年	六九
中国青年会夜学校	清光绪二十三年	三二五
FCMB 耶稣教学校	清光绪十六年	四五
ACM 耶稣教学校	清光绪十九年	一零零
APM 印刷学校	同上	二零
童学校	清光绪二十年	五零
ABM 官话学校	清光绪二十三年	五零
ARM 印刷学校	同上	二零
ABM 日学校	清宣统三年	三二

二西人教育

凡一国欲扩张其势力于国外，必先自广布其语言及文化始。是则居留地人民之教育，故亦不可忽也。英美诸国对于在外侨民，无不汲汲以保守本国国粹为急务。意大利则有（DANTH ALLGHIERL）会之设立，德国则有（ALLGEMBLNER DEUTSCHE VERELN）会之设立。故德意两国，在亚美之学校，遍地皆是。法国于伦敦（英京）玛特里（西班牙京）蒲吕失尔（比京）等处，均设有学校。而于远东为尤急。盖欧人之留华者，距本国远，遣派子弟回国就学，困难甚多。故舍自立学校外,无他策也。上海就学之西童,男女约共一千八百九十七人,其中以华洋混合种及亚欧混合种为多,约共六百七十人。英国儿童约共三百九十三人。葡国儿童,约共三百七十人。美国儿童,约共九十九人。德国儿童,约共七十二人。法国儿童,约共六十四人。俄国儿童,约共三十二人。其他欧洲各国儿童,为数甚少。天主教所经营之学校,如圣家学校、教会学校、圣方济各学校,其中学生以葡籍及亚欧混合种为多。欧籍儿童仅占总额十分之一。圣若瑟学校亦为天主教女教士所经营,学生大部分均系纯粹欧籍。至耶稣教学校,则尽系英美人所设立云。

侨沪外人,除英美诸国外,列国均有自立之学校。最著者为日本之同文书院。该校系日政府所设立,由侨沪日人纳一部分之税则以充经费,共有男女学生三百五十八人。

KOLSER WLHELM SOHULE 学校为德人所设立,能容学生二百五十人,惟现仅有学生五十二人。此外犹太人在沪亦立有一校名 SHANGHAIPUBLC SCHOOL 共有男生三十八人,女生四十三人,以英文授课。

除以上私立学校外,有官立学校二。一在公共租界,名上海公立学校。一在法租界,名法国学校。上海公立学校,在西校中为最重要者,共有学生三百二十人。其中属欧亚混合种者,约一百零八人。欧美学童,约一百六十八人。男女讲师约十六人,均系英人充当。学生程度甚高,得应康勃利奇大学入学试验。公共租界工部局每载津贴学校经费二万五千八百两,其中津贴上海公立学校者,占一万九千两,其他如圣方济学校、天主教学校亦均受英法租界工部局之补助焉。

法人在沪所设之学校,为数甚多。专为教育华人而设者,如中法学校、徐汇公学、震旦大学,余已于上文详述之。圣方济学校、天主教学校亦岁受法工部局之补助金。前法国总领事拉违氏并拟在法租界设立不涉宗教之学校一所,大学一所。法国学校系成立于千九百十一年九月二十五日,其中分幼稚科、初等小学科、高等小学科、中学科四科。幼稚科系用女教师之毕业于师范学校者,任管理之职。课程按照本国学校办理,惟视地方之需要,更酌加课目数种,各科均教授英文。校址在宝昌路,一切建筑,与法国最新式之学校等。校长系勃蓬氏,曾任大学讲师,精中国语言文字,前任法国远东方言学校中国语讲师两载,著述甚富,其夫人任管理女生之职。该校自开学以来,共有男女学生五十七人。英美比意各国儿童,均往就学焉。

文章来源:《时事汇报》第六期,1914 年

十四

經驗。此外副會審官三名，雖不解英語，亦久於其任，審理案件，均有相當之智識。（二）各國會審官，亦有一二國會審官不通華語者，或僅通華語而不通華文者，大抵雇請華人之通曉該國語言者，相隨出廷。惟近來各國任命會審官之趨勢，要多從具相當智識，且通曉中國語言文字及英語之領事館館員中選擇之。

一會審衙門之辯護士，外國辯護士須得該國總領事又領事之許可證明，中國辯護士須得中國官廳之許可證明，由領袖領事簽印出願書於會審衙門，方能出廷。應具備相當之法律智識，最好能兼通中英兩國語言。惟外國辯護士解華語者少，通常出廷時以華人解普通英語者為通譯。目下公共租界會審衙門許可登錄之辯護士，合計四十名。英人約十五名，日人四名，美人七名，法人四名，德人三名，意人一名，奥人一名，比人一名，夏威夷人一名，華人三名。然時有因事轉職者，或增或減，別無制限。至法租界會審衙門，不准不通中法語言之辯護士出廷辯論，故其數不多。辯護士不必一人有一事務所，雖在上海多年之辯護士，有以二人或數人共設一事務所者，通例不僅出廷於會審衙門，并隨時可出廷於各國領事館法廷。

上海之外人教育事業

（漢聲）

茲篇為法人亨利高登所著，於上海外人所經營之教育事業，詳晰調查，纖細靡遺。上海為外人集中之點，讀茲篇不特可周知外人在上海之教育勢力，且可察其對我之狀態矣。譯者誌。

汉声在《时事汇报》第六期发表《上海之外人教育事业》

（六）上海之外人医学事业

兹篇为法国里昂医科大学讲师文生氏所著。于上海外人所经营之医学事业，调查颇为详尽。篇中所列之医院医校凡有地址可稽者，记者一一详为注明，以备阅者诸君查考之助。

上海为中国唯一大城，租界在城之北，华人居民约八十万人，欧美及日本侨民约一万五千人。上海之有租界，在千八百四十三年英人实开其端，翌年法人要求而辟法租界，最后美人要来而辟美租界。现英美两租界，混合称为公共租界，……该局议董八人（法籍四人，外籍四人），由界内年有四千佛郎收入之选举人选举之。自千八百九十九年以来，租界日形扩张。美人竭力伸张于苏州河之北，而虹口一带之地，已圈诸界内。法人进迫南市徐家汇一带，亦在范围之中。租界卫生事业，共有医院十七所，公共卫生制药所一所。兹详列如下。

中国红十字会医院	徐家汇路七号
妇孺医院	西门外
同仁医院	西华德路十二号
仁济医院	山东路六号
同济医院	白克而路二十二号
天主教会医院	地址未详
天主教会养老所	地址未详
广仁医院	爱文义路四号
广慈医院	金神父路七号
公济医院	北苏州路八号
圣若瑟医院	地址未详
维多利亚医院	海能路一号
巡捕房医院	地址未详
工部局医院	靶子路一号
工部局华人医院	地址未详
沪宁铁路医院	靶子路一百五十一号
麦根医院	地址未详
公共卫生制药所	地址未详

以上医院十七所，大约均为英德法美各国人士所经营。每载每院所受病人，大约自五千人至六千人，其余外来就医者尚不在内云。

医院而外，外人所经营之医学校，在美则有圣约翰大学及哈佛医学校。圣约翰大学在梵王渡四十号，内分设医学一科。担任讲席者共有西洋讲师九人。哈佛医学校在徐家汇路七号，于千九百十一年开课，为美国哈佛大学分校。上海德文医工学校，为德人所经营。先是德医宝隆君于千九百年之末，在上海立一医院，德医群集，成效卓著。千九百零五年，驻沪德国总领事与宝隆磋商，欲于医院中附设一校，以养成华人医学智识。其初仅集得款项七万马克，后得某会之援助，乃得成立。该会会员均系中德体面商人，推德总领事为会长。医校之经费，得该会补助者甚多。德文医工学校，于最近五年内，发达甚速，每载经常预算，已逾十万元。宝隆君没后，夏白博士继任校长。课程分列如下。

一 言语科　学生修业年限约三四载，组织视高等学校。

二 医学预科 学生修业年限共两载，授以医学必要智识，及人体组织大概。

三 医学本科 学生修业年限共三载，研究疗治方法，往宝隆医院实习。

以上各科均以德语教授，故学生欲入该校，以中文具有根底者为宜。现学生人数渐增，中政府曾派生二十二人，中国红十字会曾派生十八人，往该校肄业。上海德国医生，组为一会，分别担任该校教科。去岁已有学生三人由该校毕业，成绩甚佳。预计民国四年夏季，将有已受医学教育八载之学生由该校毕业。中国各种机关，每载常派青年医生往学，以备养成海陆军医官及地方卫生官焉。

德人在上海创设工学校之提议，更早于医学校。千九百零四年，多数德国人士，创议在上海设一工业学校。当时德领事馆商务随员殊不赞成，惟在德之工业家，渴望德国之工业势力得侵入中国，极表赞同。千九百零十年，柏林大商家大实业家乃组织一会，以筹备在中国设一工业学校为目的。推普鲁士亨利亲王为名誉会长，主其事者为费希尔博士，以熟悉华事称者也。该会即于上海德文医校中，附设一工校。两校最高管理权同属一董事会。千九百十一年，筹备各种建设。翌年，开始建筑校舍。一切机器亦由德国运到。千九百十三年，工厂及课室工程告竣，白朗工程师任校长之职，招生若干人，开始授课。学生修业年限共三载，与普鲁士工业学校之课程等。第一学年学生在工厂及机器室实习；第二学年学生在课堂听讲，研究学理；第三学年学生共分三科，各专一门。一为电气及工程科，二为建筑科，三为铁道科云。

广慈医院在法租界金神父路九十七号，贴近震旦大学，为天主教会所经营。成立已六载，建筑华美，有房屋三大幢，广园一所，极宜于卫生。住院就医者，医金共分三等，第三等每日医金仅取洋五角。女教士任管理之职，有法国医生二人。在千九百零八年，来院就医者，共二千零五十五人，其中欧人占七十六人，华人占一千九百七十九人。善维尔君谓该院极宜附设一法国医科大学，良有以也。

文章来源：《时事汇报》第六期，1914 年

(七)论中日交涉与美国之关系

庚子以前,泰西各国,大半决意瓜分中国,而西方之历史学家,亦一律赞成其议。当时各国之阴谋,未见实行,而吾国且得保其残喘至今者,赖有德美二国从中斡旋,维持之力也。当拳匪肇祸之前,美国国务卿约翰海君,已与德国外交总长毕罗伯爵调换意见,书有数月之久,声明凡与中国经济上有利害关系之邦,当藉双方协约维持中国开放门户之主义。唯有志在蚕食吾华疆土之国,不甚赞成。但以此项政本关系重大,亦不便冒冒然抗拒。故至拳匪肇乱之后,一千九百零一年时,英法俄三国蚕食吾华领土之想象,又未能去诸怀,如其时英伦之买尔日报曰,东亚政策不宜仍持开放门户之主义,而英国控制扬子江之一切优先权,必须重立一新根基是也。法俄两国报纸亦有类似之阴谋议论。幸而欧罗巴三邻邦已得在吾国进行维持开放门户之政策,遵守条约,不得侵犯中国,以保将来嗣后列强在中国之政略亦咸按彼时万国共认之主义而决定之故。迄今多年各国皆用其锐利之眼光,监察他国有无违犯此主义之图谋也。

惟有日本为非泰西之一国,但照约日本亦当维持中国开放门户疆土无缺之主义,而尤不得有与此主义相冲突之阴谋焉。盖当时日本曾与各国订有维持此项政本之协约,誓以自守也。讵知日本,承今欧洲战祸方殷之际,首先破坏此项主义,甘冒天下之大不惑也哉。然日人之无信久已,为天下所共悉,不必深言。今姑将日本与列强所订此项协约,最关紧要之处,择译一二条于下,以供国人共鉴。

一千九百零二年,英日两国缔结同盟条约,嗣后复更新两次,而日本则始终当担任下列一款。

维持列强在中国之共同利益,即中国独立,不侵犯中国领土,保维各国在华之工商实业均利主义。

一千九百零七年,俄日协约之第二项如下所列。

中国之独立维持中国之领土不得减少,承认列国在华工商实业之均利主义,共同担任防备旧序之维持,以及保护维持和平所用种种手段之主义等端,此皆缔约两大国共表同意勿渝者。

日本于其十一月三十日之协约中对于美国有下列之宣言,两政府之政策不得受进取势之影响,当共同防维,在华工商实业之均利主义,此外又言曰。

再者两国决定保护在华列强共同之利益,即用一切和平手段,保护中国之独立领土之完全,及各国在华工商实业之均利主义。(未完)

文章来源:《协和报》第五年第二十二期,1915 年 4 月 3 日

论中日交涉与美国之关系(续)

此外尚有外交书二件,于今亚东千钧一发之危际,亦甚关重要,即专论日美两国在东亚及太平洋一带,利害之共同者也。但日本于其书中,亦已承认隶属开放门户政策之党,且为中国领土完全无损之保证人焉。一千九百零八年,华盛顿日本大使高平男爵,与美国国务卿李胡路特君,交换美日两国关于东亚政策之意见书如下。

日使致美国国务卿书

日美两国,所有在太平洋关系重要之岛屿领土,两国政府,有相同之目的,相同之政策,及与其范围内有相同之意见,此仆与君承交换意见之机,屡次所讨论者也。今姑假定明认彼项目的,彼项政策,及彼项意见,不特于巩固日美两国间,自有人类理想以来之良友善邻等情谊,深有裨益,且亦保证一切和平之维持。故仆奉帝国政府委任,草定下列各款,以为共同目的,政策意见等项之本,恭呈尊鉴。

(一)促进日美在太平洋之商业,自由和平发展,为两政府之希望。

(二)维持所言各地之秩序,及防卫在华工商实业均利之主义,不为一种进攻之倾势所影响,为两国政府之政策。

(三)以此两国决定,互相尊重其境内所属之领土。

(四)并亦决定,保证列强在华共同之利益。即用其应用之和平手段,辅助中国独立,及各国在华工商实业均利之主义。

(五)倘有威吓及于以上所述之秩序,及商业等均利之主义者,无论其事实如何,日美两国政府,应互相联合进行,对待一切自私自利者。

以上所列五款,倘合美国政府之意见,而得执事允准,则仆将深感焉。耑此敬请勋安。

一千九百零八年十一月三十日　高平具

当日,美国国务卿李胡路特,即答复日使曰,顷奉到尊书,有上次彼此会议时所交换之意见。并两国政府在太平洋境内之政策应当一致等端。此虽为两国交好之标识,与两国政府,自昔以来,既屡次知照,关于亚东政策,当取一致,迄今方得双方照准之机会。而彼此一致进行之声明,则为美政府所欢迎,此余亟欲照会贵使者也。而敝政府下列数款,倘荷贵使允准,为两政府之宣言,则尤幸甚焉。

(一)促进太平洋,美日两国商业自由和平发展,为两政府之志愿。

(二)维持以上所言境内之旧序,与防卫中国境内,工商实业之均利主义。

两国政府之政策，不得为进取之倾势所影响。

（三）两国政府，以此决定，互相尊重其在太平洋流域内所属之领土。

（四）两国政府，亦决定保证列强在华之均利。即两国用其所当之和平手段，援助中国独立，与列国在华工商实业，唯均利是务之主义。

（五）倘有侵及以上所言之秩序，与商业均利之主义等事时，则两国政府，对于自私自利，有害及公众者，当互相联合，一致进行。耑此谨请。

贵大使台鉴。并候勋安。　　　　　　李胡路特具

上年日本政治家，凡有机会，既声言日本，必与其协约一致进行，保证中国开放门户，不侵犯中国之领土。而大隈伯自去岁八月出任首相以来，于亚东问题，因欧洲列强正在战争中不暇东顾，既改其面目，取消其前任之意见，惟恐为列强所猜忌。故大隈伯亟欲利用美国报纸，以示天下，日本保守和平之目的。此如去岁八月二十四日，其任日本首相后，在纽约印得盆敦特报所登之宣言曰：余任日本首相之目的，尝有所宣言，今敢再告美国人民及举世各国人民，日本决无高大之目的，不欲多拓殖疆土，以为己有。亦绝未思及，抢夺现今中国或他国所有之土地。至若吾政府与吾国人，亦以日本夙所允许者，实践其言，为正大光荣。

今本报转录各项公文于此者，以期共悉日本对于中国及列强，当有何种政策，非可以专持蛮横所能了结也。若今日本要求中国二十余款所持之论点，则记者敢断言，与开放门户及维持中国领土完全等协约大相矛盾。故今日本虽将其意通知三协约国，亦不能安三国之人心。此有英外相葛莱氏及其次长等，在下议院简略之问答可知，至于美国则更甚焉。若据纽约、东京、北京、华盛顿、伦敦、马尼拉等处消息而观之，是美国对于日本所要求于中国者，已有一定之态度，唯有美国究行何路，及今所谓美国提出之抗议如何，尚未得悉耳。然今当欧洲列强无暇东顾之际，亦正惟有美国，可以出头干涉，杜绝日人之野心。况且此举，名正言顺，必得天下之欢迎乎。而今美国，苟不乘机援助中国，则将来受日本之大害者，必不止中国而已也。

今就各种现象而观察之，纵令美国所驱至鸟道之政策，自欲取消，亦必不欲视彼强令中国全从日本之要求，毫无抵抗。据纽约消息，美国已预备独与日本政府交涉，不再与英或俄偕同进行。此举于三月十八日已在华盛顿白宫公布众悉。嗣于三月二十一日，东京亦谓确有其事。即夙来默默无言之国务卿帛黎氏，亦承认美政府关于日本所要求之事，已有公文递到东京。而且乘机声言，美国政府已单独进行，无意求一强国，即英或俄之同调云。于是可见美国，必不甘让日本无理取闹于亚东焉。不特此也，即华盛顿之外交团，亦如北京意谓列国，

必须阻止中日战端,但非日本有损无益之要求,稍事让步,不能成功耳。故今各国,一闻美政府有意干涉,皆不禁欣欣然期望其实行也。

文章来源:《协和报》第五年第二十三期,1915 年 4 月 10 日

(八)不宜变更国体说

吾国自癸丑以来,迄今二载,虽言伏莽遍地,外患迭来,而社会上之秩序尚幸稍觉安宁。不意今日突有筹安会之出现,以变更国体,号召党徒,致使举国议论纷纷,人心惶惶,似吾国之大乱将至者。各省守土之官吏,对于此种情形,苟天良未泯,纵不具实上闻,亦当警戒筹安会,安慰民心,以免意外之变端。讵知各省当道,不特不以人心摇乱为隐忧,且各纷纷派遣代表,竭力迎合筹安会之意旨,一若惟恐国家之不乱,愚诚不知若辈自视其典守之责如何也。夫各省官吏,以距离京师遥远,无知盲从,尚有可说。而京内各部院对于筹安会扰乱人心之举动,亦充耳无闻。甚至有假口总统声称,筹安会专就学理研究君主民主之利害,勿庸解散者。是此种无知之言,谅我明见万里之总统,虽深爱筹安会诸公,亦绝不肯轻出此言,而予人以口实。盖吾总统非不深知君主之利害,而必须赖筹安会诸公研究解释者也。且吾总统既再再表明无帝王之心,又安容再有图谋变更国体之会社,以乱人心。故就记者观之,可逆料我英明果敢之总统断无此言。知总统苟有此言,又不啻自贻伊戚乎,何也?筹安会虽声言专就学理研究君主民主之利害,而实则以君主优于民主号召天下,志在变更国体,扰乱国家之秩序。今总统苟不解散筹安会,则异日凡其他之党派,如宗社党、社会党、无政府党等,苟其声明专研究学理而不作乱,援案呈请设立,纵使其确有阴谋毒计,而无彰明较著之犯法行为,即不得不俯准其所请。而且同属国人,同为研究学理,既有案可援,政府即不得不一秉大公,待遇各党,不然必致国人测忌横生,议论歧出。届时总统纵有百口,亦不能剖明其大公无我之心迹也。况无论如何,此种无理取闹,势必惹起社会无限悲观乎。在今之欲复君主政体者,援今举古,谓中国非变更国体,改民主为君主,不能富强。而欲维持民主政体者,亦引证历史,谓今国体既已立定,绝不可再有变更。记者未习法理,难以断定其是非,然尝闻国以民为本一语,为今东西各国通行之例。故今记者敢问执政诸公,是否欲以民为本,不欲以民为本则已,苟欲以民为本,则当不论国体如何,而惟国利民福是务,迅改现行之选举法,速开国会,与国人相见以诚。凡政公诸舆诸论,博谘群访,以从民之所好,对内可措置裕如,而后可赴全力以对外。不然虽改民主为君主,王侯贵族,布满宇内,而遇事依然如今,泄泄沓沓,醉梦沉沉。长此终古,如是而欲国之不灭,种之不亡,其可得乎。呜呼,当今强邻眈眈虎视之际,举国上下,既一心一德,求免亡国灭种之惨已势有不暇,又安容再有内乱之发生也。噫!彼哀哀诸公,志在封侯,而唯自私自利是图者,可以止矣。

文章来源:《协和报》第五年第四十四期,1915 年 9 月 4 日

本館特別通告一

本報特別通告二

本報通告一

本報通告二

本報通告三

本報通告四

社論

◉不宜變更國體說

◉德首相在國會之演說辭

汉声在《协和报》第五年第四十四期发表《不宜变更国体说》

（九）分工说

曩者，吾国有道台万能之说。及辛亥年秋，由君主而改共和后，此说方渐渐无闻。实则吾国之万能者，朝野皆有。不仅道台一职，如今之县知事等，以一人而兼司法行政理财数职者，又何尝不万能也。然百废不举，皆由此故。今吾国不求富强则已，苟真求富强，则当行分工制。盖分工制，乃使人各用其所长，各治一业，循序而进，业精于勤。苟非势不得已，不轻举妄动，且可绝自私自利之心，可断倖进之念，而又有裨于公益。苟不行分工制，纵令其人多才多艺，长袖善舞，其精力亦终有不及。精力既有穷时，即难免误事，又安望国家富强也哉。且吾国今日人多事少，使一人兼掌数职，则其他凡具有一技之长者，必多向隅。夫人有一专门之学识才艺，而不得施展，苟不甘落拓潦倒，必铤而走险。铤而走险，不利于国，如不铤而走险，亦必用奸巧之手段，竞求倖进之路。若是则凡纨绔子第，老奸巨猾，以及曲学阿世比附古说之伪儒等，纵无学识经验，苟有内援，必易成功。而无内援者，则势必纳贿通赂，方能有望。至是鑽营奔走之风既开，礼义廉耻之道亦丧尽矣。管子曰：礼义廉耻，国之四维。四维不张，国乃灭亡。夫国家至于灭亡，又何由求富求强。然物有本末，事有先后。礼义廉耻，固属治国之要道，而非徒讬空言所能得，当审其本末而求之。若分工者，不仅为治国之要务，且亦为四维之本。盖分工能使国利民富，而使人知礼义廉耻也。故今吾国当以分工为治安之本，而变更国体，微论不宜，即曰宜之，亦在其次焉。苟本末颠倒，不论轻重，纵令君主制定，承继有人，亦难望长治久安。何也？苟不分工，举国之人，得利者少，失望者多，则多数失望者必群起与少数得利者为难也。惟今所当分工者，不仅官僚，即他种职业，如农工商贾，凡可以分者，即一律分之，不当使一人垄断权利，有碍他人求生之路。苟仅使他人向隅，犹其小事，而误事乃国家之大害。盖一人兼领数职，无论其才力如何，难免顾此失彼。譬如有业农者，而善工艺，为人佣工，甚得其佣主之信任。唯家有薄田数亩，无论其佣主之工事如何忙迫，且不问豫约如何，一届农忙，即欲请假回籍耕种收获，料理家务，而视其佣主之事，一似无关重要者。当是时也，佣主徒以婉言劝留，固不济事，即与之增加工资亦难挽回，盖其自私自利之心重也。而佣主若另觅他人代之，当此农忙之时，微论无人，纵有人亦势有不及。似此情形，岂非太误事乎。然此不过就一人而言也，倘举国之人，皆如是唯自利是图，而不重信义，则其影响于大局者，又当如何。由是观之，可知凡百职业，分工治事，如农自为农，工自为工，各展其所长，永不混淆，实为吾国目前之要务矣。至于分工之后，愚虽不敢断言，吾国必能立即富强，但诚若是，国家之经济，必进行裕如，实业必渐发达，绝不至于若今日之穷困衰败。而国利民安，尤势所必至焉。盖人既各治一事，而又非如今日用非所学，必安居乐业，各显其所长，或各运用其匠心，精益求精也。嗣后国家之经济既裕如，实业既发达，则民富矣，民富而衣食足，必好礼义，此所必至之势。夫举国之人，既尽知礼义，则好作乱而不安居乐业者，未之有也，而且国家亦可由是多得人才。况民富而好礼，国家不富强太平者，又断无此理乎。今吾国闻达之士，如筹安会诸公者，不此之图，而唯拳拳不忘于变更国体，愚诚未悉其利令智昏欤，抑故不揣其本而务其末欤。

文章来源：《协和报》第五年第四十五期，1915 年 9 月 11 日

（十）三协约国诱惑中国入党之阴谋

吾国帝制问题，以协约国之干涉，迄今未能解决，而又忽有英法俄三协约国诱我入党之警报自海外飞来。此说本出自英人之东京路透电，而北京英人之路透电又打消之，不啻自相矛盾。于是乎我国人既不得其真相，而中外报纸又议论纷纷，莫衷一是。有谓我宜严守中立，以待战剧之闭幕者，如我国报纸是。有故意挑拨我与德之感情，谓我宜入协约国，乘此机会猎取厚利者，如英人之报纸是。有谓据我君主党声称，如三协约国不为我帝制之梗，我则可与之结纳者，如法人之报纸是。有闻三协约国乞助于我，哗然大倡反对之议者，如日本报纸是。此外如德美等国报纸，有谓三协约国此举已失败者，有谓方始闻议者，有谓确无其事者，总之各持一说，不惟无益于我国试为平心静气研究其利害，愈使我国人闻之惶惶不安。记者既为国民一分子，自当就一己之所心得，发为议论，以供邦人君子共同研究。至于确有诱我之事否，记者虽不敢断言，要不能谓无因，今试将英法俄乞助于我之心理与我之利害举述于下。

本月二十日，东京路透电称，三协约国有诱我入党之说。而所欲乞助于我者，首在利用我兵工厂，与驱逐德人出离我国境，勿庸我出兵相助。夫我举国所有兵工厂，统而计之，不过四五。其工力机力，以及局势等，即举国所有并而为一，尚不及欧美之一大厂。如就出产言，则我自用不敷，又焉得供人。此世所共知者，岂三协约尚不知之乎？知之，又藉此诱我，则其志不在此，已可想而知。且我若果有余力，足以供人，即公然制造售卖，亦未尝不可，断断乎勿庸联盟缔约，盖有美国之例可查也。年余以来，协约国在美购械募饷之事联络不绝，未尝闻协约国强美联盟缔约。今方来求我，即强我缔约入党，于是益见其所谓乞我助以军需者，决非真情矣。至谓乞我驱逐德人一说，或者果有其事，然此亦非其图我之主要目的。谓予不信，试问美国之德侨，不多于在我国者乎。美之德侨，不惟甚多，且大半为巨贾富商，其力足能及于美国政界，三协约国如能驱除之，则利莫大焉。而不闻其联美，反来就我，岂与我善于联美乎？吾知英法俄苟非别有阴谋，必不出此。故凡稍知世务，而眼光稍远者，莫不谓英法俄此举不怀好意。盖一观西方战局，即可想见其东来求我之心理也。否则，若如英报所言为利我故，英法俄此举，何不行之于开战伊始，又何不行之于日本欺我时，而必俟之于今日也。

或曰子既知其别有阴谋，亦能略述其梗概乎？曰此无他，彼欲用我为告朔之饩羊耳。如不我信，试观欧洲战局，敢问英法俄三国在东西欧两战场，确有战退德奥联军之力与计乎？谅三尺童子亦知三协约国，现在东西欧已力竭计穷，绝无侥幸之望。然在东西欧，苟能久保其现时之局势，而能取胜于巴尔干，则虽败犹胜。盖欧战胜负之决定，不在东西欧，乃在巴尔干也。现在巴尔干之英法联军，不惟进退维谷，坐视塞亡，且惟求安然退走是幸，又焉望其取胜也哉。而返观德奥东进之军，则势如破竹，战无不胜，攻无不克，苟长此不已，不出三月，则英国来往地中海与印度洋之咽喉，必为德奥土布等国联军所扼，此可断言者。盖德奥等同盟国军既已灭塞，又逐走英法，必乘胜出巴尔干，分兵进取苏彝士运河，以绝英人殖民地之后援也。苏彝士运河一入同盟军之掌握，则英法之殖民地，如埃及、印度、摩洛哥等，必为之振动，相继离乱，至俄则更惟有坐以待毙矣。届时英法既不能力战，又有土崩瓦解之虞，势必挽人乞和。然既至力竭乞和，则凡德奥等所要求，如赔偿兵费及退还所侵占同盟国之领土等事，皆须一一实行，否则万无和平之望。唯德国苟仅要求赔偿兵费，与要求退还其非洲等处殖民地，在协约国方面视之，尚非难事。倘德国要求退还其青岛，则殊非英国之力所能办到。盖青岛一地，当初攻击时，虽出于英国之要求，而攻陷青岛则系日本兵力，英国乞助日本攻城掠地则可。而请日本退出其所占之地，纵日本政府欲尽友谊，日本人民亦必不准以其铁血所换得之地，无故为他人赠品。然英不以青岛退还德国，德国亦必不肯善罢甘休，此可断言也。

当初英国乞兵于日本攻取青岛时，自以为其协约国之力无敌，且多仰赖日人之处。遂凡远东之事，一概由日本为主。而日本则早知协约国必败，败后且必仍乞将青岛交还德国。故日人特于今春，要我明定山东沿海岛屿不准割让于他人之条约，以防尔后协约国有所乞求。当初英国乞师日本之举既错，今春日本提出此约时，协约国外交家又漫不察觉日人之用意，即盲然附和。甚至于以为日人，凡事皆佐己抑敌，讵知日人此举，适陷协约国于困难之境也哉。

今者，三协约国既知其力非德敌，苟不迅速乞和，将有土崩瓦解之患。又知求和，苟不以青岛退还德国，万无行成之理。如乞求日本将青岛退还德国，亦必徒劳口舌。于是乎思维再再，如求德国俯允媾和，日本无怨言，则莫善于用我中国为饩羊。盖如能使我中国割地于德，以为赔偿，和既可成，彼三协约国又一无所损也。苟日本从中作梗时，亦可借花献佛，使其口无怨言。好在人情由彼送，地土权利皆出自我国，纵多送少许，亦全与彼无关痛痒。惟我若严守中立，不为左右袒，彼纵蛮横，其奈我不从何。即令实逼处此，而他人亦可以公理屈之，盖无故用我乞福，则名不正，言不顺也。然我若不察其奸，而自坠彼术中，则将来迫我割地乞和，不患无辞矣。届时即他国心有不平，亦不便干涉，盖既同为交战国之分子，则有福同享，有患同受，此理所当然者也。但不予我以眼前之小利，则我政府虽愚，亦恐不易诱惑。日前三协约国对我帝制问题，先无故干涉，嗣又无故取消,即先擒后纵,结我以恩之手段。今以用我军需为名,请我入党,此又诱以小利之权术也。呜呼!既结之以恩,又诱之以利,则天下事又何患不成。况我政府之人,又多无远大眼光乎。今记者无他希望,唯愿我总统独抒己见,勿为他人所惑耳。

文章来源:《协和报》第六年第七期,1915 年 12 月 4 日

(十一)论振兴矿业与变更国体之缓急

矿产之所以曰地宝者，以其既能裕国计民生，又能日进富强也。故当今时代凡矿产多之国，不富而且强者鲜矣。反之，则其国纵强而不能久，其民且必多穷困。谓予不信，试观英日两国，英在欧亚，一孤立海上之岛国也。日本在亚东，亦一孤立海上之岛国也。英以富有矿产之故，得握世界牛耳者，百有余年，始终不衰。日本则自古以来，因穷于矿产之故，未尝能扬名于世。近二十年来，虽渐渐跻于列强之数，但如不急求富有矿产之地，以为后盾，其势必不久即衰。而且其国虽强，其民仍贫苦无赖，多行不义，甚至于虽遗笑世人，以为国家莫大之耻，亦不顾惜，盖为糊口计，不得不然也。苟其富有矿产，为振兴种种实业之基础，以养其民，则日本又何至于有许多浪子，不惮风浪，西来我国，甘作下流之事也。由是观之，可知矿业与国家之关系重矣。

我中国矿产之富饶，为环球冠，此人所共知者。然则我国亦当富而且强矣，又何以一贫如洗？几唯外债是赖也哉。我之国势，又何以披靡不振也？英人又何以视我为日本之保护国也(英国驻日公使谓我国无独立之资格，英外相亦电告日廷，谓凡与我国开政治谈判必先商之日本)？近年以来，我国无业之游民，又何以日见其多也？呜呼！凡此种种，皆因我朝野上下，坐视其宝藏废弃于地，而不知设法开采耳。苟我国人齐心努力，开我万年以来之宝藏，供给世用，以裕我国计民生，又何患不国强民富也哉。或曰振兴矿业，动需巨款，当今我国上下交困之际，殊无此财力以开矿产。噫，此我政府欺骗小民之口头禅也，不能据以为事实。盖我国计，如果穷困若是其甚，则衮衮诸公必无变更国体之计。今我国由民主而君主一举，无论其他，即就选举费、运动费等项计之，已属不赀。若再加以践位后，如恩俸恩饷，以及种种大典所需等费，则更非数千万巨款，不能蒇事。试问此举与国计民生，有益乎抑无益乎。今姑无论其有益无益，而用此巨款，振兴矿业，假如五千万元，用西法采矿，能开百处或五十处。中国二十二省，平均每省开矿四五或二三处，此固不能谓多，然于国计民生，深有裨益。盖平均每矿以需工千人计之，则百处即需工十万人。我国去十万无业之游民，不惟社会蒙其福，国家亦少十万滋事好乱之人，且可获矿产之利，以裕国计，此岂非一举两得乎。即令矿业出入相抵，未有余利，而国内平定，百业振兴。捐税之收入，有赢无绌，则于国计亦非无益。总之现在中国，如多开矿产，纵与国家无直接之利，亦必有间接之利而已。由是观之，则今我国振兴矿业与变更国体，孰为急要，孰为缓图，以及此二事与国计民生之关系，孰轻孰重，可想而知矣。或谓今之欲变更国体者，志在图强，此亦属欺人之谈。盖国计民生，如皆充裕，然后方可，讲强国之道。今我国则司农仰屋，民多枵腹，试问朝野皆无实力，其强何由也。即令的确志在图强，亦当知有所先后。今我若舍近求远，如先变更国体，固有人作梗，而我开采矿产，乃今不乘机速办，以待将来，则今为我变更国体之梗者，亦必不我容。如其不信，请拭目俟之可也。

或曰：振兴矿产与变更国体之缓急，既闻命矣。岂我二十余省之宝藏，不分先后，而一律开采乎？曰：此则当视其地势如何。若沿海各省，长江流域，以及交通便利之地，与邻近外国之边境，如满蒙、云南、广西等处矿产，宜尽先竭力开采，其余各腹地，可俟之异日我财力丰富时。盖我内地如新甘贵州等省，交通皆不便利，纵富有矿产，暂且外人亦无能力往取。而沿海如直鲁奉吉闽浙广东等省，沿边如北满、蒙古、云南等省，以及长江流域各地，则势不容缓。倘我今日不乘机尽先开采，则将来以上各省矿产，必尽非我有。请观年来日本虎视眈眈情形，已可想而知，遑论其他乎。

文章来源：《协和报》第六年第九期，1915 年 12 月 18 日

（十二）云南与政府争论国体之文电

我国自有帝制之声发响后，而不闻谈民主共和之调者，已经数阅月矣。即有之，亦不过各省名公大人劝进表中之夹带文字，而且一口同音，谓其不合乎我国之国情。至如筹安会发生伊始之宣言，真正按学术研究共和之优劣者，实未之前闻。不意正洪洪烈烈预备大总统践帝位之际，忽有云贵以维持民主共和号召天下之檄文出现，于是中外报纸议论纷纷，有左袒云贵者，有偏向皇帝者。各省文武大吏，即夙日对外噤若寒蝉者，今亦各自称其强能，而不知兄弟阋于墙为可耻之事。若据记者观之，则云南之檄文，北京之辩论，是皆情理皆全，此事当公之国人，共同评判，以俟举国人民自行断定其去从。如多欲为民主共和，即仍旧共和，如多欲君主，即改国体，暂且不定宜妄加干涉，而动干戈。目前亦不宜断定孰为贼匪，孰为革党，盖先前两方恐皆不免有误会之端也。但若不俟国民公断，而先妄动干戈者，则诚可谓匪贼革命矣。他且不论，今姑将云贵维持共和之文电，与大总统政事堂声办之命令录下，以供众鉴。

（一）云南反对帝制致北京政府之电文

大总统钧鉴：自国体问题发生，群情惶骇，重以列强干涉，民气益复骚然。佥谓谁实召戎，致此奇辱外侮之袭，责有所归。乃闻顷犹筹备大典，日不暇给，内拂舆情，外贻口实，祸机所酝，良可寒心。窃唯大总统两次即位宣誓，皆言恪遵约法，拥护共和。皇天后土，实闻斯言，亿兆铭心，万邦倾耳，记曰与国人交止于信，又曰民无信不立，食言背誓，何以御民。纪纲毁弃，国体既拔，以此图治，非所敢闻。计自停止国会，改正约法以来，大权集于一人，凡百设施无不如意，凭藉此势以改良政治，巩固国基。草偃风从，何惧不给。有何不得已而必冒犯叛逆之罪，以图变国体比者，代表议决吏民劝进拥戴之诚，虽若一致，然利诱威迫非出本心，作伪心劳，昭然共见，岂能一手掩天下目。幸大总统始终持稳重冷静之态度，未曾有所表示，及今转圜易如反掌。或者谓因强邻之责言沮已成之计划，国家之面目不保，后来之隐患恐滋不知。政府宣言本从民意，民意孰祖，事实可稽，据多数人欲公天下之真情，遂大总统敝屣万乘之初志，系铃解铃皆由自动，磊磊落落何嫌何疑。若复怙过，遂非缘羞迁怒，悍然不顾，以遂其私。窃恐人心一去，土崩之势，莫挽外患沓乘瓜剖之祸更酷兴念及此痛，何可言□（原文为□，下同）等夙承爱待，参列司存既怀同舟共济之诚，复念爱人以德之义，用敢披沥胆肝敬效忠告，伏望大总统力排群议，断自寸衷。更为拥护共和之约言，涣发帝制，永除之明誓，庶使民岩顿息，国本不摇，然后延揽才俊，共济艰难，涤荡秽瑕，与民更始，则国家其将永利赖之。临电零涕不知所云，谨率三军翘企待命。

唐继尧、任可澄等又第二电云，大总统钧鉴：（前略）

窃唯中外人士所以不能为大总统谅者，以变更国体之原动力，实发自京师，其首难之人，皆大总统之股肱心膂。盖杨度等六人所倡之筹安会煽动于最初，而朱启钤等七人所发各省之通电促成于继起，大总统知而不罪，民惑实滋。查三年十一月二十四日申令有云：民主共和，载在约法，邪词惑众，厥有常刑，嗣后如有造作谰言紊乱国宪者，即照内乱罪从严惩办等语。杨度等之公然集会，启钤等之秘密电商，皆为内乱重要罪犯，证据凿然，应请大总统查前项申令，立将杨度、孙毓筠、严复、刘师培、李燮和、胡瑛等六人，及朱启钤、段芝贵、周自齐、梁士诒、张镇芳、袁乃宽等七人，即日明正典刑，以谢天下，则大总统爱国守法之诚，庶可为中外所信，而民怨可稍塞，国本可稍定矣。再者，此间军民痛愤久积，非得有中央拥护共和之实据，万难镇劝。以上所请，乞于二十四小时赐答。不胜悚息待命之至！

唐继尧、任可澄等。

（二）云贵反对帝制通电各省之原文

各省将军、巡按使、护军使、都统、师长公鉴：天祸中国，元首谋逆，蔑弃《约法》，背食誓言，拂逆舆情，自为帝制，率召外侮，警告迭来，干涉之形既成，保护之局将定。尧等忝列司存，与国休戚，不忍艰难缔造之邦，从此沦胥。更惧绳继神明之胄，夷为皂圉。连日致电袁逆，劝戢野心，更要求惩治罪魁，以谢天下。所有原电近经通告，想承鉴察。何图彼昏，曾不悔过，狡拒忠告，益煽逆谋。大总统者民国之总统也，凡百官守，皆民国之官守也。既为背逆民国之罪人，当然丧失元首之资格。尧等身受国恩，义不从贼。今已严拒伪命，奠定滇黔诸地方，为国婴守。并檄四方，声罪致讨，露布之文，别电尘鉴。更有数言涕泣以陈麾下者：阋墙之祸，在家庭为大变，革命之举，在国家为不祥。尧等夙爱平和，岂有乐于兹役。徒以袁逆，内罔吾民，多欺列国，有兹干涉，既濒危亡。非自今永除帝制，确保共和，则内安外攘，两穷于术。尧等今与军民守此信仰，舍命不渝，所望凡食民国之禄，事民国之事者，咸激发天良，申兹大义。若犹观望，或持异同，则事势所趋，亦略可豫测。尧等志同填海，力等戴山，力征经营，固非始愿，所在以一敌八，抑亦智者不为。麾下若忍于旁观，尧等亦何能相强。然量麾下之力，亦未必能摧此土之坚，即原麾下之心又岂必欲夺匹夫之志，苟长此相持，迁延岁月，则鹬蚌之利，真归于渔人。而萁豆之煎，空悲于车乐。言念及此，痛哭何云。而尧等则与民国共死生，麾下则犹为独夫作鹰犬，坐此执持，至于亡国，科其罪责，必有所归矣。今若同申义愤，相应鼓桴，所拥护者为固有之民国，匕鬯不惊；

所驱除者为叛国之一夫,天人同庆。造福作孽,在一念之微;保国覆宗,待举足之轻重。敢布腹心,唯麾下实利图之。唐继尧、任可澄、刘显世等叩。

(三)云贵反对帝制檄告全国之露布

为檄告事,慨自晚清失政,国命阽危,我国民念竞存之孔艰,痛沦胥之无日,共倡义举,爰建共和,统一需人,乃推袁氏。当元二年(1912—1913年)之交,举国喁喁望治,爱国之士不惜牺牲一切与袁氏相戮力,岂其有所私于一人?冀藉手以拯此垂亡之国而已。袁氏受国民付托之重,于兹四年,在政治上未尝示吾侪以一线之光明,而汲汲为一人一家怙权固位之私计:以阴柔之方略操纵党派,以狠鸷之权术蹂躏国会,以卑劣之手段诛锄异己,以诱胁之作用淆箝舆论,以朋比之利益驱策宵小,以虚憍之名义劫制正人。受事以来,新募外债逾二万万,其用途无一能相公布。欧战发生,外债路绝,则专谋搜括于内:增设恶税,强迫内债,逼勒苛捐,更悬重赏以奖励掊克之吏,不恤民力,竭泽而渔,以致四海困穷,无所控诉。问其聚敛所入,则唯以供笼络人士警防家贼之用,而于国务丝毫无与。对外会不闻为国防之计划,为国际经济竞争之设备,徒弄小智小术,以取侮于友邦,致外交着着失败。对内则全不顾地方之利害,不恤人民之疾苦。盗贼充斥,未或能治,冤狱填塞,未或能理。摧残教育,昌言复古,垄断实业,私为官营。师嬴政以愚黔首之谋,等红羊利出一孔之教。法令条教,纷如牛毛,朝令夕更,自出自犯,使人民无所适从,而守法观念驯至澌灭以尽。用人则以便辟巧佞为贤,以苛虐险戾为才,忠谠见疏,英俊召嫉,遵妾妇之道,则立跻高明,抱耿介之志,或危及生命,以致正气消沉,廉耻扫地,国家元气,斲丧无馀。凡此政象,万目俱瞻,以较前清,黑黯泯棼,奚啻什倍!

我国民既惩破坏之不祥,复谅建设之匪易,含辛忍痛,冀观后效,掬诚侧望,亦既数年。方谓当今内难已平,大权独揽,列强多事,边患稍纾,正宜奋卧薪尝胆之精神,拯一发千钧之国命。何图彼昏,百事弗恤,惟思觊觎神器,帝号自娱,背弃口宣之誓言,干犯公约之宪典,内罔吾民,外欺列国,授意鹰犬,遍布爪牙,劫持国人,使相附和,良士忠告,充耳弗闻,舆论持正,翻成罪状。以致怨毒沸腾,物情惶骇,农辍于陇,商荒于广,于梗于涂,士欢于校,在朝节士,相率引退,伏莽群戎,伺机思逞。驯至列强干涉,警告再三,有严密监视之宣言,作自由行动之准备。夫以一国之内政,乃至劳友邦之容喙,奇耻大辱,宁复堪忍?谁为为之,乃使我至于此极也?今犹不悛,包羞怙恶,彼将遂此大欲,餍其祸心,苟非效石晋割地称儿之故技,必且袭亡清奖拳排外之覆车,二者有一于此,则吾国永沉九渊,万劫宁复!先圣不云乎:"乱贼之罪,尽人得而诛之。"况乃受命于民,为国元首,叛国之事实既已昭然,卖国之阴谋行且暴露,此而不讨,则中国其为无人也已！

呜呼！国之不存，身将焉托？而立国于今，抑何容易！人方合兆众为一体，日新月异，以改良其政治，稍一凝滞不进，已岌岌焉为人鱼肉是惧。况乃逆流回棹，欲袭中世纪东方式奸雄之伎俩，弋取权位，而谓可以奠国家、安社稷，稍有常识者，当知其无幸也。袁氏对于国家，既悍然不自知其职责，对于世界，复瞢然不审潮流、事会之所趋。其政法上之效绩，受试验于我国民之前者，亦既有年，所馀者唯累累罪恶，污我史乘，他复何有？就令怵于名分，不敢明叛国体，然由彼之道，无变彼之术，亦惟有取国家元气，旦旦而伐之，终亦酝酿大乱以底于亡已耳。况当此祸至无日之时，乃更有帝制自为之举。譬犹熟祖父母宛转属纩，而复引刀以诛之，别有肺肠，是孰可忍？数月以来，淫威所煽，劝进之辞所在多有。彼方假借指为民意，以冀窃誉当时，掩罪后史。实则群公之权宜承旨，或出于顾全大局，投鼠忌器之苦心，或怀抱沈机观变，待时而动之远识，岂其心悦诚服，甘作二臣，狂走中风，殉兹戎首？

尧等或任职中枢，或滥竿专阃，为私计则尊显逾分，更何所求？与袁氏亦共事有年，岂好违异？徒以势迫危亡，间不容发。邦之杌陧，实由一人，亦既屡进痛苦之忠言，力图最后之补救。奈独夫更无悔祸之心，即兆众日在倒悬之域。是用率由国宪，声罪致讨，剪彼叛逆，还我太平。义师之兴，誓以四事：

一曰与全国民戮力拥护共和国体，使帝制永不发生；

二曰划定中央地方权限，图各省民力之自由发展；

三曰建设名实相副之立宪政治，以适应世界大势；

四曰以诚意巩固邦交，增进国际团体上之资格。

此四义者，奉以周旋，以徼福于国民，以祈鉴于天日。至于成败利钝，非所逆睹，惟行乎心之所安，由乎义之所在。天相中国，其克有功。敢布腹心，告诸天下。

唐继尧　任可澄　刘世显

(四)政事堂统率处声辩之通电

北京政事堂统率办事处通电云，唐将军、任按使、将军巡按使、并转镇守使、巡阅使、都统、护军使鉴：滇电是否假冒捏造尚待查明，姑先就该电文内摘驳大概以免误会。该电内要义：列强干涉外侮致辱，元首背誓失信，国民推戴非出本心，主张改变国体诸人请加治罪，取消帝制，规复共和。日英法俄各国以友谊劝告，恐因改变国体致生内乱，损害其侨商财命，请暂为延缓，并声明非干涉我之内政。顾己国之利害作友谊之劝告，外交中不乏先例，嗣又来述持静观态度，决不干涉我之独立主权。劝告一案业经结束，承认之议正在进行，毫无干涉致辱之可言。友邦厚谊讵可藉口厚诬,倘自认干涉故辱国体,其责任自有所在。又查本月十一日申令有云,制治保邦,首重大信。民国初开,本大总统首向参议院宣誓,愿竭能力发扬共和。今若帝制自为,则是自弃誓词,此于信义无可自解,请另行推戴。当经国民总代表代行立法院复奏,宣誓为民国元首循例之词,根于元首之地位,根于国民全体,元首当视民意为从,达民意共和誓词随以有效,民意君宪誓词随以变迁。今国民厌弃共和,趋向君宪,国体已变,元首地位不存,其誓词当然消灭,此皆国民之自为,与元首不相涉也各等语。中外法家多韪其说,何得横加责备。又查此次改变国体,官民一致,依法表决,全体赞成,国民代表无一反对,是见民心大同。而军界、政界、各团体劝进之电迄今仍日有数十起,欢呼庆贺,势如潮涌。若非本意曷克致此,断非利诱威胁所能普及。唐将军、任巡按使曾有两次劝进之电,亦受利诱威胁耶。滇省国民代表一致赞同,岂唐任两公加以利诱威胁耶,乃任意造言诬蔑我全国官民,假以少数人违心蔑理之词,掩蔽天下人之耳目,其势有所不能。又查改革国体起于多数国民愿改之请求,暗潮日益激烈,良以墨西殷鉴,痛目怵心,人谋治安本于天职,苟非雠敌,孰肯反对,倡议诸人同一救国之心理。即蔡松坡将军曾于八月二十五日纠合重要军人发起主张君宪,首先亲笔签名,墨迹尚存,亦可加以罪乎?又查民国主权本乎国民始,而官吏请求毫不为动,迨由国民代表全体解决。元首虽尊,亦无驳拒之权,尤无取消之力,乃欲以少数人之私心取消全体国民公决之法案,古今万国,决无此违法武断之行为,儿戏国家,直成笑柄。总之,值此国家多难,险象环生,对内对外苦费经营,凡我爱国君民,当屏除私见,消灭意气,同心协力,共谋强固。纵有政见不同,尽可从容讨论。倘专逞私意,轻举妄动,自本无干涉而自招之,本无外侮而自启之,本无奇辱而自求之,倾覆国家,为虎作伥,天下后世将谓之何尤。可异者立限答覆,率部待命犯上藐法服从全无,滇之军民相率效尤,官将何以顾下,变恐生于肘腋,明哲当不出此请。唐任两公转示发电之人,言尽于此,听其自取。政事堂同统率办事处寝印。

(五)大总统之命令

政事堂奉申令　据参政院代行立法院奏称,近者云南将军唐继尧、巡按使任可澄等拥兵谋乱,通电各省,举动离奇,词旨悖谬。若不明其罪状,顺逆何自而分。今请举其罪之大者约有三端:一曰起中外之恶感。查唐任通电,有列强干涉民气,骚然外侮之袭,责有所归等语,本院以事关国家主权,政府信用,曾以此次五国劝告。其中实在情形究竟如何,五国曾否干涉我国内政主权,政府曾否因五国之劝告秘密许以何种权利以为交换条件等语质问政府,请以两次劝告交涉始末及与此事有关系之交涉事件明白答覆,以释群疑。当据外交当局到院声称，各国驻使口述劝告虑帝制急激进行或生变乱，愿暂为延期，并声明友谊劝告非干涉中国内政。月余之后又来面述，各国政府仍持静观态度，并声明毫无干涉中国独立及主权之意，此外政府并无与各国口头或文件订立何项之条件云云。是各友国敦睦邦交，本毫无干涉之意，乃唐任等捏传干涉，疾呼外侮，意在使我国民对于各国敦睦之意顿生误会，远近骚动，闻听淆然，恐因此起交涉之恶感，致龃龉之业生，误大局以隐忧劳政府之防范。且友邦劝告一再声明，并非干涉，尤无外侮之可言，而唐任等自认干涉辱国孰甚。今国中本无事故，自唐任始发生，是不啻忧干涉之不至，虑事故之本生，故特造一内乱之事故以摇惑民心。今我国国势风雨飘摇，爱国君子即令对于政治稍有异同，亦当本其垂涕而道之诚剀，切敷陈以图尽善，乃必阴谋结合，定计于国门以外，而后据其拥兵反抗政府。其对于国内之宣布则曰吾为外交故也，夫五国之劝告惧我国之有内乱而劝告也。然则弥缝外交莫如防止内乱，今唐任等反之不防止内乱以顾全外交，乃发生内乱以贻累外交，以此欺友之谊各国乎？以此欺爱国之吾民乎？人非狂愚，孰能信此。推其用心，不过知友邦甚惧吾内乱之发生，政府亦日防内乱之发生，特于此存亡危急之中造成一最不利于吾国之内乱而已。唐任诸人若有丝毫爱国之心，决不为此次行动有意造成内乱，是为全国之所共弃，不能复以中华国民相待，此其大罪一也。二曰违背国民公意。查唐任等通电有代表议决吏民进利诱威迫非出本心等语，念自国体问题发生以后，国民代表大会以法律之手续决定君主之立宪，全国一致，无有异词，以数千年习于帝政之人民兼受四年来共和之痛苦。今日本其诚心主张君宪，正为我国民真正心理之表示。各省投票之时，概听人民自由，一无丝毫强制，即云南一省亦复如兹，当时代表之议决，军民之劝进，皆经唐任两人身为监督，督率办理，据其迭次报告亦可见为真实舆情。今忽以利诱威迫之词加诸各省，此不仅诬各省代表及其监督，并且诬云南代表及其自身，不知唐任当时曾对代表加以利诱威迫耶？措词之奇实在情理之外，此必唐任等意存反侧或被乱人迫胁，故有此前后矛盾之词。自知一己主张与全国民意相反，故必将国民代表所决一概加以诋诬，不与承认，以避违反国民公意之罪。不知君主立宪既经国民公决，铁案如山，无可移易，举国上下皆无反对之余地。若以一二人之私意遂可任意违反，推翻不认，此后国家将凭何者以为是非取舍之标准。无可为准，任听人人各为其私，更复何能成国？癸丑孙黄之乱亦于议会依法举定之元首而肆其反抗，但为个人私图，蔑视人民公意，行动于法律之外，终为国民所弃。以昔例，今事同，一律法制拘束，本不便于犯上作乱之徒然，国家舍兹，何以立国？今唐任等行动直为违背全国民意，并即违背云南民意，自全国视之，直为国民公敌，此其大罪二也。三曰诬蔑元首。按唐任等通电,指斥元首之词有食言背誓,何以御民,应请明誓拥护共和等语。共和元首之即位例有守法之誓词载在约法,所誓者何誓遵民意所定者也。以共和国之元首,一切应以民意为从,违此义推之,古今中外无不可通设民意欲共和,而元首欲帝制是谓叛民。反之,而民意欲帝制元首仍欲共和,亦为叛民。设使国民代表大会未经决定君宪之先,而元首独行帝制,又或国民代表大会决定仍采共和,而元首偏欲独行帝制,则全国国民皆可以违誓相责,何待唐任诸人乃今日之事不然。当国人讨论国体之初,不过论共和之利害,并未拟议推戴之人,此学者之常情,即元首亦不能目为谋叛而施其禁令。皇帝当日且曾为变更国体不合事宜之宣言,然此不过个人意见之发明,亦无由妄行之权以左右民意也。迨至代表决定举国推戴,又以信誓在前,辞让勿允,命令煌煌,可以按诵以礼论之共和。元首之机关既为国民所不采,而一切法令又经国民总代表声明,须与国体不抵触者乃为有效,是则约法所载大总统即位誓词皆在无效之列,不过用固有之名义以维持秩序而已,此时元首求所以见信于国民者,应即宣誓不再维持共和,方为恪遵民意。设以机关仪式誓词再用之于今日,国民其为之何。此本至浅之理,至常之事,特因唐任等藐视民意,故将与今日民意相反之词引以为重,又不敢谓民意可违背也,故必先诬民意之非真,乃进而诬为一人之意以遂其动摇国本,糜烂大局之谋。夫共和元首,国民已有相当之敬礼,何况今日名分已定,天泽凛然,正宜严君臣上下之分,生乱臣贼子之惧,去共和之余毒,复古国之精神,使此后海宇宴安定于一统,君子有怀刑之戒庶,人有敬上之忱庶,与此次国民拨乱求治之心,乃能无背。若如前之孙黄,今之唐任辈,猖狂恣肆,动辄以推翻元首为词,名为拥护共和,实则为共和不适国情之一大证。幸而大福中国国民觉悟设不早改,则墨西国五总统并立之事,决不免于中国之将来流毒所贻,未知伊于胡底,即以唐任一事为鉴,万不可再留共和名义以为随时煽乱之资,尤宜永远削除绝其萌孽。唐任此次诬蔑元首藉以倡乱,应以大不敬论,此其大罪三也。唐继尧、任可澄等具此三大罪,应请立予宣布罪状,尅日出兵致讨以肃凶顽而固邦国。本院为此依约法第三十一条第三款提出建议,奏乞施行等情,又电各省将军、巡按使、都统、护军使及各路统兵大员先后来电,咸称唐继尧、任可澄、蔡锷通电煽乱,请加惩办各等语。唐继尧、任可澄两次劝进签请早正大位,情词肫恳。二十一日以前迭次电称,滇境虽有乱党秘密煽惑,现在防范甚严,决不致发生事变,乃未逾数旬遽变初衷。蔡锷当讨论国体发生之时,曾纠合在京高级军官首先署名主张君主立宪。既经请假出洋就医,何以潜赴云南诪张为幻反复之,尤当不至此。但唐继尧、任可澄既有地方之责,无论此次通电是否受人胁迫,抑或奸人捏造,究属不能始终维持,咎有应得。开武将军唐继尧、巡按使任可澄均著即行褫职，夺去本官及爵位勋章，听候查办。蔡锷行迹诡秘，不知远嫌，应著褫本官并夺去勋位勋章，由该省地方官勒令来京，一并听候查办。此令。

论云南檄文之声价华德日报曰，革命之事，凡身为党魁，深识其国民之心理，而望一战成功者，必先传檄天下，感动国民，使尽人皆知其事，名正言顺，理直气壮，总之曰好好而已。如辛亥年第一次革命，以推倒满清号召天下，卒告成功是也。唯第二次革命，以讨袁为名，未得国民之援助，盖彼时举国人民，对于政府尚无恶感也。今者云南革命党魁，期望国人，家喻户晓其革命一举为当今要务，又有讨战之新檄文传示天下焉。唯此次檄文，不利用内政如何如何之口头禅，而牵连及外交，是与昔迥乎不同耳。此次云南之檄文，如谓袁世凯氏，欲帝制自为，而卖国以图随其私欲等语，尤为开宗明义第一章焉，而彼等之义为也。据因势不得已，乃出救国以免同胞沦为外人之牛马奴隶云。噫！革命檄文措辞之险如此者，亦可谓至于极矣。

北京政府见云南张文用辞险恶，深恐国人信以为真，特不惮其烦，纷纷电告国内各界要人，解释各端，以正云南檄文所言之非确。前日外交次长曹汝霖氏，且亲至参政院出席，声明列强未尝干涉中国内政。十二月二十八日，北京英报两家亦载有中政府所阅过之社论，其词句虽微异，而用意则雷同。盖两报皆要求曾干涉中国帝制问题之各国，当自行声明，既未曾干涉中国内政，亦未尝要求特别权利，以去中国人士之惑也。中国政府如此不惮其烦者，本欲弱云南革命檄文鼓吹之势也，不意竟为日本消息所破坏。盖据日本消息称袁世凯氏确有以权利奉赠列强之说也，此项消息（即东方通信社二十九日东京电）（中略）甚形显然易见，勿庸加 ·诂释，而协约国与日本意见之纷歧，亦可想而知矣。

文章来源：《协和报》第六年第十二期，1916 年 1 月 8 日

（十三）推选国民代表来沪决定国体意

筹安会发生之初，举国人士，即莫不惴惴然，如临深渊，如履薄冰，一似大祸之在头上者。盖明知当今共和时代，既有欲身为贵族之人，鼓吹帝制，不问利害，亦必有爱人我皆平等之士，不惜性命，以维持共和也。若是，则革命流血之惨剧，又安得能免也哉。而且一有国民大战，则受其害者，必首为我哀哀小民，自不待言，所以民间闻帝制之声，即咸惶惶不安也，唯未料其大祸之发生，如是其速耳。呜呼！现在滇黔湘桂东川等地皆有反对帝制之事实与消息矣，此诚我国生死存亡之关键也。凡我国人皆当各抒己见，发为正大之舆论，以匡救之，切勿坐视其杀人盈野，流血成渠，至有国亡种灭之惨剧。或曰今日萧墙之祸，起于变更国体，分反对赞成两派，反对派以维持现在共和国体为主，不唯其名正言顺，且亦深合国人多数之心理。而赞成派则谓大总统未尝欲帝制自卫，实因国人劝进若狂，迫之至再，不得不从众好，是皆言之有理，持之有故，绝非我侪小民之力所能挽回者。而且山西湖北等将军，一见云南通电，不问是非，即动粗野漫骂，非谓唐氏荒于酒色，即言唐氏部下空虚，且口口声声，愿统率三军，征伐云南，绝不予人以调和之余地，一似今日云南一电，远过昔日东邻之哀的美敦书者。再者，现在政府既有偶语弃市之例，又侦骑四出，择肥而噬，举国人士，正求生之不暇，又安敢多管闲事也哉。然有一例可援，未知衮衮诸公志在玉帛否，苟诸公以民命为念，欲折冲樽俎，以代干戈，即辛亥沪上议定国体之事，可以援而行之。唯今日决定国体之议员，不得由政府与云南两方指派，而当由国民自行选举，无论资格或党派友敌，总以愈速愈妙，如是既可得真正之民意，然后两方亦可无所藉口矣。至于我哀哀小民，则更受益不浅焉。特不知当道欲行此功德无量之举否？记者曰，此事各省旅沪同乡，若合词电请政府，纵他人心有不愿，而我大总统亦必慨然俯允准行，此可断言者。盖我大总统既再再声言，不欲帝制自为，而又愿从民之所好，苟有以此相请者，我大总统必欣然允许也。想我各省旅沪诸父老，亦必不欲其故乡有刀兵之灾，而有倡议及此，以为挽回国家危局之计者，吾人且拭目俟之可也。

文章来源：《协和报》第六年第十二期，1916 年 1 月 8 日

（十四）中日交易论

一千九百零八年，中国海关管理处报告，中日两国通商出口入口价值为数计关平银八千九百六十万两，按去岁计算，增加至一万九千七百九十万两。当一九零八年时，中英贸易进口出口各货价值，与中日贸易仅关平五百万两之比较，此种区别，为数亦非巨也。今者日人东亚势力膨胀，商战口烈，英货之输入支那者，除印度不计外，日人莫不阴为抵制英之贸易，遂于无形之中逐渐衰败。据去岁海关确实统计，中英贸易货物价值为数不过一万零三万元，较之日本其差奚啻倍蓰焉。英在支那贸易素执全球牛耳，今已被其推倒，德国前途又将何如耶？一九一三年，中国政治影响所及，查海关报告，德华贸易货物价值，关平四千五百三十万两，与中印贸易其数不相上下。考之从前如一九零八年，中德交易物品价值数目二千一百万两（除香港外）。一九一三年，增至四千五百四十万两（由于各货物价值增加一倍之故）。此乃原于国家多事，非寻常所可比较。吾人总观各情，则英之在中国市场，日事排挤德人，亦觉无味。而日本于无形之中消灭其国之商业，以及英商之对于斯种行动是否有所抵抗，吾亦未敢断言，盖日本不欲东京重起恐慌也。总之日之所以欲达目的，非在攻击德商，实欲致英于死地。何以言之，海关比较表上得知之也。虽然日本之力图进行，德之贸易尚可图谋发达，英则大有日泻千里，不可收拾之势矣。日所恃者，在物产上之竞争，其国货物行销中国物价，较英来者特廉，出产亦逐渐改良。英所有者仿而行之，未发明者悉心研之，虽欲不行而自行矣。即如棉花工艺一项，自欧西战事发生后，日本货物在中国市场遂加大活动。一九一四年和一九一五年两年，此项工艺，英之输入为日本已夺去三四千万焉，海关管理处以日本如斯大宗输入几不另行他录。其最居多数者为出产品，斯项货品，战事未开之前，悉由英国运来，或无形之中已为日商于无形之中强夺也。

日本在支那商业发达之由，据支那海关报告谓系由于近八年来，完全以活泼灵敏手腕对付之。该国政府在中国建设东亚同文书院一所，招收聪颖日人，专以研究中日通商为务，养成商人资格。本报曾常揭载诸报端，谓日人前程无可限量也。

该校一次革命前设于南市制造局附近，后迁入徐家汇附近赫司克尔路新舍，该屋属于东亚同文会，校前有竞船场，学生课余亦练习之。同文会及该院原于为扩充日本在华经济之由而设，数年前该院院长曾发表意见，谓欧西各国在支那先有进行，故经济及交通事业亦甚进步。日本此时虽则起而发奋力图，能于支那市场地土及其市场之学问逐一研究。然各国均有合约，已关商埠，悉为所据，使欧西物品完全不克输入。势有未可，以故如能精研支那风土人情，则于营业前途有莫大幸福也。吾人犹忆在一九一四年时，曾成立一日英维持中国市场会，其意由英人集货，日本出力，以注市场经济上之活动，其性质为官商合办，与东亚殖民会无异。此会曾在朝鲜实行，获益殊多，然此种举动虽蓄之于心，一时殊难着手进行。近日东京尚在会议之中，该院已造成生徒一千有余，在支那都有位置，其事业不一，有奉该会令游历各处者，有考察商务情形及关于日本事务者，亦有侦查新商业之发达者。总以急极进行，能于该国在华贸易超优胜权为务，其生徒均能悉华语华文，并可易华服考察之际则无掣肘之虞，又常至各支那公司劝导用该国大阪工厂出品，其价既廉而又施以种种手段，无怪其贸易之发达也。

以上各节，日人在华行动既已明瞭，然细考之，则日本之居心，不但欲抵抗他国货物输入支那，且欲至内地扩张其势力，使支那全国尽取该国物品也。不然该国数年殚思经营，从无知觉及至进行，得稍微窥其意。呜呼，商业一道，可以强国，可以弱国，亦可以存国，可以亡国，关系岂浅鲜哉。

文章来源：《协和报》第六年第三十二期，1916 年 6 月 10 日

（十五）纪中国时局

中国内政，自上星期来，少有变动，盖南北两派于根本问题，皆固执成见，而不相让，难得和协也。简而言之，今兹一星期间，依然如前星期，仍以时论恢复约法，召集国会二事为前题。南方力争恢复民国元年旧约法，其意并非此不可。北方则志在仍用袁氏修改之新约法，其中以袁党主张最力。现在南方微论激烈派，即希望恢复旧约法之和平派，亦一口同音，谓新约法，系袁氏所修改，仅能视为袁氏个人之约法，断不宜用之于真正民主共和国。而凡远见之士，如河南、直隶等省，当道虽向属北派，今亦多倡议恢复民国元年旧约法，但须经国会稍微修正，以应时势之需求。此议倡自江苏冯将军，大有登高一呼，全国响应之势，因是北京政府，遂不得不决用旧约焉，唯实行尚无定期耳。按于此种问题，北京政府既知非南方之敌，则当早日实行，以定人心，不宜迟迟耽误大局，而迄今终不果行，吾人诚不知其是何取意也。

召集国会一事，亦如约法问题，迟迟未决。现在南方根据民国元年旧约法，欲仍旧召集民国二年经袁前总统解散之国会，而其议员除附和帝制者外，北京政府须一律承认，因是往返电商。此事又经过一星期之久，卒无结束。据称国务总理段祺瑞，欲另组织一国事善后会，每省派代表三人，讨论约法国会两问题兼一切国务，凡该会所议决之事，北京政府一概运行。其召集期在七月一日，而前参众两院议员，凡居留上海者，则定于本月底，在上海开国会，此必为抵制计无疑。由是观之，可知南北之目的相去尚远矣。

项城亡后，独立各省既纷纷致电于黎总统，表示其爱戴之诚意，至今除川、陕、广东三省外，其余各省，仍旧不肯取消独立，盖欲先俟俯允南方之要求也，惟此与其初拥戴之原电，不免矛盾耳。而取消独立之省，四川与广东，又有因争权夺利，而开战端之说。中央政府，虽有专电致各该省将帅，谕令即刻停战，以待大局解决，亦不肯听。如现在四川陈宧与周骏二人，因争将军相持不下，而大战于成都。夫取消独立者，不尝声明，惟中央之命是听乎。今既不服从总统之命令，当初又何必取消独立也哉。而且身为将帅者，当知争权罪小，违犯上峰之命令罪大。盖一人如此，尚无关重要，苟群起效尤，则为害甚巨。故照军法，始作俑者，其罪虽轻，亦须上□也。

南方之要求，除恢复约法召集国会二事外，尚有严惩帝制罪魁一条，关系重大。而帝制罪魁中为举国公论所不容者，尤以梁士诒为首。盖梁氏既为帝制罪魁，又为破坏财政之祸首，是一人负二罪也。梁氏今已脱离政界，其部下健将，如周自齐、叶公绰等，亦相继被逐出。政府此虽非明正其罪，亦可消国民之公愤矣。

袁氏在世而争于朝者，曰皖派，曰粤派。今粤派之领袖既纷纷被逐出政府，则其权当并于皖派矣。而北京消息谓，皖派亦将无立锥之地，盖今另有一派继粤派而起，其势且甚盛也。皖派之领袖段祺瑞氏，因不堪此一派之排挤，业已宣言，一俟新内阁成立，即自行引退，于是可见新派之势力必炙手可热矣。然为中国前途之患者，不在党派之争，乃在畛域之见，何也？党派之争，多在政见，而省界之争，则唯在权利。今苟不早设法消灭之，或以法律限定之，而容其畛域之见，与日俱长，则争省以后必尚有府界县界之争，轻则口吞，重则干戈，扰扰攘攘，遗害无穷，洵可惧也。然今中国如仅用一纸法令而禁其争，必不济事，最善莫若军民分治，使军权直隶中央政府，而军旅择要驻防，不分省界，民政则归各省人自理，如此即令其有府县界之争，亦必不至于动兵，而军旅专事国防，不兼民政，无有权利，则亦无人争为统帅矣。苟能照军旅制旧章，严定资格，凡为军官者，须循序升进，不得巧取，如未受军事教育者，不得充当军官，而有军事学识无资格者，不得越级升进，则倖进之门，巧取之道，禁自绝矣。

文章来源：《协和报》第六年第三十五期，1916 年 7 月 1 日

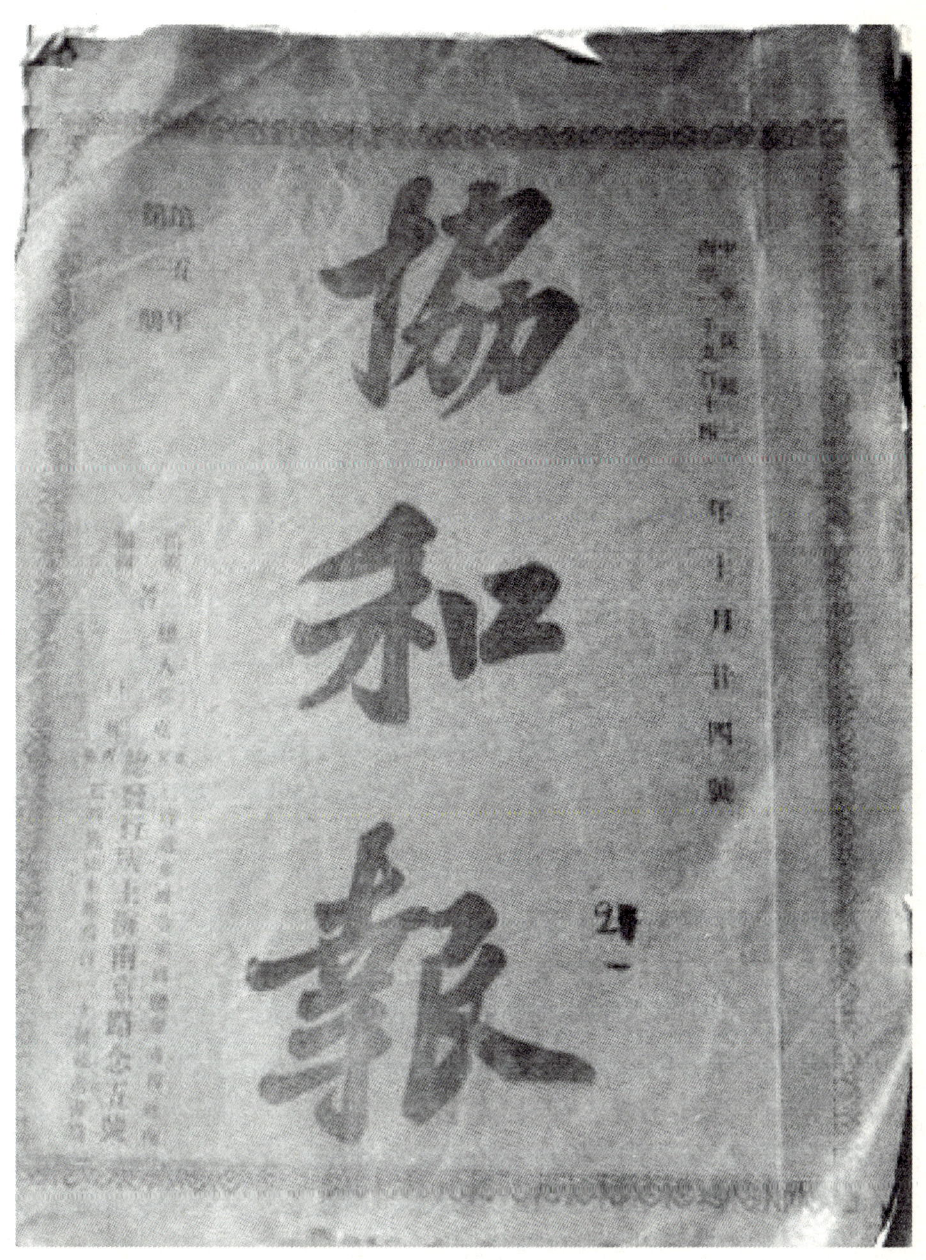

協和報

《协和报》第五年第一期封面

(十六)中国边患问题

德文新报记者,司克礼君,洞悉中国边情,去岁尝赴西藏探险,归来之后,记者尝请司君,将其阅历所得,编辑成书,以饷我国人,而司君以欧战方殷,无暇及此,允俟后图。兹因满蒙藏各边皆有警报,而著中国边界问题一篇,登之华德日报,其论各边与我国之关系,颇为详备,而论川藏边患尤详,故特译述于下,以供国人研究边患问题之需。

数十年来,中国所以忧患频见,而不得一庆太平者,殆命运使然也。如今举国骚然之第三次革命,扰扰攘攘者,七阅月之久,方始平定……之警报,又纷至沓来矣。现在川藏边界上与蒙古之乱事,不唯其情形,无异于第一次革命后,即其乱地,亦今昔相同。特不知今日之乱,为偶然之暴动乎,抑或以久乱中国,而使中国渐形削弱为目的乎。或谓此种边患,去内地遥远,中国赋税之收入,既不为其所波及,而能按定额征收,则中国之经济,可不致有患。殊不知中国赋税收入之定额,虽不被其摇动,而中国政府平定边患,恢复秩序,亦须糜费巨款,殆较甚于仅仅波及征收赋税。此尚就对内言,至若对外,如其乱势蔓延不已,则更属可虑。……苟其坐视中国征伐,而不过问,尚无可虑,而其一方既不欲乱势蔓延,有害其利益,而一方面又欲得其地匪党之欢心,一似乎惟恐其乱势之不蔓延者,此诚中国政府今日最难办之事也。

现在川藏等边境,一时之间,皆有警报,可谓奇特矣。唯此种乱讯,皆与其事有关各国片面之报告,不足为凭,而他方面又消息沉沉,故欲知现在战地之真象甚难。然试执中国西部地图一观,则各乱地之互通声气,不难推想而知。如由打箭炉巴圹赴拉萨之通商大道,适当东纬三十度,而此大路之北,以迄于青海,所居者皆杂种藏人,有常川驻所者,有性好和平之游牧者,有以强盗为匪乃□。据英人所传来之消息称,现在理蕃厅以西之各藏族,群起为□共知者族人,皆属所谓之恩雅隆族(译音),其语言皆似乎拉萨唐古□不通较粗暴。据记者揣之,恐非该族,而为索莫党巴巴狄霸王滩东丑斯佳府译等族,缘此诸族,皆在拉萨势力之下,唯达赖之命是听,皆自有其政厅,向不承认中国之主权也。民国二年七月间,起而反抗中国,致费月余之战争,方始剿服者。即以上所言各族是,当时若辈藉口征求巴狄霸王土司之金矿而作乱,滩东土司之人,则竭力抵抗之,宁死不让,因是两土司之酋长皆被革,而押赴打箭炉拘禁,至今又囚在狱中。此外两土司之人,尚受罚印度银五十万卢比,以赔偿兵费。滩东土司,则奉命迁入大金川河口,沿小金川而立之洛密得浪谷商市,以免再起争斗。如欲知现在之乱事,所因何故,须暂俟后信,今尚难言,但其地乱机遍伏,一触即发,盖有外人竭力煽惑之也。如就历史言,川边各土司之改土归流,而服化中国者,由来既久。今且多已改为县治……而彼等竟甘受英人之蛊惑,希望直接臣服拉萨,而拉萨亦不知自量,深望有此一日,以为其统治权,如能及于横断四川之岷江,则清初所征服之东藏各族,皆可归来,以复其三百年前之旧业,故屡派人入川,勾通各土司作乱。今日川边各土司之反抗中国,殆又受人之愚,以为今日有隙可乘,否则平定未久,又有何故也哉。

现在甘肃蒙古交界之乱事,既无确信,更多传闻,欲得其真象,是诚难矣。但近数年间,其地祸乱相寻,未尝得久安,此人所共知者。……是此种危词,决非空言恫吓,乃已逐渐实行。如郑家屯中日军警之冲突,本属细故,低因其间接与内蒙匪乱有关,逐派重兵赴内蒙,即其明证也。但默察其情形,其地乱事,如不能早日肃清,则内蒙之局势,恐尚有巨变。盖照去年所订中日协约,日本在内蒙既有殖民行商及自由居住等特权,则无论何事,彼皆可藉以为干涉之口实也。……

现在内蒙倡乱之徒……乃皆与库伦政府合谋者。由是观之,可知现在内蒙甘肃之乱事,必皆以与库伦活佛有关系之人为主谋矣。而其倡乱之计画,大约一方以恢复清室为名,一方则以运动内蒙独立为主,此与日本国会某议员,新近所著分割中国为二之论……使清帝宣统为主等情,可谓不期而合。至于此种妄想,能否见诸事实,并若辈有此能力与否,则另当别论。假使其出于自动,吾敢断言其无此能力,如属被动,则难言矣。若就现状观之,则又似乎颇具有此种能力者,似此种情形,令人观之,殊有可疑。然无论如何,北京政府今宜急速设法,以杜绝其野心,庶不致有为人利用之新国,以为近邻。否则如北京既三面受敌,而中华民国亦将无穷之祸矣。现在日本不负责任之政治家,多有为此妄想所迷惑者,终日厕身报界,以求解决中国之良法,而卒不得其当。其实中国问题,中国自有解决之道,若辈日人大可安心坐视,又何必徒抱此杞夏也哉。

(略)

文章来源:《协和报》第六年第四十三期,1916 年 8 月 26 日

本報特別通告

紹介科學雜誌

紹介名醫通告

紹介教授德文通告

社論

◉中國邊患問題

汉声在《协和报》第六年第四十三期发表《中国边患问题》

(十七)中国时局之今昔比较观

今姑勿论中国时局如何,且先试问中国内政之现状,与民国元二年时,有以异乎,抑或无以异乎。吾知凡曾于民国元二年间,留心中国内政之变化者,必曰今昔无异。然则是中华民国四年来之政治史,今又将重演一遍矣。如谓其有以异也,则敢问今日国务院之恐惶危急,国会之捣乱,武人之跋扈,借款之风潮,诸如此类,不尽与昔同乎。而今与昔之所不同者,不过前四年之政治舞台,所演闭幕一剧,为袁氏皇帝梦耳。然今后之结果如何,亦未可言定。假使民国二年秋之恶剧,再见之于今日,此在旁观者观之,固可曰煞是好看,而我中国四万万人,则诚可悲矣。

袁氏秉政之日,中外人士,多信以袁氏手腕之强,阅历之深,必大有为,以为中国历史开一新纪元。不意其任总统三年之后,利令智昏,听信其英国友人之计谋,推倒民主共和国之根基,重整新地盘,建设袁家帝国。于是蔡将军锷首先揭反对之旗于云南,以破其野心。而民主共和之理想,亦自是复活。至袁亡黎继南北统一后之政剧,则与民国元年初所演者,丝毫不爽焉。

民国元年推倒满清帝室,民国五年则推倒已得帝权在手之人。其中情节,虽微有不同,而前后二事,所影响于内政者,实无差异也。

第一次革命成功后,急进派之势力,一日千里,炙手可热,其始在政府,继在国会,终则在各省议会,几无一处,非急进派得胜。虽善用权术之袁世凯,其初对于急进派,亦自知不敌,唯有俯首听命而已。盖急进派分子,多旧日革命党,其党员弥布国内。举国内政,非得急进派同意,难以通行也。大凡善于用情言辞巧妙之演说家,皆属急进派,故能鼓吹国民,使公论尽隶其党势之下。而各地报纸,除一二守正不阿之老报外,亦多为其机关。当是时也,报律既荡然不存,各报得自由发表其意见,而不至有官厅发封之患。国会报界,联成一气,攻击政府,以宪法问题与外债政策为前提,而攻击政府借款之政策,尤其激烈。因是拟募集内债,不用外款,而久议无功,且致国务院屡有倒闭之患。如前国务总理唐绍仪,即首先为订借善后大借款而牺牲其职权者。盖唐内阁于大借款未成以前,先与比国银行团订借外债,谓之垫款,而用途不明,遂被推倒焉。嗣后举国武人,借口内阁,旋起旋仆,不能久立,纷纷电请袁氏自掌政柄,以破急进派之锋锐,故卒有总统制之发现。然袁氏一手握大权,国会即破裂矣,而其劲敌亦咸被逐出国门之外矣,此即前二年急进派不善用其优势之结果也。

呜呼,前事已矣,今则如何。云南独立之后,南方所要求之第一件,为恢复民国元年之巴力门状态,即当初袁氏居间利用以谋去清室者。此项要求,既经北京认可，遂谋统一。扰扰攘攘，以迄于今，大好之半载光阴，皆消磨于此要求。其实今所谋者，仍不过恢复民国元年时代之内政而已，又何新猷可言也哉。急进派之势力，凡民国二年所失者，今已得回大半。国会之中，报界之内，咸觉其势力充满，莫有伦比。而报律亦已取消，可得自由发表意见。现在政府执政者，虽多民党伟人，而借外债，仍为国会与报界攻击之前题，至于今日政府与外国银行团商订善后大借款之急迫情形，则更与民国元年时无异。而最有趣者，民国元年唐绍仪因借比国垫款而去位，今财政总长陈锦涛又因借用日本垫款，而被攻击太甚，以自愿告退闻矣。其初唐氏去位，前陆军总长，现国务总理段祺瑞，虽苦口劝说，终不能留。今唐氏见陈锦涛因借日款，而不容于公论，势须退位，以谢国人，亦劝陈氏，取消辞职之议。但其余各部总长，凡被国会报界及公论所攻击者，亦多借口才不胜任，愿退避贤路矣。由此观之，民国元二年间内阁屡次更迭之情形，恐又将见之于今日焉，不特此也。党派之纷争，武人之跋扈，凡民国元二年所有者，今亦渐见端倪，如各省督军之要求解散国会，抗拒中央政府之命令，此皆非和平之兆也。

总而言之，近半年来之政局，其情与民国元二年时相同而已。惟今之中央政府，异于袁任总统时，何则袁氏时代，视其反对党，皆为盲敌。今政府视其反对党，则为皆有裨益于国家建设之人。故民国二年秋之悲剧，当不至再见之于今日，而中国内政，且可得逐渐进行也。

文章来源：《协和报》第六年第四十八期，1916 年 9 月 30 日

（十八）论美日与中国借款

日本克洛尼克尔 The Japan Chronicle 者，日本之英文杂志也。今该报载有论列强参与中华国债之社说一篇，多言事实，不尚空谈。诚今中外报界论说中最关重要者，究其用意，是谓日本对于中国一切事故之态度不免怯弱，而对于中国借债尤其甚焉。盖其意谓日本对于中国当为所欲为，不宜畏葸顾虑也。

该报谓现时能以巨款贷给中国者，不过二国，即美国与日本是也。惟美国因威尔逊所行之政策，不便会同列强借款中国。盖威尔逊总统之意，以为借款当以经济为主，不可侵入政治范围。而列国债主任意要挟，所定借款条件，多侵犯中国主权，故不欲苟且赞同也。现在美国资本家，虽仍旧预备贷款中国，但美国政府依然踌躇未决，设中国不能清偿外债，或因不能偿还利息而发生困难时，应否使用外交手段强迫中国。总之美国资本家如欲贷款中国，非俟其政府允为后援，不能成功而已。日本政府则不然，苟能为力处，则无不力助其资本家，即强迫中国政府尽其责任，亦不惮为。但日本于中国善后大借款，虽欲竭力承办，却无许多现款以供给中国，故现在日本各界亦多视此为难事也。

现在日本于中国借款，意欲订约后，不尽其供给中国以金钱之责，而以商品代之，即供给中国以种种商品作为借款也。据该英文杂志称，此法乃日本学自德国者。德国尝用此方法，以对待举世各小国，而该报恐日本因此被讥，又谓日本已将此方法改良，故日本报界有何故不准日本对于中国用此改良之方法之说。

按该报此言，吾人诚不知其何所据而云，此殆又为英人（即该报记者）无稽之臆说。然此说当否，不难证明，何则德国借款于中国者多矣。德国于订约后尽其责否，中国必自知也，至于中德因借款条约而发生缪葛之事，则更未之闻焉。

日本英文杂志，援引俄国借款事，以证实日人之用意。据称日前俄国在日本募借国债七千万元，俄国国库券一发行，日本银行家及私人即争先应募。盖时值俄国正与日本商议代其制造大宗军需品也，而迟之日久，订造军需品之协约竟未成立。于是日人遂多疑为俄国所欺，及交款时，不肯照约付款。盖其初，日人以为俄若在日本订购大宗军需，则俄国借款可用商品抵之，勿庸付给现金，不意俄国订购大宗军需品之议，竟成画饼。倘日人早知俄国以此为饵，则决不与之订借款之约也。当时日人对于俄国借款虽有此意，而未发表，今则明目张胆谓当用此法于中国借款矣。故东京中国公使谓中日借款事，断无成议，即今中国能在日本募借国债，亦难得现款。盖其于日人之用意早已窥破也。

日本首相大隈伯爵以为，美日两国于中国借款事如能合办，则此难题或能解决，或叩以美日合办之道，则曰此无他。不过用美人之金钱，日人之脑力，以开发中国而已。唯此说未尝能得美国人之同情。盖以为其金钱较贵于日人之脑力也。而且所谓脑力者，不过其名，实则纯在争取政权，是此仍与美国政府之政见不合。然所谓日人多出脑力者，亦不仅在派日兵数团至北京，乃欲藉此使中国多用日人。盖中国如果不能尽其偿还之义务时，日本自有最后之手段，虽不派兵，亦能监督中国政府也。美人之钱，中国用之，固不便宜，但日本亦非有报酬而不为也，微论其他即如所谓以商品抵借款之说，若果见之实行，则日本所获者亦不赀矣。而况其于此以外，尚要求中国他种利权以为报酬乎。若就他方面观之，美国之赊借，其利率暂固高于日本者，但美日合办借款，如由日本担保，则美国资本家所要求之利率，亦必更高于由美国所担保者。故论者多谓美日合办借款太不利于中国，其议恐难有成，然其所不利于中国者，不特须出重利，且亦使其由竞争而成垄断中国财政之局也。

日本英文杂志论断最确者，即谓日人已渐渐省悟，其向来在中国所行所欲之政策，于己有害无利是也。日本加藤男爵于上次中国抵制日货时，既言日人要求用强权对待中国为非法，然其所谓非法者，非为亲睦中国计，乃为振兴日本商业起见。盖其意谓中国抵制日货，日本商业固不免受害。但抵制日货，较之中国无钱购买日货，致今日本商业日见衰败者，所受影响甚微也。当今战时，日本若有钱供给中国，使中国可以发展其经济之力，则于日本必有莫大之利。盖日本商品惟此一路可多得主顾也。若谋剥夺中国之财源，如强迫中国，因自无财力而委其矿产实业等权于外国资本家，虽善亦远不及此。何则，此不取怨于中国，而彼则必招中外人之忌也。

日本英文杂志谓今年四月间，日本银行团扣留监税余款不发时，中国政府甚形急迫。恐中国关税与监税除偿还前债外，所余无几，不能再用之为善后大借款之抵押品。按该报所论，通篇皆有情理，唯此本报不敢赞同。何则今年四月间，中国政府需款虽急，但其情形亦无异于常时也。再者，中国监务署与海关之收入，日见其多，不唯足敷中国政府偿还旧逋之需，即再借外债，用之偿本付利，亦绰绰有余。此有税务处与监务署之报告可证者，安可因四月间之急迫而见疑也哉。

日本英文杂志论日人不许中国养兵，曰现在日本各界于中国善后大借款，有欲要求中国不准用之练兵养兵者。夫中国陆军，遇有一二强国攻击，固不能保守其国土，即遇内乱，能否镇定，亦殊可疑。但如有此要求，则视中国为无主权独立之国矣。该报谓日人收买中国制钱，亦属不当。何则日本既恐中国无力偿还外债，则当赔养中国偿还外债之能力，不宜再摧折之。今日本既不助中国赔养其能力，而又使日人每月由山东运出制钱六千吨之多，虽彼此皆认此贸易为非法，理当禁止，而一则不敢过问，一则坐视其国人，任意运贩。今且有传言谓日本借与中国之垫款，以收买制钱之权利为报酬条件。呜呼，此说若确，则是欲使中国人民尽成残废，又安得望其广购日本商品也哉。而最奇怪者，中国顾问莫礼逊博士之宣言，据彼称中国地大物博，投资于实业一途，最为有利。唯今中国政治潮流不稳，此种投资实太危险云。此为中国政府顾问莫礼逊博士之事否，吾人不得而知，但彼不能不知中国需款孔急。既知中国需款孔急，而有此种宣言，即令外国投资家闻此不畏葸，能不自愧有负其中国顾问之职守乎。但吾人闻之屡矣，莫礼逊博士虽食中国之俸，而其目中唯有英国之利益，今则唯求固其位置，并英国之利益亦不暇顾矣。

文章来源：《协和报》第六年第四十九期，1916 年 10 月 7 日

（十九）论日本与中国内政

德文新报曰，日本报界，每论及中国前途，即具悲观。而自唐绍仪辞职与各省武人开会于徐州以来，尤其甚焉，一似中国内讧之祸，近在眉睫者。据日本报界观之，今后中国南北之事，纵其手段变更，而政权之事必不能免。日本英文泰晤士报有言曰，上次革命，南北争以武力，今则争以口舌文字矣。夫以口舌文字争，乃战争中和平之军器也。然此和平之军器，何时再换以利剑，则无人能预言。据该报之意，国务总理段祺瑞，当属徐州会议黑幕中之一人，凡徐州会议所演干涉内政，推倒唐绍仪等恶剧，皆由黑幕中人指使而成。今国民党已调兵遣将，预备对敌段祺瑞，一俟国民党籍各总长引退后，即推倒段氏。而对敌段氏者，以唐绍仪为领袖。唐欲先调集推倒袁世凯之兵力，以与段敌。然后由国民党用其国会中之多数，迫令政府至无用武之地，庶乎贯彻其所要求一切之目的。倘政府使用强权，解散国会，南派则决用武力以报复之。特著名之革命各元勋，如孙黄岑等，一概默然无言，既无一字忠告北京政府，又不标示其意旨如何，此诚咄咄怪事耳。

观日本泰晤士报所言，是孙黄岑等，显无左袒唐氏之意。而东京日报，则与该报意见相反。据称孙黄岑等，为巩固其在南方之势力起见，将竭力而为，以便与徐州会议对抗。日本泰晤士报谓此皆由唐氏辞职而起，今后中国，如果欲绝内讧，须使唐绍仪就职，恢复民国元年初季之情形云。观上日报所论中国内政之情形，日人可谓独具只眼矣。究其实日人所观察，固多情真事确，而其不真确处，亦不少也。如谓现在中国政界有意见，及徐州派武人，侵夺国民党于上次革命所得之权势，此诚不能否认者。但亦须知，中国政府，亦未尝不想去张勋等跋扈之势，而黎大总统与段总理尤尝再再禁止武人干涉政治焉。如前星期大总统之诰戒令，而由段总理副署者，即明明因徐州省区会议而发，此举世所共知者，岂日本充耳未闻乎，不特此也。黎元洪之政策，自就任伊始，即主张与国民党和衷共济，以定国是，而和衷共济，全在彼此相维相系，不分党派，此亦尝屡见之于国民党所占多数之国会，而不一见之者也。然则现在中国政界虽有政见之不同，而无党见之争也明矣。至于徐州省区会议之恶作剧，不惟被其攻击太甚之国民党，恨之切齿，即北京政府与中国人民亦未尝快其所为。夫一部分人，无理取闹，既犯举国朝野众怒。微论其势不能成，即令其能成，试问其势尚得久长乎。而且其是非若不明，尚可云争，今其事之是非，既大白于天下，则国民党亦大可满意矣，又何必再用干戈以祸国殃民也哉。前期本报尝言中国今正当由专制而趋于立宪之过渡时代，反对之势力，在所难免。何则中国之专制也，数千年于兹矣，其根深叶固，难非一日所能铲除。今后中国如果欲安然趋于法治，当不分新旧，和衷共济，缓缓力求进步，庶不致演流血惨剧，若急则难免有剧变也。

日本政府，大约亦属此意，故欲使其邻国自行伸缩其政力，苟不危及日本利益，即作壁上观，而不为无益之干涉。据日本泰晤士报之半官社论称，日本帝国政府，刻已决定不借口友谊，以干涉中国内政。而自今以后，且再不如往昔，谋助中国一党，使中国他党仇视日本，将坐视中国安然自理其国政。而日本帝国政府，则唯保护其国权民利是务云。特日本泰晤士报方发表此见，而大限内阁既已告退，其后任为前朝鲜总督寺内伯爵，未悉寺内仍遵守此旨以对待中国乎，仰或其另有主见乎，吾人且拭目俟之可也。

文章来源:《协和报》第六年第五十期，1916 年 10 月 14 日

(二十)论德国倡议称和

呜呼欧洲之血战也,二年有半于兹矣,其前后所波累者,欧亚非三洲,大小十四国,而不旋踵即演亡国之惨剧者四,至于流血之多,靡费之夥,则更不可以道德计。故凡稍有人心者,目睹其惨状,或耳闻其消息,莫不为之凄然而悲,引领而望和局早成。无如交战国两方相持不下,势成骑虎,未便言和。中立国虽有欲任调和者,而以两方胜负未决,恐遭拒绝,亦未敢出任调停。今也幸而德国首相贝德曼郝而维格博士于同盟军大胜罗马尼亚之后,体上天好生之德,恐多杀戮无辜,有伤人道,大声急呼协约国,以示其德国深愿就此停战言好之意。是此佳音,举天之下,凡属人类,在中立者固额手称庆,而交战者亦自当欢迎。讵知协约国政府与其报界,野心未死,仍欲续战,不就德国首相之牒文推究,而乱事揣测,或谓德之兵力已竭,德之民气已衰,德国首相此举,意在振作士气,鼓动民心,以作背城之一战。或谓德国首相闻其敌国人民多数欲和,而又见其敌国政府纷纷更迭,遂发此议摇惑其敌国之民心,使协约国团结之势,自相解体,以便乘机取利。而诚心就事论断者,未之有焉。呜呼德国首相以霭然仁人之言,招此测忌,诚不值也。顾今德国首相之善意,难未得协约国相许,但欧战之是非曲直,可从此大白于天下矣。何则向之协约国人与受英法卵翼之徒,多鼓其如簧之舌,有谓德皇有野心,志在推广领土,谋并邻邦者。夫谋占人国者,自当利人土地,不惮兵连祸结,如英之于印非,俄之于满蒙,连年举兵是也。而德国占领波兰后,即宣告波兰独立,准其重建王国,此波兰爱国志士百余年来所求之不得者也。而德牺牲无量之金钱铁血,方争得此一片土,即慨然归还于波兰人民,则德皇无谋夺邻邦之心也明矣。有谓今兹欧洲战祸,由德皇穷兵黩武所致者。夫自古帝王中,穷兵黩武者多矣,然不过如法之拿破仑,东征西伐,再接再厉,坐视其人民涂炭,流离颠沛而已。至于德国享太平之幸福者,既有五十年之久,今于大胜罗马尼亚后,又不为已甚,首先言和,试问举世帝王志在穷兵黩武者,有如此者乎?则德皇之非穷兵黩武者亦明矣。而德皇所以不惜举兵以从列强之后者,非好武也,乃为自固其边城,而保其人民自由之幸福也。苟非然者,当今民权发达之时,德之人民,又安能举国一致唯德皇之命令是听,而无异议也哉。今德国既首先建议言和,则德皇之不欲久战,涂炭生灵,益昭然若揭,吾知其后敌国之人民虽夙不知德皇之为人,而暗恨之者,亦必钦佩英名矣。至于今后之战局,如不停而续战,则其战祸之剧烈,必更甚于前,盖为生死存亡计不得不然也。然协约国欲求一胜,必不可得,何则战争之胜负,全视民心士气之盛衰而定也。协约国人民与将士之希望媾和也，由来久矣，然则是其民气已衰，而今遇有可和之机，其当道又不和而仍战，则其人民将怨恨之不暇，尚望其出死力以为野心家之当局求功名乎。

文章来源：《协和报》第七年第十期，1916 年 12 月 23 日

（二十一）论中国宪法之难产

前清光绪三十四年因我民智日开，特颁明诏，准备立宪，并定于西历一千九百十七年开国会。于是我国人有闻而喜立宪有期者，有谓满清政府之立宪，非出于真诚者，但彼时之立宪党人，尚志在保皇，虽明知其伪，而仍望其早日实行立宪，故立宪党之报纸纷纷鼓吹速开国会。逮乎宣统元年按照预备立宪之次序，资政院开幕，以为设立国会之先声，而各省谘议局亦次第开会。当是时也，凡我议员即当各尽其职，以示我民之智识，足能运用巴力门政府。讵知各议员大半不守院规，每次开会往往一到，转瞬即去，有时虽能勉强开议，而终不能表决。盖出席议员，足法定之人数时甚少也，因是外人多谓我国民智太有进步之说，绝不合乎事实。然立宪党人，仍竭力要求前清速定宪法，早开国会，以免革命流血之惨剧，要求至再至三，卒使清政府定于一九一二年实行立宪。而未使满清实行立宪，武汉三镇已揭旗革命，中华民国临时约法亦由是定矣。今当另定宪法，以代约法，本拟于今年岁终宣布，而宪法审议会屡起冲突，致使宪法草案迄今尚未经二读会。且今去元旦无几，即令不生风波，亦赶办不及。况有许多问题，今尚争论未息乎，大约明年或可望宪法实行。是中国虽望早有宪法，不惜战争，亦终未能出慈禧预备立宪之定期。至于现在宪法审议会所争者，其问题颇多。然最关系重要者，为将来之省制。据北京电称，国民党系议员愿宪法中加入省制一章，省长由各省人民自选，而进步党系议员则欲率由旧章。前日开宪法审议会，国民党系仅差一票，未得三分之一之票数，否则此重要议案即通过矣。而国民党不认失败，藉口票数与人数不符，遂与进步党系大开血战，卒致宪法议案暂且搁起。其实所争虽名为省制问题，仍不过旧日中央集权与地方分权之说。特中国今日之争，较昔为剧烈耳。兹闻中立派议员已调停妥洽，不日当从新闻议。若然，则中国将来是否仍旧统一而行中央集权，抑或各省独立，仅视北京为上级官厅，亦在日内决定矣。据进步党通告称，国民党力图各省设立独立省政府，省长由民选，自由借用外债。各省财政出入款项，由各省自理，中央政府不得过问。按此种主义在国民党已怀之四年，且曾试行于第一次革命后，只因袁前总统反对地方分权制甚力，故未得实行。今袁亡黎继，见无强敌，遂又提起此种主义。以事实言之，凡法有害有利，不得谓之尽善，亦不得谓之不尽善。唯就中国国情言之，中国之中央集权，既已行之二千余年，今如改用地方分权制，恐是难事。如谓集权亦有不善，则兴利除弊，改良之可也，又何必多事纷更也哉？想我国人士不乏智者，当知于今强权时代，中国若循其国情，而巩固其中央之权势，则中国必日益强。苟非然者，如使夙为国家行政官之省长，专顾一省之利害，而不问国政，则此疆彼界，必时起冲突，无暇对外。至于强大之中央集权，将来当否永远存留，则属另一问题，非今所当论矣。好在其权全在国民代表之手，不妨留之缓缓讨论，尔今可不必为此迟误国家根本法之进行也。

文章来源：《协和报》第七年第十一期，1916 年 12 月 30 日

《协和报》第七年第十一期封面

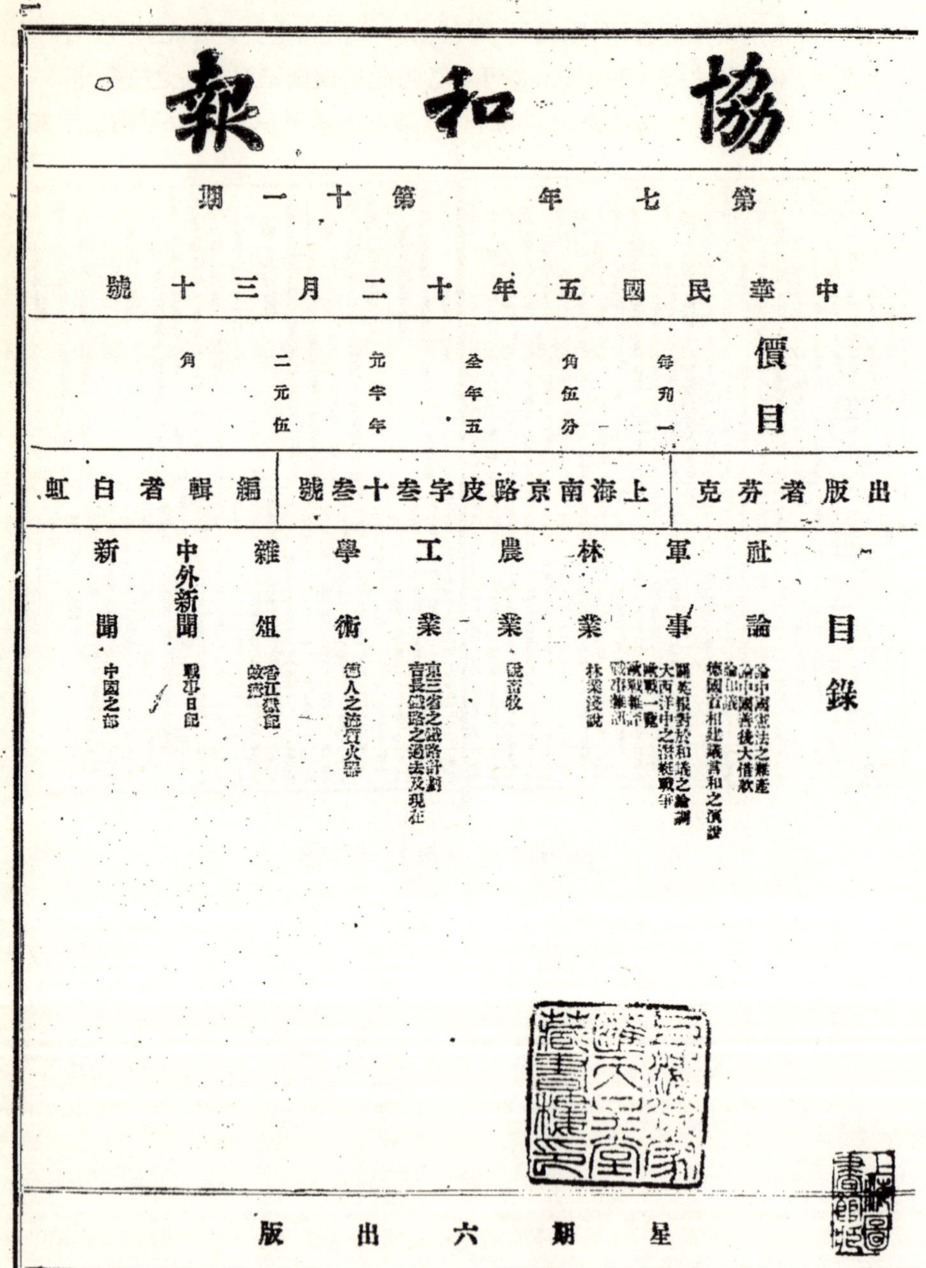

協和報

第七年　第十一期

中華民國五年十二月三十號

價目　每冊一角伍分　全年五元　半年二元伍角

出版者 芬克　上海南京路皮字叁十叁號　編輯者 白虹

目錄

社論
論中國憲法之難產
論中國善後大借款
論和議
德國首相建議弭和之演說

軍事
關英報對於和議之論調
大西洋中之潛艇戰爭
歐戰一覽
歐戰雜評
戰事雜訊

林業
林業淺說

農業
說畜牧

工業
東三省之鐵路計劃
吉長鐵路之過去及現在

學術
德人之流質火器

雜俎
香江獄記
啟事

中外新聞
戰事日記

新聞
中國之部

星期六出版

汉声在《协和报》第七年第十一期发表《论中国宪法之难产》

(二十二)中华民国六年之前途观

华德日报曰,中国旧习,每于年终,就冬令之气候,占卜新年之前途。如冬令多雨雪,则来年必称大有,五谷丰收,则人民乐业,国计充裕,可称天下太平。此在前清又未改焉,盖专制时代,君权为重,人民有纳税之义务,无干政之权利,苟无饥馑,于愿已足。至政治之良恶,不惟无暇过问,亦无人敢过问。但自国体变更后,民权盛行,已趋于法制,苟政府所为不当,必惹起人民之抗议。故今欲论中华民国六年之前途,不能仅以年成为衡,当视各党对于政府及各党彼此间之关系如何也。不然如日前北京之六花纷飞,大雪三日,又可视为明年国泰民安物富人寿之瑞征矣。

今若以此推测大局,则明年正二月实无可喜之联兆。何者?今日各党之抨击政府者,既占大多数,而各党之间,亦互相轧轹,甚于水火,绝无相维相系之意也。然各党之中,亦不乏爱国者,苟能牺牲其党见,群策群力,以维持现政府,或共谋国是,专以对外为主,亦未尝不可转危为安也。

昨日京电谓冯副总统与二十一省军民长官,联名公电政府,调和黎总统与段总理之意见,请去疏隔总统府与国务院之人,而免误会,劝总统深信段祺瑞而勿疑。传段氏以自由恢复共和之权,勿掣其肘,并劝戒国会尽其立法之职,切勿干涉行政事宜,以保三权独立之精神。是此种含有示威用意之通电,既发自举国要人,则其于国家前途极关重要,自不待言。唯日前冯副总统尚以为军人干涉政治,有干例禁,札饬其部下。今忽然亲自领衔,通电政府,劝戒国会,令人闻之,诚不免警疑耳。但冯副总统人夙贤明谨慎,非不知轻重之政治家可比。今其既不惮犯军人干政之禁,必是见国家大局日危,此其不得不说之时矣。苟非然者,以冯副总统之贤明,必不得效张勋之所为,以取国会之忌也。

冯副总统与二十一省督军省长之联名公电,在进步党视之,或无异议,若国民党必悻悻然不慊于怀,盖此电可谓全对于国民党而发也。国民党欲推倒段祺瑞,另组内阁,此观之该党机关报可知者。今冯副总统偕同二十一省长官为段总理之后盾,是明明欲破急进派之阴谋。实则此电一到,段总理之位置,即当大见巩固矣。

国民党苟非欲谋去段氏,自揽政权,则其从新组织一大党之举,殊属多事。今关于该党组织之事,有最可注意之谣言。倘其说确,可谓国民党不特欲推倒段氏,且欲使北洋军人派解体,而自求得其一翼。尤望北洋派中最有势力之督军数人加入其党,以便推倒段氏后,可得统揽全局,而无抵抗之虞。故论者多谓国民党之改组,拉笼军人,全为对待段总理个人起见也。

此即中国于新旧年交谢时之情形，明年我国之党争，必更甚于前，亦可想而知矣。如望其和衷共济，奠定国基，福国利民，以应今日国家急不暇待之需求，岂非戛戛乎难哉。

文章来源：《协和报》第七年第十二期，1917 年 1 月 6 日

(二十三)论中国文武官权之消长

中国自秦汉以来,以崇尚儒术,故重文轻武。平时白面书生可得封疆大员,贵比王侯,而百战将帅则虽有汗马之功,亦不过侍从。……以异族统治华夏,益重视文吏矣。此观之前清督抚一人掌握全省文武大权可知者。中国之有省制也,自元代始,历经明清,未尝或改。但其初一省之司法行政,由藩臬二司分掌,未尝集其大权于一人也。至于军政则更有专官焉。逮乎明末清初,又于布政按察二司之上,设置督抚,分掌军务民政。嗣后则一省之政务,渐渐咸归于督抚一人。寖假之于清末,督抚权势之大,莫有伦比,遂至于亡。而细考前清著名之督抚,大抵非一时之文豪,善于著作,即经学大家,长于训诂。至若如今欧美之良政治家,则未之有也。盖中国官吏,幼而所习,不过经书时文而已。学而优则仕,仕则自小吏以迄封疆大员,全赖阅历,尽其职守。若论法政,则中国向无专书。前清时代,虽有大清律一部,亦不过供出仕后参考之用。至于出仕以前,则未有习之者。故上自督抚,下迄州县,一到其任,即须请洞悉法律之人。所谓幕府师爷者,专备顾问,代管案牍,以便自己流连于诗酒。其实文吏之中不通文理者,亦多不胜举,特以重文故,遂多趋之如鹜耳。

清末季,见外患日急,泥守古法,势难振强,特于光绪三十一年废除科举,而取材于科学。于是乎各省纷纷设法政学校,以为造就官吏之基础,并准少年好学之士,出洋游学,其费用由国家供给,以资鼓励。唯有老学究多反对此举,谓国家之亡,必由于此,但终不敌少年好学者多耳。故自始迄今十余年间,中国人士之学习泰西法政,以造成中国今日新官僚之根基者,竟有巨万。但辛亥以前,中国考取文官,专重经学,时文之制度虽废,而旧官僚之势力依然如故。苟非有第一次革命打破旧官僚之势力,则至今新官僚之根基恐亦不易巩固。今若追述其变更之颠末,莫善于以省为比例。何则?各省行政于第一次革命后,几无一不改旧章者也。他且不论,今姑就官吏言,辛亥以前,各省督抚皆年已古稀之文吏,而革命后则多属纠纠武夫之革命军将也。旧日中国文吏,原本胆小如鼠,不能委以守土之责,而清朝使其为封疆大员,卒至于亡国,岂非咎由自取乎?革命之时,各省文吏,一闻革命军炮声,既纷纷弃城而逃,不顾职守,统兵将帅遂得势矣。但是时也,不特各省武人之权大,文吏之权小,即中央政府亦然。如袁氏之先代满清,后任总统,以及于称帝,又何一非赖其出身淮军,握有北洋兵权也。

中国政权,既尽入武人之手,不唯渐渐积成重武轻文之势,且有内轻外重之弊。如今官制各省例当有督军省长各一人分掌军民之政,而中央政府简放省长,非得各该省督军同意不得到任。即得督军同意,而到任后,亦非听督军之指挥，不得久于其职。盖其名为军民分治，实则一省大权，咸归督军掌握，省长不过备员而已。

一国之官制，重文轻武。如前清时，举国官吏，泄泄沓沓，无人肯尽守土之责，固多不善。而重武轻文，使骄兵悍将，举动跋扈，渐渐酿成藩镇之祸，法亦不良。是宜求折中之道，以除此弊。若就中国之国情言，当用中央集权制，而各省官制，则宜采取泰西军民严厉分治之主义，即文官不得理兵，而武将亦不得治民。如是各省庶乎得长治久安，而中央对于各省，亦不至有尾大不掉之患。但中央政府办理此事，宜用迅雷不及掩耳之手段，毅然行之，切忌进退维谷，踌躇不决。而商之现任各省长官，必徒费唇舌，一事无成，或且由是发生巨变焉。何则？权利者，人之所好也。各省督军之掌握军民大权者，已数年于兹矣，平时其视此种权利，不啻为囊中物，唯恐有失。如今以分其权利之事商之，是与虎谋皮也。求其不为己害，亦云难矣，尚望其脱皮相让乎？

文章来源：《协和报》第七年第十三期，1917 年 2 月 10 日

(二十四)论中德绝交事

自德美绝交之说出,举世政界顿形忙碌,甚至于我华亦惶惶然不知何从,一议再议,几举国所有政治家聚之一室。盖以其事,突如其来,英俄法意四协约国既利用此时机,拖我入水,不惮威利兼施。而美使又百般诱惑,联美绝德,诚不得不慎审从事也。记者见当道诸公如此谨慎而行,以为必能外顾大势之所趋,内审国情之所向,求一折中之道,措国家于磐石之上,无偏无党,保我家邦,以慰国民之望。故前论潜艇大战,未有一言及此。不料今日京电传来,谓我当局已循美使之请,预备与德绝交。噫!其确也否也,如谓不确,而中国致德之牒文,已披露中外报端。如谓其确也,今既循美使之请,而外不顾大势,内不审国情,当初又何必一一再议也。此岂非咄咄怪事欤?

当今时代,东西各国因利害之衡冲突而绝交者多矣。若夫事不干己,只因人云亦云,而不惜用道听途说之政策,举多年之友邦,一旦绝之,如我国今日者,未之闻焉。盖人之绝交也,大抵因自己之权利,被人蹂躏不堪,方始行之。然未绝交以前,又审慎而行焉。一须视他国之行动,果真与己有切肤之痛否。假令有之,尚权其轻重,苟可迁就,即仍保全两国之友谊,不为已甚,庶免精神上受无穷之痛苦。如今欧洲中立各国者,其地既与德接壤,而其航业又动受潜艇之害,以此言之,则各国似乎当联美绝德,以求自利矣。而今欧电传来,谓欧洲中立各国无一肯应美者,此何故也?不过以两害相权,德之潜艇战略,固不利于各国航业。然与德绝交后,各国航业亦未必能保,而于国际精神上,且有无穷之恶影响。故宁愿受物质上之损害,不欲使精神上有些许痛苦。不者,以欧洲中立各国与德壤地之接近,关系之密切,又何惮而不为也哉。至于我国既无来往欧洲之航业,又去德潜艇之战线甚远,此凡稍知事故者,殆莫不谓中德无绝交之必要。讵知世事之变迁,有非人意料所能及者。如今欧洲中立各国,本当联美绝德者而不与德绝。我国之与其事毫无关系者,今反联美绝德,岂人不如我智欤?抑或我视国事如儿戏欤?微论其他,即就我数年来之中立言,费尽心力,方始保守至今。而今联美绝德,致使前功尽弃,亦足可谓不智之甚矣,遑论其他乎?

虽然,今日我国当局之欲联美绝德者,亦未尝不知此为妄动,只因惑于眼前外人所许之小利,而冀将来美为我助,故不惜举国为孤注一掷,不暇一思此事与我国生死存亡之利害。殊不知我国今日此举,虽能得美人一时之欢心,而将来欲得美助,势有难能。何则?美人治国,夙用门罗主义,苟非事不干己者不问也。他且不论,试问我国近数年来相继不绝之外侮,美人尝有一言仗义相助乎?非特此也,即今日德美之绝交,苟非德潜艇之战术,大不利于美之商业,而美人亦决不与德绝交也。此不独美国，即他国亦然。盖居今之世，未有舍己从人者，亦未有不顾自己之利害，而仗义助人者也有之，岂唯我中国乎？然美所期望者，乃在举世中立国，皆出为己助。今见仅仅我国不顾利害，愿为彼牺牲，而其他中立国和之者既寡，且多责言，当亦自悔失计矣。然则我国岂不将更成孤立乎？

呜呼，近数年来，我国之外侮亦云多矣。而我当局皆忍受之，未尝有一言抗议，即美国亦未尝仗义助我。今我当局竟无故与德绝交，谓非病狂而何？或谓对外，当举国一致，吾人对于政府之措施，无论如何，宜赞助之，今子大加讥议何也？曰，对外虽言当举国一致，但对外与对外之道不同。假使外人无故侮我，如前年日本之二十一条要求，英日联军之假道进攻青岛，去年法人之强占老西开，俄侵外蒙，英踞西藏，诸如此类，凡我国人对之敌忾同仇可也。若我无故去寻人，则衅由我启，无论其结果若何，而其曲先在我矣。如今日者当道不顾自己之利害，而举国以循外人之情，遗国家以无穷之后患，此非人侮我，乃我自取也，我国人又安可默不一言哉？然木已成舟，吾亦不欲空言多责，唯望当道今后谨慎其行，切勿再儿戏国事。不者，若使国家因诸公之措置失宜，而受无穷之祸，纵记者无异议，举国人民亦必群起兴问罪之师矣，岂不宜慎也哉？

文章来源：《协和报》第七年第十四期，1917 年 2 月 17 日

(二十五)中国危机

美德绝交后,我国亲美派人士因愤见欺于日本大倡联美绝德之论,以为异日联美拒日之张。本此发于爱国心,原未可厚非,特不识时势耳。故记者前论联美绝德及加入战团事,谓此种远交近攻之政策,不唯无利且图取怨于强邻,盖向来日本唯恐我亲欧美而远彼也。今不幸我言果中矣。据北京电称,日本深怨我之对德抗议未先商彼,又东电谓英日法俄等协约国将在东京会议,强我加入协约国战团事噫。此说若确,则是我国运绝矣。何者?一国之所贵者,非贵其徒具有国之形式而已,乃贵其在政治上有独立自主之精神也。今若果如东电所言,不问我所欲而强我加入其战团,则是我国独立之资格已失,国而无独立之资格,如印度、埃及、高丽、越南等,试问尚可谓之国乎?然此皆由我当道误信人言,轻举妄动所致。盖我当道如不听人言而安分守己,坐观欧战之成败,则断无联美绝德之说。无联美绝德之说,则不至使日本因怨成恨,有强我加入战团之举。谚有之曰:天下本无事,庸人自扰之。此诚今日当局诸公之谓,然罪魁祸首,则全在诱我之美国也。今我外患急矣,美国何在?

文章来源:《协和报》第七年第十六期,1917 年 3 月 3 日

（二十六）章太炎之外交平议

甲胜则召害　　　乙胜则无利

按近来举国有识之士，大抵反对取消中立，此观之各省前后致京函电可知者。惟英美留学之士，独倡联美绝德或加入战团等说，蛊惑国人。而大名鼎鼎之梁任公，亦不顾利害，盲从其说，未悉何故。然间尝读任公之理财政，其意深以裁厘加税为要务。特苦无机会，今殆欲乘此以达其裁厘加税之目的。若证之近日京电，所谓改组内阁，梁长财政等说，则记者之揣测益无可疑。特仅若以此为交换之条件，虽有裨于任公做官之目的，而于国家殊不值也。况日本又要求免棉铁羊毛之出口税为报酬乎？　　　汉声附识

章太炎先生致书京友云："加入协约之说，去岁七月已有所闻，今果发动。此间中山、少川皆反对加入，商人尤恶闻战事但以身多牵挂不得放言，精卫、亮畴有意加入。前日在中山邸中解说利害二君，亦渐明白矣。抗议已出，不可反汗。假使德无答语，或答我而词多玩弄，既与国体有关，恐政府不能默尔。今既见及国家利害，亦当为政府解围，无已则取缔德商，防其侵轶，既可以对英日，而于德人亦不为已甚"。其语调宽和且谋为政府解围，固与其他之持反对论，抹煞一切者大异其趣。原议如下：

欧洲交战之始，中国不能乘机以收青岛，障塞有所不顾，封域有所弃捐。而今英日联兵取之，已失计于前矣。扰攘三年，未尝偏有所助。近见美德邦交决裂，突思步其后尘。抗议既成，则加入协约，将随其后，甚非愚鲁所敢知也。仅按德人运牒，所谓中立国轮船航行于一定禁止区域内，概与危险其区域，未尝及于支那边境。中国运输之舰蕞焉无几，南暨广州，北至营口，皆不过傍岸遵行，未有横渡大洋而至他国者。求在禁止区域以内，尚惧其不可得也。前此华人生命财产有寄附他国商船，而被损伤者，英法诸国德之仇敌，乘彼仇敌之船，而为潜艇袭击，此又非我所能争也。而政府答复，又以保持国际公法为名，夫以潜艇袭击中立商船，斯背悖人道之小者耳。中国受人之侮，不以人道待遇者，何可胜计。盖有不战而攘我封土，蔑我主权者矣，有略买我人民，而暴施棰楚至于死亡者矣，有以贩卖鸦片而兴战争者矣。是之不图而为他国商船发愤，此殆非发于自动也。非自动则为他人诱胁相牵以入战团，是尚有国家资格乎？是不以中国为他人奴隶乎？德人之在中国其数本少，今中国加入协约非能总帅六师，以与德人交战也，欲减价以卖军需，又不能强迫商人也。所能行者，驱遣德商于国外耳，以宣战庄严之令，而其实不过放逐千数商人，斯亦不武之甚也。外则不武，而其后患，尚有难知者。假令德人战胜，则中国亦分认赔偿，是无故自求损害

也。借使协约诸国得操胜算，而中国以区区放逐德商之劳，乃欲求人酬报，是所谓操豚蹄以求五毂满家也。故甲胜则召害，乙胜则无利，徒使人忽忘内政，颠倒神魂于交战之中，进退相征，为救国耶？为辱国耶？为求利耶？为求害耶？或曰今不加入协约，不幸德胜他国，将以其所得于我者，转赠德人。今之加入非求利也，聊以避害耳。应之曰，今大国之中立者，唯中与美矣。美又加入战团，他日两方和议，非中国谁任居间之役，我以居间为人讲解，而人能以所得于我者转赠乎？是我为主也。今屈从他人之后，而使他日无居间讲解之余地，是人为主，而我为从也。为主尤可倔强，为从则任人屠割耳。诚欲避害，其策适与事情相反矣。或曰德人无人道潜毁他国商船，加入协约者，为伸公理非计利害也。应之曰，列国相处，亦以施报言耳。亚洲诸国为他人夷灭，亚洲人种为他人陵践者，其数可偻指而计耶。一国为之，而他国未尝为伸公理也。进观中国之事，如前所说他人不以人道遇我者，一国为之，而他国未尝为伸公理也。迩者护国军起，所以反抗帝制，叛人其阴相扶助者，略有一二国耳，而终不肯认为交战团体，且有助叛人而鱼肉我者，是亦未能为伸公理也。他人之于亚洲于中国视公理若土苴，然而中国以袭击邻船小故，乃欲沽借虚名，不恤破坏中立以殉之。岂所谓施报之道者乎？且夫德商之居中国者，零落不过千数，非能为他国患也。彼以狭小之见，忮嫉之心，欲中国悉数而驱除之，而假以人道为名，此曷足语于大方之门乎？或云今者不入协约，但与美人联和，以防德祸。言似近理，抑未知美人真意。所增所爱，果在何人也。国情变幻，险而难知，名为援美，其实成为最无人道之国所玩弄耳。烦闻今之从政者，不能惠民理财，而有朝不及夕之虑，欲以借款支持危局，乃假为亲睦以媚之借贷，以偷一日之便，已不足言为政矣，又必行谄持媚。而后可以致是他日借贷，至无穷也。一开其径，将何以为国乎？方今抗议已行，而德人未有答复，必不得已取缔德商以防侵轶，绝言借贷以杜款。言德不我犯，则如是可，德若犯也，我乃以己意与之绝交，而不引他人以生枝蔓可也。助美之与协约义，皆非是葑溪阁主人议。

文章来源：《协和报》第七年第十六期，1917 年 3 月 3 日

（二十七）论中国前途之吉凶

严守中立　均势不破　获利无穷　反是凶多

今者，中国深约法为求内政日兴月盛。去根本法外，另有国基法一种，以保其国家之存在，为独立不羁之国。其法维何？即十五年前，中国与列强并列强互相缔结之协约，所谓尊重中国政治上独立之主权，与不侵犯中国领土者是。此项条约，德国于一八九九年缔结后，即行公布。自此以还，所有对华之政策，亦莫不以列强公认之开放门户等主义为本。总之中国一旦不能持强自立，则德国一旦不能变维持中国之初衷而已。但此种连鸡鹅之条约，不特外人须尊重之，而中国自己尤当竭力维持之。盖列强连鸡之势不破，则中国可永得独立也。由此言之，中国对外宜中立不倚也明矣。讵知中国今日误所美与协约国离间之言，欲举德国相交多年之友谊而牺牲之，诚如是，则最利于中国之根本动矣。此种根本一动，连鸡之势必由是打破，然后中国岂不殆乎？

今者，中国当局犹在梦中，以为与德国绝交，可望得无穷之利益。殊不知现时中国所以得保安然无事者，全赖有远东之国家根本法，以维持列强之均势，不者列强早各自努力争雄矣。但今不动则已，动则必有巨变矣，使中国为利于协约国。故以牺牲德国，则是自□其所□持之枝，而破列强之均势，以求速祸。何则，凡昔之互相牵制者，今深德一国外，皆已由□而合结为一党也，所可恨者，惟德为其梗耳。故竭力运动中国以去德也，德去，则均势破矣，从此彼协约国得为所欲为，尚何可虑？

异□者，均势未破，远东国家根本法有效时，英法俄日四国，又屡施其强暴政策，以欺压中国。迨均势破后，毫无拘束，其欺压中国，更可想知矣。而德国则不然，唯知尊重与中国所订之条约，其对华之政策，亦未尝越出经济兴学等范围，此有事实可证者，非吾人之私言。如德在中国，既无特别势力圈，而在山东，虽有租界，亦承认其为中国绝不可争之领土。故山东境内，无论何国人，凡与中国有约者，皆得自由来往交易，德人未尝垄断其商权也。反之他国，如俄日在满蒙，既反客为主，而英在西藏与长江流域，亦再再声明为其特别势力圈，以便其由印度经西藏直入中国，法则以越南为渐渐侵据云贵之根据地。凡此诸国，皆野心勃勃，唯以蚕食中国领土为利者，今非不欲即时吞并其特别势力圈而有之，特以有均势为之梗耳。但均势全赖各国相持不下，而彼四国，既已合而为一，则是不患瓜分不均。而今而后，可与彼四国对垒，以维持势均之说者，不过德美二国。倘中国若再不知自爱，而牺牲德国，以循协约国之请，则是仅余美一国矣。纵美国威尔逊总统能仗义而出，亦不敌彼四国在政治上偏重之势，矧威尔逊总

统又未必敢与之相敌乎?

总而言之,今后中国惟有维持国际协约,所谓保全中国政治独立者,庶乎列强之均势,不至有所变动。换而言之,即自今以后,依然如昔,严守中立,是为中国保全政治独立唯一之道。能循此道而行,渐渐立定国基,然后中国即可飞扬于世界,为天下之强国,否则,如此根基一破,中国大局必危,而前途亦不堪设想矣。

文章来源:《协和报》第七年第十七期,1917 年 3 月 10 日

(二十八)论中国加入战团之有害无利

方今之世,治国之道,虽千绪万端,不胜枚举,要之不过尊重民意一途。苟能好民之所好,恶民之所恶,凡事咸与民同,取决于舆论,则国之小者可强,国之贫者可富。否则,如事事与民意向左,则国虽大必弱,虽富必亡。故东西治国者,对于民意,莫不兢兢业业,唯恐或失。独我国当道任意妄为,不问民之好恶。往者无论矣,今姑且就与德断绝国交一言,此事发生伊始,举国人民既不赞成,各省行政官吏亦多不以为然,此观之各省前后所致北京函电可知者。而政府当道八九人独执己见,以为绝德有利,上欺元首,下压兆民,虽各埠商会与其他团体,再再痛陈其利害,亦不能动其观听。今且鼓其如簧之舌,诱惑人民代表,征求国会同意。以职务言,国会议员,既为人民之代表,理当代达民意,视国民之利害,如己之利害,唯闻多数议员谓政府既决以为绝交无害,联合协约国有利,则国会自当予以同意。噫!如此云云,则国民又何贵乎有此国会也哉。夫国民之所以不惜脂膏养此国会者,要其能代达民隐,监督政府,以立国家万年不坠之基也。今遇国家生死存亡之大问题,国会议员自当分别利害,匡正政府之失。而人云亦云,助纣为虐,不惟不能代达民隐,且直如木偶,莫辨利害,若谓凡政府以为利者,即曰有利,政府以为害者,即云有害。则国会侭可不设,而悉听凭政府专制矣。倘中国加入战团一事,利害难测,两院议员随声附和,亦有可原。而此事之利害显然,虽五尺童子,亦能分辨,岂身为议员者,反不如五尺童子乎?或谓我国人多无远见,只顾目前,苟目前有利可图,即欣然从之,纵明知将来有后患,亦不暇顾及。故今绝德加入战团之问题,虽举国之人,多谓害多利少,而国务员闻外人言有利,决然行之,国会议员闻国务员言有利,亦即欣然从之。其实国务员与议员所视为目前之利者,亦不过空谈,决非实利。而中国加入欧战后,所应尽之义务,却足能祸国害民。何则?中国一加入战团,即应准英法俄三国自由招募华工,随便采买军需。当今德潜艇封锁甚严之际,华工此去,必多葬身鱼腹,冤沉海底,即令有一二,能幸达彼岸,而终日作工于枪林弹雨之下,亦必永不得归国,此其害一也。中国虽云地大物博,而工艺不精,蓄牧未兴,每年农产,难称大有,常患饥馑。而且近数年来,中国食物,价值之昂,已达极点。今既开放出口之禁,一切日用食物,必因外人争买,其价飞涨不已。倘再不幸,年成歉收,必哀鸿遍野,举国闹饥,此其患二也。然此又其患之小者,苟举国人民,因饥馑不堪,愤政府之举措乖张,铤而走险,酿成民变,则其祸尤不堪设想焉。呜呼,我华国体既曰民主,政尚共和,则一切国务,自当听从民意。今有如此重大问

题,八九国务员独断独行,而置舆论于不顾,此直官僚专制耳。共和云乎哉?民主云乎哉?

文章来源:《协和报》第七年第十八期,1917 年 3 月 17 日

（二十九）汉冶萍公司之大冶铁矿

日前外国报纸纷传汉冶萍公司有开采本溪桥铁矿之说，兹据该公司日本顾问大加齐（译音）氏称，彼未请假回日（该顾问到日未久）。以前未尝闻有此议，如果有其事，彼纵不得闻，则矿坑必在湖北之大冶杨店等县区。今执图偏查各该县区境内，未有此地名，恐所传非实也。

汉冶萍公司之铁厂，原有熔化炉四部。二部每日每炉可出铁二百吨，二部每日每炉则仅能出铁一百吨。年来该公司虽设有二百五十吨之高炉，而机关未备，今犹不克佲用其全力以炼铁。故现在该公司每日所制之铁，屈指计之，犹为数无几也。前者该公司曾在英国定购有大起重机，以便能多运铁矿出坑。惟迄今该起重机尚迟迟未到，一俟该起重机到，则每日出铁二百五十吨之高炉即可开办矣。新近该公司又在大冶设一铁厂，其股本五百万元，将先设大熔化炉二部，每炉每日可出铁四百五十吨。唯今始动工，至早须明年方能开炉出铁云。

奉天鞍山铁厂之总工程司，日人希赖氏（译音），前特来湖北调查汉冶萍公司之办法，以资仿效，昨已公毕归去，兹据其报告所调查之情形如下（见大连日本报）。

大冶铁矿有工人一千五六百名，每日约出铁四百吨，因是拟推广其汉阳铁厂，其铸铁所已聘日本大岛博士为顾问技士，并雇有日本技师十余人。惟如此推广，需铁矿甚多耳，约略计之，再待二年，即民国八年时该公司铁厂与日本某铁厂，即照约当由该公司供给。铁矿者，两处每年必须有铁矿一百五十万吨，方敷其工作。然则大冶铁矿之开采，于二三年内，亦必须增加二倍半于今日之工力。今该公司已准备及此，改良开采矿苗之机器，想不难达其目的。

大冶铁矿在山岭之半高坡，故其矿苗出场颇易，其矿质亦甚佳。惟好运难久耳，今虽尚未直接其末运，恐亦不远矣。近来其矿层之状态，已见变动足微前言非虚，其矿苗中含有铜与他种矿质，此项矿质甚为显见，苟属化学详加分标矿究之，其中或尚含有他种不净之分子，特该公司经理处不甚重视耳。据外人估计其地矿产，当共有一万万吨之谱，而日本专门家估之，则不过七千万吨，相差三千万吨之多未。审其何所据而估测如是其少，苟日人所估的确无误，而迄今历年已采出七百万吨，则是其地所余不过百分之九十矣。再开采三四十年，岂非大冶铁矿即告罄乎。姑退一步言，日人估测之数有误，而以外人所估者计之，亦不过多开采十余年而已。

今观该公司经理处之设备，凡事讲求久远。一似其矿之开采，铁之化炼，将源源无穷者。而专门家就地调查，亦称其地尚富有铁矿，唯不能断定尚足敷若干年之开采耳。但大冶临近各县亦多有矿产,若一并开采,当无穷时。以现状论,大冶所出之铁,该公司既须照约供给日本一半,中国政府自当将大冶临近各县之采权委诸该公司,以资维持。

大冶铁矿所用工人,几尽属矿坑临近各乡村之农夫。每届农忙之时,各工人即纷纷辞工归里,耕田耘地,收获米粮,而不问矿事之轻重,此诚大不利于矿业者也。为维持营业计,自当设法改良。无如其习俗相沿已久,公司明知其弊,为害匪浅,亦不能改革。故开采之工,尝因是耽误,不能言定日出若干,或月出若干,此端鞍山矿坑宜详加讨论,不可取法大冶苟能严订工作章程,招募异乡之矿丁,而不用本地人,以免蹈大冶之覆辙是为最善。有提议招募中国南方之工人者,谓南方工人易于驾御而且勤。但中国南北风候不同,而满洲尤甚,其寒冷多非南方工人所能堪,此宜详加讨论者一也。北方民食以面为主,东三省咸食高粮,南方则食米与鱼,此两项在东三省皆缺。如招募南方工人,必须一一为之筹备,人多食众,殊非易事,此宜详加讨论者二也。

文章来源:《协和报》第七年第三十八期,1917 年 8 月 4 日

汉声在《协和报》第七年第三十八期发表《汉冶萍公司之大冶铁矿》

二、缅怀先辈

（一）爱兮难忘一瓣心香

——纪念世界反法西斯战争暨中国人民抗日战争胜利70周年

高中自　王琪珉

今年是抗日战争胜利70周年，同时也是我们的祖父高振霄被日军杀害70周年。为纪念这一重要历史，缅怀先辈，特献薄礼——《高振霄三部曲》。这是由京、沪、汉三地作者共同编著，后裔、学者、作家联手打造，以《史迹》《文集》《传记》"三位一体"，亦文亦史地展现了主人公高振霄全面、立体、传奇的一生。《高振霄三部曲》再现了他从两湖总师范学子、同盟会会员、共进会骨干、辛亥报人、湖北新军总稽查到"首义金刚"；从孙中山高等顾问、"双十节"首造者、辛亥甲种功臣、国会参议员、讨袁护国志士到"护法中坚"；从洪帮大佬、汉冶萍公司清算委员、上海寓公、社会贤达、抗战策反委员到"抗日英烈"三个历史丰碑，彰显了高振霄自青年时期就励志"振兴中华 福利民众"的中国梦。

历史丰碑

《孟子·滕文公下》曰："居天下之广居，立天下之正位，行天下之大道。得志，与民由之，不得志，独行其道。富贵不能淫，贫贱不能移，威武不能屈，此之谓大丈夫"。这种磅礴天地的精神正是《礼记》中所倡的"临财勿苟得，临难勿苟免，见利不亏其义，见死不更其守"。中华五千年历史文明能得以传承发扬，正是因为有着千千万万个抱匡时济世之志、怀救民水火之心、择善固执精神的知识分子、民族脊梁，本书主人公高振霄就是其中之一。

高振霄，字汉声（1881—1945年），出生于湖北房县书香门第世家。其祖父高凤阁以教私塾为生，饱学经史，其父高步云继承父业，学识渊博，为人耿直，处世恭谨，受聘于武汉和北京等地教私塾专馆，声誉卓著，名播省内外。高振霄早年毕业于两湖总师范及湖北公立法政专门学校（武汉大学前身），百年前曾为高氏宗谱书写"振兴中华，福利民众"八个大字，告诫高氏子孙要"牢记民众福利，努力振兴中华"。

首义金刚

高振霄在辛亥革命爆发前，参加了中国同盟会、共进会，创建了德育会，后来推进德育会与共进会合并，促成共进会与文学社联合，成为武昌首义的发起组织和领导机关；辛亥革命爆发时，高振霄任湖北新军政府都督府参议、总稽查。武昌首义爆发当日晚，高振霄、张振武、陈宏诰等革命党人当即成立"执法处"并组织"稽查队"，连夜起草并颁布《刑赏令》，后又出台"军令八条"，遍贴全城，沿街演说，维持秩序。武昌首义翌日清晨，高振霄第一时间赶赴"谘议局"组建新政府，成立了参谋部、军需部等重要政府机构。接着筹组民政部，颁布新政府文告，并开展延揽人才、筹办临时警察、维持金融、注重外交等工作。首义第三天，负责政学界与军界共同成立招纳处，云集革命新军上万人。执法处后改为执法科，高振霄担任执法科调查，主办军案。他申军法、废苛刑、减死刑，以人道为本，以文明为尚，以固外人之钦仰心，深得民意。与程汉卿亲至禁闭所慰问、演讲，其言语感人痛切，禁闭人员听后多被感化，潸然泪落，自云："如使当前敌，虽死无恨，发誓愿痛改前非，愿赴战场英勇作战"。后以总稽查名义严格履行革命党人职责并与军政府旧官僚、立宪派及各部弊端作斗争，使各级政权牢控在革命党人手中。阳夏失陷，武昌危机，在"军中无首"情形下，高振霄等总稽查挺身而出，义无反顾地以刘公总监察名义守城，组织"敢死队"坚守武昌，最终迎来南北和谈及辛亥革命的最后胜利。高振霄等八位总稽查的英勇事迹亦被当时百姓喜闻乐见的"章回小说"传颂，称其为"武昌首义八大金刚"之一，后被嘉奖"辛亥革命甲种功臣"。

护法中坚

辛亥革命胜利后，中华民国成立。高振霄再次当选为中华民国南京临时政府国会参议院后补议员并被任孙中山高等顾问。他以武昌首义革命党人代表、政学界代表、知识精英代表身份参加国大会，为确定公历十月十日为中华民国国庆日引经据典，力排众议，被誉为"双十节首造者"。接着他先后加入民社、共和党、共和党新派、进步党等进步组织，参加改进团并与李烈钧、谭延闿等组织二次革命、与孙中山开展反黎讨袁护国运动。1917 年，高振霄跟随孙中山南下护法，第三次当选非常国会参议院参议员，推举孙中山为非常国会大元帅，建立军政府。后来，护法议会派系众多纷纭，但以政学会、益友社、民友社三系为最大，民友社为拥护孙中山派，高振霄与孙洪伊、王湘、林森等为民友社护法中坚，在长达十余年的护国护法运动中坚持不懈地开展与北洋军阀及帝国主义列强的斗争，并成为孙中山的坚定的拥护者与挚友。1918 年，高振霄与张知本等四人为孙中山研究并起草《五权宪法》草案。同年向国会提交并通过孙文、伍廷芳等五人参加“巴黎和会”议案，由于北方政府与日本政府暗地勾结，致使取消“二十一条”未果，引起全国工人、学生强烈反对。当时高振霄为国会议员、援鄂军代表、湖北参议长、《惟民》周刊主编，多次发表文章声援“五四运动”。后来，他向国会提交并通过《关于组织军事委员会行政委员会的提案》。经过高振霄等护法中坚的不懈努力，孙中山在两次下野后于 1921 年再度当选中华民国政府大总统。同年，高振霄再次提出“华盛顿太平洋会议”议案并以起草委员会委员长名义起草“讨伐徐世昌、吴佩孚通电”檄文。先后组织“中韩协会”“法统维持会”“中华民族自决会”等组织。1922 年陈炯明在广州武装叛乱，高振霄由粤转港赴沪后立即组织旅沪议员先后发表《旅沪国会议员之两宣言》，声讨陈炯明称兵作乱图覆国本。孙中山覆高振霄书信：“兄等间关流离，不堕初志，至可钦佩。文力所及，自必为诸兄后盾，务期合法者战胜非法，统一乃可实现……”1923 年高振霄联合不参加贿选议员继续发表否认曹锟伪总统贿选宣言。1925 年孙中山逝世，高振霄致唁电：“孙公手造民国，启迪颛蒙劳身，焦思护法救国，扫历朝之积毒，开东亚之曙光于此……”高振霄与一生追随了 20 余年之久的这位亚洲第一共和人、中华民国国父中山先生作最后诀别。

抗日英烈

1937 年抗日战争爆发，南京政府考虑高振霄是同盟会、国民党元老，德高望重，又年事已高，安排他退居敌后。高振霄执意不肯，寄信给湖北家人说：“无国哪有家，为拯救中华，驱逐日寇，视死如归”。他以上海洪帮头领及“抗战策反委员会”委员的特殊身份再次投入到拯救民族危亡的抗日斗争第一线。他拥护“国共合作”，遵照共产党倡导“动员一切力量，建立抗日民族统一战线”，出生入死、功不可没，《申报》曾赞其曰：“抗战期间任策反委员，颇著勋劳”。

“八一三”事变前后，高振霄积极参与营救“救国会”“七君子”等仁人志士的活动，并设法约见、游说共产党、国民党、清洪帮会党及工人、学生等各方爱国人士，配合国民党政府组织“江浙行动委员会”（下设“特别行动队”）上万人的抗日武装，配合国民党军队在上海近郊牵制阻击日军强行登陆。淞沪会战中“特别行动队”所有官兵基本上都投入到了战斗。在“淞沪会战”后期的一次战斗中，“特别行动队”大队长廖曙东被日军团团围住，他以手枪击毙数敌后，跳入水潭中，高呼：“中国不亡！抗战必胜！建国必成！”结果 500 余人的队伍，几乎全部牺牲，上万人的“特别行动队”最后也仅剩千余人。“淞沪会战”失败，上海沦陷为“孤岛”，高振霄继续与“策反委员会”主任委员文强将军等先后对驻浦东伪军师长丁锡山，汪伪政府军委会委员、参军处参军长、和平建国军第三集团军总司令唐蟒，汪伪军委会委员、开封绥靖公署主任刘郁芬，汪伪武汉绥靖公署参谋长罗子实，驻苏州伪军军长徐文达，驻无锡伪军师长苏晋康，汪伪军委会委员、苏皖绥靖总司令和第二集团军总司令杨仲华等策反成功，成为共同抗战的重要力量之一。同时，还营救了李先念、张执一等共产党高级将领及中央派往延安学习深造的12名共产党青年干部等大批爱国志士。日伪顽分子恼羞成怒，重点对其实施威逼利诱、软硬兼施等手段。1938年2月高振霄被日军抓捕并遭严刑拷打，逼供共产党和爱国志士的名单及其住所。高振霄坚贞不屈、至死不渝，后被保释。1943年冬，日军特务头目带领日本随从，赤裸裸的拿着重金，前往高振霄寓所以高官厚禄收买又遭其拒绝。1945年春，日军再次威逼高振霄出任上海市长伪职被拒后，酒中投毒。高振霄心知肚明，却毅然端起酒杯一饮而下，三天后于1945年3月23日逝世。

民族脊梁

高振霄的一生经历了清朝末期、辛亥革命时期、南京临时政府时期、北方政府与南方政府对峙时期、南京国民政府时期、抗日战争时期等历史时期，历任中华民国鄂军都督府、中华民国南京临时政府、广州南方护法政府及其国会“三府重臣”“三会议员”。在中国近代风云变幻、腥风血雨的近半个世纪中，从创建、联合革命团体、办报、组织发动辛亥革命，到参加改进团、二次革命、护国、护法、北伐革命，后来功成身退、淡出政界，转入“实业救国”，并与社会贤达一起内谴国贼、外争国权，最后重返抗日战争一线，献身于抗日救国战争，高振霄始终忠于自己的祖国、忠于自己的民族、忠于自己的人民、忠于自己的信仰。面对清政府的压迫、外来帝国主义列强的侵略、南北政府争斗、护法派系斗争及日本侵略者的暴行、汪伪政权的血腥杀戮，他均表现出大无畏的爱国主义精神和不畏强暴的民族主义气节。每当国家兴亡的紧要关头、民族命运处于危难之际、革命势力处于低潮或逆境之时，高振霄始终以国家利益、民族大义为重，信仰真理、心系民生，坚守信念、维护正义，不逸权贵、不畏强暴，出生入死、鞠躬尽瘁。

匡时柱石

武昌起义前，当各党派各持己见时，高振霄多方调停、斡旋，促使共进会与文学社两个重要革命组织实现联合，成为武昌起义革命党人的发起组织与领导机关，成就了武昌城一呼百应之革命局面；武昌首义当夜，当有人乘隙假冒义军名义，趁火打劫、滥杀无辜及旗人孺妇时，高振霄商奏同党当即成立“执法处”并组织“稽查队”，沿街演说，维持秩序，保护民众生命财产安全，赢得了武昌乃至全国广大民众、商人、华侨的支持及国外势力的中立与同情，使得“武昌首义”成为古今中外历史上通过暴力手段夺取政权流血和牺牲最少的起义之一；湖北军政府成立后，当黎元洪肆意扩大大都督权利，欲将革命党人排挤出政权外时，高振霄等“八大金刚”力排众议、肩负重任，重新加强了革命党人力量，改变了军政府旧官僚、立宪派把持政权的局面；阳夏失守，武昌危急，当有人建议放弃武昌时，高振霄等强烈反对，誓与城池共存亡，最终迎来了南北和谈及辛亥革命的最后胜利；中华民国南京临时政府成立，当旧官僚政客极力为袁世凯张目，试图以袁世凯就任大总统之日等为国庆日时，高振霄以辛亥革命党人代表、政学界代表、知识精英代表身份引经据典，据理力争，为确定以十月十日成为中华民国国庆日功不可没，被誉为“双十节首造者”；北洋政府执政后，当袁世凯窃夺政权，背叛革命、复辟帝制时，高振霄毅然加入“改进团”，参加“二次革命”，投入到讨袁护国护法行列第一线；护法时期，巴黎和会、太平洋会议在即，当日本勾结北方政府企图继续占领中国青岛领土并对其主权虎视眈眈之时，高振霄向国会提案拟派孙中山等南方护法政府代表赴会并再次进言：“我国日受强邻之压迫，北京拍卖主权，国几不国，今此一线生机，尤为我国生死之关系，速派得力代表迅赴列席，实为至要”；护法军政府改组，当孙中山再次受排挤、护法遭破坏时，高振霄坚定地站在孙中山等少数派一边，提交《关于组织军事委员会行政委员会的提案》，与护法中坚成功推举孙中山为民国非常大总统，为促进南方政府对内取代北京政府，对外取得国际承认的合法化不遗余力；南北政府对峙时期，当北方政府肆意践踏民意，不惜卖国求荣时，高振霄以起草委员会委员长名义组织起草讨伐徐世昌、吴佩孚檄文，议决赴广西取道湖南出兵北伐，一场打倒割据军阀、武装统一全中国的北伐革命战斗号角吹响中国大地；北伐成功，南京中华国民政府成立，当一些官僚、政客、学阀们纷纷讨功要饷，及“四一二”事件发生、“国共合作破裂”时，高振霄表示出极大愤慨，他功成身退，淡出政界，赴汉冶萍公司推行“实业救国”，践行“振兴中华，福利民众”之宏愿伟业，表现出不居功、不求赏，志洁行芳的高风亮节；抗日战争爆发，上海沦陷为“孤岛”，当面对日本倭寇野蛮侵略和汪伪顽分子恐吓暗杀、威逼利诱时，高振霄依然挺身而出，坚持到最后，最终以拒绝日伪高官厚禄诱逼被杀害。

书生本色

高振霄不仅仅是中国历史上颇具传奇色彩的风云人物，他还博古通今、文笔畅达，颇具士大夫气节，是集作家、记者、报人于一身的文人。早在辛亥革命先后他就创办了《夏报》《扬子江小说报》，襄办《湖北日报》《政学日报》《长江日报》等进步刊物，当时，与詹大悲、何海鸣、查光佛等一同被社会赞誉为"享有盛名的近代武汉报人"。后来，高振霄又创办《民风周刊》《惟民》《新湖北》并担任《民风周刊》《惟民》主编，先后发表社会、经济、文化等各方面的评论、纪实、议案数十余万字。他还与章炳麟、冯自由及沈钧儒、章乃器、邹韬奋等社会贤达组织社会团体，针砭时弊，名噪上海滩，时人赞誉："高汉声，有名的洪帮大爷，清高自赏，颇有骨气的书生本色"。高振霄还在文化救国、开启民智、中国文言文向白话文转变历史进程中发挥了重要作用。

追怀宿将

高振霄逝世后，遗体被安葬在"上海万国公墓"。当时上海虽然还是在日寇血腥统治下，但是国民政府及社会各界人士仍多次在上海、南京等地为他举行追悼会等各种纪念活动。1945 年 4 月 14 日，上海淡水路关帝庙召开高振霄追悼会，《申报》报道并刊登《追悼革命元勋高汉声》文章，赞高振霄"高风硕德，足资楷模"；1945 年 4 月 25 日同人冒雨祭高公汉声先生之灵，南京《大学生》期刊刊登《悼高汉声先生》，曰："公望高山斗，品重圭璋……洵匡时之柱石，为建国之栋梁"；1945 年 5 月，南京国民政府行政院院长宋子文为高振霄亲笔题匾"忠贞体国"，后来，此匾被运到高振霄湖北房县老家在堂屋悬挂；同年 9 月，抗日战争胜利后，蒋经国赴上海"接收敌伪财产"工作时，特将蒋介石所题"精忠报国"匾额，转赠高振霄遗孀沈爱平；同年末国民政府授予高振霄"民族英雄、抗日烈士"称号并颁发烈士证书及奖章。高振霄自辛亥革命到抗日战争胜利一生近半个世纪的革命生涯，正如全国政协委员、前中央统战部副部长田鹤年同志所述："著名革命报人、辛亥革命元勋、南京开国功臣、护国护法中坚、北伐革命旗手、知名社会贤达、爱国洪门首领、抗日战争英烈"，表现出了一个中国普通士人的正义、正道、正人君子。

特赋诗一首《爱兮难忘一瓣心香》：

取字汉声振兴中华　楚风汉韵铁血儿郎
革命元勋首造国节　甲种功臣首义金刚

间关流离不堕初志　赞翊共和至可钦仰
三府重臣护法中坚　匡时柱石建国栋梁
望高山斗颇著勋劳　功成身退杖履徜徉
实业救国福利民众　忠贞体国志洁行芳
激浊扬清颇有骨气　针砭时弊清高自赏
书生本色享有盛名　名垂不朽品重圭璋
洪门首领策反日伪　孤岛精魂民族脊梁
精忠报国痛失元良　抗日英烈追怀宿将
高风硕德足资楷模　夙根独厚余泽方长
树云泪陨薤露神伤　爱兮难忘一瓣心香

2015 年 3 月

(二)高振霄在武昌首义的那些日子里

高中自　毛南

一九一九年十月十日(辛亥年八月十九),武昌首义爆发当日晚,高振霄、张振武、陈宏诰等革命党人、辛亥志士、知识精英当即成立了“执法处”并组织“稽查队”,连夜起草并颁布《刑赏令》,后又出台“军令八条”,遍贴全城,沿街演说,维持秩序。首义成功后第二天清晨,高振霄等第一时间赶赴“谘议局”组建新政府,组建参谋部、军需部等重要政府机构,接着筹组民政部,颁布新政府文告,成立招纳处,云集革命新军上万人。后又建立总稽查,使各级政权牢控在革命党人手中。阳夏失陷后,坚守武昌,誓死捍卫辛亥革命胜利成果。笔者从大量历史文献和家传口述中整理出高振霄在武昌首义爆发至阳夏之战结束,五十余个日日夜夜的激烈战斗场面中发生的一些鲜为人知的故事。

一九一一年十月十日(辛亥年八月十九)

武昌首义爆发当日晚七时:

驻扎武昌城内步兵工程第八营程定国打响了武昌首义第一枪。随之,“武昌城内外各军,咸如约而应,设炮楚望台,击督署,总督瑞澄、统制张彪、藩司连甲,一干文武官吏皆逃遁……”①此时,武昌城内,弹雨横飞,人心惶惶,火炮声、枪声、哭喊声响彻一片。居民良莠麇集,地方流痞,乘隙假冒义军名义,趁火打劫。或于居民之家,以保护为名,讹索钱文;或于巷衢,以搜查为题,掠劫行人行囊。更有甚者,一些民族极端主义分子残杀无辜旗人孺妇。高振霄见此状心急如焚道:“如果不及时制止城中的滥杀无辜,就是攻下楚望台,占领总都督署,也会遭到广大城镇居民、百姓、商人甚至国际舆论之反对和谴责,将会引起更大的国际纠纷和流血冲突,更难有武昌首义之最终胜利。”高振霄当即与张振武、陈宏诰诸君商请,成立临时“执法处”及组织“稽查队”,推举程汉卿为执法处长。执法处命令道:“光复之际,人心未定,且民军已募集数军队,尤应严加维持”。连夜起草并颁布面向市民之《刑赏令》。《刑赏令》中规定:“藏匿[鞑虏]者斩,藏匿侦探者斩,买卖不公者斩,伤害外人者斩,扰乱商务者斩,奸掳烧杀者斩,邀约罢市者斩,违抗义师者斩。乐输粮饷者赏,接济军火者赏,保护租界者赏,守卫教堂者赏,率众投降者赏,劝导乡民者赏,报告敌情者赏,维持商务者赏”。后

① 《武昌起义档案资料选编(上)》军法处事略,湖北人民出版社 1981 版。

又出台严格治军之《军令八条》，遍贴全城。《军令八条》规定："军队中上自督都下至兵夫一律守纪律，违者斩。无论原有及新募兵士人等，有三五成群不归编制者以及至编制内擅离所在易装私逃者斩。擅入民家苛索钱财及私行纵火者斩。各干部如有不遵约束者斩。官兵不受调遣及违背命令者斩。擅自放枪恐骇行人往来者斩。兵士中如有挟私仇杀同胞者斩。如在当铺强当军装物件者斩"。高振霄还亲自率领稽查队边沿街巡逻，边沿街演说，安定人心、稳定秩序。见有路遇间谍与旗民等，均不准擅杀戮，必须送交执法处审理处置。首义翌日，他们又以军政府照会各国领事，声称"对各友邦，益敦睦谊，以期维持世界之和平，增进人类之幸福"。照会宣布：所有清国前此与各国缔结条约，继续有效；赔款外债，照旧担任；各国既得权利和在华外人财产，一体保护①。

武昌首义成功能否坚持得住，重要之一是要赢得广大民众包括商人、华侨的支持，特别是要争取国外势力对起义的同情或保持中立立场。否则，武昌首义被外人误认为是"乱臣贼子"造反，而遭群起而攻之，导致武昌首义胜利成果会马上丢失。当时汉口设有英、俄、法、德、日五国租界和瑞典、比利时等十一国领事馆，他们对武昌首义的每一个行为均非常关注。他们在观望、在徘徊、在等待、在指手画脚。由于高振霄等革命党人之作用，及时成立"执法处"组织"稽查队"，护城组织严密、处置滥杀行为果断，武昌城内秩序及时得到恢复，将爆发的战争没有波及租界，没有影响到帝国主义者在华的利益，使得国外势力不得不摆出一副"中立"的姿态。当时革命党人以此炫为外交上的一大胜利。东京报纸盛赞革命军"深合文明举动"，巴黎报纸认为革命军"明智异常"。后来有人回忆道："军队寄寓民家，绝不妄取一物。如有所借贷，必按时交还。升米斤油之类，请其勿用交还，亦必坚决偿还。至于买卖，则公平交易，不见强买勒卖的行为。②"武汉地区的良好秩序使帝国主义分子惊讶，他们不得不承认："武昌到处人满，商店都开门，生意很好，人民安居乐业"。"我们也没有想到，革命军在这里统治着，秩序竟然很好"③。革命党人以文明使、法治行，为首义成功开了个好头，为整个起义期间做出表率，以至使湖北革命军始终纪律严明。

——高振霄与张振武、陈宏诰、程汉卿等在战火纷飞的武昌城首义当夜及时成立"执法处"，颁布《刑赏令》《军令八条》，并沿街演说，维持秩序，安定人心。为赢得武昌广大市民、商人、华侨的支持及国外势力的中立与同情，为最终

① 《中华民国史 第1编 全1卷》第十一章 武昌起义和各省响应。

② 《中华民国史 第1编 全1卷》第十一章 武昌起义和各省响应。

③ 《中华民国史 第1编 全1卷》第十一章 武昌起义和各省响应。

赢得辛亥革命的最后胜利立不朽功勋。同时表明“武昌首义”是古今中外历史上通过革命(暴力)手段成功夺取政权且流血和牺牲最少的起义之一。

一九一一年十月十一日(辛亥年八月二十)

武昌首义爆发第二天清晨:

不顾一夜激战的革命党人,纷纷赶到谘议局。高振霄与袁国纪、蔡济民等首入都督府谘议局。蔡济民对大家说:“起义已初步成功,目前最要紧的是重新组织政府,不能这样群龙无首。光武昌起义是不行的,必须马上通电全国,呼吁响应。一方面要出台安民告示稳定人心,另一方面我们要找一个德高望重、为全国所知的人,才能号召天下,免得别人说我们是‘兵变闹事’”①。高振霄接着说:“立即通知谘议局正副议长和驻会议员前来开会商议建立军政府等当急事宜。”并与张振武、蔡济民、李作栋等商议如何建立新军政府,推举湖北军政府大都督等急需要事。与各方面陆续到来的负责人齐集谘议局会商大计,为新军政府的组织和局势的稳定参谋战事、出谋划策”②。会议一直持续到下午。最终推举黎元洪为湖北军政府大都督,汤化龙被任命为总参议。并成立了参谋部、民政部、交通部、外交部、庶务部、书记部、军需部等重要机构及部署了重要人事安排等。直到深夜革命党人还在讨论进一步完善军政府机构及发布重要政府通令等国安大事。贺觉非、冯天瑜编著的《辛亥武昌首义史》一书中对该段历史情形这样描述:“武昌起义,革命党人仓促起事,获得了占领省城的空前胜利。此刻,摆在党人面前的严峻任务,是建立新政权。这批热情、英勇、年青的革命者,凭着对同盟会宗旨的衷心信仰和首创精神,建立起中国以至东亚第一个具有比较完全意义的资产阶级民主共和国性质的政权——中华民国军政府鄂军都督府,从而给后来各省纷纷独立树立了一个活生生的榜样”。

——高振霄与袁国纪、张振武、蔡济民、李作栋等是武昌首义胜利后第一批进入谘议局的革命党人,同时是组建中华民国军政府鄂军都督府乃至中华民国临时政府的元勋、功臣。

一九一一年十月十二日(辛亥年八月二十一)

武昌首义爆发第三日:

新政府组建之初,百废待举,尚属国体草创时期,加上战乱不解、事务纷乱、

① 贺觉非、冯天瑜:《辛亥武昌首义史》,第215页。

② 贺觉非、冯天瑜:《辛亥武昌首义史》,第215页。

局势不稳，地痞流氓也趁火打劫，百姓深受其苦。尽快编写简章，出台新政府文告，维护首义成果、稳定社会秩序，成为开创世纪新纪元第一要务。当时，苏成章提议组设民政部，管辖民政最急事务。高振霄与费矩、袁国纪等立即主持筹组民政部。草拟并颁布新政府各种重要文告：“(1)改制共和。义军之起，原为推倒专制政府，建设共和国家，以增进我国民之完全幸福为目的。于八月二十一日由部呈请都督宣布改制，以期一新天下耳目焉。兹录其原文如下。为谕饬遵办事：照得军政府愤满清政府占据中华，政治混乱，丧失主权，暴敛横征，朘削膏脂，强夺吾民已成之公共财产，钳制吾民之热心义举；斥志士为乱党，目公论为嚣张，逮捕株连，杀人无算。本军奉军政府命，特于八月十九日倡义，征讨民贼，驱逐满清贪污残酷官吏瑞澄、连甲等，克复武昌、汉阳等处地方……(2)豁免钱粮及苛税为立国之道，以收拾民心为第一要义。(3)延揽人才。(4)派员演说。(5)筹办临时警察。起义之夕，前清武昌巡警纷纷逃散无余，站岗职守皆以军队充之。(6)提倡保安社规模甫具，士民归心。(7)创办团练。(8)维持金融。易代之际，纸币滞碍难行，特出示晓谕，一律照常通行。并设官钱局兑换所于前清善后局内。又解铜元十万交汉口商务总会以资接济市面，得免恐慌。(9)注重外交。部务就绪，即以正式公文照会各国驻汉领事，声明遵守条约，担负前清赔款外债及保护租界人民财产各节，于是外人知我举动文明，始行宣布局外中立焉……”[①]接着他们以军政府陆续发布新政府各种重要政令十余种。

《布告全国电》。宣布革命目标，呼吁全国人民奋起响应：“深望于十八省父老兄弟，戮力共进，相与同仇，还我邦基，雪我国耻，永久建立共和政体，与世界列强并峙于太平洋之上，而共享万国和平之福。”

《宣布满清罪状檄》。指责清政府“使汉人永远降为满清之奴隶”，“割吾民之膏，吮吾民之血”等罪状八条。

《告汉族同胞之为满洲将士者》。劝告清军中的汉族将士反正：“我辈皆中国人也。今则一为中华国民军之将士，一为满洲政府之将士……虽立于反对地位，然情谊尚在，心事又未尝不合也。”

《檄各督抚电》。劝告各省督抚反正：“幸贵大臣勿拘君臣小节，而贻万世殷忧。”

《免税公告》。宣布豁免湖北境内一切“恶税”：除盐、烟、酒、糖、土膏各税捐外，所有统捐局卡，一律永远裁撤；除海关外，所有税关，一律永远裁撤；本年下忙丁漕，概行豁免；各属杂捐，除为地方所用者外，概行豁免。

---

① 《武昌起义档案资料选编(上)》内务司实录，湖北人民出版社 1981 版。

《谕湖北各府州县政务及自治公所电》。宣布全鄂地方一律改为共和政体，要求各地清吏一律呈缴伪印，听候支配录用；不愿者缴印后听其自由；“人地相宜，民间倚重者”经自治公所推荐，可以留任。

《通告城、镇、乡自治职员电》。要求各城、镇、乡自治团体速筹自保之计：“赶办团练，守卫乡里，贫者效力，富者输财，既使游手无事之民，有谋食用武之地，而富足之家，得因以保全。”

《通告各省城、镇、乡地方巡警电》。要求各地巡警坚守职事：“深恐饥寒无告之民，乘间窃发，施其抢劫之手段，而本军政府军事旁午之际，势难兼谋并顾，所有保护人民之生命财产，维持地方之安宁秩序，皆惟我同胞巡警是赖。”等①。

——高振霄与苏成章、费矩、袁国纪等人筹组民政部，日理万机、费尽心血，撰写并颁布新政府多种重要文告。这是推翻封建大清王朝，组建共和新政府的最先、最重要之国策、方针、政略之一。

一九一一年十月十三日（辛亥年八月二十二）

武昌首义爆发第四日：

“首义之初，需才孔急，因设招待所于都督府前两等模范小学校内，以高振霄、袁国纪等专任其事”。② 高振霄与吴醒汉等受命组建军政府“招纳处”。10月13日招纳处奏令：“勿论文武员弁，有一技之长，即送府委用。同时派吴醒汉、高振霄、蒋秉忠三人经管其事。吴醒汉招待军界；高振霄招待政、学两界；所有条陈文件，则由蒋秉忠汇总转呈军政府。”10月15日，招纳处更名为“中华民国鄂军政府集贤馆”。其宗旨是“招集文武贤才，襄助军政，共图大业，建立共和民国”③。集贤馆一经挂牌，投效人员人山人海、络绎不绝，仅十五日这一天就有四百多人，一个月后投效者达万余人。当时各报广告，多是投效人员自我推荐的启事，政府设的招待所和私人开的旅馆，住满了八方“来客”。投效人员只要向集贤馆递交“说帖”，即自我推荐表，审查后呈都督核阅，就可根据专长分派各部委用。“集贤馆”在选拔人才时没有繁缛的程序，没有官样的审查，不讲阶级、不拉关系，只要有一技之长、拥护革命者都可录用。一时间武昌成了输送革命的人才库，全省、全国的有志之士和省外留学生、海外侨胞都荟萃武昌。著名的“黎元洪致萨镇冰信”“誓师文”就是出自投效人员孙绪发之手。陈国安编著的

① 《中华民国史 第1编 全1卷》第十一章 武昌起义和各省响应。

② 《武昌起义档案资料选编（上）》，内务司实录，湖北人民出版社 1981 版。

③ 《中华民国公报》，1911 年 10 月。

《辛亥首义阳夏之战 1911－1912》一书对集贤馆招纳贤才在后来阳夏之战中做出的贡献，有过这样的记录："10 月 16 日集贤馆奉命选送懂德语、法语的三人，赴汉口租界办理外交。10 月 25 日，投效人员金鸿钧创办独立将校决死团。汉口战事失利时，册送精于射击的人员 30 余人，由军务部副部长张振武委用。被选送到内务部的人才有：崇阳知事茹用九、寿昌知事王云龙、蒲圻知事黄燊、天门知事黄应龙等。11 月中旬集贤馆奉命共选送了 400 余人，其中任战地调查 20 余人，任督战员 30 余人，到街市演讲 40 余人，深入敌方作侦探 7 人，赴江、浙、皖、赣各省 30 余人，补充学生军 120 余人。11 月 24 日，奉军务部令：汉阳战事激烈，后继需人，又选集贤馆人员中有军事才能者七八十到都督府听候检验。这批人当夜随张振武到汉阳助战。12 月 21 日清军炮击武昌，走散的机关人员，由集贤馆中备用人员填补"。

——高振霄与吴醒汉、袁国纪、蒋秉忠等受命组建军政府"招纳处"，后改"中华民国鄂军政府集贤馆"。积极招纳文武贤才，襄助军政，共图大业，成为后来保卫阳夏之战乃至建立民国革命新军的一支重要力量。

一九一一年十月十五日（辛亥年八月二十四）

武昌首义爆发第六日：

为组织普通司法之基础，整肃社风，壮大新军力量，军务部"执法处"改"执法科"，后改编为"军法局"。"因执法科时有间谍汉奸交讯，而此等案件情节，关于战机甚巨，故革命家高振霄、陈宏诰二君初任执法科调查，与科长程汉卿时于联络，主办军案"[①]。高振霄在办理军案中，强调"以一切举动，无论事之成败，总以文明为尚，以固外人之钦仰心。故对于人犯皆本人道主义，其情稍可恕者，虽所犯甚重，必不轻处以死刑。然各巡查队各哨兵陆续送来敌之间谍、暨放火与临战私逃各犯，除情重证据确凿者，随时处决，其余情有可原者，概予禁闭"[②]，当时禁闭中人犯达百数十人。

——高振霄与陈宏诰任执法科调查，主办军案，总以人道为本，以文明为尚，以固外人之钦仰心。废苛刑，减死刑，申军法，深得民心。

---

① 《武昌起义档案资料选编（上）》军法处事略，湖北人民出版社 1981 版。

② 《武昌起义档案资料选编（上）》军法处事略，湖北人民出版社 1981 版。

一九一一年十月十六日(辛亥年八月二十五)

武昌首义爆发第七日:

高振霄与程汉卿亲至禁闭所,检查各犯领食合否卫生,防范是否严密。当检查前,将一切人犯提出列队外,以法警围绕,并对各犯告诫,以慰甚心。其训词大略云:“此番民军起义,原非前代谋位篡国者比,不过以满清专制钳束吾民,俨若奴隶,诸革命[家]痛百兆之同胞数千年之沉沦,冒死发难,以图去腐败之政府,伸吾民之民权。尔等昧于大义,反媚敌内陷,幸公理难逃,因果不爽,机破被拿。若论尔等来作间谍放火,以乱我军心之情,鄂处以军法,原非残酷。但我民军宗旨,原为救民于水火而起,断不忍更加杀戮与尔无知之民。况尔等本属吾侪同胞,不过昧于大义一时也。虽回全尔等生命,唯尔等心迹深藏于内,究难测度。故杀之而不忍,纵之而不能,故将尔等作为俘虏,暂为拘留矣。战局底定,再释尔等归里。但尔等亦当体民军之惠,在禁闭中均应安心守法”云云①。当演说沉沦痛切时,各犯竟有感而下泪。演说毕,高调查振霄复演说,开导其语,尤为痛切。事毕,高调查与程科长商定,以禁犯中之逃兵,本系有用之人,若往于以禁锢,似觉可惜。故将逃兵提出,均属年壮力强之辈,且皆有悔意,自云如使当前敌,虽死无恨。遂由高调查具函,一律送交游击队长金鸿君收留,分别编入队内助战。

——高振霄与程汉卿亲至禁闭所慰问、演讲,其言语感人痛切,禁闭人员听后多被感化,潸然泪落,自云:如使当前敌,虽死无恨,发誓痛改前非,愿赴战场英勇作战。

一九一一年十月二十五日(辛亥年九月初四)

武昌首义爆发第十六日:

10 月 17 日,汤化龙起草并宣布《中华民国军政府条例》,条文如下:“(1)军政府下设军令、军务、参谋、政事四部,直接受都督的指挥命令;(2)军政府发布命令,任免文武官员,均属都督大权;(3)一切军政要务,由都督召集临时会议或顾问会议决实行;(4)都督兼总司令,握有绝对军事权;(5)将政务部权限扩大,改为政事部,下设外交、内务、司法、交通、文书、财政、编制等七局”。完全把革命党人和发动起义人员排挤出政权之外。蔡济民、高振霄等革命党人强烈反对。“10 月 25 日军政府不得不重新议决《改订暂行条例》,增加军事参议会来

① 《武昌起义档案资料选编(上)》军法处事略,湖北人民出版社 1981 版。

限制都督的权利，设立稽查员稽查各部门，取消政事部，改为原来各局为部”①。是日，高振霄与蔡济民、牟鸿勋、谢石钦、苏成章、梅宝玑、陈宏诰、钱守范等八位革命党人被公举为总稽查并组成总稽查部。总稽查部直属军政府，位于内务、外交、军务、理财、司法、交通六部之上，该部可以直接干预各部行政并负责处理特殊任务。凡重要会议和人事安排，推选重要职员，例由上述八位总稽查人负责召集，形成一种革命党人控制政权的特殊地位。②

——高振霄与蔡济民、牟鸿勋、谢石钦、苏成章、梅宝玑、陈宏诰、钱守范等八位革命党人被公举为总稽查。他们严格履行革命党人职责并与各部弊端作斗争，从而改变了军政府旧官僚、立宪派把持政权局面。各级政权又被控制在革命党人手中。他们的事迹亦被当时百姓喜闻乐见的“章回小说”传颂，称其为武昌首义“八大金刚”。

一九一一年十一月二十六日（辛亥年十月初六）

武昌首义爆发第四十八日：

到了汉口汉阳战争，因为大江阻隔，军事上的运输，一时不能连贯。军人们饿着肚子打仗，汉口的商人小贩，组织一个个送食队，担上些橘子、水梨、饼干、面包等类，不顾生命危险分送火线上。稽查长高振霄率稽查队员骑马到卢沟桥下首。忽见一女子跪在一个兵士面前，眼泪汪汪将橘子掰开了，一片一片地往兵士口中送。那兵士仰天长叹，死活也不吃。高振霄直奔过去翻身下马，抱着兵士，问他为甚不吃东西。兵士说：“先生！我打败了仗，也快死了，省一点东西给别人吃罢！”高振霄当时同这女子一样，眼圈儿不禁红了。还有许多兵士饿昏了，就昏睡倒在战地旁。有人将他们扶起，慢慢地用稀饭来喂。等他们苏醒后，问他街上不是有油条饼子，你们怎么也不会吃呢？有一个断手兵士说：“我腰中没有铜元，我们绝不敢吃民间一点东西”③。高振霄湿润的眼睛里不由得浮现出武昌首义以来，一个个革命党人及官兵将士们英勇杀敌、不畏牺牲的感人场面。当八月十九夜间黑地枪声一出，城内尚有抵抗最力的旗兵一营，伏暗射击，分不出你我。真正革命党人，合军学两界，总共不到五六百人是有组织的。其他压

① 白寿彝：《中国通史》19册（第十一卷近代前编 上册），上海人民出版社，2004年7月1日出版（修订本）第821页。

② 贺觉非、冯天瑜：《辛亥武昌首义史》，第236页。内务司实录：第一节 起义时之内务司（即民政部与内务局）1912年12月7日。

③ 《新湖北》第一卷 国庆纪念号 第二号（1920年10月10日）高振霄著：《武昌起义有三件可纪念的事》。

迫的，观望的，十倍于党人，党人誓死相抗，半夜巷战。黄土坡一带，尸横遍街，党人终没一个畏怯的。再有刘家庙的战事，冯段两贼用海陆两方面的攻击，炮弹及枪弹如淋雨一样。党人以数百敢死队赤身作战。有一炮兵孟华丞，身受数十伤，下半部为炮弹所削，华丞横尸马上，兀狂呼杀贼，西洋男女争相拍手表示敬意。到底敌人数万万众不敌数百党人的勇气[①]。高振霄被眼前这一幕幕革命党人、官兵将士浴血奋战、视死如归的悲壮之举和他们身上展示着楚风汉韵铸就的铁血精神所感动、震撼。他再也抑制不住内心的悲愤，潸然泪下，挥着战刀，大声呼喊："快派救护队将伤病员送到后方救护，"并拿出身上仅有的铜元交给身边的战士道："快去街上买些食物来……"事后，高振霄将在战场内外亲眼目睹的革命党人、官兵将士及广大民众们的这种牺牲精神、奋斗精神和不掠夺行为之精神高度赞扬并在军队、百姓中口碑相传。当汉口、汉阳陆续失陷，战争发展到最为残酷和危机之时将成为全军官兵坚守汉阳，死守武昌的一种强大的精神力量。

——汉口失陷，汉阳激战，武昌危机。高振霄率"稽查队"员遍赴各地巡查，宣传革命党人及广大官兵这种可贵的奋斗精神、牺牲精神和不掠夺行为精神，在革命危机时刻发挥了重要作用，同时，也是对楚风汉韵铸就铁血精神的最好诠释。

一九一一年十一月二十七日（辛亥年十月初七）

武昌首义爆发第四十九日：

汉阳失守，武昌危急。一时间，武昌城内谣言四起，人心惶惶。高振霄与张振武、冯开浚、傅立相、陶华炳会总监刘公到都督府开军事会议，公举王君安澜为奋勇军统领，专招襄、郧老兵，死守武昌，并昼夜梭巡，严防汉奸，招集散兵，送入奋勇队，因之军威复振[②]。《武昌起义档案资料选编（中）》一书描述当时情景："君（张振武）闻汉阳失守，负伤跃起，举刀骑马，沿街呼号曰：'汉阳失守是我军疑兵之计，实无是事'，军心大定。未几，黄兴突入都督府，开军事大会，主张放弃武昌，退走南京。君闻之，眦裂发指，拔剑抗声曰：'汉口与汉阳仅隔襄河，大敌临前，尚能支持月余。武昌为兵事重地，据此一隅，足制全国。倘不死守，则东南摇动，望风而靡，此不可弃武昌者一。长江天堑，北军仅四千人，岂能

① 《新湖北》第一卷 国庆纪念号 第二号（1920 年 10 月 10 日）高振霄著：《武昌起义有三件可纪念的事》。

② 《武昌起义档案资料选编（中）》萧韵涛事略，湖北人民出版社 1981 版。

飞渡，武昌粮饷枪炮充足，举军号称数万，尚能北城借一，此不可弃武昌者二。各省援兵陆续来集，若退攻南京，胜负尚未可必，而武昌已失，敌据荆襄上游，以制湘桂死命，且分兵克九江，下安庆，势如破竹，南京虽为我有，亦不过如洪秀全之苟延时日而已，此不可弃武昌者三。有此三不可弃，敢言弃武昌者斩！'"高振霄与张振武等君复开会议，激劝各协标营军士为死守计，并拟三大纲布告：（一）死守武昌，即令北军攻破，将来民国成立，诸志士名传不朽；（二）如武昌能守，则民国成立，诸志士可称首功；（三）若弃武昌不守，南京未下，恐吾鄂人士，天下无容身之地。同志闻言感愤，声如雷动，咸愿效死，与城共存亡。由是令协统邓玉麟、何锡蕃守武昌，敢死队队长陈龙守磁场基山，协统罗洪升守大军山，标统刘作龙守小军山，管带王锡龄守京口，标统张廷辅、谢流芳、张杰夫等守白沙洲，此系武昌以西之防御线。管带李忠义、标统刘廷壁守青山、张公祠、两望、大堤口；炮队仍然不动，此系武昌以东之防线。城内凤凰山、黄鹤楼、蛇山仍照常驻守，以学生军统带刘绳武，仍守卫藩库、官钱局，以军各部卫队长火亮云派卫队守军务、理财两部、善后局、楚望台、城外火药库各处①。

——汉口、汉阳失守，武昌是辛亥革命危机时湖北革命军的最后一座堡垒，又是革命党与清政府谈判的一张最给力的"王牌"。如果当时放弃了武昌，则湖北军政府失去了与袁世凯谈判停战之筹码，很可能没有辛亥革命最后的成功。

一九一一年十一月二十八日（辛亥年十月初八）

武昌首义爆发第五十日：

高振霄与张振武等革命党人参加都督府军事会议后，立即行动守城。高振霄与谢石钦、苏成章、蔡济民、牟猷宣、梅宝玑、钱守范、高固群、陈宏诰、陈耀之、甘绩熙、丁人杰等，日夜冒险巡城，并在报馆办安民号外等件；一路由稽查长蔡汉卿与叶于松、王安澜、王国栋、田兆麟、胡光瑞、詹俊等招集散兵；一路由总监察刘公出示安民；一路由各部稽查长蔡济民、谢石钦、苏成章、牟鸿勋、高振霄、陈宏诰、梅宝玑等遍往各街演说，"愿与武昌的居民共死，绝不愿弃人民去到南京"，以安人心；一路会同参议夏道南、刘度成、聂豫、邱世成及各科长李华谟、胡捷三、邢伯谦、邓寅宾、冯昌言、刘龙群等共四十余人，维持一切秩序。是日敌军大炮向城中射击不绝，天地震动。各部人员亦纷纷避去。推李作栋任理财部部长，徐声金任编制部部长，时功壁任铜元局长，蒋翊武为总司令，与吴兆麟、方维

① 《武昌起义档案资料选编（中）》张振武之革命战史，湖北人民出版社 1981 版。

等守洪山，协统炳坤，杨载雄等守武胜门外新河一带”①。“虽然后来南北和谈，革命党人与袁世凯和解，但武昌城一直控制在革命党人之手，其革命中心的地位也牢固无可动摇”②。

——高振霄与各部稽查长蔡济民、谢石钦、苏成章、牟鸿勋、陈宏诰、梅宝玑等发挥了革命党人之特殊作用，遍往各街演说，“愿与武昌的居民共死，绝不愿弃人民去到南京”。日夜冒险巡城，并在报馆办安民号外，安抚军民心，坚守武昌城，使军威复振，最终武昌城一直控制在革命党人之手。

一九一一年十一月二十九日（辛亥年十月初九）

武昌首义爆发第五十一日：

自汉阳失陷后，武昌新军兵力大损，急需调援。但是，当时各部有迁徙者，有人员走散者，有惊慌失色并对前景悲观失望者，办事难免敷衍之弊。然而，大敌当前、形势危机，军政府内部各部不能不照常整备战事。湖北军政府致电各省求援并得到各省响应。江西省冯嗣鸿奉命为江西援鄂军总司令，李烈钧亲率赣皖联军援鄂并任北伐军第二军军长，率领队伍向武汉进军，在阳逻及黄陂县一带与清兵展开血战。据《武汉文史资料》李白贞遗稿《辛亥革命武汉战斗实录》记载：“江西援军统领冯嗣鸿，率所部一协驰抵黄州。省都督令驻阳逻仓埠待命。”冯率军击退鄂东清军后，直抵武昌与义军会师，助都督黎元洪和战时总司令黄兴一举击败清兵。届时，高振霄与程汉卿代表大都督前往青山抚慰江西军队官兵，使军心大振③。另与陈宏诰等八位总稽查专稽查各部弊端，维持局势。

——高振霄与程汉卿代表大都督亲赴青山抚慰江西等军队并与其他总稽查专稽查各部弊端，使军心大振。

一九一一年十二月一日（辛亥年十月十一）

武昌首义爆发第五十三日：

11 月 27 日“军事会议”结束后，黄兴与李书城等匆匆离汉。12 月 1 日上午敌炮轰击更烈，军心愈加不稳。午后一时，军政府楼下西侧忽中一弹，死卫兵一人，都督黎元洪忙率杜锡钧、杨开甲、萧慕和、祁杰等仓促出走赴葛店，晚驰抵王

---

① 《武昌起义档案资料选编（中）》张振武之革命战史，湖北人民出版社 1981 版。

② 《武汉方志》。

③ 《武昌起义档案资料选编（上）》军法处事略，湖北人民出版社 1981 版。

家店暂宿。危机时刻,军中无首。一时间,武昌城内更加人心惶惶,谣言满天飞。时总监察刘公及各部总稽查处高振霄、苏成章、谢石钦、陈宏诰、梅宝玑等得消息后,挺身而出,立即议定由刘公以总监察名义守城,出示安民,并通令各军暂归节制调遣,坚守武昌,并分头前往各机关,严禁擅离职守,并巡视各重要街市演说,人心以安……至午后三时,驻汉英、俄各领属,接北京使团电告,就袁世凯与湖北新军提出和谈并停战协议。时黎元洪已起节离城,以军务部长孙武代表磋商。孙武令军务处秘书张汉仆镌刻章代之签订了停战协议[①]。

——危亡时刻,军中无首。高振霄与苏成章、谢石钦、陈宏诰、梅宝玑等时称"八大金刚"的革命党人挺身而出,以刘公总监察名义守城,终于坚守到了革命的最后胜利。

一九一一年十二月二日(辛亥年十月十二)

武昌首义爆发第五十四日(停战日):

第一次停战为10月12日早八时起至十五日早八点钟止。16日又继续停战三日,18日续停战15日,即入全国议和之局。高振霄等革命党人、辛亥志士、知识精英及广大官兵从1911年10月10日(辛亥年八月十九)武昌首义爆发第一天起,一直战斗到武昌首义爆发第53日,于1911年12月2日(辛亥年十月十二)湖北新军与袁世凯清军正式停战。这标志着武昌首义的最后胜利,从而迎来了南北和谈;迎来了湖南、陕西、江西、云南、贵州、浙江、江苏、广西、安徽、广东、福建、宁夏、重庆、四川等14省先后独立;迎来了南京中华民国临时政府建立;迎来了宣统皇帝溥仪宣告退位。这标志着辛亥革命的最后伟大胜利(上述重大事件均发生在辛亥年)。

——高振霄与武昌首义、阳夏之战众将士同生死、共患难,始终战斗在战火纷飞的主战场,为捍卫武昌起义胜利成果等殚精竭虑、功不可没。辛亥革命胜利后,孙中山先生任命高振霄为其高等顾问,嘉奖辛亥革命"甲种功臣",批准拟为政府"酬勋"留洋学生之一(后因局势及资金等未果),以彰显高振霄在辛亥革命中的卓越贡献。

---

① 杨玉如:《辛亥革命先著记》,科学出版社,1958年1月第1版,第157页。

（三）洪帮大佬的传奇往事

高中自　王亚飞

采访手记

编者按：

近日上海电视台纪实频道导演王亚飞小姐从《辛亥功臣高振霄史迹录》一书中找到书作者高振霄孙——高中自先生，对其进行采访并制作了《洪帮大佬的传奇往事》专题电视片。通过该片我们不仅可以了解到洪帮从明末清初的反清复明运动到辛亥革命及抗日战争中发挥的重要作用，还可以了解到孙中山、高振霄等老一辈革命家鲜为人知的洪帮历史背景及传奇故事。此片于2013年3月22日在上海电视台9频道（纪实频道）与纪实频道网站（网址：tv. sohu. com/20130325/n370194103. shtml 或直接点击：洪帮大佬的传奇往事）同步播出。现对节目制作中，主持人（记者）张已小姐与嘉宾高中自先生的采访谈话摘录如下：

嘉宾：　高中自（高振霄孙）

上海电视台纪实频道节目主持人（记者）：张已

上海电视台编导：　王亚飞

录制时间：20130105（13：30—15：30）

播放时间：20130322 上海电视台纪实频道（上海电视台9频道，20：30）网上同步播放。

电视画面：

2013年上海电视台播放《洪帮大佬的传奇往事》

2013 年上海电视台播放《洪帮大佬的传奇往事》视频截屏

——他是武昌首义八大金刚之一，辛亥革命甲种功臣，他是上海最大洪帮“五圣山”山主，他将一生都献于中国革命，最后却殒命在日本的毒酒下。孙中山曾赞他“至可钦佩”，蒋介石为他题写“精忠报国”，宋子文题匾“忠贞体国”，他就是“高风硕德 足资楷模”的高振霄。

张已：当现代人被荷马史诗一样的洪门传说感动之后，会更强烈地希望探究史诗中的洪门在历史上的真实始末和起到过什么作用。您能否根据您祖父高振霄身为洪门大佬的传奇经历将洪帮的有关历史传承故事讲述，与大家分享。

高中自：好的，我也只是稍有一点儿了解，尽量说说吧。

（一）洪门的起源与其革命旗帜。明末清初，清兵入关，各路义士纷纷揭竿而起。当时出现了一个影响颇为广大的民间秘密结社组织。该社“拜天为父，拜地为母”，因而称之为“天地会”。“天地会”以“反清复明”为旗帜，对内互称“洪家兄弟”“洪家”或“洪门”，又称洪门帮会，简称洪帮。

（二）洪门三祖与反清运动。创立洪门的始祖为明末清初义士洪英。洪英又名殷洪盛，山西平阳府太平县人。崇祯四年（1631 年）中进士。洪英贤明练达，慷慨好义，所收门生众多，其中最得意的五位门生，即蔡德英、方大成、马超兴、胡得帝、李式开，被洪门后人尊为“前五祖”。崇祯十八年（1645 年）即顺治二年五月十三日，洪英率洪门兄弟与清军作战殉难于芜湖西南六十里的三汊河。洪门的另一位精神领袖史可法（1601—1645 年），字宪之。东汉溧阳侯史崇第四十九世裔孙，著名的民族英雄。因抗清被俘，不屈而死。洪门第三位精神领袖郑成功，也是一位伟大的民族英雄。郑成功于永历十五年（1661 年）九月，在“金台山明远堂”举行了开山立堂仪式。金台山明远堂，即为郑成功创立洪门组织的起点。郑成功不但被后人传为洪门的创始人之一，还被洪门后人尊奉为武宗。洪英、史可法、郑成功三位洪门精神领袖被后人称洪门三祖。1851年在洪秀全发动的反对清朝封建统治和外国资本主义侵略的太平天国运动中，洪门天地会起义起到了前驱后援的配合作用。

（三）“洪门宗旨”发展成为“中国同盟会政治纲领”，洪门“反清复明”旗帜最终以孙中山领导的“反清创民”成功而载入史册。1895年孙中山在香港成立兴中会总部，得到了洪门会党首脑人士郑士良、朱贵全、丘四等人的积极协助配合。兴中会会员中，洪门会党成员占比多达31%。1904年（光绪三十年）孙中山为联络华侨、统一洪门思想和组织在檀香山加入致公堂，担任“洪棍”（洪门元帅）之职，故洪门中人皆称孙中山为“孙大哥”。革命女侠秋瑾被封为“白纸扇”（洪门军师）。孙中山还亲手为致公堂拟定新章程《致公堂重订新章要义》。新章程要义其一，从组织上统一了洪门。其二，提出以“驱逐鞑虏，恢复中华，平均地权”十二字为洪门宗旨。其三，提出了解决经费的办法。致公堂与同盟会联合组成“洪门筹饷局”（又称国民救济局），成为历次起义运动及辛亥革命的强大后援。“致公堂”后发展成为今天的“中国致公党”。1905年1月孙中山为致公堂重订新章，宣布“驱除鞑虏，恢复中华，创立民国，平均地权”十六字为宗旨。1905年8月20日，孙中山和黄兴在日本东京成立了中国同盟会，并以致公堂十六字宗旨再次作为中国同盟会的政治纲领。1907年武汉成立的共进会，也是一个以洪门成员为主，具有洪门秘密结社色彩的革命组织。主要成员中除了同盟会员外，大多是洪门系统中各地洪门哥老会、孝义会、三合会、洪江会的首领。“共进会”的含义是“以会党做基础，再联合各党各派，共同团结，向前迈进”。自1895年中日甲午战败后到1911年辛亥革命爆发前短短十六年时间里，孙中山和黄兴为首的同盟会发动的乙未广州之役到武昌首义等12次起义大多是由洪门会党协助、参与、捐资。最终以辛亥革命成功标志着长达267年的清朝统治结束。

张巳：通过您刚才的讲述，我们清楚了洪门是中国历史上反清运动的一支生力军，特别是在孙中山和黄兴为首领导的辛亥革命包括历次革命起义运动中，洪门均起到了强大后援作用，洪门是同盟会等革命党的坚强同盟军。您祖父高振霄先生是怎样组织上海最大洪帮“五圣山”的？

高中自：我的祖父高振霄（1881—1945年），字汉声，出生在湖北房县一个书香门第家庭，早年就读于两湖总师范学堂和湖北公立法政专门学校，曾书写“振兴中华 福利民众”为高氏宗谱，告诫子孙要“牢记民众福利，努力振兴中华，为国为民努力奋斗”。祖父高振霄是同盟会、共进会会员，德育会发起人，著名革命报人，辛亥革命元老。武昌首义时以革命党人正义、无私、文明迩遐被拥立为总稽查，时称“武昌首义八大金刚”之一，被嘉奖“辛亥革命甲种功臣”。中华民国临时政府成立后，被孙中山任命为高等顾问，选为国会议员，追随孙中山，参加讨袁、护国、护法及反对国外列强等活动。

辛亥革命胜利，完成了推翻清政府的伟大历史使命。洪门组织开始向分散转型，分支为各个山头。一时间洪门山头林立，仅上海就有“峪云山”“栖霞山”“春宝山”“九龙山”“终南山”“群英山”“乾坤正气山”“十龙山”“后复明山”“乾坤山”“五行山”“大同山”“中华山”“新华山”“后太华山”“五圣山”等大小三十余个山头。随着北洋军阀混战升级，国外列强瓜分势力的逐步渗透，1923年祖父高振霄受孙中山安排在上海开立最大的洪门组织“五圣山”。向松坡为“五圣山”山主，祖父高振霄为“五圣山”副山主。“五圣山”的宗旨是“反对北洋军阀，反对国外列强”。

“九一八”事变后，特别是1932年日寇挟持清朝废帝溥仪成立伪满洲国之后，洪门帮会以“前辈志士，以国土丧失，民族意识消沉殆尽，洪门团体仍有再行组织之必要，长江各埠纷纷倡议，尤以海外各埠及南洋群岛诸志士，咸主张严密组织，加紧团员训练，为政府后援”。地处长江口的上海洪帮在全国民众高涨的抗日浪潮的影响下，抓住机遇以唤醒民族意识为号召，既提高了自己在社会上的声誉又扩充了组织的实力。在向松坡、高振霄等洪门大佬的支持与组织下将“五圣山”等30多个洪门团体联合成立“洪兴协会”，并于1936年在上海老西门关帝庙召开成立大会。向松坡为洪兴协会理事长，统称是上海洪门领袖人物，高振霄为其副手。后来向松坡撤离武汉，高振霄接任“五圣山”山主。

张已：1936年年底，国民党当局制造了震惊全国的“七君子事件”，引起全国爱国同胞的震惊与关切。在南京的国民党中央委员会于佑任、孙科、冯玉祥、李烈钧、石瑛等二十多人，联名致电蒋介石，表示对此事件应“郑重处理”。张学良将军向蒋介石直接提出释放“七君子”要求，遭到拒绝。宋庆龄、何香凝在全国再次掀起“救国入狱运动”。在各方舆论压力下，最终使“七君子”解救出狱。据说在成功营救“七君子”活动中，您祖父也亲自参与并发挥了重要作用。

高中自：1936年11月，国民党当局以“支持工人罢工，扰乱社会秩序，危害民国”的罪名，逮捕了“救国会”的沈钧儒、章乃器、邹韬奋、李公朴、沙千里、史良、王造时，是当时有名的“七君子”之狱。中共在全国发动了大规模的向国民党抗议和营救“七君子”的运动，宋庆龄、何香凝等各界知名人士都积极参加并联名向江苏高等法院提出声明，如果“救国有罪”，大家都愿入狱，同国民党进行针锋相对的斗争。

为了营救七君子,宋庆龄找到祖父高振霄,希望利用高振霄在国民党内的关系,以及洪帮在全国各地的影响,参与营救。祖父早年一直追随孙中山,跟孙夫人宋庆龄也是旧识。当年我曾祖母从武汉来上海,宋庆龄和蒋介石、宋美龄亲自到码头迎接,蒋介石更是以老师尊称高振霄。此次"七君子"事件后,祖父亲自找到蒋介石,质问蒋介石:爱国难道有罪吗?如果爱国也有罪,那么你把我也抓到监狱里去好了?在全国各界爱国舆论的压力和谴责下,在宋庆龄、祖父等人的努力下,7 月 31 日,国民党政府被迫将"七君子"释放出狱。"七君子"被释放后,祖父特意在自己的住处设家宴,为"七君子"接风洗尘。

张已:"西安事变"后,开始了第二次国共合作。在抗日民族统一战线旗帜下,联合一切可以联合的力量抗日救国是国难当头之大局。此时的上海除了国民党抗日军队、共产党新四军外,还形成了以国民党、共产党、青帮、洪帮包括工人、学生等联合的民间抗日武装。当时,您祖父身为洪帮大佬是如何参与抗日的?

高中自:1936 年夏天,上海地下共产党负责人张执一通过祖父一亲戚许澄宙的关系与祖父高振霄相识。经过交谈,祖父当即表示愿意协助中共做工作,并介绍向松坡与张执一认识。其实,祖父高振霄早在武昌首义的时候就和董必武是挚交,他素来痛恨日本,与共产党走得很亲近并与李先念交情颇深,武汉志中记载"高振霄加入共产党"。为了帮助中共更好地开展抗日救国工作,在祖父高振霄、向松坡等人的劝说下,张执一(解放后任统战部副部长)、陈家康(解放后任外交部副部长)、王际光(真名叫史铁峰,原是福建游击区的军事干部)、余纪一等许多中共党员都以名义加入了洪帮,利用洪帮身份开展抗日救亡运动。从此,高振霄与向松坡居所成为协助共产党积极抗战的一个重要据点,祖父与向松坡麾下的洪帮成为支持共产党积极抗战的一支重要力量。"卢沟桥事变"发生后,祖父高振霄与向松坡于 7 月 21 日致电北平宋哲元委员长暨二十九军全体将士,表示声援。次日,二人又直接致电蒋介石,表示"潜虽不才,愿以在野之身,统率海内健儿,与暴日一决生死,一息尚存,义无反顾,悲愤待命,无任屏营"。"八一三事变"前,国民党军统戴笠向蒋介石请示,请命去上海联合各方势力和力量,防止日军在上海登陆。不久后,戴笠到了上海,找到青帮头目杜月笙、黄金荣、张啸林,洪帮大佬高振霄、向松坡及商会会长刘晓籁、银行界江浙财阀大佬钱新之等人,共同组织游击队——"江浙行动委员会",下设特别行动队(简称"别动队"),建立了上万人的抗日武装。这支别动队由 5 个支队组成。祖父高振霄与向松坡、何行健(洪帮头目)、杜月笙等商定,一方面派洪门兄弟与青帮兄弟组建第一支队约1500余人队伍,何行健任第一支队长。另一方面邀请一批共产党人包括工人、学生等组建第三支队约1500余人队伍,朱学范(时任上海市总工会主席,上海地下共产党负责人,名义加入青帮,解放后任邮电部副部长)任第三支队长,王际光任其支队大队长,第三支队中从支队长到各大队长、中队长、小队长及广大队员基本上是由共产党领导组成。在"淞沪会战"中,江浙行动委员会别动队全体将士均投入了战斗。战斗尤为惨烈,牺牲特别惨重。最令人哀痛的是在"淞沪会战"后期一次战斗中,一大队长廖曙东被日军团团围住,他以手枪击毙数敌后,跳入水潭中,高呼:"中国不亡!抗战必胜!建国必成!"。结果500人的队伍,大部分牺牲,幸存者仅剩几十人。上海沦陷后,别动队仅存不足2000余人,后来改编为"忠义救国军"在上海继续与日军抗衡。江浙行动委员会别动队的全体将士们无论是国民党员、共产党员、还是清洪帮兄弟,包括每一个工人、学生等都是抱着拯救民族的满腔热血,积极投入抗战洪流,为中华民族的抗日大业流血捐躯,作出了自己的贡献并载入史册。

张巳:"八一三事变"后,上海沦陷为"孤岛"。日本军国统治、汪伪政权、共产党抗日民主政权、国民党政权、青帮、洪帮、租界等多种势力交错在一起。此时的孤岛形势复杂、斗争残酷。您祖父在这种恶劣的环境中不仅仍然坚守而且还营救了党的领导人李先念及大批爱国志士,您祖父是如何做到这些的?

高中自:"八一三事变"后,当时被日伪占据的上海被称为"孤岛",不仅有日本军队的野蛮统治、蹂躏,还有汪伪政权的庞大特务机构威胁、追杀,形势异常恶劣凶险。由日本军豢养的上海汪伪特务总部"76号"被称为"歹窟"或"魔窟"。大量共产党秘密组织、爱国团体及抗日机构相继被破坏,许多共产党人和国民党爱国人士被杀害,国共两党潜伏于上海租界中的地下工作者,时有被汪伪汉奸拉下水,甚至遭到恐吓或暗杀发生。就连国民党"肃反工作"的军统局高级骨干、与戴笠即将结为亲家的国民党上海区区长王天木,也投降了汪伪政权。蒋介石闻讯后大为震怒,特派时任"忠义救国军"总部政治部主任文强,前往上海租界担任国民党抗日策反委员会主任委员要职。文强是文天祥23代孙、毛泽东表弟,先为共产党高级将领,后任国民党徐州"剿总"前线指挥部中将副参谋长。1986年起任第六届、第七届全国政协委员。初来乍到的文强身处险情,第一个想到的就是还坚守在上海的高振霄并邀请他加入抗日策反委员会,出任其委员会委员。文强曾这样描述祖父:"委员高汉声(字),湖北人,民初国会议员,又是有名的洪帮大爷,清高自赏,贫病交加,颇有骨气的书生本色"。

文强来到上海后,一直小心翼翼地隐藏自己的行踪,但是谁也没想到,刚到上海不久,文强就被绑架了。一天,文强被日伪"和平反共建国军"第十二路军司令丁锡山绑架到百乐门饭店。在饭店里，文强乘丁锡山不注意，抢了他的手枪，但被丁锡山的手下团团围住。在这千钧一发之际，祖父和另一位洪帮大佬龚春圃突然破门而入。那天，恰好祖父和龚春圃听说丁锡山要来百乐门饭店，也赶来这里准备对丁锡山策反，谁知竟碰到了这种场面。当小喽啰们一看到洪帮大爷高振霄和龚春圃，哗啦一下四面散开。祖父大步走到丁锡山面前，抓住丁锡山领角，左右开弓就是几个耳光。打过后，祖父指着丁锡山的鼻子骂道："你这个忘恩负义的家伙，那时候让杜月笙把你保出来，是文先生说的话，如果不是文先生说了话，你早就被枪毙了。你这身汉奸皮呀，只有文先生说一句话才脱得下来，你这个为日本人卖命的汉奸，早晚会死在日本人的手中。"丁锡山跪在高振霄他们面前，痛哭流涕地连连表示悔过，其他喽啰见状，也纷纷跪下求两位大佬宽恕。祖父接着对丁锡山说："赶快派车让你的部下送文先生上汽车，不然你就活不成了。"说完祖父与龚春圃左右夹起文强，快速离开了百乐门饭店。虽然祖父与龚春圃还没来得及正面策反丁锡山，但是在这场营救文强绑架案中祖父的几个耳光及一番义正严辞的话语却让这位赫赫有名的司令丁锡山受到了强烈的震撼和猛醒。后来他果然率部反正与日军开战，抗战胜利后遭国民党部队围剿杀害，成为了一名革命烈士。高振霄与文强等领导的"策反委员会"先后还对汪伪政府军委会委员、参军处参军长、和平建国军第三集团军总司令唐蟒，汪伪军委会委员、开封绥靖公署主任刘郁芬，汪伪武汉绥靖公署参谋长罗子实，驻苏州伪军军长徐文达，驻无锡伪军师长苏晋康，汪伪军委会委员、苏皖绥靖总司令和第二集团军总司令杨仲华等策反成功，成为一支抗战力量。

1942 年，时任新四军第五师师长兼政治委员的李先念在上海被汪伪特工告密被捕，并被关押在日伪军监狱长达 3 个月之久。祖父闻讯后，一方面积极与共产党组织保持联系，布置营救方案，另一方面派内线秘密取得情报。通过祖父斡旋，最终将李先念营救出狱。并将浑身是伤、备受折磨的李先念接回法租界巨籁达路晋福里自己的家中养伤一月之久。期间，祖父一边派护卫日夜守卫安全，另一边安排医护、佣人专门治伤和扶持，并抓紧时间筹备了大量抗日根据地急需的棉衣药品等物资。当李先念伤病稍转轻时，坚持要求重返新四军部队。祖父租用两艘大船，选派得力人员将李先念及抗日物资安全护送至苏北革命根据地。另外，祖父高振霄先后还营救过时任上海敌后党的负责人张执一及一批中央派往延安学习深造的共产党青年干部。当时党中央派往延安学习深造的一批 12 名青年干部在去延安革命根据地的途中被胡宗南部下抓捕。祖父提前就有所准备，亲笔写信给胡宗南。果然，当其中一名青年干部拿出祖父写给胡宗南的亲笔信后，胡宗南欣然将他们释放。后来这 12 名党的青年干部有的在抗日战争或解放战争中牺牲,有的成为了党和国家之栋梁。

张巳:随着汪伪政权的建立,抗日斗争愈加残酷、复杂。许多抗日组织遭到破坏,抗日志士惨遭杀害,还有许多人在暴行与收买下变节投降。上海"孤岛"在沉浮,在流血,将变成一片焦土。您祖父面对日伪软硬兼施不受,直到抗战胜利前夕,却被日本人毒杀,您能告诉我们一些当时的情况吗?

高中自:随着战事扩大,局势愈加严峻。"五圣山"山主向松坡撤去武汉,后来,文强将军也撤离去重庆。考虑到高振霄已经年近六十,又是老同盟会会员、国民党元老,蒋介石曾多次派人到家动员他向大后方撤退,但祖父执意不肯。祖母也劝其不要再去冒险了,但是祖父却说:"到了后方虽然安全,但是可以用于支持抗战的关系全没了,不能只在上海做寓公啊"。湖北的家人也担心焦急地劝说祖父尽快离开上海,祖父寄信给湖北的家中说:"无国哪有家,为拯救中华,驱逐日寇,视死如归。"果不其然,1938 年的一天,一群全副武装的日军官兵公然闯入祖父的家里大肆搜查,并将他强行带走。在日军兵营里严刑拷打,威逼祖父供出和他接触过的共产党及进步人士和爱国志士的名单及住所。祖父坚贞不屈、至死不渝,在各方的努力下,三周后才被保释。硬的不行就来软的,日伪企图通过金钱贿赂祖父。1943 年的一天,日军驻上海"头目"带领随从十几人,抬着一大箱装有金银珠宝的重礼前来"拜访"祖父,说他们代表"皇军和汪主席请高先生出山,做一些事"。祖父高振霄不卑不亢地答道:"非常对不起,我身体不好,不能再出山做事了。钱是生不带来、死不带去的东西,我现在年事已高,也用不着了,请把这些全部带回去吧。"没等对方反应过来,祖父已经退入后堂,把对方"晾"在那里。钱财贿赂不成,日伪又想封高官厚禄收买祖父。1945 年 3 月,距抗日战争胜利还有不到半年的时间,祖父再次接到日伪赴宴的"邀请",家人都劝他不要去,但他认为"没有必要让他们觉得我胆怯",还是去了。席间,日伪头目发出"最后通牒",威逼高振霄出任伪政权要职——上海市长。祖父非常愤怒,在宴席上祖父义正严词道:"中国的土地上岂能容得侵略者横行,中国的事情岂能听从侵略者安排!"。在场的日伪头目先是气急败坏、大发雷霆,尔后伪装成一副什么也没发生的样子,殷勤地向祖父"敬酒"。祖父虽心知肚明,但还是举杯一饮而下。

回到家后,祖父觉得腹部胀痛,祖母要请医生,却被他拦住。祖父向家人交代了几件事:第一,不准请医生;第二,不要通知任何人;第三,焚烧了所有资料包括生前写过的大量文章、手稿、图片等;第四,告诫家人"远离政治,莫入官场"。三天后于 1945 年 3 月 23 日,祖父盘腿打坐静静地离开了人世。在上海殡仪馆入殓时,只有祖母、两个姑姑、尚在襁褓中的姐姐及祖父生前身边的几个好友资助成殓。后来上海各界人士闻讯,奔走相告,沉痛哀悼。在祖父逝世21天后于4月14日上海淡水路关帝庙召开追悼会,后来将他的遗体安葬于上海万国公墓。蒋介石为他题写“精忠报国”,宋子文为他题匾“忠贞体国”,《申报》赞他“高风硕德 足资楷模”。同年4月25日同人再祭高公汉声先生——《大学生》(南京)期刊《悼高汉声先生》:“呜呼,老成凋谢,耆硕云亡,国方多难,闻击鼓而追怀宿将,天胡不憗,读岘碑而痛失元良……公望高山斗,品重圭璋,赞翊共和,树勋猷于江汉,抚缓黎庶,宣威德于荆襄,护法统而名垂不朽,伸民权而会集非常,洵匡时之柱石,为建国之栋梁……”

张已:您祖父生前很早就为家人写下了高氏宗谱:“振兴中华、福利民众”八个字,临终前给后人又留下了戒训:“远离政治,莫入官场”八个字。对这十六个字,您是怎样理解的?

高中自:孙中山先生在1912年南京民国开国典礼后答党人与记者的提问时说过:“同志们,你们大家问我为什么要革命,我的回答是,革命是暴力,革命是要流血、牺牲的,革命为的是不革命!”这是一个革命家对革命的诠释。我祖父百年前就写下了“振兴中华、福利民众”八个字作为高氏宗谱,告诫子孙后代要“牢记民众福利,努力振兴中华”。这同时表明中国人民在20世纪经过“振兴中华”四代人100年的英勇奋斗就是为了振兴中华,在21世纪经过“福利民众”四代人100年的不懈努力就是要福利民众。中国人民通过“振兴中华、福利民众”八代人200年的奋斗努力,正如今天政府为中国人民确定的“两个一百年”的奋斗目标,“实现中华民族伟大复兴的中国梦”。这岂不正是中国人民乃至全世界人民努力奋斗目标与奋斗史吗?其志也,何其高洁;其行也,何其壮烈;其使命,任重道远。这既是一个革命家对革命的解读又是他一生的信念与夙愿的践行。后来祖父在临终前给家人留下的遗训“远离政治,莫入官场”,如同他曾在《息争论》中写道的:“周武伐纣,放马归山,武为止戈,以示永久不用”。或许这就是一个革命家对政治、官场、革命的解读,或许这就是一个革命家从事革命、政治、官场的感悟和境界,或许这就是一个革命家给后人留下重要的精神、文化遗产吧。

(四)高振霄传略

裴高才

高振霄早年就读于两湖总师范学堂和湖北公立法政专门学校,先后参加同盟会与共进会,并创建德育会,创办《夏报》,襄办《政学日报》《湖北日报》等革命刊物。首义成功后,出任都督府参议和总稽查,时称"八大金刚"之一,被嘉奖为"甲种功臣"。继而,参加护国、护法运动,北伐革命,以上海洪帮头领的身份,投入到抗日救亡第一线,直至惨遭日军毒害。

投笔从戎

高振霄字汉声,1881 年出生于湖北房县的书香世家。其祖父饱学经史,工于楷书,以教私塾为生,其父步云继承祖业,名播江城与京城。高振霄幼承庭训,目睹清朝内忧外患,顿生救国救民之志。

1897 年,16 岁的高振霄随父到武昌求学,取号"汉声"铭志。后逢季弟振声(字贤九)长子出世,欣然书"振兴中华,福利民众"八个大字为高氏字派,告诫子孙世代传承。

1906 年,高振霄走出两湖总师范学堂,先与张振武于武昌学校任教,后投笔从戎,参加革命团体。"霄与党人游,谈天下事,深痛朝廷腐败,决计以改造时局为己任,图推翻暴政、振兴中华之伟业"①。1908 年,他协同党人郑江灏创办了《政学日报》《湖北日报》,他与向炳焜等在报上题词作画,抨击时弊,宣扬革命。郑江灏、向炳焜等被捕入狱,报馆被封后,高振霄与同人襄办了《长江日报》,又独自创办了《夏报》,继续鼓吹革命。《夏报》因针砭时政,宣传革命,以"颇敢言,允为后起之秀,被时人称为汉口四大报(《中西日报》《公论日报》《大江报》《夏报》)之一,《夏报》尤为新创"②。1911 年出版的《汉口小志》亦云:"詹大悲、何海鸣、查光佛、宛思演、高汉声等都是享有盛名的近代武汉报人。"

随着革命时机的到来,高振霄于 1910 年与谢石钦等组织德育会,强调"天下兴亡,视民德兴替,应修私德以完人格,重公德以结团体"③,以实现团结和强国的目的。接着,又促成德育会与共进会的合并。同时,他还与同志一道,积极

① 湖北省房县市编纂委员会:《房县志》,中国文史出版社,1991 年版。

② 胡祖舜:《六十谈往》,《辛亥革命在湖北史料选辑》,湖北人民出版社 1981 年版,第 56 页。

③ 贺觉非、冯天瑜:《辛亥武昌首义史》,湖北人民出版社 1985 年版,第 93 页。

促成共进会与文学社实行联合[①]。并以文笔为刀枪，继续在报界大张革命声势。

“甲种功臣”

武昌光复翌日，高振霄会同蔡济民、张振武、李作栋等党人，以及社会贤达，前往谘议局商议建立新军政府，推举黎元洪督[②]。针对新政府组建之初，百废待举，地痞流氓也趁火打劫，百姓深受其苦。出台新政府文告，维护首义成果、稳定社会秩序，成为开创世纪新纪元第一要务。时苏成章提议组设民政部，管辖民政最急事务，高振霄与费矩、袁国纪等即主持筹组，通过夜以继日的工作，草拟并颁布新政府文告：

“一、改制共和。义军之起，原为推倒专制政府，建设共和国家，以增进我国民之完全幸福为目的。于8月21日由部呈请都督宣布改制，以期一新天下耳目焉。兹录其原文如下。为谕饬遵办事：照得军政府愤满清政府占据中华，政治混乱，丧失主权，暴敛横征，朘削膏脂，强夺吾民已成之公共财产，钳制吾民之热心义举；斥志士为乱党，目公论为嚣张，逮捕株连，杀人无算。本军奉军政府命，特于8月19日倡义，征讨民贼，驱逐满清贪污残酷官吏瑞澂、连甲等，克复武昌、汉阳等处地方……二、豁免钱粮及苛税为立国之道，以收拾民心为第一要义。三、延揽人才。四、派员演说。五、筹办临时警察。六、提倡保安社规模甫具，士民归心。七、创办团练。八、维持金融易代之际，纸币滞碍难行，特出示晓谕，一律照常通行……九、注重外交……”[③]

武昌首义成功后，各地各类人才云集武昌。刚开始，军政府设招待所于都督府前两等模范小学校内，以高振霄、袁国纪等负责接待[④]。10月12日晚，军政府正式成立招纳处（后改为集贤馆），其任务是“招集文武贤才，襄助军政，共图大业，建立共和民国”[⑤]。次日招纳处奉命，凡是有一技之长的投效者，即送府委用。特派党人吴醒汉负责接待各地投奔武昌的军界志士，高振霄负责政、学两界人士[⑥]。由于他们努力工作，3天内就招纳文武志士400余人。至11月底止，云集武昌的各类投效人员达万人之众，成为革命新军的一支重要力量。

黎元洪正式就任都督后，高振霄与军务部副部长张振武、陈宏诰及执法处

---

① 湖北省地方志编纂委员会：《湖北省志人物志稿》，光明日报出版社，1989年版。

② 贺觉非，冯天瑜：《辛亥武昌首义史》，第215页。

③ 《武昌起义档案资料选编》（上），内务司实录，湖北人民出版社1981版。

④ 《武昌起义档案资料选编》（上），内务司实录，湖北人民出版社1981版。

⑤ 《中华民国公报》1911年10月。

⑥ 贺觉非，冯天瑜：《辛亥武昌首义史》，第238页。

长程汉卿面陈黎元洪，以黎名义颁布《刑赏令》及军令八条，遍贴全城，规定“军队中上自都督，下至兵夫，均一律守纪律，违者斩”。并派人沿街演说，维持秩序，安定人心。自此义军纪律严明，秋毫无犯，远近称颂不绝。军务部执法科（后改编为军法局）成立后，高振霄与陈宏诰一起调入，主办军案[①]。高振霄以人道为本，废苛刑，申军法，惩奸治军，颇有口碑。当时狱中有囚犯数百余人，高振霄与执法科长程汉卿亲往查访，细心开导。当他们饱含激情演说时，有的囚犯竟感动得落泪。之后，由高振霄出具函文，挑选年轻力壮且有悔改之意者上百人，一律送交游击队长金鸿君收留，分别编入队内助战[②]，后送往前线作战，多立战功。

10 月 17 日，由汤化龙起草并宣布的《中华民国军政府条例》，完全把革命党人排挤出政权以外，因而遭到党人强烈反对。25 日，军政府重新议决《改订暂行条例》，增加军事参议会来限制都督的权利，设立稽查员稽查各部门，取消政事部，改原来各局为部[③]。高振霄等八人出任总稽查，负责稽查各部、各行政机关及各军队，位于六部之上。稽查处在当时颇具权威，他们可以直接干预各部行政，有时负责处理特殊任务。重要会议和人事安排，也由各稽查员出面[④]。从而改变了军政府由旧官僚、立宪派把持政权局面。

到了 11 月 27 日，汉阳失守，武昌危急，一时间，武昌城内谣言四起，人心惶惶。湖北军政府召开紧急会议商议对策，有人主张放弃武昌，进攻南京。高振霄与张振武等人强烈反对，决心与武昌城共存亡，并举荐王安澜为奋勇军统领，招襄郧老兵坚守武昌，与总监察刘公、军务部副部长张振武亲自率领稽查队沿街日夜巡逻，维持秩序。虽然后来南北和谈，但武昌城一直控制在革命党人之手，其革命中心的地位也牢固无可动摇[⑤]。

此间，报纸上曾经出现过《八大金刚》章回小说，以喜闻乐道的形式宣传其革命功勋之丰功伟绩。高振霄被嘉奖为辛亥革命“甲种功臣”，并批准其为政府“酬勋”留洋学生之一（后因局势及资金等未果）。

---

① 《武昌起义档案资料选编》（上）军法处事略，湖北人民出版社 1981 版。

② 《武昌起义档案资料选编》（上）军法处事略，湖北人民出版社 1981 版。

③ 白寿彝：《中国通史》19 册（第十一卷近代前编 上册），上海人民出版社，2004 年 7 月 1 日出版（修订本），第 821 页

④ 贺觉非，冯天瑜：《辛亥武昌首义史》，第 236 页。内务司实录：第一节 起义时之内务司（即民政部与内务局），1912 年 12 月 7 日。

⑤ 《武汉方志》。

讨袁护法

中华民国临时政府成立,高振霄被委任为孙中山高等顾问,当选为国会议员。1912 年 6 月,共和党中以张謇、熊希龄、孙武等人为首,反对同盟会提倡的"政党内阁",直接或间接地充当了袁世凯的御用工具[①]。此后,统一党领袖章炳麟发表《宣言书》,坚持独立,表示"不随乱流",由此引起了共和党内部分化成为"新"、"旧"两派。高振霄与原民社成员张伯烈、郑万瞻、刘成禺、胡鄂公、时功玖等人以及原统一党"少壮派"黄云鹏、王湘、吴宗慈、王绍鏊、解树强等人组成共和党"新派",与共和党"旧派"展开斗争。同年 8 月 16 日凌晨,辛亥元勋张振武和方维两人,在北京被袁世凯和黎元洪阴谋杀害。闻知当年与自己一起执教、一起参加共进会、一起在武昌起义出生入死的战友与兄弟,没有在战火硝烟的枪林弹雨中倒下,却创立共和后身首异处,高振霄怒不可遏,速赶往北京与刘成禺、时功玖等在北京参议院与国民党议员愤怒声讨,要求惩治凶手,继续同黎元洪、袁世凯展开不懈斗争。

1913 年 3 月,袁世凯指使国务总理赵秉钧一手策划了震惊全国的宋教仁谋杀案,引起全国人民的强烈愤慨。为响应孙中山"武力讨袁"的号召,根据黄兴指示,高振霄与季雨霖、詹大悲、蔡济民、蒋翊武等 40 余人在武昌县华林举行秘密会议,决定组成"改进团",以"改进湖北军政,继续努力进行革命事业"为号召,开展"倒黎反袁"的军事行动。同年 7 月,高振霄参加了孙中山领导的在江西湖口起兵的"二次革命",失败后客走他乡。

护法军兴,高振霄追随孙中山自上海前往广州护法。1917 年 8 月 25 日,孙中山在广州召开"护法国会"(又称"非常国会"),孙中山当选为中华民国海陆军大元帅,高振霄被选为非常国会参议院议员(1917 年 8 月—1922 年 6 月)。9 月 10 日,广州护法军政府成立。其时国会内分成多个党派系,主要代表有政学会系、益友社系、民友社系等。当时盘踞广东的桂系军阀和北洋军阀暗地勾结,对广州护法军政府多方扼制。政学系依附桂系军阀,排挤孙中山,益友社系亦同流合污。高振霄与孙洪伊、汪乃昌、彭介石、王湘、林森、谢持、马君武、居正、田桐等为民友社中坚,反对桂系军阀与北洋军阀相勾结,开展与政学会系斗争。成为孙中山护法军政府的中坚力量。

1918 年,高振霄与张知本、谢英伯、叶夏声等在广州受孙中山先生邀请对其长年研究的"五权宪法"("五权宪法"主要内容包括:立法院行使立法权、司法

---

① 张玉法:《民国初年的政党》,岳麓书社,2004 年版。

院行使司法权、行政院行使行政权、监察院行使弹劾权、考试院行使考试权）进行专门研究并撰写专著。孙中山先生一直非常关注宪法研究与制定工作。早在辛亥革命以前，孙中山就基本形成了五权宪法的思想，但这个主张在当时并未得到推广和宣传。辛亥革命期间，南方独立各省制订的约法，以及南京临时政府期间制订的《中华民国临时约法》不但没有体现他的宪法思想，且与之相背离。随着"护法"斗争的继续，高振霄等四人具体分工合作，将欧美各国及日本的政治制度与五权宪法作系统的分析和比较，进行了批判性的继承与发扬，将原五权宪法思想在扬弃中得到了发展。最后由张知本向孙中山提出研究报告。1922 年 6 月，由叶夏声提交《五权宪法草案》。五权宪法思想的演进轨迹，与三民主义一样，非常鲜明地体现了孙中山的思想和个人特点，是一部弥足珍贵的法律文本。国民党"一大"期间，孙中山起草的《国民政府建国大纲》二十五条，规定"国民政府本革命之三民主义、五权宪法，以建设中华民国"。1924 年 11 月 23 日，孙中山在长崎对日本新闻记者说"中国将来是三民主义和五权宪法的制度"。

1920 年，部分曾参加过辛亥革命的鄂籍人士掀起了地方自治运动，高振霄与胡祖舜、范鸿钧、张知本、曹亚伯、白逾桓等人，在上海成立了旅沪湖北自治协会，并出版了《新湖北》的刊物。《新湖北》的政治主张是将政治革命（推翻北洋军阀统治）和社会革命（解决生产资料的所有权问题）一齐解决。高振霄在《新湖北》刊物充当主要角色并发挥了重要作用，亦有后人评价"他的文笔，非常畅达"。

广州蒙难

1921 年 7 月 8 日湘鄂战争爆发，讨伐徐世昌、吴佩孚军阀运动势在必行。高振霄受孙中山委任，担任起草委员会委员长，与理事张凤九组织撰写并提议宣布讨伐徐世昌欺世盗名、祸国残民等"十大"罪状，以及讨伐吴佩孚集误国、叛国、卖国之罪于一身之讨伐檄文——《宣布徐世昌罪状之通电》《宣布吴佩孚罪状之通电》①。8 月 12 日，高振霄参加国会非常会议讨论北伐案通过，议决赴广西取道湖南出兵北伐。9 月 9 日，高振霄与焦易堂、李希莲等提议宣布徐世昌及吴佩孚罪状并经国会非常会议表决通过。后来，高振霄等 57 名护法国会议员联名发布否认（北京）伪国会的通电："此次北京开会之所谓国会，并非依法继续民六后正式国会，所议各法案，同人业经叠次宣言斥为不合法之集会，否认其一

---

① 李家璘：《北洋军阀史料 吴景濂卷》，天津古籍出版社，1996 年版。

切行为，并力求国会本身为法律上正当之解决。……此四十余日之弄法，不适为其谋权利而已，于法律上国会会期任期不生丝毫关系，应予绝对否认。特此布闻，中外咸知，邦人君子，实共鉴之”[①]。一场打倒割据军阀、武装统一全中国的北伐战斗号角在中国大地上正式吹响。

同年，美国在华盛顿发起召开国际会议。中国国民对华盛顿会议投入了极大的关注和热情，希望取消“二十一条”，收回德国在山东的权益，修改和废除其他一些侵害中国主权的不平等条约。并于这年 11 月 11 日在上海召开大会，成立了全国国民外交联合大会，作为华盛顿会议的后援，发表了致美国总统哈定及华盛顿会议各国代表团电。高振霄毅然向国会提交议案，咨请政府速派代表参加太平洋会议。孙中山亲笔复文《咨复国会非常会议已饬外交部筹办出席太平洋会议文》指出：“议员高振霄提出咨请政府速派太平洋会议代表议决案，文曰：‘美总统召集太平洋会议一事，关系远东及太平洋问题，至深且巨。我国日受强邻之压迫，北京拍卖主权，国几不国，今此一线生机，正我正式政府独一不二之机会，所有取消不平等之条约，及裁减军备实行民治诸事，尤为我国生死之关系，应请即日开会讨论议决，请政府速派得力代表迅赴列席，实为至要’等语。经于本月二十七日开会议讨论，依法提付表决。大多数表决，照案通过。”[②]。通过此次太平洋会议，被列强掠夺的中国部分主权得以收回，中国朝着恢复主权迈出了重要的一步。

自从日本侵占韩国后，一些韩国爱国人士流亡到中国，联合中国共同开展抗日救亡独立运动。1920 年始，中韩两国人民以上海为中心，在各大城市组织成立了“中韩互助社”。中韩互助社的领导力量，基本上是当时中韩两国社会中一些最为先进的革命者和爱国志士，包括毛泽东、何叔衡、谢焕南（即谢觉哉）、孙中山、胡汉民、黄宗汉（已故黄兴氏之夫人）等人。1921 年 9 月 23 日，高振霄与广州各界人士的代表丁象谦、朱念祖、谢英伯、蔡突灵、汪兆铭（汪精卫）在当地图书馆召开会议，宣告成立了广州“中韩协会”。为推动和促进中韩友谊关系揭开历史性新篇章。[③]

1922 年 6 月 16 日，陈炯明在广州发动武装叛乱。炮击总统府，逼迫孙中山深夜突围后登“永丰舰”。叛乱之翌午，叛军蜂拥而至广州海珠酒店国会议员公寓，对高振霄、蔡突灵、张大昕、卢元弥、陈家鼎等数十名国会议员实行惨无人道

① 《中华民国史事纪要（初稿）中华民国十一年（1922）（七至十二月份）》旅沪护法议员致函各国驻华公使，否认北京国会，中华民国史事纪要编辑委员会编，1983 年。

② 《新政府咨复国会非常会议文》，上海《民国日报》，1921 年 10 月 10 日出版。

③ 康基柱：《“中韩互助社”述评》。

的抢辱。他们一哄而入,翻箱倒柜,大肆搜劫。迫使高振霄等国会议员乘轮离粤赴港转沪。然而,高振霄与孙中山之间的患难之情和革命友谊却愈加深重,对革命充满必胜的乐观主义信念更加坚定。有1922年9月3日孙中山复高振霄的亲笔为证。信云:"兄等间关流离,不堕初志,至可钦佩。文力所及,自必为诸兄后盾,务期合法者战胜非法,统一乃可实现……"①

1924年1月,高振霄在广州参加了孙中山主持召开的中国革命党(国民党)第一次全国代表大会,参与制定"联俄、联共、扶助农工"三大政策。同年8月20日,高振霄参加了国民党中央政治委员第六次会议,通过了《国共合作草案》。11月10日,孙中山应冯玉祥之邀,偕宋庆龄离粤北上,一路发表演讲,重申反对帝国主义和反对军阀,废除不平等条约。不幸的是孙中山由于途中疲惫,肝病复发,于1925年3月12日在北京逝世。悲痛万分的高振霄即赶赴北京参加了孙中山的国葬(遗体暂厝于北京西山碧云寺)。

忠贞体国

早在1923年,高振霄由孙中山安排到上海组织洪帮,从事反对北洋军阀及国外列强活动。当时上海最大的洪帮组织——"五圣山"的"龙头"为向松坡(字海潜),高振霄为副头目②,他们都是曾参加武昌首义的志士。后来高振霄由广州正式迁往上海法租界巨籁达路晋福里定居。1927年国共合作破裂,他淡出政界,毅然赴汉冶萍公司转入"实业救国"之运动,实践"振兴中华,福利民众"之志。

1937年抗日战争爆发时,高振霄已年近六十。南京政府考虑到他是同盟会、国民党元老,又年事已高,安排他退居敌后。但他执意不肯,并寄信给家人说:"无国哪有家,为拯救中华,驱逐日寇,视死如归。"当时,中共中央为了加强上海抗战力量,成立了江苏省军委,从延安调张爱萍任军委书记,张执一、陈家康为委员。经党组织批准,高振霄介绍张执一(后任中共中央统战部副部长)、陈家康(后任外交部部副部长)在自己家中与向松坡会晤,策划以洪帮抵制青帮,联合开展抗日运动③。

卢沟桥事变发生后,向海潜与高振霄于7月21日致电北平宋哲元委员长暨二十九军全体将士,表示声援。次日二人又直接致电蒋介石,表示"潜虽不

---

① 《覆高振霄函稿》,据台湾党史会藏亲笔原稿,编号049/317。

② 《湖北文史资料——张执一自述》(1988年第二辑 总第二十三辑 第五节 利用帮派组织开展抗日工作)。

③ 何定华:《读<张执一自述>有感》。

才，愿以在野之身，统率海内健儿，与暴日一决生死，一息尚存，义无反顾，悲愤待命，无任屏营”。经高振霄引荐、说服，向松坡表示愿意秘密联共抗日。高振霄与向松坡居所成为帮助共产党积极抗战的一个重要据点，洪帮抗日组织成为帮助共产党积极抗战的一支重要力量。不仅如此，经张爱萍、张执一、陈家康、朱学范（后任邮电部长）等人组织推动，向松坡、高振霄积极支持、资助并联合青帮头目杜月笙、黄金荣、张啸林、商会会长刘晓籁、银行界江浙财阀大佬钱新之等人，共同组织游击队——“江浙行动委员会”，建立数千人的抗日武装。其时，高振霄与向松坡同宋庆龄、何香凝、胡愈之等克服重重阻力，营救了上海抗日救国会的“七君子”：邹韬奋、沈钧儒、章乃器、李公朴、沙千里、史良、王造时，扩大了救亡运动声势。由于高振霄的抗日爱国行动，引起汪伪政府与日本人的不满，1938 年正月十一日，一伙儿身挎匣子炮的日本官兵，全然不顾法租界之保护条例，公然闯入高振霄的寓所，人肆搜查并威逼其交出共产党和爱国志士的名单。但他坚贞不屈，视死如归。结果遭受毒刑，关押三周后被保释。

当时被日伪占据的上海被称为“孤岛”，由日本军豢养的上海汪伪特务总部“76 号”被称为“歹窟”“魔窟”。大量共产党秘密组织、爱国团体及抗日机构相继被破坏，许多共产党人和国民党爱国人士被杀害，国共两党潜伏于上海租界中的地下工作者，时有被汪伪汉奸拉下水或被暗杀。于是，国民党派时任忠义救国军总部政治部主任的文强前往上海租界，担任国民党抗日策反委员会中将主任委员。文强是毛泽东的表弟、共产党高级将领、国民党中将。高振霄时任国民党抗日策反委员会委员。策反工作刚刚开始时，文强被日伪和平反共建国军第十二路军司令丁锡山绑架到沪西百乐门饭店。正在危难之中，突然从房门外走来两个穿长衫马褂的老人。一个是龚春圃，曾任吴佩孚手下的少将监务官，另一个就是高振霄。高冲到丁锡山跟前，就是几个耳光，并指着丁的鼻子破口大骂：“你这个忘恩负义的家伙，那时候让杜月笙把你保出来，是文先生说的话，如果不是文先生说了话，你早就被枪毙了。你这身汉奸皮呀，只有文先生说一句话才脱得下来，你这个为日本人卖命的汉奸，早晚会死在日本人的手中。”丁锡山立即跪在两个人面前求饶。最后，高振霄与龚春圃护送文强安全离开了百乐门饭店[①]。文强在《军统与汪特在上海的一场争斗》一文中回忆：“委员高汉声，湖北人，民初国会议员，又是有名的洪帮大爷，清高自赏，贫病交加，颇有骨气的书生本色。”

1942 年，李先念在上海因汪伪特工告密被捕并关押在日伪军监狱长达 3 个

① 何蜀：《“孤岛”时期的军统局策反委员会》，《文史精华》2001 年第 12 期，第 19 页。

月之久。高振霄闻讯后，一方面积极与共产党组织保持联系，布置营救方案，另一方面派人与李先念秘密取得情报。最终，利用特殊身份关系将其保释。并亲自将浑身是伤的李先念接回法租界自己的家中养伤。李先念伤病稍有好转就要求重返革命根据地。高振霄租用两艘大船，选派得力保安人员将李先念和抗日物资安全护送至苏北革命根据地。此后，高振霄还营救过时任上海敌后工作党的领导人张执一及党中央派往延安学习深造的12名共产党青年干部等大批共产党的领导及抗日志士。解放后，李先念、张执一曾派秘书专程来沪看望高振霄遗孀并为其解决住房及生活等问题。

"文革"期间，江青"文革专案组"分别组成"李先念、张执一专案调查组"先后多次来沪，诬蔑李先念、张执一在上海"叛变"。高振霄遗孀沈爱平出面作证，讲出当时事实真相，为李先念、张执一雪冤。

鉴于高振霄在上海的影响，日本和汪伪政权对他既怕又恨，并百般拉拢，甚至委以上海市长高位，但均被高振霄严词拒绝。1943年中的一天，日本驻上海头目带领日本随从一行十余人，抬着一大箱钞票与大量金银首饰，送到高振霄家，请其为日伪当局做事。高振霄义正辞严地对日人说："非常对不起贵国，我年事已高，不能替贵国做事，请把钞票及首饰全部带回去！我要是收了你们的钞票，就成为一个不清不白之人，我就是死也要死得对得起国家与人民，绝不落骂名。"

日军见软的不行，就来硬的。于1945年3月的一天，再次威逼高振霄出任上海市长，并为其设宴。高振霄愤然喝道："中国的事情岂能听从侵略者安排！"在场的日军官兵气急败坏，大发雷霆，暗示日军特务在酒中投毒，导致他回住所后腹部便开始肿胀。但他执意不请医生并告家人不准通知任何人，盘腿打坐，紧闭双目，三天后静静地离开了人世。上海各界人士闻讯后，奔走相告，沉痛哀悼，将高振霄先生安葬于上海万国公墓。蒋介石亲笔题"精忠报国"悼念，并于1945年9月特派蒋经国赴上海将其题词转送高振霄遗孀沈爱平。国民政府行政院院长宋子文也题匾"忠贞体国"，后来此匾悬挂在高振霄湖北老家的堂屋中央。

《辛亥首义百人传》(上下)封面

(五)缅怀我的外婆沈爱平

王琪珉

我的外婆沈爱平生于1900年,在广州护法革命运动中与外公高振霄相识,后来结为夫妻。几十年风雨中,她紧随夫君高振霄转辗广州、香港、南京、上海、武汉、北京等地,襄助夫君协调当时的各方有效力量,积极投身革命活动。

1923年外婆与外公高振霄定居上海。积极从事反军阀、反国外列强及抗御日寇活动。曾协助外公高振霄营救多名共产党高级领导及爱国志士,利用妇救会身份采购大批医药品和食用品秘密送至新四军革命根据地。1945年,外婆不顾夫君高振霄被日寇毒害后的痛苦,又积极投入到慈善事业中,收养了20多名战争中的离散儿童,供他们学习、生活。

全国解放后,宋庆龄多次邀请外婆沈爱平赴京参政,外婆均婉言谢绝,在上海过着清贫的生活。在极其艰难困苦的情况下,她仍然对子女严格要求,教育子女"做人要厚道,做事要实在"。把子女个个培养成人,交给祖国从事社会主义建设工作。

"文革"期间,江青组织"中央文革专案组"分别组成"李先念专案调查组"和"张执一专案调查组",先后多次来沪调查李先念、张执一曾在上海"被捕写自白书""叛变"一案。外婆沈爱平将自己的安危置之度外,不顾"造反派"、极左势力的高压迫害,面对"文革专案组"当场作证,讲出当时事实真相,为李先念、张执一等革命家雪冤。"文革"结束后,上海市领导对外婆的生活给予很大的照顾,但她坚持不向组织提任何要求,并说需要解决和照顾的各界人士有很多,我不会向政府提出任何要求。

外婆沈爱平以一个中国普通善良妇女的良知,心系祖国、人民的命运,承担社会、家庭的责任。她一生热爱和平事业、拥护新民主主义与社会主义;一生信奉"善国、善家、善心"的信条,相夫教子从事革命与公益事业。

（六）缅怀我们的祖父高振霄

高淑云　高淑霞

我们的祖父高振霄（字汉声），于1881年出生在湖北省房县一个书香门第的家庭里，早年入私塾习旧学，后来年纪稍长，随我们的曾祖步云公至武昌，入两湖总师范学堂肄业。

清朝末年，政治腐败，外患频仍，祖父身处武昌这一革命党人聚集的中心，也深受民主、共和思想的影响。在和革命党人的交往中，祖父痛恨朝廷腐败，同情百姓疾苦，忧国忧民之心日见萌生，救国救民之志亦日益坚定。适逢叔祖父喜得贵子，祖父得知，喜不自胜，亲笔题写"振兴中华，福利民众"八个字寄回并写入宗谱，希望子孙后代牢记民众福利，努力振兴中华。

1905年以后，在鄂革命党人竞相开办报馆，宣传革命思想，祖父也深受影响，积极参与报刊宣传活动。1908—1911年，在《湖北日报》《政学日报》担任总编辑，更在两社负责人郑江灏、向炳焜入狱之际参与创办了《长江日报》，又独自创办《夏报》，继续鼓吹革命。

1910年秋，祖父与谢石钦等发起创办德育会，从事反清革命活动。1911年春，共进会、文学社在两社联合问题上意见不一。祖父与刘复基等人尽力斡旋于两组织之间，力促联合，终致事成。当时，若无祖父及其革命党人在德育会、共进会、文学社等组织协调，在报界、政学界影响，以及在新军的宣传，很难有武昌城中一呼百应的革命局面。

1911年，武昌起义爆发，武昌光复，祖父与袁国纪等入都督府参谋战事。与张振武、蔡济民、李作栋等商议建立军政府，推举黎元洪为湖北军政府大都督。政府组建之初，事务纷乱，祖父与袁国纪等主持筹组民政部，编写简章，颁布文告，日理万机，费尽心血，并与吴醒汉开办招纳处，接待革命志士，祖父负责政、学两界。一时应者云集，3天内招纳文武志士400余人为革命效力。

首义之初，武昌作为革命中心，战乱不解，地痞流氓也趁火打劫，百姓受苦甚深。祖父见此非常不安，因此与张振武、陈宏诰及执法处长程汉卿面陈黎元洪，以黎名义颁《刑赏令》及军令八条，遍贴全城，规定："军队中上自都督，下至兵夫，均一律守纪律，违者斩"。并派人沿街演说，安定人心。自此义军纪律严明，秋毫无犯，人民安居乐业，秩序良好，远近称颂不绝。后来军务部的法科成立，祖父与陈宏诰一起转调该科，主办军案。祖父以人道为本，废苛刑，申军法，惩奸治军，功勋卓著。当时狱中有囚犯百余人，祖父与执法科长程汉卿亲往查访，细心开导，犯人感动不已，均表示，"使当前敌，虽死无恨"。于是祖父与程汉卿于犯人中挑选年轻力壮且有悔改之意者送往前线作战，多立战功。为了加强对军政府的监督，革命党人于10月25日，在军政府内设立总稽查处，负责稽查各部、各行政机关及各军队。祖父由于资深望重，刚正不阿，与蔡济民、牟鸿勋、谢石钦、苏成章、梅宝玑、陈宏诰、钱守范7人被公推为总稽查，时称武昌革命"八大金刚"。

11月27日，袁世凯的北洋新军攻占汉阳，武昌危急，湖北军政府召开紧急会议商议对策，一些人在会上建议放弃武昌，进攻南京。祖父与张振武、范腾霄等人慷慨陈词，强烈反对，决心与城共存亡。其时，武昌城内谣言四起，人心惶惶。祖父与张振武亲率稽查队沿街日夜巡逻，维持秩序，并举荐王安澜为奋勇军统领，招襄郧老兵坚守武昌。虽然后来南北和谈，革命党人与袁世凯和解，但武昌城一直控制在革命党人之手，其革命中心的地位也牢固无可动摇。

南京临时政府成立后，由于祖父的功勋，被特别嘉奖为"辛亥革命甲种功臣"，并委任为高等顾问。次年，选为国会议员。1917年，祖父追随孙中山南下护法，被选为非常国会参议院议员。后来革命日益艰辛，祖父在广州成为护法军政府的革命中坚，愈被孙中山器重，成为挚友。在革命非常时期两人常常书信互励，畅谈革命。中山先生在民国十一年（1922年）九月三日复祖父亲笔书信中道："兄等间关流离，不堕初志，至可钦佩……自必为诸兄后盾，务期合法者战胜非法，统一乃可实现……"至今拜读仍深感亲切和鼓舞。

抗日战争时期，祖父不堪日本侵略铁蹄的践踏，不顾个人安危，挺身参与拯救民族危亡的斗争。当时南京政府安排他安全退居敌后，祖父执意不肯。并寄信给家中，说："无国哪有家，为拯救中华，驱逐日寇，视死如归。"祖父留居上海，出任策反委员。他以民族大业为重，坚决拥护中国共产党提出的抗日民族统一战线，积极从事抗战活动。先后营救了张执一、李先念等一大批共产党的领导干部和抗日志士。在这期间祖父与汪伪亲日派展开了针锋相对的斗争。日军以"日中亲善"欺骗麻痹中国人民，又对祖父重金诱降，并许以高官，甚至"委任上海市长"等职，均被祖父严词拒绝。祖父的民族气节和爱国举动，使日伪分子恨之入骨，不过迫于祖父的社会影响力，不敢公然杀害，派特务多次暗杀也未得逞。但是，1945年3月，在抗日战争即将获得全面胜利的前夕，祖父被日本侵略者毒害于住所。噩耗传出，上海各界人士沉痛哀悼，行政院长宋子文为其亲题匾词，曰"忠贞体国"。祖父被安葬于上海万国公墓。

我们的祖父高振霄，面对旧中国封建势力压迫及日本侵略者表现出大无畏的革命与爱国主义精神；在中国历次历史紧要关头为"振兴中华，福利民众"坚持生命不息，奋斗不止；他刚正不阿、不畏强暴、不逸权贵；鞠躬尽瘁、艰苦奋斗、清正廉洁，成为子孙后代学习的楷模，这正是中华民族的宝贵精神财富。祖父高振霄的英名，如同他为高氏宗谱亲笔提书的“振兴中华、福利民众”，将永远植根于我们子孙的心中，也将永垂于中华民族的史册。

(七)洪帮大佬 抗日英烈

王琪珍　王琪玮　王琪琼

今年是纪念中国人民抗日战争胜利暨世界人民反法西斯战争胜利70周年,在此,我们讲述的是一位鲜为人知,充满传奇色彩的抗日先驱,我们的外公高振霄。

高振霄,字汉声,1881年出生在湖北省房县一个书香门第,肄业于两湖总师范学堂。自青年时代他就追随孙中山先生,致力于国民革命,百年前就曾为高氏宗谱书写"振兴中华,福利民众"八个大字,告诫高氏子孙要"牢记民众福利,努力振兴中华"。辛亥革命后被特别嘉奖为"辛亥革命甲种功臣",并委任为孙中山先生的高等顾问。次年,被选为国会议员、非常国会参议院议员。后来与孙中山先生南下组织讨袁反黎护法运动,成为孙中山的挚友。

1937年日本侵华战争开始后,中国人民同仇敌忾,全民抗战,国民党、共产党实现了第二次国共合作。随着日本侵略战争的继续,日寇对中华民族实行了大规模的野蛮屠杀,中国的大地布满了血腥和恐怖。当时被日伪占据的上海被称为"孤岛",不仅有日本军队的野蛮统治和蹂躏,还有汪伪政权的庞大特务机构的威胁和追杀,形势异常恶劣凶险。

抗日战争爆发时,高振霄已是近60岁的老人,南京政府考虑到他是同盟会、国民党几代元老,德高望重,又年事已高,安排他退居敌后。但高振霄执意不肯,并寄信给家人,说:"无国哪有家,为拯救中华,驱逐日寇,视死如归。"1937年抗日战争打响后,中共中央为了加强上海抗战力量,在江苏省成立了中共省军委,从延安调往上海的张爱萍任军委书记,张执一、陈家康任委员。高振霄居所便成为帮助共产党积极抗战的一个非常重要的据点。后来由张爱萍、张执一、陈家康等人组织推动,高振霄积极支持、资助"救国会"活动,共同组织游击队,名曰"江浙行动委员会",下设"动员部"和"游击总指挥部",建立了数千人的抗日武装,以洪帮的名义去活动工人,宣传抗日,扩大抗日力量,坚持爱国活动。

为了遏制、打击日汪顽政权,国民党组织了抗日策反委员会,一方面积极策反汪伪政权,打击日伪顽分子,另一方面派时任忠义救国军总部政治部主任的文强,前往上海租界担任国民党策反委员会中将主任委员要职。高振霄时任国民党策反委员会委员。策反工作刚开始,文强就被日伪和平反共建国军第十二路军司令丁锡山绑架。文强趁丁锡山不备,夺过其放在桌上的一支手枪逼住丁锡山，并以抗日大义对这伙人进行开导。正在僵持中，门外走来两个穿长衫马褂的老人，一位是龚春圃，湖南平江人，曾任吴佩孚手下的监务统领；另一位就是高振霄。他俩一看这屋里情景，忙推开堵在门口的几个喽啰，进门问明缘由后，指着丁锡山的鼻子将其臭骂了一通。丁锡山痛哭流涕表示悔过……最后，高汉声与龚春圃两人护送文强安全离开了百乐门饭店。

1942 年，李先念在上海被汪伪特工告密被捕并关押在日伪军监狱长达 3 个月之久。李先念坚贞不屈，在监狱里仍与日伪分子做坚决斗争。高振霄闻讯后，一方面积极与共产党组织保持联系，立即布置营救方案，另一方面派人与李先念秘密取得联系，互通情报。最终，高振霄利用特殊身份关系出面交涉将其保释，并将浑身是伤、备受折磨的李先念接回法租界巨籁达路晋福里自己的家中养伤一月之久。期间，高振霄一边派护卫日夜守卫安全，另一边安排医护、佣人专门治伤和扶持，并抓紧时间筹备了大量抗日根据地急需的棉衣药品等物资。李先念伤病稍转轻时，坚持要求重返革命根据地。高振霄租用两艘大船，选派得力保安人员将李先念和抗日物资安全护送至苏北革命根据地。高振霄还先后营救过时任上海敌后党的领导人张执一及党中央派往延安学习深造的 12 名共产党青年干部等大批共产党的领导及抗日志士。

高振霄的民族气节和抗日爱国举动使日伪分子恨之入骨，但迫于高振霄当时在上海社会中享有很高的威望，日寇和汪伪政权既怕又恨，百般设法拉拢他，以“日中亲善”欺骗麻痹，拿重金诱降，并许以高官，多次“委任上海市长”一职，均被高振霄严词拒绝。但是，就在中国人民抗日战争即将获得全面胜利前夕，1945 年 3 月的一天，日寇下了最后通牒，再一次威逼高振霄出任上海市长，并为其设鸿门宴。高振霄针锋相对：“中国的土地上岂能容得侵略者的存在，中国的事情岂能听从侵略者的安排！”在场的日军官兵气急败坏，大发雷霆后，暗示日军特务在酒中投毒。高振霄回住所后，腹部开始肿胀，他清楚日本人对他已下毒手，但是，他执意不请医生，并告诉家人不准通知任何人，然后盘腿打坐，紧闭双目，静静地离开了人世。上海各界人士闻讯后，奔走相告，沉痛哀悼，将高振霄安葬于上海万国公墓。

高振霄用自己大义凛然的壮举，践行了“振兴中华，福利民众”的诺言。

（八）从首义金刚到抗日英烈

高原　高寒玉

翻开中国近代历史，重温中华民族复兴艰苦历程，一个充满传奇色彩、毕生为振兴中华而奋斗却鲜为人知的历史人物高振霄的形象展现在我们面前。今天，正值纪念抗日战争胜利70周年之际，我们撰文缅怀这位首义金刚、护法中坚、抗日英烈，为的是慰籍逝者英灵，也是鼓励后来者之奋发。

高振霄，字汉声，（1881—1945年）。早年就读于两湖总师范学堂和湖北公立法政专门学校，一生积极投身孙中山先生领导的“驱逐鞑虏，恢复中华，建立民国，平均地权”的各项民主革命斗争。辛亥革命爆发前，先后参加中国同盟会、共进会，创建德育会，创办《夏报》，襄办《湖北日报》《政学日报》《长江日报》等革命进步刊物，并极力推进德育会与共进会合并，促成共进会与文学社联合，使其成为武昌起义的发起组织和领导机关。辛亥革命爆发时，任湖北新军政府都督府参议和总稽查，被嘉奖为“辛亥革命甲种功臣”，时称“武昌起义八大金刚”之一。辛亥革命成功后，荣任孙中山先生的高等顾问，并当选为南京临时政府国会议员。护法时期，高振霄追随孙中山先生南下广州，当选为非常国会参议院议员，参加反对北洋政府活动，开展与帝国主义列强的斗争，并成为孙中山先生的挚友。1927年“国共合作破裂”，高振霄淡出政界，入汉冶萍公司推行“实业救国”。1937年日本帝国主义侵略中国，高振霄不顾年事已高，愤然参加抗日民主救国斗争，以抗日策反委员会委员及上海洪帮头领的特殊身份投入到拯救民族危亡的抗日斗争第一线，为抗日战争作出了卓越的贡献。他曾先后营救过李先念、张执一等共产党高级领导及抗日将军文强先生和闻名全国的救国会“七君子”（邹韬奋、沈钧儒、章乃器、李公朴、沙千里、史良、王造时）仁人志士。日伪顽分子曾软硬兼施，以高官重金诱降高振霄，他均严词拒绝，不幸于1945年被日军毒害。

辛亥喉舌　针砭时弊

高振霄出生在湖北省房县一个书香世家。其祖父饱学经史，以教私塾为生。父亲高步云继承父业，学识渊博、为人耿直、处世恭谨而声誉卓著，先教私塾，在当地就馆，后受聘于武汉和北京等地教私塾专馆，名播江城与京城。高振霄出生时正值清朝内政腐败，外患频繁，民不聊生。革命先驱孙中山1894年创办兴中会时，在《兴中会章程》明确指出："是会之设，专为振兴中华，维持国体起见"①。自此"中华"一词，成为有志青年的座右铭。而青年时期的高振霄受孙中山先生革命思想启迪及家庭影响的熏陶，忧国忧民之心日见萌生，救国救民之志日益坚定。

1897 年，高振霄 16 岁，即随父到武昌求学寻求革命真理。他取字"汉声"铭志，以表己为华夏子孙，语出中华之声，立志反清，推翻帝制。后逢季弟高振声（字贤九）长子出世，喜不自胜，欣然亲书"振兴中华，福利民众"八个大字为高氏宗谱，告诫高氏子孙要"牢记民众福利，努力振兴中华，为国为民努力奋斗"，其拳拳报国之心，振兴中华之志溢于言表。

1907 年，高振霄走出两湖总师范学堂，先与张振武于武昌学校任教员，后因深痛朝廷腐败，决计以改造时局为己任，投笔从戎，参加革命团体，成为一名革命党人。"霄与党人游，谈天下事，深痛朝廷腐败，决计以改造时局为己任，图推翻暴政、振兴中华之伟业"②，他立志为中华民族奋斗一生。1908 年，高振霄协同革命党人郑江灏创办的《政学日报》《湖北日报》，与向炳焜等在报上题词作画，抨击清朝的腐败，宣传孙中山先生的革命主张。不久郑江灏、向炳焜等革命党人被捕入狱，报馆被封，高振霄与同人襄办《长江日报》，后又创办《夏报》，继续鼓吹革命。《夏报》因针砭社会，抨击时政，宣传革命，以"颇敢言，允为后起之秀，被时人称为汉口四大报（《中西日报》《公论日报》《大江报》《夏报》）之一，《夏报》尤为新创"③。辛亥革命前夜的 1910 年，武汉各种进步党派组织多达数十种，他们各抒己见、跃跃欲试却群龙无首。合并组织、统一纲领为当时革命潮流发展之必然。此时，高振霄一方面与谢石钦组织发展德育会，强调"天下兴亡，视民德兴替，应修私德以完人格，重公德以结团体"④，希望通过国民个人道德人格的完善，社会公德团体的塑造，来实现团结和强国的目的。另一方面，他积极促进德育会与共进会的合并，壮大革命力量。同时，高振霄作为共进会骨干与文学社社长蒋翊武，共进会会长孙武、骨干张振武（时称"首义三武"）等主要领导成员，致力于各革命团体之间的团结合作。"次年春，共进会、文学社为联合事意见不一，高与刘复基周旋于两组织之间，力进联合"⑤。通过各方努力，文学社与共进会终于实现联合，成为武昌起义的发起组织与领导机关。

① 陈锡祺：《孙中山年谱长编》，中华书局出版社 1991 年版，第 79 页。

② 湖北省房县市编纂委员会：《房县志》，中国文史出版社，1991 年版。

③ 胡祖舜：《六十谈往》，《辛亥革命在湖北史料选辑》，湖北人民出版社 1981 年版，第 56 页。

④ 贺觉非、冯天瑜：《辛亥武昌首义史》，湖北人民出版社 1985 年版，第 93 页。

⑤ 湖北省地方志编纂委员会：《湖北省志人物志稿》，光明日报出版社，1989 年版。

八大金刚　甲种功臣

辛亥革命是中国几千年来最具有划时代意义的历史革命，数千年来的封建君主专制制度轰然倒塌，民主共和的思想深入人心，[①]中国的历史从此翻开了新的一页[②]。

1911年10月10日（辛亥年8月19日）晚七时，驻扎武昌城内步兵工程第八营程定国打响了武昌起义第一枪，随后，“武昌城内外各军，咸如约而应，设炮楚望台，击督署，总督瑞澂、统制张彪、藩司连甲，一干文武官吏皆逃遁……十九之夕，弹雨横飞，不无误死。至是，经执法官程汉卿报告，诸革命[家]张振武、高振霄、陈宏诰诸君商定，以义军举动……”[③]经过众将士一夜浴血奋战，武昌光复。翌日，“高振霄与袁国纪等入都督府参谋战事，与张振武、蔡济民、李作栋等商议建立新军政府，推举黎元洪为湖北军政府大都督，与各方面的负责人齐集谘议局会商大计，为新军政府的组织和局势的稳定出谋划策”[④]。

新政府组建之初，百废待举，属国体草创时期，加上战乱不解、事务纷乱、局势不稳，地痞流氓也趁火打劫，百姓深受其苦。尽快编写简章，出台新政府文告，维护首义成果、稳定社会秩序，成为开创世纪新纪元第一要务。当时，苏成章提议组设民政部，管辖民政最急事务，高振霄与费矩、袁国纪等立即主持筹组，草拟并颁布新政府文告：“（1）改制共和。义军之起，原为推倒专制政府，建设共和国家，以增进我国民之完全幸福为目的。于八月二十一日由部呈请都督宣布改制，以期一新天下耳目焉。兹录其原文如下。为谕饬遵办事：照得军政府愤满清政府占据中华，政治混乱，丧失主权，暴敛横征，朘削膏脂，强夺吾民已成之公共财产，钳制吾民之热心义举；斥志士为乱党，目公论为嚣张，逮捕株连，杀人无算。本军奉军政府命，特于八月十九日倡义，征讨民贼，驱逐满清贪污残酷官吏瑞澂、连甲等，克复武昌、汉阳等处地方……（2）豁免钱粮及苛税为立国之道，以收拾民心为第一要义。（3）延揽人才。（4）派员演说。（5）筹办临时警察。起义之夕，前清武昌巡警纷纷逃散无余，站岗职守皆以军队充之。（6）提倡保安社规模甫具，士民归心。（7）创办团练。（8）维持金融易代之际，纸币滞碍难行，特出示晓谕，一律照常通行。并设官钱局兑换所于前清善后局内。又解铜元十万交汉口商务总会以资接济市面，得免恐慌。（9）注重外交。部务就绪，

---

① 胡祖舜：《六十谈往》，《辛亥革命在湖北史料选辑》，湖北人民出版社1981年版，第56页。

② 朱育和：《辛亥革命史·前言》，人民出版社2001年版，第1页。

③ 《武昌起义档案资料选编（上）》，湖北人民出版社1981版。

④ 贺觉非，冯天瑜：《辛亥武昌首义史》，第215页。

即以止式公文照会各国驻汉领事，声明遵守条约，担负前清赔款外债及保护租界人民财产各节，于是外人知我举动文明，始行宣布局外中立焉……”[①]高振霄等人日理万机，费尽心血，为局势的稳定发挥重要作用。

“首义之初，需才孔急，因设招待所于都督府前两等模范小学校内，以高振霄、袁国纪等专任其事”。[②]高振霄与吴醒汉组建军政府招纳处（后改为中华民国鄂军政府集贤馆），其任务是“招集文武贤才，襄助军政，共图大业，建立共和民国”[③]，接待各地投奔武昌的革命志士，“吴醒汉负责军界，高振霄负责政、学两界”[④]。由于他们努力工作，一时应者云集，大量军政人员被推荐到都督府和各政事部为新政府任用，三天内招纳文武志士四百余人为革命效力。自武昌起义后的第二天即10月11日起，至11月底止，云集武昌的各类投效人员约有一万人之多，成为革命新军一支重要力量。同时，高振霄与军务部副部长张振武、陈宏诰及执法处长程汉卿面陈黎元洪，以黎名义颁布《刑赏令》及军令八条，遍贴全城，规定：“军队中上自都督，下至兵夫，均一律守纪律，违者斩”。并派人沿街演说，维持秩序，安定人心。自此义军纪律严明，秋毫无犯，人民安居乐业，秩序良好，远近称颂不绝。为组织普通司法之基础，整肃社风，壮大新军力量，军务部执法科（隶军务部，后改编为军法局）成立，高振霄与陈宏诰一起转调该科，主办军案[⑤]。高振霄以文明为尚，人道为本，废苛刑，申军法，惩奸治军，功勋卓著。当时狱中有囚犯数百余人，高振霄与执法科长程汉卿亲往查访，细心开导。其训词大略为“此番民军起义，原非前代谋位篡国者比，不过以满清专制钳束吾民，俨若奴隶，诸革命[家]痛四革[百兆]之同胞数千年之沉沦，冒死发难，以图去腐败之政府，伸吾民之民权。尔等昧于大义，反媚敌内陷……故将尔等作为俘虏，暂为拘留矣。战局底定，再释尔等归里。但尔等亦当体民军之惠，在禁闭中均应安心守法”等等。当演说沉沦痛切时，囚犯感动落泪。之后，由高振霄出具函文，挑选年轻力壮且有悔改之意者上百人，一律送交游击队长金鸿君收留，分别编入队内助战”[⑥]，后送往前线作战，多立战功。

10月17日，由汤化龙起草并宣布《中华民国军政府条例》，条文如下：“（1）军政府下设军令、军务、参谋、政事四部，直接受都督的指挥命令；（2）军政府发

---

① 《武昌起义档案资料选编（上）》，内务司实录，湖北人民出版社1981版。

② 《武昌起义档案资料选编（上）》，内务司实录，湖北人民出版社1981版。

③ 《中华民国公报》1911年10月。

④ 贺觉非，冯天瑜：《辛亥武昌首义史》，第238页。

⑤ 《武昌起义档案资料选编（上）》，军法处事略，湖北人民出版社1981版。

⑥ 《武昌起义档案资料选编（上）》，军法处事略，湖北人民出版社1981版。

布命令，任免文武官员，均属都督大权；(3)一切军政要务，由都督召集临时会议或顾问会议决实行；(4)都督兼总司令，握有绝对军事权；(5)将政务部权限扩大，改为政事部，下设外交、内务、司法、交通、文书、财政、编制等七局。按照此条例规定，完全把革命党人和发动起义人员排挤出政权以外，因而遭到革命党人强烈反对。10月25日，军政府重新议决《改订暂行条例》，增加军事参议会来限制都督的权利，设立稽查员稽查各部门，取消政事部，改为原来各局为部"①。高振霄等八人任总稽查，负责稽查各部、各行政机关及各军队，位于六部之上。稽查处在当时颇具权威，他们可以直接干预各部行政，有时负责处理特殊任务。重要会议和人事安排，也由各稽查员出面②。从而改变了军政府旧官僚、立宪派把持政权局面，各级政权被控制在革命党人手中。

1911年11月27日，袁世凯的北洋新军攻占汉阳，汉阳失守，武昌危急，一时间，武昌城内谣言四起，人心惶惶。湖北军政府召开紧急会议商议对策，一些人在会上建议放弃武昌，进攻南京。高振霄与张振武、范腾霄等人强烈反对，决心与城共存亡，并举荐王安澜为奋勇军统领，招襄郧老兵坚守武昌，与总监察刘公、军务部副部长张振武亲自率领稽查队沿街日夜巡逻，维持秩序。"虽然后来南北和谈，革命党人与袁世凯和解，但武昌城一直控制在革命党人之手，其革命中心的地位也牢固无可动摇"③。

高振霄与武昌起义将士同生死、共患难，始终战斗在战火纷飞的主战场。为编制政府法规制度，建立新军政府组织，维护局势稳定，捍卫武昌起义胜利成果等殚精竭虑，立下汗马功劳。他与其他七位总稽查时称武昌起义"八大金刚"。报纸上曾经出现过《八大金刚》章回小说，以喜闻乐道的形式宣传其革命功勋之丰功伟绩。辛亥革命胜利后，大总统特别嘉奖高振霄等为辛亥革命"甲种功臣"，并被孙中山先生拟批准为政府"酬勋"留洋学生之一(后因局势及资金等未果)，以彰显高振霄在辛亥革命中的贡献。

追随中山　赞翊共和

1912年1月，中华民国临时政府成立，高振霄被委任为孙中山高等顾问，当选为中华民国临时政府国会议员。后来，辛亥革命胜利果实被袁世凯窃取，南

---

① 白寿彝:《中国通史》19册(第十一卷近代前编 上册)，上海人民出版社，2004年7月1日出版(修订本)，第821页

② 贺觉非、冯天瑜:《辛亥武昌首义史》，第236页。内务司实录:第一节 起义时之内务司(即民政部与内务局)1912年12月7日。

③ 《武汉方志》。

北政府对峙，中国面临国外列强瓜分威胁。建立真正的中华民国和独立完整主权面临更严峻的考验。

1912 年 6 月，共和党中以张謇、熊希龄、孙武等人为首，包括一批旧官僚派、投机政客以及少数旧革命党蜕化变质分子控制共和党的领导权，时常与同盟会发生激烈冲突，反对同盟会提倡的"政党内阁"，直接或间接地充当了袁世凯的御用工具，他们虽人数不多，但活动能量很大，狡险相似，实为祸本"①。此后，共和党再次与国民党对抗，采取挑拨离间的策略破坏国民党的活动。统一党领袖章炳麟发表《宣言书》，坚持独立，表示"不随乱流"，由此引起了共和党内部分化成为"新"、"旧"两派。高振霄与原民社成员张伯烈、郑万瞻、刘成禺、胡鄂公、时功玖等人以及原统一党"少壮派"黄云鹏、王湘、吴宗慈、王绍鏊、解树强等人组成共和党"新派"或称新共和党，与共和党旧官僚派、投机政客以及少数旧革命党蜕化变质分子组成的"旧派"展开斗争。同年 8 月，辛亥革命元勋、原民社重要骨干分子张振武和方维两人，在北京被袁世凯阴谋杀害。闻知当年与自己一起执教、一起参加共进会、一起在武昌起义出生入死的战友与兄弟，没有在战火硝烟的枪林弹雨中倒下，却在创立共和后身首异处，高振霄怒不可遏，支持刘成禺、时功玖等在北京参议院与国民党议员愤怒声讨，要求惩治凶手，继续同袁世凯展开不懈斗争。

1913 年 3 月，袁世凯指使国务总理赵秉钧一手策划了震惊全国的宋教仁谋杀案，引起全国人民对宋教仁先生被害的极大同情和对袁世凯、黎元洪阴谋暗杀活动的强烈愤慨。为响应孙中山"武力讨袁"的号召，根据黄兴指示，高振霄与季雨霖、詹大悲、蔡济民、蒋翊武等 40 余人在武昌县华林举行秘密会议，决定组成"改进团"，以"改进湖北军政，继续努力进行革命事业"为号召，开展"倒黎反袁"的军事行动，再次表现了高振霄等"首义党人"的英雄气概。同年 7 月，高振霄参加江西李烈钧、安徽柏文蔚、湖南谭延闿、广东陈炯明、福建孙道仁、四川熊克武、上海陈其美等各省都督组织的"讨袁军"，声势浩大。民国革命史上称为"二次革命"。

1917 年 6 月，迫于张勋压力，国会被非法解散，高振霄追随孙中山先生自上海南下广州护法。孙中山力图重振中华革命党，并团结旧国民党人，号召全国人民为恢复《中华民国临时约法》和国会而共同斗争。8 月 25 日，孙中山在广州召开"护法国会"（又称"非常国会"），孙中山当选为中华民国海陆军大元帅，高振霄被选为非常国会参议院议员（1917 年 8 月—1922 年 6 月）。9 月 10 日，

① 张玉法：《民国初年的政党》，岳麓书社，2004 年版。

广州护法军政府成立。其时国会内分成多个党派系，主要代表有政学会系、益友社系、民友社系等。当时盘踞广东的桂系军阀和北洋军阀暗地勾结，对广州护法军政府多方扼制。政学系依附桂系军阀，排挤孙中山，益友社系亦同流合污。高振霄与孙洪伊、汪乃昌、彭介石、王湘、林森、谢持、马君武、居正、田桐等为民友社中坚，反对桂系军阀与北洋军阀相勾结，开展与政学会系斗争。被称为坚定拥护孙中山派，成为孙中山护法军政府的中坚力量。

1918 年，高振霄在参加护法斗争的同时，与张知本、谢英伯、叶夏声等在广州受孙中山先生邀请对其长年研究的“五权宪法”（“五权宪法”主要内容包括：立法院行使立法权、司法院行使司法权、行政院行使行政权、监察院行使弹劾权、考试院行使考试权）进行专门研究并撰写专著。孙中山先生一直非常关注宪法研究与制定工作。早在辛亥革命以前，孙中山就基本形成了五权宪法的思想，但这个主张在当时并未得到推广和宣传。辛亥革命期间，南方独立各省制订的约法，以及南京临时政府期间制订的《中华民国临时约法》不但没有体现他的宪法思想，且与之相背离。随着“护法”斗争的继续，高振霄、张知本、谢英伯、叶夏声等四人具体分工合作，将欧美各国及日本的政治制度与五权宪法作系统的分析和比较，进行了批判性的继承与发扬，将原五权宪法思想在扬弃中得到了发展。最后由张知本向孙中山提出研究报告。1922 年 6 月，由叶夏声提交《五权宪法草案》。五权宪法思想的演进轨迹，与三民主义一样，非常鲜明地体现了孙中山的思想和个人特点，是一部弥足珍贵的法律文本。国民党“一大”期间，孙中山起草《国民政府建国大纲》二十五条，规定“国民政府本革命之三民主义、五权宪法，以建设中华民国”。1924 年 11 月 23 日，孙中山在长崎对日本新闻记者说“中国将来是三民主义和五权宪法的制度”。孙中山将其毕生奋斗的五权宪法，作为政治遗产，留给了后世。

1920 年，部分曾参加过辛亥革命的鄂籍人士掀起了地方自治运动，高振霄与胡祖舜、范鸿钧、张知本、曹亚伯、白逾桓等人，在上海成立了旅沪湖北自治协会，并出版了刊物《新湖北》。《新湖北》的政治主张是将政治革命（推翻北洋军阀统治）和社会革命（解决生产资料的所有权问题）一齐解决。其思想意识与“五四”新文化精神基本一致，即主张破除恶习惯、恶风俗、恶制度以及崇拜偶像的思想，破除现行婚姻家族不良制度及种种迷信，批判制造游民的奴隶教育。该主张打退了袁世凯上台以后顽固守旧思想的反扑，再度冲击了封建文化对人们的思想禁锢，代表了无产阶级利益和愿望的思想文化与坚持辛亥革命理想的资产阶级小资产阶级民主主义的思想文化相结合，共同构成了近现代湖北地区文化发展的第二个转折期（第一个转折期即前述辛亥革命时期）。在其后的 20

世纪20~40年代,这两种文化分别发展,各自出现了一批有巨大成就的代表性人物和学术文化成果。高振霄在上海成立旅沪湖北自治协会,并在创办《新湖北》刊物中充当主要角色和发挥了重要作用,在历史上受到高度肯定。早在1911年《汉口小志》就有“詹大悲、何海鸣、查光佛、宛思寅、高汉声等都是享有盛名的近代武汉报人”之称。亦有后人评价“他(指高振霄)的文笔,非常畅达”。

不堕初志 至可钦佩

随着北伐运动的蓬勃开展,革命又急转入低潮。陈炯明发动武装事件,致使护法告终,在中国存在了近五年之久的非常国会无声无息地消亡了,近代中国议会政治一段独特历史就这样不情愿地被终结。打倒军阀及列强,建立全国统一政府,“合法者战胜非法,统一乃可实现”其任重道远。

1921年7月8日湘鄂战争爆发,随之北伐呼声节节攀高。“当时的北方政府大借外债,损害国家的利益,如果不另行组织合法的中央政府,便不能阻止他们的非法行为,断绝他们和外人的关系,来达到保护国家利益的目的”[①]。因此,讨伐徐世昌、吴佩孚军阀运动势在必行。高振霄受大总统孙中山委任,担任起草委员会委员长,与理事张凤九组织撰写并提议宣布讨伐徐世昌欺世盗名、祸国残民等“十大”罪状,以及讨伐吴佩孚集误国、叛国、卖国之罪于一身之讨伐檄文——《宣布徐世昌罪状之通电》[②]、《宣布吴佩孚罪状之通电》[③]。1921年8月12日,高振霄参加国会非常会议讨论北伐案通过,议决赴广西取道湖南出兵北伐。9月9日,高振霄与焦易堂、李希莲等提议宣布徐世昌及吴佩孚罪状并经国会非常会议出席议员约200人表决通过。后来高振霄与刘绩学、王文郁、张知本、张凤九等57名护法国会议员联名发布否认(北京)伪国会的通电:“此次北京开会之所谓国会,并非依法继续民六后正式国会,所议各法案,同人业经叠次宣言斥为不合法之集会,否认其一切行为,并力求国会本身为法律上正当之解决。……此四十余日之弄法,不适为其谋权利而已,于法律上国会会期任期不生丝毫关系,应予绝对否认。特此布闻,中外咸知,邦人君子,实共鉴之”[④]。一场打倒割据军阀、武装统一全中国的北伐战斗号角在中国大地上正式吹响。高

---

① 丁旭光:《护法时期的林森与广州国会》。

② 李家璘:《北洋军阀史料 吴景濂卷》,天津古籍出版社,1996年版。

③ 李家璘:《北洋军阀史料 吴景濂卷》,天津古籍出版社,1996年版。

④ 《中华民国史事纪要 (初稿)中华民国十一年(1922)(七至十二月份)》旅沪护法议员致函各国驻华公使,否认北京国会,中华民国史事纪要编辑委员会编,1983年。

振霄为加强孙中山大总统的领导地位,统一全国政府并使其在国际上获得合法化,不遗余力并立下汗马功劳。

1921 年,美国在华盛顿发起召开以协调海军军备和对华关系为主题,进行重新瓜分势力范围的国际会议。参加会议的有美、英、法、日、意、比、荷、葡等国家,中国也在被邀请之列。由于太平洋会议牵扯到中国问题,特别是日本灭亡中国的"二十一条",以及德国在山东的权益问题,因此受到中国很多有识之士的关注。他们希望借助太平洋会议,取消"二十一条",收回德国在山东的权益,并修改和废除其他一些侵害中国主权的不平等条约。中国国民对华盛顿会议投入了极大的关注和热情,寄予了很大希望,甚至将华盛顿会议视为"中国生死存亡之关键"①。当时出现了许多针对华盛顿会议的社会团体,并于 1921 年 11 月 11 日在上海召开大会,成立了全国国民外交联合大会,作为华盛顿会议的后援,发表了致美国总统哈定及华盛顿会议各国代表团电,中国国民的爱国热情可见一斑。高振霄高度关注了这一重要历史时刻,认为华盛顿太平洋会议是中国收回主权的绝佳机会,并向国会提交议案,咨请政府速派代表参加太平洋会议。此案得到孙中山先生的高度重视并立即召会议复事。孙中山先生亲笔覆文《咨复国会非常会议已饬外交部筹办出席太平洋会议文》,覆文指出:"为咨复事:七月二十九日,准贵会议咨开,议员高振霄提出咨请政府速派太平洋会议代表议决案,文曰:'美总统召集太平洋会议一事,关系远东及太平洋问题,至深且钜。我国日受强邻之压迫,北京拍卖主权,国几不国,今此一线生机,正我正式政府独一不二之机会,所有取消不平等之条约,及裁减军备实行民治诸事,尤为我国生死之关系,应请即日开会讨论议决,请政府速派得力代表迅赴列席,实为至要'等语。经于本月二十七日开会议讨论,依法提付表决。大多数表决,照案通过。此咨。国会非常会议。孙文"②。1921 年 7 月 27 日,高振霄提出请派太平洋会议代表议决案获国会议会通过。通过此次太平洋会议,中国被列强掠夺的主权部分得以收回,中国朝着恢复主权迈出了重要的一步,这在中国外交史上写下了成功的一笔,并载入了历史史册。

自从日本侵占韩国后,一些韩国爱国人士流亡到中国,联合中国共同开展抗日救亡独立运动。1920 年始,中韩两国人民以上海为中心组织成立了"中韩互助社"。包括长沙、安徽、汉口、重庆、成都、北京、贵州、云南等地均相继成立

---

① 《为太平洋会议警告全国上下》,《东方杂志》,18(15),转引自吉文灿:《华盛顿会议期间的国民外交运动述评》,《苏州丝绸工学院学报》第 20 卷第 6 期。

② 《新政府咨复国会非常会议文》,上海《民国日报》1921 年 10 月 10 日出版。

了“中韩互助社”，并在此基础上成立了全国性的“中韩互助总社”。中韩互助社（协会）以“谋中韩两国国民友谊之敦睦互助的发展”为宗旨，并发表宣言称：“集合同志，组织斯会，本与提携，并相扶助，持正谊于人类，跻世界于大同。纯本亲善之精神，用求互助之进步”①等。中韩互助社的领导力量，基本上是当时中韩两国社会中一些最为先进的革命者和爱国志士，包括毛泽东、何叔衡、谢焕南（即谢觉哉）、孙中山、胡汉民、黄宗汉（已故黄兴氏之夫人）等人，均是我国先进知识分子、共产主义运动、中国革命史上的杰出人物。广州“中韩互助社”就是在韩国著名的独立运动领导者申圭植的具体指导下，由孙中山领导的国民党内政界军界人士积极参与建立的。1921 年 9 月 23 日，高振霄与广州各界人士的代表丁象谦、朱念祖、谢英伯、蔡突灵、汪兆铭（汪精卫）在当地图书馆召开会议，宣告成立了广州“中韩协会”。由于他们的核心、骨干、决定性作用，中韩互助社在推动和促进中朝友谊关系揭开历史性新篇章过程中，起到了积极的作用，作出了一定的贡献。② 中韩两国团结互助，共同抵抗日本侵略，为维护国家主权与稳定的发展带来新机遇。

1922 年 6 月 16 日，陈炯明在广州发动武装事件。炮击总统府，逼迫孙中山先生深夜突围后登“永丰舰”。事件之翌午，叛军蜂拥而至广州大市街国会议员公寓，对高振霄、蔡突灵、张大昕、卢元弥、陈家鼎等数十名国会议员实行惨无人道的抢辱。他们一哄而入，翻箱倒柜，大肆搜劫。迫使高振霄等国会议员乘轮离粤赴港转沪。陈炯明的武装事件，使得护法遭受重创。同时，孙中山终于认识到，在军阀统治之下，民国元年开始的临时约法，至今已经无济于事。他说：“元年以来尝有约法矣，然专制余孽，军阀官僚僭窃擅权，无恶不作，此辈一日不去，宪法即一日不生效力，无异废纸，何补民权？”③今后的护法、北伐斗争任重道远。然而，高振霄与孙中山之间的患难之情，革命友谊却愈加深重，对革命充满必胜的乐观主义信念更加坚定。从 1922 年 9 月 3 日孙中山先生覆高振霄的亲笔中可以窥见一二。“兄等间关流离，不堕初志，至可钦佩。文力所及，自必为诸兄后盾，务期合法者战胜非法，统一乃可实现……孙文，九月三日”④。至今拜读仍深感亲切和鼓舞。

1924 年 1 月，高振霄在广州参加孙中山主持召开的中国革命党（国民党）第一次全国代表大会，参与制定“联俄、联共、扶助农工”三大政策，将旧三民主

① 《中韩文化协会成立的背景》。

② 康基柱：《“中韩互助社”述评》。

③ 臧运祜：孙中山五权宪法思想的演变过程。

④ 《覆高振霄函稿》，据台湾党史会藏亲笔原稿，编号 049/317。

义发展成为新三民主义,促成第一次国共合作的实现。同年8月20日,高振霄参加国民党中央政治委员第六次会议,通过了《国共合作草案》。1924年11月10日,孙中山先生应冯玉祥之邀,偕宋庆龄离粤,取道日本长崎、神户北上,一路发表演讲,重申反对帝国主义和反对军阀,废除不平等条约。不幸的是正当革命迎来新的转机之时,孙中山先生却由于途中疲惫,肝病复发,1925年1月26日入北京协和医院手术,确诊为晚期肝癌,不幸于1925年3月12日在北京逝世。高振霄闻讯后及时赶到北京参加了孙中山先生的国葬(遗体暂厝于北京西山碧云寺)。至此,高振霄与一生追随了20年之久的亚洲第一共和人、中华民国国父孙中山先生作了最后诀别。

民族英雄　抗日英烈

1937年卢沟桥的烽火,拉开了全面抗战的序幕,国共两党再度携手。这一时期的中国大地同时并存三种势力:国民党政权、共产党抗日民主政权、汪伪政权。此时"孤岛"上海,面对日本倭寇的野蛮杀戮和汪伪顽分子的恐吓暗杀,以及盘根错节的黑势力、帮派之间的明争暗斗,抗日民主斗争日显残酷与复杂。

早在1923年,高振霄就由孙中山安排到上海组织洪帮,从事反对北洋军阀及国外列强活动。当时上海最大的洪帮组织五圣山的"龙头"是向松坡(字海潜),而高振霄任五圣山的副头目①。向松坡、高振霄两人曾都是参加武昌首义的志士,是一起参加过讨袁护法运动、抗击北洋军阀出生入死之血性男儿。后来高振霄由广州正式迁居上海法租界巨籁达路晋福里,长期居住上海作"寓公"。1927年"国共合作破裂",高振霄表现出极大的愤慨和反对。他淡出政界,毅然赴汉冶萍公司转入"实业救国"之运动,实践"振兴中华,福利民众"的宏远大业。

1937年抗日战争爆发时,高振霄已是近60岁的老人。南京政府考虑到他是同盟会、国民党元老,德高望重,又年事已高,安排他退居敌后。但高振霄执意不肯,并寄信给家人,说:"无国哪有家,为拯救中华,驱逐日寇,视死如归"。当时,中共中央为了加强上海抗战力量,在江苏省成立了省军委,从延安调往上海的张爱萍任军委书记,张执一、陈家康任委员。经党组织批准,张执一与上海洪帮头领高振霄、向松坡交往,策划以洪帮抵制青帮,开展抗日运动,扩大抗日

---

① 《湖北文史资料——张执一自述》(1988年第二辑 总第二十三辑 第五节 利用帮派组织开展抗日工作)。

民族统一战线的政治影响[①]。高振霄介绍张执一（后任中共中央统战部副部长）、陈家康（后任外交部部副部长）在自己家中与向松坡会晤，策划联合开展抗日活动。

卢沟桥事变发生后，上海洪门“五圣山”总山主向海潜与副山主高振霄于7月21日致电北平宋哲元委员长暨二十九军全体将士，表示声援。电称“君等抗战，忠勇激发，无忝于我民族英雄之本色，今者政府态度坚决，人民万众一心，前线士气，必益涨起，杀敌图存，千钧一发。海潜韬晦沪滨仍愿本总理反清复明精神，率海内素以保障民族为职志之在乡健儿，请缨政府，群起与彼周旋，粉身碎骨，亦所弗辞，谨布衷忱，用以互勉”。次日二人又直接致电蒋介石，表示“潜虽不才，愿以在野之身，统率海内健儿，与暴日一决生死，一息尚存，义无反顾，悲愤待命，无任屏营”。据当时帮会巨头宣称，“有群众数十万人，听候点编指挥”。经高振霄引荐、说服，向松坡表示愿意秘密联共抗日。至此，高振霄与向松坡居所成为帮助共产党积极抗战的一个重要据点，高振霄与向松坡领导的洪帮抗日组织成为帮助共产党积极抗战的一支重要力量。不仅如此，经张爱萍、张执一、陈家康、朱学范（后任邮电部长）等人组织推动，向松坡、高振霄积极支持、资助并联合青帮头目杜月笙、黄金荣、张啸林、商会会长刘晓籁、银行界江浙财阀大佬钱新之等人，共同组织游击队，名曰：“江浙行动委员会”，下设“动员部”和“游击总指挥部”，建立数千人的抗日武装。其时，高振霄与向松坡还介绍陈家康、张执一、王际光、余纪一等共产党人以名义加入洪帮，以洪帮的名义去活动工人，扩大抗日力量，坚持抗战活动。同年7月，高振霄与向松坡同孙夫人（宋庆龄）、何香凝、胡愈之、张之让、潘震亚、沈兹九、彭文应、潘大逵等克服重重阻力，营救了上海抗日“救国会”闻名全国的“七君子”：邹韬奋、沈钧儒、章乃器、李公朴、沙千里、史良、王造时，并在高家设宴，为“七君子”接风洗尘，公开表示支持“救国会”运动，扩大救亡运动声势。由于高振霄的抗日爱国行动引起汪伪政府与日本人的不满，1938年正月十一日，一伙儿身挎匣子炮的日本官兵，全然不顾法租界之保护条例，公然闯入高振霄的寓所，大肆搜查并威逼高振霄交出共产党和爱国志士的名单。但高振霄坚贞不屈，视死如归。经过遭受毒刑，被日本军抓捕关押三周后被保释。

随着日本侵略战争的继续与扩大，日寇对中华民族进行了大规模的野蛮屠杀，中国的大地布满了血腥和恐怖。当时被日伪占据的上海被称为“孤岛”，不仅有日本军队的野蛮统治、蹂躏，还有汪伪政权的庞大特务机构威胁、追杀，形

---

① 何定华：《读<张执一自述>有感》。

势异常恶劣凶险。由日本军豢养的上海汪伪特务总部“76 号”被称为“歹窟”、“魔窟”。大量共产党秘密组织、爱国团体及抗日机构相继被破坏，许多共产党人和国民党爱国人士被杀害，国共两党潜伏于上海租界中的地下工作者，时有被汪伪汉奸拉下水，甚至遭到恐吓或暗杀发生。就连国民党“肃反工作”的军统局高级骨干、与戴笠即将结为亲家的国民党上海区区长王天木，也投降了汪伪政权。国民党上海市地下党部张小通被汪伪特工逮捕后，曾被他们十分残忍地肢解成几大块并以硝酸毁尸。1939 年 8 月，潜至上海法租界领导国民党方面地下抗日斗争的国民党中央组织部副部长吴开先，在给国民党中央的报告中说：“汪逆恐怖政策，日益加厉，因此请求中央速派妥员来沪主持肃反工作，鼓励民气，坚持阵线。否则阻碍甚多，工作不易开展”。于是，国民党派时任忠义救国军总部政治部主任的文强先生前往上海租界担任国民党抗日策反委员会中将主任委员要职。文强是文天祥 23 代孙、毛泽东表弟、共产党高级将领、国民党少将，是历史上一位非常传奇人物。高振霄时任国民党抗日策反委员会委员。在策反工作刚刚开始之际，文强被日伪和平反共建国军第十二路军司令丁锡山绑架到沪西百乐门饭店。正在危难之中，突然，“房门外闻声走来两个穿长衫马褂的老人。一个是龚春圃，湖南平江人，曾任吴佩孚手下的少将监务官；另一个是高汉声，湖北人，曾任民国初年国会议员。两个人都是上海洪帮头领。高汉声冲到丁锡山跟前，‘啪啪啪’照着丁锡山就是几个耳光，指着丁锡山的鼻子骂道：‘你这个忘恩负义的家伙，那时候让杜月笙把你保出来，是文先生说的话，如果不是文先生说了话，你早就被枪毙了。你这身汉奸皮呀，只有文先生说一句话才脱得下来，你这个为日本人卖命的汉奸，早晚会死在日本人的手中’。丁锡山跪在两个人面前，痛哭流涕表示悔过，其他喽啰见状，也纷纷跪下求两位大哥宽恕。最后，高振霄与龚春圃两人护送文强安全离开了百乐门饭店”①。文强在《军统与汪特在上海的一场争斗》一文中回忆：“委员高汉声，湖北人，民初国会议员，又是有名的洪帮大爷，清高自赏，贫病交加，颇有骨气的书生本色”。

1942 年，李先念在上海因汪伪特工告密被捕并关押在日伪军监狱长达 3 个月之久。李先念坚贞不屈，在监狱里仍与日伪分子做坚决斗争。高振霄闻讯后，一方面积极与共产党组织保持联系，布置营救方案，另一方面派人与李先念秘密取得情报。最终，利用特殊身份关系将其保释。并亲自将浑身是伤、备受折磨的李先念接回法租界巨籁达路晋福里自己的家中养伤。期间，高振霄一边派护卫日夜守卫安全，另一边安排医护专门医伤护理，并抓紧时间筹备了大量

① 何蜀：《“孤岛”时期的军统局策反委员会》，《文史精华》2001 年第 12 期，第 19 页。

抗日根据地急需的棉衣、药品等物资。李先念伤病稍转轻时，坚持要求重返革命根据地。高振霄租用两艘大船，选派得力保安人员将李先念和抗日物资安全护送至苏北革命根据地。此后，高振霄先后还营救过时任上海敌后工作党的领导人张执一及党中央派往延安学习深造的12名共产党青年干部等大批共产党的领导及抗日志士。解放后，李先念、张执一曾派秘书专程来沪看望高振霄遗孀并为其解决住房及生活等问题，以感念高振霄当年的搭救及英勇抗战行为。直到70年代初"文革"期间，江青"文革专案组"分别组成"李先念、张执一专案调查组"先后多次来沪调查李先念、张执一所谓在上海"被捕写自白书""叛变"一案。高振霄遗孀沈爱平出面作证讲出当时事实真相，为李先念、张执一清洗冤案。

高振霄的民族气节和抗日爱国举动使日伪分子恨之入骨，但迫于高振霄在当时上海社会中的影响，日本和汪伪政权对他既怕又恨并百般设法拉拢，以"日中亲善"欺骗麻痹，拿重金诱降，许以高官，甚至委任其上海市长，但均被高振霄严词拒绝。1943年中的一天，日本驻上海头目带领日本随从一行十几人，抬着一大箱钞票还有大量的金银珠宝，放在高振霄面前，代表伪政权请高振霄出面为他们做事。高振霄答道："非常对不起贵国，我年事已高，不能替贵国做事，请把钞票及首饰全部带回去！"。高振霄接着说："全中国人民都是我的父母和兄弟姐妹，金钱对我来说，视如粪土，没有任何意义，它生不带来，死不带去，我绝不会为这些龌龊的钞票和金银首饰丧失一个中国人的尊严和良心。我要是收了你们的钞票，我将会成为一个卖国贼，遗臭万年！我要做一个清清白白之人，我就是死也要死得对得起祖国，对得起人民，绝不落骂名"。然而，就在中国人民抗日战争即将获得全面胜利前夕，1945年3月的一天，日本军最后通谍：再次威逼高振霄出任上海市长，并为其设宴。高振霄义正严词道："中国的土地上岂能容得侵略者横行，中国的事情岂能听从侵略者安排！"。在场的日军官兵气急败坏，大发雷霆，暗示日军特务在酒中投毒。高振霄回住所后腹部便开始肿胀，他老人家清楚地知道，日本人终于对他下了毒手。但是，他执意不请医生并告家人不准通知任何人，盘腿打坐，紧闭双目，静静地离开了人世。上海各界人士闻讯后，奔走相告，沉痛哀悼，将高振霄安葬于上海万国公墓。蒋介石为高振霄题词"精忠报国"。1945年9月抗战胜利后，国民党特派蒋经国赴上海"接收敌伪财产"工作时将其题词转送高振霄遗孀沈爱平夫人。国民党行政院院长宋子文亲题匾词"忠贞体国"，后来这块匾被运到高振霄的湖北家乡，悬挂在家里的堂屋中央。这位为振兴中华奋斗一生，忠贞体国的抗日英烈如同抗战的历史丰碑，将永远留在祖国和人民的心中。

刚正不阿 民族脊梁

高振霄一生跨越了清朝末年和中华民国两个朝代，经历了辛亥革命、南京临时政府、北洋军阀统治、国民党统治、抗日战争等五个历史时期。高振霄在中国近代风云变幻、腥风血雨的近半个世纪中，始终忠于自己的祖国和信仰。面对旧中国封建势力、清政府压迫、外来帝国主义的侵略、军阀混战的残酷争斗、汪伪政权的血腥杀戮及日本侵略者的暴行，他均表现出大无畏的爱国主义精神和不畏强暴的民族主义气节。从开始创建革命团体、办报、组织发动辛亥革命，到参加讨袁护国、护法、北伐革命，后来转入“实业救国”，最后献身于抗日救国战争，每当国家兴亡处于紧要关头，或民族命运处于危难之际，或革命事业处于低潮甚至逆境时，高振霄始终以国家利益、民族大义、书生气节为重，维护正义，坚守信念；刚直不阿，不畏强暴；清正廉洁，不逸权贵；舍生取义，鞠躬尽瘁。武昌起义前，当各党派各持己见，群龙无首之时，高振霄想方设法，多方调停、斡旋，促使共进会和文学社两个重要革命组织实现联合，成为武昌起义革命党人的发起组织与领导机关，成就武昌城一呼百应之革命局面；湖北军政府成立后，当黎元洪肆意扩大大都督权利，欲将革命党人排挤出政权外时，高振霄等“八大金刚”（八位总稽查）力排众议，加强了革命党人力量，改变了军政府旧官僚、立宪派把持政权的局面；武昌起义爆发后，当袁世凯的北洋新军攻占汉阳，有人建议放弃武昌时，高振霄强烈反对，表示为保卫武昌起义胜利成果，誓死与城池共存亡；南京临时政府成立不久，当袁世凯窃夺政权，背叛革命，复辟帝制时，高振霄加入“改进团”，参加“二次革命”，投入到讨黎反袁护国行列第一线；护法斗争时期，当某些议员依附于破坏护法运动的派系军阀时，高振霄坚定地站在孙中山先生等少数派一边，成为护法革命中坚；太平洋会议在即，当北洋军阀政府有意勾结对中国领土虎视眈眈的外国列强之时，高振霄挺身向国会进言“今此一线生机，尤为我国生死之关系，速派得力代表迅赴列席，实为至要”；南北政府对峙时期，当北方政府肆意践踏民意，不惜卖国求荣时，高振霄受中山先生委任，组织撰写讨伐徐世昌、吴佩孚大军阀的檄文，为确立孙中山大总统的地位，为促进南方政府的合法化不遗余力；南京国民政府成立后，当一些官僚、政客、市侩、学阀纷纷向南京国民政府讨功要饷时，高振霄却表现出了不居功、不求赏的高风亮节；“四一二”事变发生，国共首次合作破裂后，高振霄审时度势，淡出政坛，转而走“实业救国”的道路；抗日战争爆发，面对倭寇的野蛮侵略和汪伪顽分子的恐吓暗杀、威逼利诱，面对盘根错节的黑势力、帮派之间的明争暗斗，身处“孤岛”上海的高振霄不顾年事已高，依然维护正义、坚守信念、大义凛然，挺身而出……高振霄以光辉的一生实践了他自青年时代起就立志“振兴中华，福利民众”的宏愿。

高振霄的一生，是我们中华民族宝贵的精神财富。高振霄的英名，如同他为高氏宗谱亲笔题书“振兴中华，福利民众”，将植根于中华儿女心中，将永载中华民族的史册。

(九)首义都督黎元洪与总稽查高振霄的二三事

王琪琚　王晓璐

湖北都督府总稽查高振霄与首义都督黎元洪结缘于武昌首义。首义成功后,高振霄等党人第一时间赴湖北谘议局,力挺黎元洪为都督、共撑危局。军政府颁布的《刑赏令》《军令八条》与建立"开国实录馆"等,是他们合作的见证。黎元洪首任大总统期间,高振霄极力支持黎反对段祺瑞与德国断交、参加协约国、宣战等;黎元洪重做冯妇时,高振霄忠告黎元洪勿复任总统职……他们虽然在某些问题上观点不尽相同,但是在共同维护法统、反对袁世凯复辟及曹锟贿选等大是大非问题上,所表现出的道德勇气和作出的贡献,至今在海峡两岸传为佳话。

颁布《刑赏令》与《军令八条》

1911年9月下旬,革命党人、军界代表、政学界代表组织召开文学社、共进会联合会议,策划武昌起义并要求在攻下总督府、控制武昌城同时于第一时间赶赴"谘议局"组建新军政府,确定都督等人选及筹组民政部,颁布新政府各类文告等特急任务。

1911年10月10日晚,武昌首义第一枪、第一炮陆续打响。主战场炮火连天、杀声威震,攻打总督府的战斗正酣。武昌城内,弹雨横飞,人心惶惶,哭喊声响彻一片。居民良莠麇集,地方流痞,乘隙假冒义军名义,趁火打劫。或于居民之家,以保护为名,讹索钱文,或于巷衙,以搜查为目,掠劫行人行囊。更有甚者,一些民族极端主义分子残杀无辜旗人孺妇。当时曾发生过这样的血腥事件,有人以"六百六十六"之口诀,逼着被搜查的人亲口念出声来,如念不成湖北口音"陆佰陆拾陆",即以满人论处,轻者抄家抢物,重则当场毙命,其残忍不堪忍睹。如第三十标统带满族人宝瑛之妹,竟被人从床底下搜出来活活杀死。

高振霄当时是党人及报人记者双重身份,以维护武昌城内秩序及宣传为责在城中巡查。高见此状心急如焚道:"如果不及时制止城中的滥杀无辜现象,就是攻下楚望台,占领总都督署,也会遭到广大城镇居民、百姓、商人甚至国际舆论之反对和谴责,将会引起更大的国际纠纷和流血冲突,更难有武昌首义之最终胜利"[①]。他当即与张振武、陈宏诰商定,成立临时"执法处"及组织"稽查队",推举程汉卿为执法处长。执法处命令:"光复之际,人心未定,且民军已募集数军队,尤应严加维持"[②]。高振霄面对激愤的官兵与民众大声喝道:"义军举动,总宜文明,军队中上自都督,下至兵夫,均一律守纪律,违者斩"[①]。连夜组织起草奖罚分明之《刑赏令》十六条贴满全城,后经都督黎元洪签发正式颁布。文曰[③]:

本都督驱逐满虏,恢复汉族,凡我同胞,皆宜谨守秩序,勿违军法。所有刑赏各条,开列于下:

藏匿满人者斩。藏匿侦探者斩。卖买不公者斩。伤害外人者斩。扰乱商务者斩。奸掳烧杀者斩。邀约罢市者斩。违抗义师者斩。

乐输粮饷者赏。接济军火者赏。保护租界者赏。守卫教堂者赏。率众投降者赏。劝导乡民者赏。报告敌情者赏。维持商务者赏。

接着,又起草严厉治军之《军令八条》,张贴全城大街小巷。八月二十五日(辛亥10月16日)经都督黎元洪签发正式颁布。文曰[③]:

一、军队中上自都督下至兵夫一律守纪律,违者斩。

二、无论原有及新募兵士人等,有三五成群不归编制者以及至编制内擅离所在易装私逃者斩。

三、擅入民家苛索钱财及私行纵火者斩。

四、各干部如有不遵约束者者斩。

五、官兵不受调遣及违背命令者斩。

六、擅自放枪恐骇行人往来者斩。

七、兵士中如有挟私仇杀同胞者斩。

八、如在当铺强当军装物件者斩。

《刑赏令》《军令八条》遍贴武昌城大街小巷后,前来观看布告者,人头攒动,有人当场就流下了激动的热泪。高振霄亲自率领稽查队边沿街巡逻,边沿街演说,见有路遇间谍与旗民等,均不准擅杀戮,必须送交执法处审理处置,渐人心安定,秩序稳定。首义翌日,他们又以军政府照会各国领事,声称"对各友邦,益敦睦谊,以期维持世界之和平,增进人类之幸福……所有清国前此与各国缔结条约,继续有效,赔款外债,照旧担任,各国既得权利和在华外人财产,一体保护"。[④]其时,汉口设有英、俄、法、德、日五国租界和瑞典、比利时等十一国领事馆,他们对武昌首义的每一个行为均非常关注,他们都在观望、徘徊、等待,并指手画脚。由于黎都督代表的新军政府有效地发挥了临时"执法处""稽查队",以及《刑赏令》《军令八条》作用,处置滥杀行为果断,武昌城内秩序得到了及时的恢复,将爆发的战争没有波及租界,没有影响到帝国主义者在华的利益,使得国外势力不得不摆出一副"中立"的姿态。当时革命党人以此炫为外交上的一大胜利。东京报纸盛赞革命军"深合文明举动"[④],巴黎报纸认为革命军"明智异常”[④]。后来有人回忆道：“军队寄寓民家，绝不妄取一物。如有所借贷，必按时交还。升米斤油之类，请其勿用交还，亦必坚决偿还。至于买卖，则公平交易，不见强买勒卖的行为”[④]。武汉地区的良好秩序使帝国主义分子惊讶，他们不得不承认：“武昌到处人满，商店都开门，生意很好，人民安居乐业。我们也没有想到，革命军在这里统治着，秩序竟然很好”[④]。革命党人以文明使、法治行，为首义成功开了个好头，为整个起义期间做出表率，以至湖北革命军始终纪律严明。同时表明“武昌首义”是古今中外历史上通过革命暴力手段成功夺取政权且流血和牺牲最少的起义之一。

当时有记载：十九之夕，弹雨横飞，不无误死。至是，经执法官程汉卿报告，请都督黎公与诸革命[家]张振武、高振霄、陈宏诰诸君商定，以义军举动，总宜文明，故不命令，不准私放枪声。即巡查军队，见有路近问谋[遇间谍]与旗民等，均不准擅杀戳[戮]，必须送交执法处审理处置。以光复之际，人心未定，且民军已募集数革[军]，尤应严加维持，故都督黎公颁布禁令八条，通贴市街，俾众遵守。民军后来始终举动文明，其所以维持人民有法可守为法令之祖者，则为此禁令[②]。

建立“开国实录馆”

武昌起义后，关于革命的秘密工作，以及阳夏战役，事迹繁多，均无翔实的记载。有之，则为龚侠初之武昌日记、胡石庵之革命实见记、查光佛之江汉阳秋，均系私人写作，毕竟见闻有限，难免有不实不尽之处。故多有曾参加武昌首义的革命党人、知识精英、政学界代表们纷纷磋商拟发起创立革命实录馆之要求，以记录、编纂湖北革命史实。在一次武昌首义金刚（武昌首义八大金刚）纪念聚会上，高振霄说道：“武昌起义英勇事迹虽广博，但其奋斗的精神、牺牲的精神、无掠夺行为精神乃中国自古的烈士仁人，杀身成仁之中国人的特性最为值得推崇并彪炳史册”云云[①]。陈宏诰、谢石钦、陈人杰、牟鸿勋、蔡济民、甘绩熙、刘长庚、苏成章等在场人员人都表示附和支持。1912 年秋，由王葆心总纂、谢石钦拟具呈文，请副总统兼湖北都督黎元洪批准并拨款 1 万元建之。落款者 14 人中原武昌首义八大金刚成员除缺少梅宝玑外均为。呈文原文如下[⑤]：

副总统钧鉴。敬禀者，窃谓汤武革命，开环球肇治之先；周召共和，作华夏大同之始。史书所载，亘古为昭。乃勋名既启乎日轮，而事业遽终于发轫。称天而治，臣妾亿兆人三千年；帝制自为，贻毒八方者二十纪。武昌首义，诸州景从，廓尽胡氛，解除苛政，易专制为民主，进独断为共和。以三月未竟之时间，建亘古无前之盛业。较其勋绩，发皇与法美齐驱；溯源由来，彪炳与商周竞美。一时豪杰投笔云兴，或奔走外洋，或号召同志，或毁家纾难，或捐躯效忠。共集之勋，以有今日。披世界旁行之史，列强无此事功；览神洲疏仡之文，前古无此伟绩。听其淹没，不予表扬，非但无以彰副总统之盛德，亦无以餍全世界之人心。伏维国家之盛强，端赖忠义之奋发；忠义之奋发，资于文字之鼓吹。纵横今古，莫不皆然。一代龙兴，人文虎变，而况乎创神洲第一共和之国，建中国万年有道之基，甲胄躬亲，河山平定者乎！近者止戈偃武，治定功成。开馆储贤，从事撰述，编成国史，昭示将来。事关至要，时不可缓。唯设局伊始，需款筹办，公恳副总统饬财政司拨款一万元，以为开办开国实录馆经费；并请详中央政府立案。俟举定职员，延聘通儒，再行预算每月经常费用，汇册呈报，以备查核。庶几名山事业，与旌常日月以常新；缔造艰难，为奕世后昆所共凛。伏乞核准施行。

发起人：孙武、邓玉麟、陈宏诰、谢石钦、高振霄、陈人杰、牟鸿勋、蔡济民、甘绩熙、刘长庚、苏成章、邢伯谦、高尚志、胡祖舜。

原本用革命史馆名义，经后称民国时期“广济五杰”之一的饶汉祥核阅呈文时，认为湖北不是中央，用史馆名义不甚妥恰，遂将史馆改为实录二字。黎元洪自无异议，仅饶汉祥说，开国实录乃中央政府之事，地方不宜滥用。在批复时改为“湖北革命实录馆”，并任谢石钦馆长，苏成章副馆长。同年十月在汉口歆生路前花楼口正式挂牌成立，颜曰“革命实录馆”。实录馆除专用编撰、提调、收发及调查长康秉钧、调查员六人外，还函聘各机构负责人高振霄与蔡济民等 89 人为义务调查员。到 1913 年夏天，共收到革命史略、光复纪要、个人事略 500 余件。其中有湖南、四川、贵州、甘肃、新疆等省所寄者。铅印、石印、油印、抄本都有，尤以手抄本为多。二次革命失败，实录无法再修，原定长编未完成，九月实录馆被撤销关闭。

湖北革命实录馆结束以后，所有档案资料由谢石钦保存下来。直到解放后，胡祖舜编《武昌开国实录》曾用过一部分，也有人借阅未还。1956 年谢石钦去世，其家人将所藏实录馆档案资料提交武汉市文史馆，后经湖北省政协委托贺觉非先生将这批资料接管。自此，这批被埋没了四十余年的宝贵史料，才重见天日并被历史学家所重视。1958 年后陆续由湖北省政协、武汉市政协、湖北省博物馆、中国社会科学院近代史研究所合编的湖北革命实录馆史料《武昌起义档案资料选编》，贺觉非先生编著的湖北革命实录馆史料《辛亥武昌首义人物传》，贺觉非先生与冯天瑜先生合著的湖北革命实录馆史料《辛亥武昌首义史》等相继问世。湖北革命实录馆内的珍藏史料，虽然历经沧桑、几经变故，至今资料散失不全，但是应当指出，谢石钦、高振霄等 14 名辛亥志士曾联名报告拟成立创立湖北革命实录馆功不可没；黎元洪副总统兼湖北大都督批准并拨专款建立“湖北革命实录馆”功不可没;湖北革命实录馆馆长谢石钦及家人长期珍存这批史料功不可没;贺觉非先生将这批资料接管过来并与冯天瑜先生等辛亥革命历史学者为研究继承发扬辛亥革命历史文化、精神功不可没。

注释:

1. 王琪珉. 辛亥功臣高振霄史迹录[M]. 北京:知识产权出版社,2011.

2.《武昌起义档案资料选编(上)》,《军法处事略》,湖北人民出版社,1981.

3. 杨玉如. 辛亥革命先著记[M]. 北京:知识产权出版社,2013.

4.《中华民国史 第1编 全1卷》第十一章 武昌起义和各省响应。

5. 蔡寄鸥:《鄂州血史》。

（十）高振霄：始终不堕初志

张丁

高振霄（1881—1945 年），字汉声，出生于湖北省房县。1908—1911 年，在《湖北日报》《政学日报》担任总编辑，参与创办《长江日报》，又独自创办《夏报》，鼓吹革命。1910 年秋，高振霄与谢石钦等发起德育会，从事反清革命活动。1911 年 10 月武昌光复后，高振霄参与筹组民政部，编写简章，颁布文告，并与吴醒汉开办"招纳处"，接待革命志士，一时应者云集，仅政、学两界 3 天内即招纳文武志士 400 余人。

首义之初，武昌作为革命中心，战乱不止，起义部队军纪松弛，地痞流氓趁火打劫，百姓受苦甚深。高振霄与张振武、陈宏诰及执法处长程汉卿面陈黎元洪，以黎名义颁布《刑赏令》及军令八条，规定："军队中上自都督，下至兵夫，均律守纪律，违者斩"。遍贴全城，并派人沿街演说，安定人心。自此义军纪律严明，秋毫无犯，秩序良好。后来军务部法科成立，高振霄与陈宏诰一起转调该科，主办军案，废苛刑，申军法，惩奸治军。为了加强对军政府的监督，革命党人于 1911 年 10 月 25 日在军政府内设立总稽查处，负责稽查各部、各行政机关及各军队。高振霄与蔡济民、牟鸿勋、谢石钦、苏成章、梅宝玑、陈宏诰、钱守范 8 人被公推为总稽查，时称武昌革命"八大金刚"。

1911 年 11 月 27 日，北洋军攻占汉阳，武昌危急，湖北军政府召开紧急会议商议对策，一些人建议放弃武昌，进攻南京。高振霄与张振武、范腾霄等人慷慨陈词，强烈反对，决心与城共存亡。其时，武昌城内谣言四起，人心惶惶。高振霄与张振武亲率稽查队沿街日夜巡逻，维持秩序，并举荐王安澜为奋勇军统领，招襄郧老兵坚守武昌。虽然后来南北和谈，革命党人与袁世凯和解，但武昌城一直控制在革命党人手中。南京临时政府成立后，高振霄被列为"辛亥革命甲种功臣"，并被孙中山委任为高等顾问。次年，当选为国会议员。

1917 年高振霄追随孙中山南下护法，当选非常国会参议院议员。后来革命日益艰辛，他成为护法军政府的革命中坚，愈被孙中山器重，二人成为挚友，常常书信互励，畅谈革命。1922 年 5 月，孙中山在广州出任非常国会推举的非常大总统，出师广西，消灭了桂系军阀陆荣廷的势力，准备以两广为根据地北伐。6 月，粤军首领陈炯明发动叛乱。孙中山脱险后率海军反击叛军，奋斗 50 余日，因待援无望，被迫离开广州赴上海。8 月，高振霄亲笔写信，向孙中山汇报非常国会的有关情况。9 月 3 日，孙中山给高振霄写了下面这封回信。

覆高振霄函稿

手书暨报告国会各情，均悉。兄等间关流离，不堕初志，至可钦佩。文力所及，自必为诸兄后盾，务期合法者战胜非法，统一乃可实现。至继续进行如何，日来已屡与代表诸君接谈，兹不别赘。专此奉复，即颂台祉。

孙文　9月3日

此信原件保存于台北中国国民党档案馆。2004年，高振霄的孙子高中自先生委托一位台湾朋友，到台北国民党档案馆查阅并复制了这封书信原件，并在抢救民间家书项目组委会举办的“民间家书征集成果展”上公开展出，引起社会关注，也揭开了辛亥革命先驱高振霄尘封近一个世纪的一段革命往事。

注：作者张丁：中国人民大学家书文化研究中心执行主任

人民日报　中华瑰宝　2011年9月30日　星期五　15

辛亥革命元勋黄兴

黄兴致石陶钧信札（曾琦抄录）

黄兴秘书石陶钧

任鸿隽1912年2月5日家书一

任鸿隽1912年2月5日家书二

任鸿隽1912年2月5日家书三

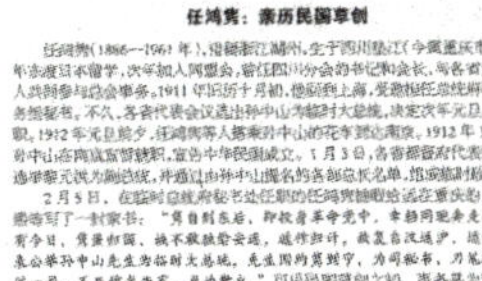

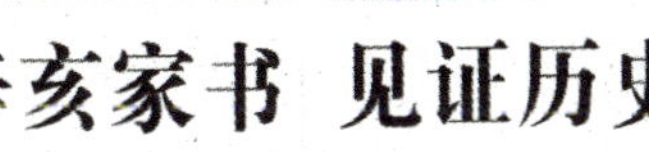

辛亥家书　见证历史

张　丁

任鸿隽：亲历民国草创

杨体锐：投身二次革命

黄兴：思考救国方略

高振霄：始终不堕初志

民国初年的任鸿隽

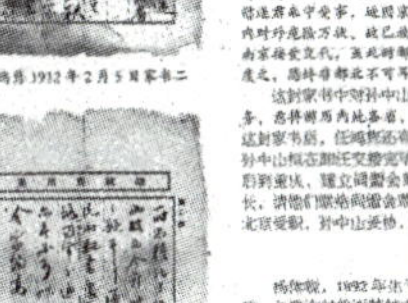
中国人民大学博物馆展示中国民间手写家书

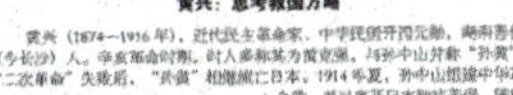

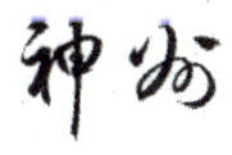

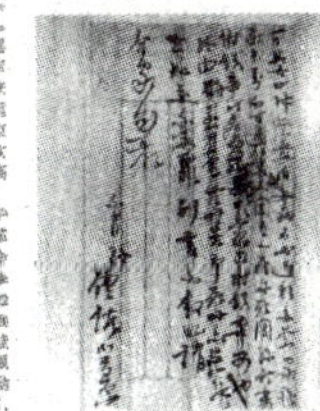

孙中山复高振霄函稿

民国初年的高振霄

杨体锐遗像

杨体锐遗书

孙中山同临时总统府秘书处人员合影。前排中坐者为孙中山，后排右三为任鸿隽

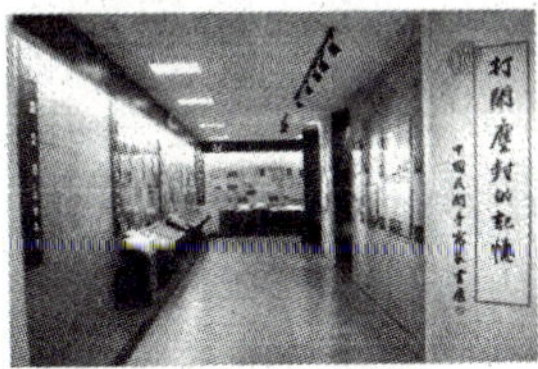

（作者为中国人民大学家书文化研究中心执行主任）

高振霄：始终不堕初志

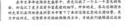

资料来源：《人民日报》2011年9月30日

（十一）祖父高振霄在抗战中的往事

高中自（口述）；贾晓明（整理）

高振霄（1881—1945 年），字汉声，湖北房县人，同盟会会员，辛亥革命元老。早年办报宣传革命思想，启发民智。武昌首义时入都督府参谋战事。湖北军政府成立后与袁国纪等主持筹组民政部。为申明军纪，以黎元洪名义颁布《刑赏令》及军令 8 条，以铁面无私闻名，被拥立为总稽查。中华民国临时政府成立后，被孙中山任命为高等顾问，后被选为国会议员。1912 年后追随孙中山，参加历次讨袁、护法等活动。1923 年，高振霄受孙中山派遣到上海洪帮，联络各界人士，反对北洋军阀。“四一二”事件后，高振霄感叹孙中山“联俄、联共、扶助农工”三大政策被破坏殆尽，遂远离政界，赴汉冶萍公司投身“实业救国”运动，直至抗战爆发。高振霄身为洪帮老大，颇有名士气节，上海各界称他“清高自赏，颇有骨气的书生本色”。

投身抗日救亡，有言有行

抗战爆发前，祖父高振霄曾积极响应全国各界救国联合会提出的“立即停止军事冲突，释放政治犯，各党各派立即派遣正式代表进行谈判，制定共同救国纲领，建立一个统一的抗日政权”等主张。抗日战争爆发后，抗日民族统一战线形成，祖父非常感到欣慰，在公开场合多次表示“愿意为抗战贡献力量”。卢沟桥事变发生后的 7 月 21 日，作为洪帮“五圣山副总山主”的祖父马上和“总山主”向松坡致电声援北平宋哲元和二十九军全体将士。电称“君等抗战，忠勇激发，无忝于我民族英雄之本色”，同时表示愿意“率海内素以保障民族为职志之在乡健儿，请缨政府，群起与彼周旋，粉身碎骨，亦所弗辞”。次日，两人又直接致电蒋介石，表示“潜虽不才，愿以在野之身，统率海内健儿，与暴日一决生死”，并称“有群众数十万人，听候点编指挥”。同时开始着手整顿会众，准备参加抗战。

“七君子事件”发生后，祖父与向松坡动用社会关系，积极支持配合宋庆龄、何香凝等对“七君子”的营救工作。在“七君子”被释放后，祖父特意设宴为“七君子”接风洗尘，并公开表示支持“救国会”运动，“愿为扩大救亡运动声势做出贡献”。

随着战事扩大，向松坡撤去武汉，祖父接任“五圣山总山主”并着手一些难民安置工作。考虑到祖父已经年近六十，又是老同盟会会员、国民党元老，国民政府曾多次派人到家动员他向大后方撤退，但祖父执意不肯。家人问他为什么时，他说："到了大后方虽然安全，但是可以用于支持抗战的关系全没了，不能只在抗战中做寓公啊。"

祖父的抗日爱国言论和行动为侵略者所忌恨。上海沦陷后，一群全副武装的日军官兵公然违背租界保护条例，闯入位于法租界的祖父家里大肆搜查，并将祖父强行带走。在日军兵营，他们严刑拷打，威逼祖父供出和他接触过的进步人士和爱国志士的所在。祖父不惧淫威，和日军进行了坚决的斗争。经多方营救，三周后祖父被释放。

参加策反工作，勇救文强

日军占领上海后，国民政府派文强到上海租界，建立"国民党抗日策反委员会"。祖父欣然接受其邀请，加入抗日策反委员会，出任委员，从事对伪军的策反工作。一天，文强就被他的策反对象——日伪"和平反共建国军"第十二路军司令丁锡山"请"到百乐门饭店。在饭店里，文强发觉丁锡山反常，乘丁不注意，抢了他的手枪，但被丁的手下团团围住。正在这时，祖父和另一位洪帮大佬龚春圃突然闯入现场。龚春圃也是"策反委员"。那天，祖父和他听说丁锡山要来百乐门饭店，也赶来这里准备对丁策反，谁知竟碰到了这种场面。鉴于祖父和龚春圃的洪帮"辈分"，小喽啰们四面散开。祖父大步走到丁锡山面前，抓住丁锡山，左右开弓就是几个耳光。打过后，祖父指着丁锡山的鼻子骂道："你这个忘恩负义的家伙，那时候让杜月笙把你保出来，是文先生说的话，如果不是文先生说了话，你早就被枪毙了。你这身汉奸皮呀，只有文先生说一句话才脱得下来，你这个为日本人卖命的汉奸，早晚会死在日本人的手中。"丁锡山跪在祖父他们面前，痛哭流涕地连连表示悔过，其他喽啰见状，也纷纷跪下求两位老大宽恕。祖父又对丁说："赶快让你的部下送文先生上汽车，不然你就活不成了。"说完与龚春圃左右夹起文强，快速离开了百乐门饭店。据说，这件事让丁锡山确实感到了震撼，并促使他后来率部反正。

响应中共号召，支援抗战

"八一三"抗战爆发后，为准备建立革命队伍、开展游击战争，中共中央在江苏省成立了省军委，从延安调到上海的张爱萍任军委书记，张执一、陈家康任委员。为巩固、壮大抗日民族统一阵线，中共江苏省军委决定与思想上倾向中共抗日主张的祖父、向松坡等人加强统战合作，同时利用洪帮为掩护，积极开展抗日活动。经组织上批准后，张执一找到祖父。祖父表示完全同意中共的观点，把张执一、陈家康介绍给向松坡等洪帮首领，还安排他们在家中多次会晤。

经过祖父的引荐、说服，向松坡表示愿意联共抗日，祖父和向松坡的居所也因此成为中共人士的重要联络点。不久，祖父和向松坡帮助陈家康、张执一等取得了洪帮身份，让他们利用其身份深入群众进行抗战宣传，壮大抗日力量。同时，祖父还同意张执一等人对洪帮高阶层进行抗日、爱国教育，并听从张执一等人的建议，积极配合支持上海各项抗日救亡运动。此举客观上扩大了中共抗日民族统一战线的社会影响。祖父与向松坡领导的洪帮抗日组织也成为上海、江苏地区帮助、配合共产党抗战的一支重要力量。张爱萍、张执一、陈家康等人组织推动建立抗战游击队时，也得到了祖父、向松坡等人的支持、资助。1942 年后，在极其恶劣的环境下，祖父先后营救了包括党中央派往延安学习深造的 12 名共产党青年等大批中共干部及抗日志士，并购置了棉衣、药品两船，送到苏北根据地。

拒绝出任伪职，以死抗争

日伪对祖父恨之入骨，但迫于其在社会上的声誉和影响，不敢对他贸然下手，企图以高官厚禄为诱饵，让祖父加入汪伪政权，甚至不惜开出了“上海市长”的高价，但均遭严词拒绝。1943 年中的一天，一名日军驻上海“头目”带领随从十几人，抬着一大箱装有金银珠宝的重礼前来“拜访”。说他们代表“皇军和汪主席请高先生出山，做一些事”。祖父不卑不亢地答道：“非常对不起，我身体不好，不能再出山做事了。钱是生不带来、死不带去的东西，我现在年事已高，也用不着了，请把这些全部带回去吧。”没等对方反应过来，祖父已经退入后堂，把对方“晾”在那里。

1945 年 3 月，距抗日战争胜利还有不到半年的时间，祖父再次接到日伪赴宴的“邀请”，家人都劝他不要去，但祖父认为“没有必要让他们觉得我胆怯”，还是去了。席间，日伪头目发出“最后通牒”，威逼祖父出任伪政权要职。祖父非常愤怒，在席上说：中国的事情岂能听从侵略者安排。在场的日伪头目先是气急败坏、大发雷霆，尔后向祖父“敬酒”。祖父虽心知肚明，但坦然接受。回家后，祖父觉得腹部胀痛，家人要请医生，被他拦住，并告诉家人“不要通知任何人”。这样，在盘腿打坐中，祖父平静地离开了人世。去世后，他的遗体被上海各界爱国人士安葬于万国公墓。

B2 春秋·旧闻新读 CHUN QIU ZHOUKAN 2011年8月11日 星期四 人民政协报

祖父高振霄在抗战中的往事

高中自（口述） 贾晓明（整理）

投身抗日救亡，有言有行

参加策反工作，勇救文强

响应中共号召，支援抗战

拒绝出任伪职，以死抗争

民生公司与“学术机构大撤退”

祖父高振霄在抗战中的往事

资料来源：《人民政协报》2011年8月11日

注：贾晓明：人民政协报记者。

（十二）“振兴中华 福利民众”——高振霄留给家族的宗谱排字

高中自（口述）；贾晓明（整理）

办报宣传共和，四出奔走联络

祖父高振霄（1881—1945 年），字汉声，出生在湖北省房县一个书香世家。其父高步云是当地有名的私塾先生，后来受聘于武汉和北京等地教私塾专馆。高振霄少时随父游学，目睹了清廷腐败、外患频繁，以及人民生活的种种疾苦。由于父亲思想进步，经常阅读宣传革命思想的各类书籍，1897 年，高振霄 16 岁，即随父到武昌求学。高振霄受父亲熏陶，很早便接触到共和思想，直至就读于两湖总师范学堂和湖北公立法政专门学校。在武汉，他结识了大批革命志士，开始从事推翻封建帝制、建立共和的行动。

1906 年，高振霄与张振武同在武昌学校任教员，宣传共和思想。在此期间，广交革命同志，经常“与党人游，谈天下事，深痛朝廷腐败，决计以改造时局为己任，图推翻暴政、振兴中华之伟业”。时值同盟会郑江灏回湖北开展活动，高振霄和他一拍即合，积极参与郑江灏创办《政学日报》《湖北日报》，与画插图的向炳焜共同在报上题词作画，抨击清廷，鼓吹革命。不久郑江灏、向炳焜等被捕入狱，报馆被封，高振霄独自创办《夏报》，继续宣传革命思想。《夏报》“颇敢言，允为后起之秀，被时人评为汉口四大报（其他为《中西日报》《公论日报》《大江报》）之一，《夏报》尤为新创”，在新军和民众中产生了巨大影响。辛亥革命前夕，武汉革命党组织多达数十个，虽然均以推翻帝制、建立共和为宗旨，却始终各自为战。高振霄提出各组织统一领导的想法，得到很多人的赞同。高振霄曾与谢石钦组织德育会，强调“天下兴亡，视民德兴替，应修私德以完人格，重公德以结团体”，希望通过国民个人道德人格的完善，社会公德团体的塑造，来实现团结和强国的目的。到了 1910 年，为壮大革命力量，他率先使德育会与共进会合并。当时“共进会、文学社为联合事意见不一”。加入共进会后，高振霄又积极联络文学社社长蒋翊武，共进会会长孙武、骨干张振武等，为促进各革命团体的团结合作而奔走，与刘复基等最终促成文学社与共进会实现联合。

首义参与后颁布文告为革命军招贤纳士

1911 年 10 月 10 日晚 7 时，武昌起义拉开了序幕，经过一夜浴血奋战，武昌光复。当日晚，武昌城内有报告说地方流痞，乘隙假冒义军名义，趁火打劫。高振霄与张振武、陈宏诰诸君商定，声明军政府成立临时执法处及设稽查队，执法处命令道："光复之际，人心未定，且民军已募集数军队，尤应严加维持。"连夜起草并颁布《刑赏令》及军令八条，遍贴全城，规定"军队中上自都督，下至兵夫，均一律守纪律，违者斩"。同时组织稽查队沿街演说，维持秩序，安定人心。10月11日，武昌首义爆发第二天清晨，不顾一夜激战未眠的革命党人，纷纷赶到谘议局。"高振霄与袁国纪等入都督府参谋战事，与张振武、蔡济民、李作栋等商议建立新军政府，推举黎元洪为湖北军政府大都督，与各方面的负责人齐集谘议局会商大计，为新军政府的组织和局势的稳定出谋划策"。

为维护首义成果、稳定社会秩序，苏成章提议组设民政部，管辖民政最急事务，让高振霄与费矩、袁国纪等立即主持筹组。高振霄参与草拟并颁布了新政府文告，公布改制共和、豁免钱粮及苛税、延揽人才、派员演说、筹办临时警察、提倡保安、创办团练、维持金融、注重外交等举措。文告公布后，高振霄等人严格按章程办事，不仅为革命政权赢得了声誉，还为稳定时局作出了重要贡献。

10月13日，军政府招纳处(后改为中华民国鄂军政府集贤馆)成立。由高振霄与吴醒汉等组建。高振霄和袁国纪等人在都督府前两等模范小学校内设立招待所网罗各方面人才。集贤馆的任务是"招集文武贤才，襄助军政，共图大业，建立共和民国"，接待各地投奔武昌的革命志士。吴醒汉负责接待军界人士，高振霄负责政、学两界人士。由于高吴二人礼贤下士、名气很大，各方豪杰相继来投。两人本着唯才是举的原则，按照对来投人员的考察结果推荐到都督府和各政事部为新政府任用，三天内招纳四百余人才为革命效力。自武昌起义后至11月底，高振霄等先后接待各类投效人员约有一万多人。

总稽查铁面无私名列"甲种功臣"

武昌革命政权的军务部执法科(隶军务部，后改编为军法局)成立后，高振霄与陈宏诰一起转调该科，"主办军案"。高振霄宣传"人道为本"，着手"废苛刑，申军法，惩奸治军"。当时狱中有囚犯数百余人，高振霄与执法科长程汉卿亲往调查，将其中一批清廷官吏制造的"冤假错案"平反，并亲自为被释放人员出具函文。一批青年还参加了革命军。

10月25日，军政府重新议决《改订暂行条例》，增加军事参议会来限制都督的权力，设立稽查员稽查各部门，取消政事部，改原来各局为"部"，高振霄等八人被任命为"总稽查"，负责稽查各部、各行政机关及各军队，位于六部之上，稽查处在当时颇具权威，他们可以直接干预各部行政，有时负责处理特殊任务。重要会议和人事安排，也由各稽查员出面。这样，各级政权被控制在革命党人手中。

1911年11月27日，北洋军攻占汉阳，武昌危急，一时间，武昌城内谣言四起，人心惶惶。湖北军政府召开紧急会议商议对策，一些人在会上建议放弃武昌，进攻南京。高振霄与张振武、范腾霄等人强烈反对，决心与城共存亡，并举荐王安澜为奋勇军统领，招襄郧老兵坚守武昌，与总监察刘公、军务部副部长张振武亲自率领稽查队沿街日夜巡逻，维持秩序。

高振霄与武昌起义将士同生死、共患难，始终战斗在战火纷飞的主战场。为编制政府法规制度，建立新军政府组织，维护局势稳定，捍卫武昌起义胜利成果等殚精竭虑，立下汗马功劳，众口皆碑，与其他七位总稽查时称武昌起义"八大金刚"。报纸上曾经出现过《八大金刚》章回小说。高振霄被特别嘉奖为辛亥革命"甲种功臣"，以彰显其在辛亥革命中的卓越贡献。高振霄在民国建立后一直追随孙中山，参与了讨袁、护法等一系列活动。抗战胜利前夕，为日伪杀害于上海。

青年时的高振霄最喜读孙中山的著作，对孙中山创立兴中会时提出的"振兴中华"一语尤为嘉许，在弟高振声（字贤九）长子出世时，高振霄喜不自胜，欣然题写"振兴中华，福利民众"八个大字，后来又把这八个字定为高氏宗谱，并告诫我们后人要"牢记民众福利，努力振兴中华，为国为民努力奋斗"。

百年辛亥·纪念特刊
全景展现历史　细节还原现场
2011年10月10日　星期一
人民政协报

百年辛亥　家事沧桑
BAINIANXINHAI
JIASHICANGSANG

辛亥革命给家人、后代留下了什么

在辛亥革命百年纪念之际，本报记者采访了数位辛亥革命元勋的后裔。他们分别讲述了自己的前辈在革命中的活动以及这些前辈为自己的家人、子孙留下的遗产……

"天下为公，世界大同"
——太炎公和祖父写过的八个字
章长炳（口述）贾晓明（整理）

祖上多人是老同盟会会员

天下为公　世界大同

有幸为中国辛亥革命研究会贡献力量

"振兴中华，福利民众"
——高振霄留给家族的宗谱排字
高中自（口述）贾晓明（整理）

办报宣传共和，四出奔走联络

首义参与后颁布文告为革命军招贤纳士

总揽查铁面无私 名列"甲等功臣"

『各求自立』、『努力向上』
——首义先驱张难先和他的家训
张扬教　张铭章（口述）贾晓明（整理）

鄙弃科举，接受共和理念

1953年时的张难先夫妇

运动军队，创建科学补习所

加盟日知会，参与联络革命志士

投身首义，率部西征北伐

"振兴中华 福利民众"——高振霄留给家族的宗谱排字

资料来源：《人民政协报》《百年辛亥·纪念特刊》，2011年10月10日

注：贾晓明：人民政协报记者。

（十三）汉声铿然历史中——孙辈著书再现辛亥功臣高振霄一生传奇

文/蔡俊　图由高中自提供

滚滚长江东逝水，浪花淘尽英雄。岁月大河奔流不息，这就注定了，并非所有的历史人物、历史传奇，都能够有机会出现在史书当中，被千古传唱。

高振霄，这位曾追随孙中山先生共同战斗的辛亥革命元老、上海洪帮—洪门“五圣山”副山主、后因抗日救国而被日本人毒害的传奇人物，在逝者如斯的历史长河中，险些转瞬即逝。

直到近年，曾在乌鲁木齐工作生活近半生的高振霄嫡孙高中自，开始回溯梳理祖父的一生，并立书成册后，高振霄的传奇人生才最终面世。

2011年，辛亥革命百年纪念日，高中自与高振霄外孙王琪珉共同整理编著的《辛亥功臣高振霄史迹录》问世，且名列当年畅销书排行榜。

《辛亥功臣高振霄史迹录》所完成的，不仅是对祖辈的追忆，更是对时代的回望。

那些散落在过往时光里的瞬间，激昂的片断，闪烁的光点，被一一捡拾，连缀，梳理。

那是一个人的传奇，更是半个世纪中华民族悲壮史卷。

这本书之后，由高中自、王琪珉、裴高才（历史传记作家）共同编撰的《高振霄三部曲》——《史迹》《文集》《传记》，将于2015年纪念抗日战争70周年期间出版发行。届时，高振霄及其同时代仁人志士的传奇人生，将再度以更全面、立体、鲜活的形象进入人们的视野。

近日，高中自接受了本报记者采访。

楚风汉韵铸就铁血精神

严格说来，《辛亥功臣高振霄史迹录》是一部史料集，其中共计收录了76份出自北京、上海、武汉、广州、天津、台北等各地与高振霄有关的史料。这些史料，最早是1907年的，最近的至2007年。

看似枯燥的史料背后，是鲜活的故事和高振霄的人生片断。

高振霄，字汉声，湖北房县人。一生跨越了清朝（末年）和中华民国两个历史阶段。经历了辛亥革命、南京临时政府时期、北洋军阀统治时期、国民党统治时期、抗日战争时期等五个历史时期。

“世传书香家学，其父步云私塾为业，稍长，随父至武昌，入两湖总师范学堂肄业。”在《房县志》的高振霄一文里，开篇如此介绍。

正是这样一介书生，在数年办报生涯中为“振兴中华、福利民众”奔走呼号仍未看到救民希望后，参与了打响辛亥革命第一枪的武昌起义，并与蔡济民等其他七人同时被拥为总稽查，被嘉奖为“辛亥革命甲种功臣”，时称“武昌起义八大金刚”；在历经讨袁反黎、护国护法运动、北伐运动后，当选为非常国会参议院议员，并成为孙中山先生的挚友。

也是这样一介书生，在1937年日本帝国主义侵略中国后，不顾年事已高，愤然参加抗日民主救国斗争。以抗战策反委员会委员及上海洪帮头领的特殊身份，投入到抗日斗争第一线。高振霄曾设法营救过李先念、张执一等共产党高级领导及抗日志士文强（出自湖北文史资料《张执一自述》《文史资料存稿选编一文强口述自传》）。

仍是这样一介书生，在日本侵略者对其抓捕关押、拷打折磨后，不曾屈服；在日本侵略者以重金利诱要求他以洪帮老大身份帮忙时，严词拒绝；在日本人下最后通牒、威逼他出任上海市长时，高振霄慷慨赴死，直至毒发离世。

国民党抗日将军文强在其口述自传中这样介绍高振霄：“清高自赏，贫病交加，颇有骨气的书生本色”。

这一印象，是高振霄以洪帮大佬的身份，从汪伪司令绑架虎口中救出文强后，永留文强脑海中的记忆。而当年的《申报》，1945年4月15日在《追悼革命元勋高汉声》一文中的评价：“高风硕德，足资楷模”，更令整个上海滩动容。

后人历时二十载为祖尽孝

从10岁起，高中自就隐约从父母谈话间，知道自己有一位不平凡的祖父。但是，在“文革”那样特殊的历史时期，父母甚至不敢大声谈论祖父，即使偶有提及，父母隐晦的言辞和闪烁的眼神，也让幼小的高中自意识到，已然过世多年的祖父，是那样遥不可及，甚至无可追忆。

但如祖父一样，流淌在高中自血液里的，是楚人倔强较真的韧性。从懂事起，高中自暗自下决心，要将祖父曾经为国抛洒热血的一生，公布于天下。

这一等，就是20余年。直到1991年起，高中自才有机会开始寻找祖父在各类史料中遗留下来的蛛丝马迹。但是，史料浩如烟海，对于曾先后当过教师及在农业银行工作的高中自来说，查找尘封百年的史料碎片，何其难也。

“就算是与祖父同辈的亲人和好友，也大都去世，第一手资料几乎没有。”高中自说。实际上，早在高振霄被日本人毒害去世前的晚上，高振霄就嘱咐家人，烧毁了大部分资料。

有一天，高中自在图书馆查阅孙中山《国父全集》时，发现其中记录了孙中山曾在1922年9月3日给祖父写过信："看到这封信，特别是孙中山先生对祖父的评价'兄等间关流离，不堕初志，至可钦佩'，心里真的很激动。"

后来，委托台湾好友黄中先生亲自赴"台北国民党档案馆"，终于找到了此信原件。

之后，查阅史料行动豁然开朗。在20余年的时间里，高中自和表兄王琪珉往返北京、上海、广东、武汉、中山市，循着祖父的足迹，阅遍各大图书馆，甚至托付在台湾的朋友查找史料，终于将这些历史碎片一一拼装，复原了祖父高振霄传奇的一生。

连缀历史碎片为史补遗

实际上，高中自和王琪珉在复原高振霄本人历史事实的同时，最初无意，后来则是有意识地对整个辛亥革命直至抗日战争的历史，以史料的方式，进行了梳理。

其中，相当一部分内容，由于普通读者接触到的相关书籍有限，不太容易看到。

以民国初年的稽勋留学生为例，当时，稽勋留学生成为中国近代留学教育中比较特殊的一个群体：其成员多为原先追随孙中山的革命党人，或是对辛亥革命有功人士的子弟。这里面，宋子文、杨杏佛、李四光等人，更是成为中国近代史上的重要人物。而由于稽勋留学生费用甚高，孙中山让位于袁世凯后，民国政府仅支撑到第三期，就宣布作罢。尽管高振霄当时被列在第二批名单中，后来由于各种原因未果，但是，稽勋留学这种特定历史环境下的特殊留学形式，依然造就了一批高素质、高学历的专门人才，推动了中国的现代化进程。

另外，该书收集的史料表明，洪帮的"始祖"身份，即明末清初著名的"天地会"。而1895年，孙中山在香港成立兴中会时，为了更好地团结洪门力量投入革命，他亲自加入洪门，并被封为"洪棍"（即洪门中元帅之意）。之后，孙中山通过新章程，将资产阶级民主革命思想注入洪门。而女革命家秋瑾，也曾同期入洪门，被封为"白纸扇"（军师）。

正如中国同盟会会员张知本在回忆录里所说，当时的革命党人，无论从事什么职业，只是一种掩护，真正的意图在于秘密进行革命活动。

孙中山在洪帮做洪棍是如此，秋瑾做白纸扇是如此，高振霄做洪帮大佬亦是如此。

著名史学家、武汉社会科学院研究员皮明庥认为，这部书既是史学家研究辛亥史难得的文本，也是普通读者了解辛亥志士义举的好读物。

"随着寻觅祖父的资料越来越多，对祖父传奇一生的了解也越来越多，我恍然感到了平静和释然——历史距我们越来越清晰、真实和亲近了。”高中自说。

注：蔡俊：乌鲁木齐晚报记者

B18 读书

孙辈著书再现辛亥功臣高振霄一生传奇

汉声铿然历史中

□文/本报记者蔡俊 □图由高中自提供

▶楚风汉韵铸就铁血精神

▶后人历时二十载为祖尽孝

▶连缀历史碎片为史补遗

高振霄在湖北辛亥革命博物馆的纪念图片

资料来源：乌鲁木齐晚报 B18 版 2014 - 03 - 06

（十四）关于申请“高振霄抗日英烈”称号的报告

——从辛亥革命甲种功臣到抗日策反委员会委员高振霄

尊敬的民政部优抚安置局：

我们的祖父（外公）高振霄，字汉声（1881—1945年），湖北房县人。毕业于两湖总师范学堂及湖北公立法政专门学校（武汉大学前身）。百年前曾为高氏宗谱书写“振兴中华，福利民众”八个字，告诫高氏子孙要“牢记民众福利，努力振兴中华”。

高振霄早年参加中国同盟会、共进会，创建德育会。辛亥革命爆发，任中华民国军政府鄂军都督府参议、总稽查，时称“武昌首义八大金刚”之一并被嘉奖“辛亥革命甲种功臣”。中华民国成立，高振霄再次当选为中华民国南京临时政府国会参议院议员并被任孙中山高等顾问。由于制定公历十月十日为中华民国国庆日有功被誉称“双十节首造者”。接着参加“改进团”与李烈钧、谭延闿等组织的“二次革命”，与孙中山开展反黎讨袁护国运动。1917年，高振霄跟随孙中山南下护法，第三次当选广州护法政府非常国会参议院参议员，成为孙中山坚定的拥护者与挚友。1918年高振霄与张知本等四人为孙中山研究并起草《五权宪法》草案，同年向国会提交并通过孙文、伍廷芳等五人参加“巴黎和会”议案。后来向国会提交并通过《关于组织军事委员会行政委员会的提案》。经过高振霄等护法中坚的不懈努力，孙中山曾两次下野后于1921年再度当选中华民国非常大总统。同年提出“华盛顿太平洋会议”议案并以起草委员会委员长名义起草《讨伐徐世昌、吴佩孚通电》檄文。1922年陈炯明在广州武装叛乱，高振霄在粤遭难转港赴沪后立即组织旅沪议员先后发表《旅沪国会议员之两宣言》，声讨陈炯明称兵作乱图覆国本。孙中山覆高振霄书信：“兄等间关流离，不堕初志，至可钦佩。文力所及，自必为诸兄后盾，务期合法者战胜非法，统一乃可实现……”1923年高振霄联合不参加贿选议员发表否认曹锟伪总统贿选宣言，同年高振霄与向松坡受孙中山安排在上海开立最大的洪门组织“五圣山”，向松坡为“五圣山”山主，高振霄为副山主，“五圣山”组织宗旨是“反对北洋军阀，反对国外列强”。1925年孙中山逝世，高振霄等致唁电：“孙公手造民国，启迪颛蒙劳身，焦思护法救国，扫历朝之积毒，开东亚之曙光……”1927年北伐革命成功，南京中华国民政府成立，高振霄功成身退，遂淡出政界，赴汉冶萍公司开展“实业救国”。1936年与宋庆龄、何香凝等社会贤达开展营救沈钧儒、章乃器、邹韬奋、史良、李公朴、王造时、沙千里“七君子”的爱国运动。

1937年抗日战争爆发，南京政府考虑高振霄是同盟会、国民党元老，德高望重，又年事已高，安排他退居敌后。高振霄执意不肯，寄信给湖北家人说：“无国哪有家，为拯救中华，驱逐日寇，视死如归”并以“抗战策反委员会”委员及上海洪帮头领的特殊身份再次投入到拯救民族危亡的抗日斗争第一线。他拥护“国共合作”，遵照共产党倡导“动员一切力量，建立抗日民族统一战线”，出生入死、鞠躬尽瘁，《申报》曾赞其曰：“抗战期间任策反委员，颇著勋劳”。“八一三”事变后，高振霄设法约见、游说、活动共产党、国民党、青洪帮会党及工人、学生等各方爱国人士组织“江浙行动委员会”（下设“特别行动队”）上万人的抗日武装，配合国民党军队在上海近郊牵制阻击日军强行登陆。“淞沪会战”中“特别行动队”所有官兵基本上都投入到了战斗。在“淞沪会战”后期的一次战斗中“特别行动队”大队长廖曙东被日军团团围住，他以手枪击毙数敌后，跳入水潭中，高呼：“中国不亡！抗战必胜！建国必成！”结果500余人的队伍，几乎全部牺牲，上万人的“特别行动队”最后也仅剩两千余人。“淞沪会战”失败，上海沦陷为“孤岛”，高振霄仍不离不弃，以策反委员会委员身份先后对驻浦东伪军师长丁锡山，汪伪政府军委会委员、参军处参军长、和平建国军第三集团军总司令唐蟒、汪伪军委会委员、开封绥靖公署主任刘郁芬，汪伪武汉绥靖公署参谋长罗子实，驻苏州伪军军长徐文达，驻无锡伪军师长苏晋康，汪伪军委会委员、苏皖绥靖总司令和第二集团军总司令杨仲华等策反成功。同时，还营救了李先念、张执一等共产党高级将领及中央派往延安学习深造的12名共产党青年干部等大批爱国志士。日伪顽分子恼羞成怒，重点对其实施威逼利诱、软硬兼施手段。1938年2月高振霄被日军抓捕并遭严刑拷打，逼供共产党和爱国志士的名单及其住所，高振霄坚贞不屈、至死不渝。1943年冬，日军特务头目带领日本随从，赤裸裸的拿着重金，前往高振霄寓所以高官厚禄收买又遭其拒绝。1945年春，日军再次威逼高振霄出任上海市伪要职被拒后，酒中投毒。高振霄心知肚明，却毅然端起酒杯一饮而下，三天后于1945年3月23日逝世。

高振霄逝世后，遗体被安葬在“上海万国公墓”。当时上海虽然还是在日寇血腥统治下，但是国民政府及社会各界人士仍多次在上海等地为他举办追悼会。1945年4月14日，上海淡水路关帝庙召开高振霄追悼会，《申报》报道并刊登《追悼革命元勋高汉声》文章，赞高振霄“高风硕德，足资楷模”。1945年4月25日同人祭高公汉声先生之灵，南京《大学生》期刊刊登《悼高汉声先生》。曰:“公望高山斗,品重圭璋……洵匡时之柱石,为建国之栋梁,功成身退,志洁行芳,足见夙根独厚而余泽方长者也”。1945 年 5 月,南京国民政府行政院院长宋子文为高振霄亲笔题匾:“忠贞体国”。后来,此匾被运到高振霄老家湖北房县城关,在堂屋悬挂。1945 年 9 月,抗日战争胜利后,蒋经国赴上海“接收敌伪财产”工作时,特将蒋介石所题“精忠报国”匾额,转赠高振霄遗孀沈爱平。抗战胜利后,国民政府授予高振霄“民族英雄、抗日烈士”称号并颁发烈士证书、奖章等交高振霄子高兴庭。2011 年在纪念辛亥革命百年之际,全国政协委员、前中央统战部副部长田鹤年同志评价高振霄一生:“著名革命报人、辛亥革命元勋、民国开国功臣、护国护法中坚、北伐革命旗手、知名社会贤达、爱国洪门首领、抗日战争英烈”。中国文化史学者、辛亥革命专家冯天瑜题词:“辛亥首义功臣 抗日战争英烈——高振霄先生千古”。以此纪念高振霄光辉、英雄的一生及其自青年时代立下的“振兴中华,福利民众”的宏伟志愿。

今天,正当中国人民庆祝抗日战争胜利 69 周年之际,由政府公布了第一批 300 名著名抗日英烈和英雄群体名录。我们作为中华民族一分子感到莫大的荣幸和鼓舞,同时深切地期望如果我们的先辈“辛亥首义功臣 抗日战争英烈”高振霄能够加入到抗日英烈名录中则将是我们后人尽到的孝心与责任,乃是我中华民族的光荣与骄傲。为此,我们真诚地特向国家民政部申请高振霄为抗日英烈称号。

有诗曰:

公望高山斗

——悼念高汉声

老成凋谢耆硕云亡,国方多难追怀宿将,天胡不憖痛失元良,公望高山斗共感凄苍!

赞翊共和品重圭璋,护法统名垂不朽,伸民权会集非常,匡时柱石建国栋梁,功成身退志洁行芳。

精神矍铄杖履徜徉,寿享期颐星辉南极,禅参领悟佛证西方,夙根独厚余泽方长。

或钦楷模或共梓桑,剑挂徐君树云泪陨,笛闻向秀薤露神伤,型兮宛杜爱兮难忘,乎秋血食一瓣心香。

(《大学生》(南京)期刊,发表于 1945 年(稍作修改))

此致

敬礼!

申请人:

高振霄孙:高中自

高振霄外孙:王琪珉

2014 年 9 月

附件:高振霄在上海主要抗日活动表及资料来源

(1)1936 年 6 月,高振霄安排共产党人张执一(解放后任统战部副部长)、陈家康(解放后任外交部副部长)在居住上海法租界巨籁达路晋福里寓所与向松坡会晤,商谈秘密组织支持"救国会"的活动,并通过洪帮的名义组建游击队、组织工人活动、宣传抗日。至此,高振霄、向松坡所率领的上海洪帮组织成为帮助共产党抗战的一支重要组织力量,高振霄寓所成为共产党抗战的一个重要据点。同月,高振霄与向松坡介绍陈家康、张执一、王际光、余纪一等共产党人加入洪帮(名义)。(张执一:《张执一自述》,《湖北文史资料》,1988 年第二辑,总第二十三辑;高振霄夫人沈爱平口述;《辛亥功臣高振霄史迹录》摘录)。

(2)1937 年 5 月,宋庆龄找到高振霄,希望能够利用高振霄在国民党内的地位与关系以及洪帮的影响力,参与营救"七君子"活动。同月,高振霄找到蒋介石,质问他:"爱国难道有罪吗?如果爱国也有罪,那么你把我也抓到监狱里去好了。"高振霄与向松坡、宋庆龄、何香凝、胡愈之、张之让、潘震亚、沈兹九、彭文应、潘大逵等组织营救"七君子"。7 月 31 日,高振霄与向松坡在家宴请"七君子"为其出狱接风洗尘(张执一:《张执一自述》,《湖北文史资料》,1988 年第二辑,总第二十三辑;高振霄夫人沈爱平口述;《高振霄三部曲》摘录)。

(3)1937 年 7 月 21 日,高振霄与向松坡致电声援北平宋哲元委员长暨二十九军全体将士,誓死抗战到底。翌日,致电蒋介石,表示"潜虽不才,愿以在野之身,统率海内健儿,与暴日一决生死,一息尚存,义无反顾,悲愤待命,无任屏营"。并表示帮会"有群众数十万人,听候点编指挥"。(邵雍:《中国秘密帮会·卷 6·民国帮会》,福建人民出版社,2002 年版;高振霄夫人沈爱平回忆口述;《辛亥功臣高振霄史迹录》摘录)。

(4)1937 年 8 月,高振霄与向松坡同戴笠、杜月笙、黄金荣、张啸林、刘晓籁(商会会长)、钱新之(银行界浙江财阀大佬)、刘志陆、朱学范组织"江浙行动委员会"抗日组织,下设"动员部""游击总指挥部"和"特别行动队"。"特别行动队"为 5 个支队上万人组织的抗日武装。其中洪门与青帮兄弟组建第一支队约 1500 余人,何行健任第一支队长。共产党人包括工人、学生等组建第三支队约 1500 余人队伍,朱学范(时任上海市总工会主席,上海地下共产党负责人,名义加入青帮,解放后任邮电部副部长、后任全国人大副委员长)任第三支队长,该支队从支队长到各大队长、中队长、小队长及广大队员基本上是由共产党领导组成的队伍,王际光任其支队大队长。在"淞沪会战"中,"特别行动队"全体将士均投入了战斗,战斗尤为惨烈,牺牲特别惨重。最令人哀痛的是在"淞沪会战”后期一次战斗中，“特别行动队”大队长廖曙东被日军团团围住，他以手枪击毙数敌后，跳入水潭中，高呼：“中国不亡！抗战必胜！建国必成！”。结果500人的队伍，大部分牺牲，幸存者只有几十人。上海沦陷后，上万人的“特别行动队”也仅剩千余人，后来改编为“忠义救国军”在上海继续与日军抗衡。江浙行动委员会别动队的全体将士们无论是国民党员、共产党员、还是清洪帮兄弟，包括每一个工人、学生等都是抱着拯救民族的满腔热血，积极投入抗战洪流，为中华民族的抗日大业流血捐躯，作出了自己的贡献并载入历史史册（张执一：《张执一自述》，《湖北文史资料》，1988 年第二辑，总第二十三辑；黄寿东、苏智良：《苏浙行动委员会别动队初探》，《史料研究》；高振霄夫人沈爱平回忆口述）。

（5）“七七”事变后，日本帝国主义对中国发动全面侵略、中华民族处于生死存亡之际，中国人民掀起了声势浩大的抗日战争的高潮。在上海诞生的苏浙行动委员会别动队正是这一高潮中的一朵浪花，它为中华民族的抗日大业作出了自己的贡献。苏浙别动队是在抗日民族统一战线的旗帜下，在第二次国共合作的基础上建立的，从某种角度而言，它的出现与活动是国共在地方上合作的一个表现（黄寿东、苏智良：《苏浙行动委员会别动队初探》，《史料研究》）。

（6）1937 年 9 月，上海沦陷。南京政府考虑到高振霄是同盟会、国民党元老，德高望重，又年事已高，安排他退居敌后。高振霄执意不肯，并寄信给湖北家人说：“无国哪有家，为拯救中华，驱逐日寇，视死如归”（高振霄夫人沈爱平回忆口述；高振霄子高兴庭口述；《辛亥功臣高振霄史迹录》摘录）。

（7）1937 年 11 月，张执一写信给高振霄说，“初到芜湖，天气很冷，冻得吃不消，需要御寒的外套等等”。高振霄得知后，立刻派人把一件自己喜爱的灰色马裤呢长袍送给张执一。同月，高振霄派人到芜湖与张执一会合，护送一批共产党青年干部去苏北革命根据地（《房县志》；高振霄夫人沈爱平口述）。

（8）1937 年 12 月，高振霄在上海从日寇手中营救出张执一（《房县志》；高振霄夫人沈爱平口述）。

（9）1938 年 2 月 10 日，由于高振霄多次护送、营救共产党地下工作者被日军抓捕。日军威逼、毒打高振霄招供共产党和爱国志士的名单及其住所。高振霄坚贞不屈，至死不渝。3 月 2 日，高振霄被捕 20 天后被保释（高振霄夫人沈爱平口述；《辛亥功臣高振霄史迹录》摘录）。

（10）1939 年 9 月，国民政府军事调查统计局（简称“军统”）上海区区长王天木等纷纷叛变，蒋介石下令在上海成立国民政府抗日策反委员会，文强为中将主任委员，高振霄为委员，组织开展抗日反汪策反活动。1939 年 12 月，文强（文天祥 23 代孙、毛泽东表弟，先后为共产党、国民党将领，1986 年起任第六届、第七届全国政协委员)被日伪和平反共建国军第十二路军司令丁锡山绑架到沪西百乐门饭店。正值危难之际,高振霄与龚春圃破门而入。高振霄冲到丁锡山面前'啪啪啪'扇了几个耳光,指着丁锡山的鼻子骂道:"你这个忘恩负义的家伙,那时候让杜月笙把你保出来,是文先生说的话,如果不是文先生说了话,你早就被枪毙了。你这身汉奸皮呀,只有文先生说一句话才脱得下来,你这个为日本人卖命的汉奸,早晚会死在日本人的手中"。接着高振霄喝令丁锡山立即派车,与文强一起离开险境。后来文强在回忆高振霄时写到:"委员高汉声湖北人,民初国会议员,又是有名的洪帮大爷,清高自赏,贫病交加,颇有骨气的书生本色。"同月,高振霄与文强、龚春圃等在上海锦江川菜馆"特别间"的雅座(专供文人雅士、各界名流用餐,国、共两党的抗日地下工作者常以此作为谈话场所)共进晚餐,讨论最近南京汪伪动态。正值餐间,忽听店伙计惊呼声(提前约好的报警声),发现有日本人从窗外开枪射击,幸好听到伙计的报警声,高振霄与文强、龚春圃等躲过一劫(何蜀:《"孤岛"时期的军统局策反委员会》,《文史精华》,2001 年 12 期,总 139 期;文强口述,刘延民撰写:《文强口述自传》)。

(11)1941 年 12 月,在高振霄等策反委员的策反下,驻浦东伪军师长丁锡山率全师起事抗日,后加入共产党,在解放战争中牺牲。接着,高振霄与文强等领导的"策反委员会"先后对汪伪政府军委会委员、参军处参军长、和平建国军第三集团军总司令唐蟒,汪伪军委会委员、开封绥靖公署主任刘郁芬,汪伪武汉绥靖公署参谋长罗子实,驻苏州伪军军长徐文达,驻无锡伪军师长苏晋康,汪伪军委会委员、苏皖绥靖总司令和第二集团军总司令杨仲华等策反成功(何蜀:《"孤岛"时期的军统局策反委员会》,《文史精华》,2001 年 12 期,总 139 期;《辛亥功臣高振霄史迹录》摘录)。

(12)1942 年春,党中央派往延安学习深造的 12 名共产党青年干部途中被胡宗南部下抓捕,高振霄提前有所准备,亲笔写信给胡宗南。胡宗南见信后,欣然将他们释放。后来这 12 名党的青年干部有的在抗日战争或解放战争中牺牲,有的成为了党和国家重要干部或领导人(高振霄夫人沈爱平口述;《高振霄三部曲》摘录)。

(13)1942 年秋,李先念在上海被汪伪特工告密被捕并关押在日伪军监狱。高振霄利用特殊身份关系将其保释并筹备大量抗日急需的棉衣、药品等物资,租用两艘大船派人将李先念和物资安全护送至苏北革命根据地(《房县志》;高振霄夫人沈爱平口述;《辛亥功臣高振霄史迹录》摘录)。

(14)1943 年冬,汪精卫政权最高军事顾问、日军特务头子柴山兼四郎带领十几个日本随从,抬着一大箱钞票与金银首饰,前往高振霄寓所,企图以高官厚禄收买遭其断然拒绝(《房县志》;高振霄夫人沈爱平口述)。

(15)1945 年春节,高振霄以“五圣山”的名义进行募捐活动,将所募捐到的衣物与食品通过国际红十字会,送到上海各“国际集中营”。另一方面通过国际友人披露“国际集中营”真相,得到国际舆论支持(《房县志》;高振霄夫人沈爱平口述)。

(16)1945 年 3 月 21 日,日军设宴再次威逼高振霄出任上海市长,高振霄义正严词道:“中国的土地上岂能容得侵略者横行,中国的事情岂能听从侵略者安排!”。日军恼羞成怒,暗令特务酒中投毒。高振霄虽心知肚明,却毅然端起酒杯一饮而下。高振霄回寓所后忍着腹部胀痛向家人交代了四件事:一是不准请医生;二是不要通知任何人;三是焚烧所有资料(包括生前写过的大量文章、图片等);四是留下遗训:“远离政治,莫入官场。”(《房县志》,高振霄夫人沈爱平口述,《高振霄二部曲》摘录)。

(17)1945 年 3 月 23 日,高振霄不幸逝世,遗体被安葬在“上海万国公墓”(《房县志》;高振霄夫人沈爱平口述)。

(18)1945 年 4 月 14 日,上海淡水路关帝庙召开高振霄追悼会。同日,《申报》刊登《追悼革命元勋高汉声》,赞高振霄“高风硕德,足资楷模”(《追悼革命元勋高汉声》,《申报》,1945 年 4 月 14 日)

(19)1945 年 4 月 25 日,南京《大学生》期刊刊登《悼高汉声先生》原文:“维中华民国三十四年四月二十五日,同人等谨以清酌庶羞致祭于高公汉声先生之灵曰。呜呼,老成凋谢,耆硕云亡,国方多难,闻击鼓而追怀宿将,天胡不慭,读觅碑而痛失元良,有不同?欢惜,共感凄苍者乎!伏维我。公望高山斗,品重圭璋,赞翊共和,树勋猷于江汉,抚绥黎庶,宣威德于荆襄,护法统而名垂不朽,伸民权而会集非常,洵匡时之柱石,为建国之栋梁,功成身退,志洁行芳,马伏波精神矍铄,郭令公杖履徜徉,方翼寿享期颐,星辉南极,讵乃禅参领悟,佛证西方,此足见夙根独厚而余泽方长者也。同人等或钦楷模,或共梓桑,剑挂徐君,望树云而泪陨,笛闻向秀,歌薤露而神伤,缅典型兮宛杜,念遗爱兮难忘,允宜乎秋血食,聊贡一瓣心香,尚飨”(《大学生》(南京)期刊,1945 年出版,第 2 期第 11 页)。

(20)1945 年 5 月,南京国民政府行政院院长宋子文为高振霄亲笔题匾,额曰:“忠贞体国”后来,这块匾被运到高振霄湖北房县城关,在老家堂屋悬挂(《申报》;《房县志》;高振霄夫人沈爱平口述并曾有证物)。

(21)1945 年 9 月,抗日战争胜利,国民党接管上海,蒋经国赴上海“接收敌伪财产”工作时,特地将蒋介石所题“精忠报国”匾额,转赠给高振霄遗孀沈爱平。解放初期,宋庆龄曾多次邀请高振霄遗孀沈爱平女士赴京参政,被婉言谢绝(高振霄夫人沈爱平口述并曾有证物;《辛亥功臣高振霄史迹录》摘录)。

(22)汉口廿一日电:鄂省顷奉中央颁令,褒扬本省忠烈人民一批:(一)房县高汉声,早岁参加同盟,抗战期间任策反委员,颇著勋劳,经行政院题颁"忠贞体国"匾额(《申报》1947 年 8 月 22 日)。

(23)抗日战争结束,国民政府授予高振霄"民族英雄、抗日烈士"称号并颁发烈士证书、奖章等交高振霄子高兴庭(高振霄子高兴庭口述并曾有证物)。

三、高振霄年表

1881 年

10 月 7 日(中秋节),高振霄出生在湖北省房县汪家河村一个书香门第的家庭,居长,取名“振霄”。

明朝洪武初年,高氏先祖由山西洪洞县大槐树村迁居湖北,高氏祖上籍称“山西大槐树人”。

其曾祖父、祖父高凤阁、父亲高步云三代单传。高凤阁原住房县汪家河,以教私塾为生,饱学经史、工于楷书。

高步云继承父业,学识渊博,为人耿直,处世恭谨,声誉卓著,名播省内外。先教私塾,在当地就馆,后受聘于武汉和北京等地教书育人。辛亥革命后不久,病故于武汉。安葬在房县汤池西坡(现温泉附近)。

高振霄的母亲袁太夫人,清咸丰九年十月初四(1859 年 10 月 29 日)巳时出生,卒于民国八年三月初八日(1929 年 4 月 17 日)巳时。袁氏出生于汪家河望族,贤淑有德,生育五子二女。五子依次为:高振霄(字汉声)、高振汉(字剑韬)、高振声(字贤九)、高振亚(字东屏)、高振东(字一超)。

高振霄元配夫人汪氏,房县汪家河人;夫人沈爱平(1900—2003 年),原籍江西,长居上海。高振霄和沈爱平膝下二子二女:高兴国、高兴庭,高正和(退休,现居上海)、高正坤。孙子、孙女:高中强(中国工商银行乌鲁木齐分行)、高中自(中国农业银行总行),高淑云(中国人民银行新疆人民银行学校)、高淑霞(中国工商银行乌鲁木齐分行)。外孙、外孙女:王琪珉(上海主任律师)、王琪珍(上海教师)、王琪玮(退休)、王琪琼(上海教师)、杨晓坤(西安唐城宾馆)。

1882 年

周岁生日家宴,按民俗传统抓阄,高振霄抓到了一支巨笔。

1884 年

祖父开始以木架支托祖传汉砖在堂屋,教高振霄在汉砖上蘸水练习书法。

1885 年

高振霄按照《永字八法》的要求习字,同时开始接受诗教。

1886 年

高振霄随父迁居房县城关镇,在房县城关镇塾馆启蒙。

1888 年

高振霄继续在塾馆读书,开始练习对句。

1889 年

高振霄回汪家河祭祀,听祖父讲述化龙神话。祖孙俩观景对句:汉诸葛,驻军马,观桃园长望西川;费长房,骑化龙,经茅坪显圣下店。

1890 年

朋友到高宅拜访,随口出题:"房陵县童生九岁。"高振霄现场对句:"紫禁城江山万年!"

张之洞于武昌营房口都司畔创建"两湖书院"。

1891 年

祖父与父亲在房县城关镇塾馆讲授《诗经》与房县民歌,高振霄耳濡目染,加深了对家乡民族文化的了解。

1892 年

祖父向高振霄讲述高氏源流与迁徙房县故事。

1893 年

高振霄听家人讲房县的流放故事,领会《吕氏春秋》。

1894 年

高振霄在房县城关镇读书。

1895 年

高振霄继续在房县城关镇读书。

1896 年

春,高振霄在房县城关镇,一边读书,一边协助父亲授徒。

秋,高振霄随父高步云至武昌经心书院求学,假日到江汉书院、晴川书院与两湖书院参观。

11 月 27 日,高振霄四弟高振亚(字东屏)出生。

1897 年

春,高振霄考入两湖书院就读。

1898 年

高振霄在两湖书院闻戊戌事变发生,对清廷彻底失望。

1899 年

高振霄继续在两湖书院读书,阅读进步报刊。

1900 年

夏,唐才常组织"自立军",以汉口为中心起事。8 月 21 日,高振霄愤然目睹唐才常等就义惨状。

在朔课之史学月考上，高振霄以一篇《东晋南宋之兵何以能强说》一举夺得了最高奖。

沈爱平出生，原籍江西，后居上海。

高振霄五弟高振东（字一超）出生。

1901 年

高振霄在两湖书院就读。冬，适吴禄贞留日归鄂，任湖北新军营务处帮办，兼任湖北军事学堂教习。高振霄在武昌小朝街寓所与吴会面。

1902 年

高振霄继续在两湖书院就读。冬，喜欢阅读《苏报》开辟的“学界风潮”专栏文章。

1903 年

高振霄就读之两湖书院改为“两湖文高学堂”。

高振霄参加武昌花园山聚会外围活动，阅读《湖北学生界》（后更名《汉声》）、《猛回头》与《警世钟》等革命书籍。

1904 年

7 月 15 日，两湖文高学堂改制为“两湖总师范学堂”。

8 月，高振霄与党人游，谈天下事，深痛朝廷腐败，决计以改造时局为己任，图推翻暴政、振兴中华之伟业。

同年，高振霄参加科学补习所外围活动，正式取字号为“汉声”，以表华夏子孙，以示中华之声，立志反清排满，推翻帝制。

1905 年

春，高振霄为高氏宗谱书写“振兴中华，福利民众”，告诫高氏子孙要“牢记民众福利，努力振兴中华”；后闻季弟喜添长子，又特家书恭贺并再次明确高氏宗谱。

8 月 20 日，中国同盟会在日本举行正式成立大会，同盟会设总部于日本东京，国内有东、南、西、北、中五个支部，国外华侨中有南洋、欧洲、美洲、檀香山四个支部，共二十四个分会。同时，改组《二十世纪之支那》杂志为《民报》，作为同盟会机关报。10 月出刊的《民报》发刊词中，孙中山第一次提出了“三民主义”，即民族主义、民权主义和民生主义。孙中山把民族主义解释为“驱除鞑虏，恢复中华”，民权主义是指“建立民国”，民生主义的内容就是“平均地权”。

9 月，高振霄加入中国同盟会（民国三十六年即 1947 年 8 月 22 日《武汉日报》），从事反清活动。

1906 年

春，高振霄参加余诚筹组的同盟会湖北分会活动。

6 月，孙中山派法国革命党人欧几罗上尉赴湖北考察革命组织，高振霄参加日知会圣约瑟堂操场上欢迎欧几罗的演讲活动。

同年，高振霄于两湖总师范学堂肄业（胡香生《凌霜傲雪春催　人间万象新——辛亥报人朱峙三农历新年记》记载：“1907 年正月初八，在家闻两湖总师范学堂已开除予之同学高振霄等 6 人”）。

注：两湖总师范学堂变迁及高振霄就读情况：

1890 年至 1903 年为两湖书院，1903 年至 1904 年为两湖文高学堂，1904 年至 1911 年为两湖总师范学堂。高振霄于 1897 年至 1903 年在两湖书院就读，1903 年至 1904 年在两湖文高学堂就读，1904 年至 1906 在两湖总师范学堂就读并肄业。

1907 年

1 月 7 日，丙午之狱发生。

7 月，高振霄与张振武于武昌黄鹤楼道小学任教（《辛亥首义百人传 · 张振武》，中国社会科学出版社，2011 年 9 月 1 日版）。

1908 年

7 月，郑江灏在汉口创办《湖北日报》，作为共进会言论机关，高振霄担任编辑，报社还有李介廉、王伯森、董祖椿、杨宪武等。

1909 年

春，向炳焜（字炎生）根据当时湖北宜昌地区群众膜拜石龙求雨之事件，创作了一幅新闻漫画并题诗，经高振霄编辑，刊登在《湖北日报》上。

这幅画画的是一石洞，洞有鳞甲化石，即指宜昌古迹，被当地群众视为神物供奉，今求雨不应，乃借此“龙”讽刺湖广总督陈夔龙（字筱石），似龙非龙。其题句为：“这石龙，真无用，低头伏处南山洞，镇日高高拱不动，徒劳地方香烟奉。虽有王爷撑腰也是空，勿怪事事由人弄。”此诗不仅将陈夔龙庸碌无用刻画得入木三分，还指控了为之撑腰的干岳丈庆亲王奕劻，政治色彩十分浓厚。

这幅新闻漫画画意虽然比较隐晦，但配上一定的题词后，矛头所指，一目了然。

湖广总督陈夔龙看后，恼羞成怒，将报纸撕碎。

接着，该报又刊载《中国报纸于官场有特别之益》一文。因陈妻拜庆亲王为干父，陈是借庆亲王奥援，做到督抚的。此文的插画、题词、论文，皆挑了陈氏之眼。适金鼎（湖北巡警道）来见，陈夔龙向金鼎说：“湖北日报讨厌得很！”金为迎合意旨，即将《湖北日报》封闭，并逮捕经理郑江灏与作者向炳焜。

5 月 19 日，高振霄创办《扬子江小说报》（月刊），主编胡石庵。该刊由汉口中西日报馆出版。第一期为 32 开本，第五期为 24 开本。主要栏目：图画、社文、小说、文苑、词林、杂录。目前上海图书馆藏有第二至五期（《中国近代报刊名录》第 152 页）。

1910 年

7 月，高振霄于湖北公立法政专门学校毕业（《辛亥武昌首义人物传》（上册）。

10 月，高振霄与谢石钦、郑江灏、黄丽中、董祖椿、李福昌、单家燊、康建唐、向炳焜等发起创办德育会，强调“天下兴亡，视民德兴替”，“应修私德以完人格，重公德以结团体”。会长以下的职员均于每周开会时公举，以推行“德育”为掩护从事革命活动。希望通过个人道德人格的完善，社会公德团体的塑造，来实现团结和强国的目的（王进、杨江华主编《中国党派社团辞典》，中共党史资料出版社，1989 年版）。

冬，高振霄促成德育会与共进会合并，并成为共进会会员及骨干（贺觉非、冯天瑜：《辛亥武昌首义史》，1985 年版，第 93 页）。

是年，郑江灏、向炳焜创办《政学日报》（刘望龄：《黑色 · 金鼓——辛亥前后湖北报刊史事长编》，湖北教育出版社，1991 年版，第 223 页），高振霄任编辑。不久，向炳焜勾勒了似虎形之猫的漫画，发表在《政学日报》上。漫画上的题词为：“似彪非彪，似虎非虎，不文不武，怪物一条。因牝而食，与獐同槽，恃洞护身，为国之妖。”深刻地揭露了张彪是不伦不类的吃人魔怪，同时又以“与獐同槽，恃洞护身”的诗句，喻讽张彪借以飞黄腾达的衣食父母张之洞（“獐恃洞”谐音）。张彪原是张之洞亲随，娶张之洞婢女为妻，正是在张之洞的卵翼庇护下，张彪顽固继承其反动衣钵，与革命为敌，成为人人咀咒的“国妖”（朱峙三：《辛亥武昌起义前后记》，《辛亥首义回忆录》第三辑）。该报因此被封。郑江灏和向炳焜遭逮捕，后迫于舆论压力郑江灏得以释放，向炳焜则被拘到武昌起义才得出狱（《中国近代报刊名录》第 247 页）。

1911 年

1 月，向炳焜与郑江灏被捕期间，高振霄与谢石钦、黄丽中等开始筹办《长江日报》，并刊登广告：《长江日报》“业经规定章程，招收资本”，开办经费由在汉浙江籍资本家沈某暂行垫付（刘望龄：《黑色 · 金鼓——辛亥前后湖北报刊史事长编》，湖北教育出版社，1991 年版，第 225 页）。向炳焜与郑江灏获释后，《长江日报》正式创刊，高为编辑（《辛亥武昌首义人物传 · 上册 · 向炳焜》第

221 页;《武昌起义档案资料选编(中)·向炳焜事略》第 140 页)。

2 月 13 日(宣统三年正月十五),高振霄创办《夏报》,编辑人彭义民。《夏报》系同情革命的进步报纸,编辑部设在汉口歆生路,发行所在汉口河街。该报以“提倡实业、增进文化”为宗旨,强调言文化务求忠实,主张力求正确,记载要求详悉,材料尽可能丰富,消息力争敏捷。当时有“颇敢言,允为后起之秀”之称,为汉口“四大报”之一(《民立报》,1911 年 10 月 8 日)。

胡祖舜在《六十谈往》中说,这四大报中,老者为《中西日报》,次为《公论日报》,《大江报》为后起,《夏报》尤为新创。“中西”号为商业报纸,为王华轩等筹集创办,天门人胡石庵及浙人凤竹荪、赣人余慈舫先后主其笔政。“公论”为江汉关文案之黔人宦诲之所主办,时有官报之目。“大江”为鄂人詹大悲、湘人何海鸣等所创办,鄂人宛思演、查光佛、梅宝玑等尝预其事,盖一革命集团也。《夏报》为谢某、蒋某等所经营,颇敢言,允为后起之秀,特未若“大江”革命色彩之浓厚耳。

3 月,郑江灏创办《政学日报》,高振霄任编辑(《湖北省志人物志稿》(第一卷)。

8 月 10 日,《夏报》载当地驻军三十一标三营管带萧国斌虐待士兵及兄妹通奸消息。萧率兵三十余人捣夏报报馆,殴打主编彭义民,制造了轰动武汉三镇的“夏报案”(刘望龄:《黑色·金鼓——辛亥前后湖北报刊史事长编》,湖北教育出版社,1991 年版,第 239 页)。

9 月初,高振霄会同刘复基、蔡济民等,经多方调停、斡旋,使共进会和文学社两组织间消除隔阂,最终实现联合。

9 月下旬,高振霄参加“共进会和文学社联合会议”,商定起义后筹建湖北新军政府,终成为武昌起义的核心组织与领导机构。

9 月底,《夏报》被萧国斌率兵捣毁后,萧怀疑该文为部下胡祖舜所写,乃派兵监视,胡遂以新闻记者名义上告鄂督瑞澂。瑞澂不得不派人查办,《夏报》得以暂时维持。不久,终因直言被禁(《民立报》,1911 年 10 月 8 日)。

10 月 2 日,《夏报》转载了上海某报的报道:汉口某照相馆为革命秘密机关,当局闻风潜派侦探,分途伺隙桢馆。“桢馆”即革命党人李伯桢(又名李白贞)所开设的照相馆——写真馆。

10 月 5 日,即农历八月十四日夜,李白贞照相馆发生了黑影闯入案,印证了《夏报》报道属实(李伯桢:《李伯桢事略》,《武昌首义档案资料选编》(中),湖北人民出版社,1982 年版)。

10 月 10 日(辛亥年八月十九日),武昌起义爆发日。

当夜目睹地方流氓地痞趁火打劫，有的民族极端主义分子残杀无辜旗人孺妇，高振霄见状心急如焚，道："义军举动，以文明为要……如果不及时制止城中的滥杀无辜，就是攻下楚望台，占领总都督署，也会遭到广大城镇居民、百姓、商人甚至国际舆论之反对和谴责，将会引起更大的国际纠纷和流血冲突，更难有武昌起义之最终胜利。"他即与张振武、陈宏诰诸君商定，成立临时执法处及设稽查队，并推举程汉卿为执法处长。高振霄与张振武等连夜起草《刑赏令》及《军令八条》，遍贴全城，规定："军队中上自都督，下至兵夫，均一律守纪律，违者斩。"并与张振武等组织稽查队，亲自率领稽查队沿街巡逻，维持秩序，安定人心，有效整肃了社会秩序。后将《刑赏令》及《军令八条》面陈黎元洪都督正式颁布。

10 月 11 日（辛亥年八月二十日），武昌首义爆发第二日。高振霄与袁国纪等首入都督府参谋战事。与蔡济民、张振武、李作栋等商议建立军政府，他建议："立即通知谘议局正副议长和驻会议员前来开会商议建立军政府。"下午会议推举黎元洪为湖北军政府大都督。

10 月 12 日（辛亥年八月二十一日），武昌首义爆发第三日。军政府成立"招纳处"。高振霄负责政、学两界，吴醒汉负责军界。三天内招纳文武志士四百余人，推荐给新政府任用。"招纳处"后改中华民国鄂军政府集贤馆。集贤馆至 11 月底止，云集武昌的各类投效人员有一万人之多。

10 月 13 日（辛亥年八月二十二日），武昌首义爆发第四日。高振霄与费矩、袁国纪等组设并主持筹组民政部，编写简章，颁布文告，管辖民政最急事务，草拟并颁布新政府文告。

10 月 14 日（辛亥年八月二十三日），武昌首义爆发第五日。清晨，高振霄一行来到蛇山，看到有一百多兵士饿昏了，睡倒在蛇山上下。大家将他们扶起，慢慢的用稀饭来喂。有人说街上不是有油条饼子，你们怎么也不会吃呢？有一个断手兵士说："我腰中没有铜元，我们绝不敢吃民间一点东西。"当时听者闻之大家都哭起来了。高振霄感慨道："这是他们'牺牲精神'第一着可爱。"

10 月 15 日（辛亥年八月二十四日），武昌首义爆发第六日。军务部执法科成立后，高振霄与陈宏诰等调充该科调查，主办军案。高振霄以人道为本，废苛刑，申军法，惩奸治军。

10 月 16 日（辛亥年八月二十五日），武昌首义爆发第七日。高振霄与程汉卿深入禁闭犯人，对其告诫以慰其心。数百禁闭犯人皆有悔意，自云："如使当前敌，虽死无恨"。后遂一律送交游击队长金鸿君收留，分别编入队内助战。

10 月 20 日（辛亥年八月二十九日），武昌首义爆发第十一日。高振霄介绍崇阳知事茹用九任集贤馆副馆长。

10 月 25 日(辛亥年九月初四日),武昌首义爆发第十六日。军政府成立“各部总稽查部”。高振霄与蔡济民、谢石钦、牟鸿勋、苏成章、梅宝玑、陈宏诰、钱守范等为军政府总稽查。负稽查各部、各行政机关及各军队之责,兼任临时督战指挥各事。1912 年年初改为纠察司。

注:当时总稽查部位于军政府开始创建的内务、外交、军务、理财、司法、交通六部之上,该部可以直接干预各部行政并负责处理特殊任务。凡重要会议和人事安排,推选重要职员,例由上述八位总稽查负责召集,形成一种特殊地位。通过总稽查处,各级政权被控制在革命党人手中。

11 月 26 日(辛亥年十月初六日)上午,武昌首义爆发第四十八日。稽查长高振霄骑马与稽查队队员到卢沟桥下首巡查,见一个女子跪在一个伤兵面前,眼泪汪汪将橘子剥开往士兵口中送。那兵士仰天长叹,死活不吃。高振霄下得马来,抱着兵士,问他为甚不吃东西。士兵说:“先生! 我打败了仗,也快死了,省一点东西给别人吃罢!”高振霄再也抑制不住内心的悲愤,潸然泪下,挥着战刀,大声呼喊:“快派救护队将伤病员送到后方救护!”并拿出身上仅有不多的铜元交给身边的士兵,说:“快去街上买些食物来……”

11 月 27 日(辛亥年十月初七日),武昌首义爆发第四十九日。袁世凯的北洋新军攻占汉阳,汉阳失守,武昌危急。湖北军政府召开紧急会议商议对策,一些人在会上公然建议放弃武昌,退走南京。高振霄与张振武、范腾霄等人强烈反对,决心与城共存亡,并举荐王安澜为奋勇军统领,招襄郧老兵坚守武昌。

11 月 28 日(辛亥年十月初八日),武昌首义爆发第五十日。稽查长高振霄与总监察刘公、军务部副部长张振武率稽查队沿街日夜巡逻,维持秩序,稳定军心。

11 月 29 日(辛亥年十月初九日),武昌首义爆发第五十一日。高振霄与程汉卿代表军政府及大都督赴青山抚慰江西等军队,使军心大振。

12 月 1 日(辛亥年十月十一日),武昌首义爆发第五十三日。湖北军政府与袁世凯签订停战协议。

12 月 2 日(辛亥年十月十二日),武昌首义爆发第五十四日。湖北军政府与袁世凯正式停战。高振霄与张振武、蔡济民等革命党人、辛亥志士、知识精英及广大官兵经过五十三天艰苦鏖战,于第五十四天迎来了停战。

同年,高振霄、蔡济民、牟鸿勋、谢石钦、苏成章、梅宝玑、陈宏诰、钱守范等八人,被当时报纸称为辛亥革命“八大金刚”,又称武昌首义“八大金刚”。报纸上曾经出现过《八大金刚》章回小说,以喜闻乐道的形式宣传其丰功伟绩。同时，高振霄与董必武在武昌首义后在湖北都督府共事。

同年，高振霄被选中华民国鄂军都督府参议员，与邢伯谦、王国栋等任庶务会计。

注：高振霄上述参加武昌首义的活动来源摘自《武昌起义档案资料选编》（上中下卷）》《辛亥武昌首义人物传》（上下册）、《武昌起义有三件可纪念的事》（《新湖北》第一卷第二号·国庆纪念号，1920 年 10 月 10 日）等。

1912 年

1 月 1 日，南京临时政府成立，孙中山就任中华民国临时大总统，后委任高振霄为其高等顾问（《辛亥革命人物像传》）。

1 月 16 日，高振霄加入民社（张玉法：《民国初年的政党》）。

2 月，高振霄回房县城关镇西街购住房五栋。

4 月 9 日，高振霄等武昌首义功臣在武昌受到孙中山及随员胡汉民、汪精卫等接见，同时受到武汉三镇市民空前热烈的欢迎。

5 月 9 日，民社与统一党、国民协进会、民国公会、国民党（潘昌煦组建）五政团合并为共和党，高振霄与章炳麟等均加入共和党（张玉法：《民国初年的政党》）。

5 月 26 日，湖北各界假汉口大舞台开救国会成立大会。到会者一千余人，公推黎本唐为主席报告开会宗旨，都督府代表高振霄、吴道南及各界志士相继演说，大抵反复详言借款关系存亡之故，尤以高振霄君所言为最扼要（《申报》，1912 年 5 月 31 日）。

6 月 16 日，高振霄与孙武、张振武、邓玉麟、陈宏诰、谢石钦等，在汉口歆生路前花楼口发起成立开国革命实录馆，“开馆储贤，从事撰述，编成国史，昭示将来”。谢石钦为馆长，苏成章为副馆长，总纂王葆心，调查长康秉钧，专职调查员 6 人。高振霄与蔡济民等 89 人担任义务调查（蔡寄鸥：《鄂州血史》）。

6 月底，共和党与同盟会发生激烈冲突，并充当袁世凯的御用工具，共和党内部分化成为“新”“旧”两派。“新派”以原民社成员高振霄与张伯烈、郑万瞻、刘成禺、胡鄂公、时功玖等人为中心，展开同共和党“旧派”的斗争（张玉法：《民国初年的政党》）。

7 月，高振霄首造中华民国十月十日国庆节——“双十节”。（高振霄：《举市若狂的双十节》，《惟民》第十号，1919 年 10 月 12 日）。

8 月 16 日，张振武和方维两人，在北京被袁世凯阴谋杀害。高振霄会同刘成禺、时功玖等愤怒声讨，要求惩治凶手，同黎元洪、袁世凯展开不懈的斗争。

8 月 25 日，高振霄在北京湖广会馆参加国民党合并成立大会，国民党正式宣告成立。孙中山、黄兴、宋教仁等9人为理事。

12月22日，彭楚藩烈士灵柩回籍安葬，高振霄与黎元洪等前往祭奠。武昌彭烈士楚藩灵榇于本月二十三号运送回籍安葬，特于二十二号在烈士祠开吊。高振霄与黎副总统、夏民政长、各司师局处所领袖、各机关团体代表及各老同志均身着素服，臂缠黑纱前来祭奠(《申报》,1912年12月30日)。

同年，高振霄经北洋政府稽勋局批准列为“酬勋”出洋留学人员之一，后因时局及资金等因未成行(《辛亥武昌首义人物传(上册)》)。

同年，《汉口小志》刊登：“詹大悲、何海鸣、查光佛、宛思寅、高汉声等都是享有盛名的近代武汉‘报人’”。(《汉口小志》,1912年)。同时称：“他的文笔，是非常畅达的”(《中国近代报刊发展近况》,第479—480页)。

同年，高振霄任安襄郧荆等处招抚使。安襄郧荆指的是湖北省的安陆、襄阳、郧阳和荆门这一带(《申报》,1945年4月14日)。

1913年

4月14日，高振霄与张知本、牟鸿勋、郑权槐、洪元吉、郭肇明、吴棣、宗离、周之翰、董玉墀等10人，被增选为中华民国国会第一届候补参议员(《申报》,1913年4月16日)。

5月29日，共和党与统一党、民主党三党在北京共和党俱乐部合并为进步党，高振霄等属进步党成员(张玉法:《民国初年的政党》)。

6月3日，北京政府稽勋局嘉奖高振霄为“辛亥革命甲种功臣”(《武昌起义档案资料选编(上)》)。

6月9日，高振霄、牟鸿勋等竞争鄂省内务司长，苏成章被荐教育司长(《申报》,1913年6月9日)。

6月22日，高振霄与进步党中原共和党民社派之张伯烈、郑万瞻、刘成禺、胡祖舜、彭介石、胡鄂公、梅宝玑等及原统一党之黄云鹏、吴宗慈、王湘等共四十余人联合发表《共和党独立之露布》独立宣言，以第三党自居，即新共和党。新共和党在国会两院占有五十余席位。高振霄为新共和党成员(张玉法:《民国初年的政党》)。

同月，高振霄参加黄兴、蔡济民、季雨霖组织的改进团，以“改进湖北军政，继续努力进行革命事业”为口号，从事讨黎反袁活动(贺觉非:《辛亥武昌首义人物传》)。

7月，高振霄声援江西李烈钧、安徽柏文蔚、湖南谭延闿、广东陈炯明、福建孙道仁、四川熊克武、上海陈其美等各省都督组织“讨袁军”，公开讨袁，史称“二次革命”(郭寄生:《辛亥革命前后我的经历》,《辛亥首义回忆录》第一辑)。

1914 年

1 月 10 日，袁世凯解散国会。

7 月 8 日，孙中山为推翻袁世凯专制独裁统治、建立真正的民主共和国，在日本东京成立了中华革命党，后在湖北成立中华革命党湖北支部，高振霄参加中华革命党。（皮明庥：《武汉近百年史 1840—1949》，《中华革命党汉口起事夭折》，1985 年版）。

1915 年

4 月，受孙中山之派，田桐、张孟介在汉口负责中华革命党务，在汉口英租界佛英里十六号、杏初里六号成立了中华革命党地下机关。高振霄与詹大悲、向海潜、潘康时、黄申芗、蔡济民、胡石庵等在汉口筹划反袁运动。（皮明庥：《武汉近百年史 1840—1949》，《中华革命党汉口起事夭折》，1985 年版）。

9 月 29 日，谢石钦在湖北教育会组织召开湖北请愿会，高振霄与会并发表演说（《申报》，1915 年 10 月 5 日）。

1916 年

2 月 6 日，高振霄参与中华革命党湖北支部武昌南湖炮兵营策动发难事件，后失败。（皮明庥：《武汉近百年史 1840—1949》，《中华革命党汉口起事夭折》，1985 年版）。

8 月 1 日，国会复会，参众两院议员在北京众议院举行开会仪式，称为国会第二次常会。到会参议员 138 人、众议员 318 人。黎元洪致祝词。依据《临时约法》规定的《总统选举法》，大会确定由黎元洪继任总统，补行大总统就任宣誓仪式。高振霄出席会议。

1917 年

2 月，原韬园派的丁世峄与原丙辰俱乐部的马君武、温世霖等，因不满段祺瑞对德外交合并成立民友社。高振霄与孙洪伊、汪乃昌、彭介石、王湘、林森、谢持、马君武、居正、田桐等为民友社（以“照霞楼”为本部）中坚。史称拥护孙中山派（张玉法：《民国初年的政党》）。

6 月，张勋逼黎元洪非法解散国会。

7 月，高振霄追随孙中山从上海乘舰艇南下广州护法，号召全国人民为恢复《中华民国临时约法》和国会而斗争。

7 月 19 日，孙中山抵广州，邀请国会议员来粤召集国会以决定大计。

8 月 25 日，高振霄参加孙中山在广州召开的“护法国会”（又称“非常国会”或“国会非常会议”）。孙中山当选为中华民国海陆军大元帅，高振霄被选为非常国会参议院议员（1917 年 8 月—1922 年 6 月）（徐友春主编：《民国人物大辞典》)。

8 月 27 日,高振霄参加非常国会第一次会议,通过“成立护法军政府”。

9 月 10 日,高振霄在广州参加孙中山就任海陆军大元帅就职典礼。

同年,孙中山特派高振霄在上海法租界恺自迩路二八二号(今黄陂南路与金陵中路交叉处),设立国会议员招待处,负责通讯联络南下护法议员。从此,高振霄奔走于沪穗之间,充当这个联络处的“掌门人”。

1918 年

10 月 28 日,高振霄与丁象谦、居正、张知本等国会议员在参议院联署《惩戒宋议员汝梅案》(《申报》,1918 年 11 月 4 日)。

11 月 12 日,高振霄提出参加巴黎和会“派遣欧洲代表之建议案”,拟派伍廷芳、孙文、王正廷、汪兆铭、伍朝枢五人为代表参加巴黎和会,军政府政务会议讨论通过此案(《申报》,1918 年 11 月 21 日)。

同年,高振霄与张知本、谢英伯、叶夏声等在广州对孙中山“五权宪法”(立法院行使立法权、司法院行使司法权、行政院行使行政权、监察院行使弹劾权、考试院行使考试权)进行专门研究并撰述专著。由张知本向孙中山提出研究报告,后由叶夏声提交《五权宪法草案》(张知本:《国父给我的启示》)。

1919 年

1 月 8 日,非常国会两院议员于东园开谈话会,高振霄提案:请两院依法速选总统(《申报》,1919 年 1 月 16 日)。

1 月 18 日高振霄提出组织选举会案,将军政府改为护法政府(后来国会通过宣布改组军政府为中国合法政府议案。非常国会真正到了“民党重新兴盛时代”,与孙中山领导的“正式政府”和衷共济,共同进取)(《近代史资料》,1980 年)。

1 月 26 日,闽陕湘鄂联合会四省两院议员及各军代表开会,高振霄报告自 1 月 22 日以后,所致中外各团体申明:北方破坏和平进攻闽陕鄂西情形之文件,拟函由林森、赵世钰交涉军政府支援援闽粤军总司令陈炯明(《申报》,1919 年 2 月 12 日)。

2 月 11 日,南北议和会议代表陆续赴沪,高振霄等鄂籍国会议员通电不增南方代表(《申报》,1919 年 2 月 11 日)。

3 月 18 日,高振霄联署广东鄂籍议员通电各报馆,声讨方化南,为蔡济民昭雪(《申报》,1919 年 3 月 18 日)。

3 月 27 日,高振霄与林森等国会议员致书唐少川:预祝南北和谈必收圆满之结果(《申报》,1919 年 3 月 27 日)。

3月29日下午，高振霄会同两院议员，在长堤照霞楼会集讨论南北分治、选举总统与旅沪议员回粤制宪等时局三问题（《申报》，1919年4月6日）。

4月19日，高振霄参加旧国会两院联合会，提出裁撤参战军，应通电全国一致主持之动议。获通过后，高振霄与张知本、王乃昌、白逾桓、吕复被指定为起草员（《申报》，1919年4月27日）。

4月22日下午二时，于广东旧参众两院联合会上，一致通过了高振霄与张知本拟定的主张裁撤参战军之通电，并用联合会名义拍发（《申报》，1919年4月28日）。

5月11日，高振霄与李文治通电唐绍仪，阐发“法为国本，西南兴师血战两年，皆为此根本问题。直接护法，间接即为对外”的思想主张（《申报》，1919年5月11日）

6月13日，高振霄联署致电上海和平会议，谴责章士钊“漾电”违法（《申报》，1919年6月13日）。

7月23日，巴黎和会外交失败各处罢市罢工震撼全国。高振霄等国会议员限定政府三日内明白答复国民大会要求护法政府三事：（一）下令讨贼，（二）取消中日一切密约，（三）任伍廷芳兼任广东省长（《申报》，1919年7月23日）。

7月底，高振霄与梁冰弦、区声白等在广州创办《民风日刊》，后改成《民风周刊》，高振霄担任主编（《报业志》）。

8月10日，《民风周刊》合并为《惟民》周刊，此刊是珠江流域最早出现的新文化刊物之一。编辑发行所在广州南朝街十人团总部，后迁到广州东堤荣利新街。高振霄在首刊发表《息争论》《国内大事纪要》（《惟民》第一卷第一号，1919年8月10日）。

8月17日，高振霄发表文章，指斥安福系破坏教育计划等（《惟民》第一卷第二号，1919年8月17日）。

8月24日，高振霄发表《德约补签之推测》、《日本商人又在湖南殴打学生》等文章，声援五四运动（《惟民》第一卷第三号，1919年8月24日）。

8月31日，高振霄发表《王揖唐偏要来议和》、《和议原来如此》、《美参院将修止和约》等文章，反对“南北和谈”北方总代表王揖唐（《惟民》第一卷第四号，1919年8月31日）。

9月3日，国父孙中山函复高振霄，勉坚持护法（台湾“国史馆”：《中华民国重要史事检索》）。

9月7日，高振霄以援鄂左军代表身份与西南各军代表联署《护法各省靖国军代表坚持护法救国宗旨通电》（上海《民国日报》，1919年9月21日，《西南各军代表表示决心之通电》)。

同日,高振霄发表《社会主义与我》和《一周纪事》。在《社会主义与我》一文中称布尔什维克"大约人类真正幸福"(《惟民》第一卷第五号,1919 年 9 月 7 日)。

9 月 14 日,高振霄发表《西北政府都要封禁报馆》、《美院修改合约之内容》等文章(《惟民》第一卷第六号,1919 年 9 月 14 日)。

9 月 21 日,高振霄发表《救国同盟团非根本救国者》、《日本人赞成分治分立》等文章(《惟民》第一卷第七号,1919 年 9 月 21 日)。

9 月 28 日,高振霄发表致美国总统威尔逊文章:《敬告威尔逊》(《惟民》第一卷第八号,1919 年 9 月 28 日)。

10 月 5 日,高振霄发表《最黑暗的川广女界》和《一周纪事》(《惟民》第一卷第九号,1919 年 10 月 5 日,此期仅找到目录,内容暂未找到)。

10 月 6 日下午二时,高振霄出席旧国会两院联合会,发言力挺"撤回总分代表一案"(《申报》,1919 年 10 月 13 日)。

10 月 12 日,高振霄发表《靳云鹏登台之由来》《举市若狂的双十节》等文章并提及:"记者(指本人)为首造此节之人。"(《惟民》第一卷第十号,1919 年 10 月 12 日)。

同日,豫军军事代表周维屏、驻粤代表张文超致电高振霄,声讨北方政府议和总代表王揖唐十大罪状(《惟民》第一卷第十号,1919 年 10 月 12 日)。

10 月 24 日,高振霄参加两院联合会,审议"盐运使更换与国会经费事略"等;张知本提出不信任岑春煊总裁之案,高振霄等则以此案彰明无审查必要,要求尽快表决(《申报》,1919 年 10 月 26 日)。

10 月 27 日,在两院会议上,高振霄以鄂军代表身份就改组军政府发表三点意见:(一)以往政治运用之谬误。即以前之内阁制、总统制两说,均趋重对人的多,故结果多不良善。(二)法律相对的失效。因前军政府改组之始,大纲上的条文少,限制责任上便得互相推诿互存私见。(三)政府须容纳多数的民意。必使各省各军及各省议会熔作一炉,行使护法救国的意思(《申报》,1919 年 11 月 3 日)。

10 月 28 日,高振霄提出《关于组织军事委员会行政委员会的提案》(上海《民国日报》,《旧国会中之新议案》,1919 年 10 月 28 日):

第一条　本委员会以代行国家最高职权,至完全国权恢复为宗旨。

第二条　本委员会分军事、行政二股。

第三条　委员由两院议员互选若干人,委员长即以两院院长充之。

第四条 委员会、国会负国务院之责任。

第五条 委员会议决事件许军政府总裁署名行之。

第六条 委员会办事条例另订之。

第七条 本会至约法有效或宪法完全有效之日废止。

提出者:高振霄

10月28日下午三时,高振霄以"改组军政府起草委员会"委员身份在众议院秘书厅开会,高振霄与郭同提出军府改组案,意在设一"联合会政府",所谓总裁,所谓阁员,所谓行政委员无不听命于联合会(《申报》,1919年11月5日)。

10月30日,在改组军政府起草委员会会议上,高振霄主张将"军政府"名称改为"救国政府"(《申报》,1919年11月5日)。

11月10日,参议院咨选议员高振霄请通令各省确定教育计划,迅予恢复原有经费并增筹经费建议案文(《军政府公报》,1919年)。

12月5日,在非常国会议员中,民友会(社)分大孙派、小孙派、共和派三派,高振霄、王湘等为共和派中坚,极力维护孙中山的领导地位,时为广州护法军政府的中坚(《申报》,1919年12月5日)。

12月9日,高振霄就广州制宪联署《旧国会鄂议员通电》,谴责政学会议员(《申报》,1920年12月9日)。

12月20日,政务会议通告各省,准参议院咨选议员高振霄提出请通令各省确定教育计划,迅予恢复原有经费并增筹经费建议案,希查照办理电(《军政府公报》,1919年)。

同年,高振霄在《人报》发表文章《英雄革命与平民革命》。

同年,史料记载:高振霄还担任鄂军代表、援鄂左军代表、"改组军政府起草委员会"委员等职。

1920年

2月9日,高振霄等国会议员在广州参加制宪会议,联署《旧国会鄂议员通电》,谴责政学会少数议员缺席导致制宪停顿(《申报》,1920年2月9日)。

4月30日,在两院联合会上,孙光庭冒居主席组织改选总裁,高振霄与刘成禺等议员强烈反对(《申报》,1920年5月6日)。

5月4日,国会非常会议召开,补选三总裁。面对非法推选陈鸿钧为临时议长的行为,高振霄以湖北参议长身份首先退席抵制(《申报》,1920年5月9日)。

5月13日,高振霄等部分议员力挺孙中山、唐绍仪、伍廷芳,发通电坚决否认非法补选的总裁(《申报》,1920年5月13日)。

8月24日，高振霄在上海国会议员通讯处（恺自迩路二八二号）出席旧国会议员谈话会并发言："以有关国会事件，非开会公决不生效力，此种办法无论有无图利，未经开会决不承认等等。"（《申报》，1920年8月25日）。

9月15日，高振霄与胡祖舜、范鸿钧、张知本、曹亚伯、白逾桓等在上海成立旅沪湖北自治协会并创办《新湖北》刊物（《湖北的几种进步刊物》）。

9月20日，高振霄发表《自治与自由》《爱尔兰的一少年》《汉冶萍的危机》等文章（《新湖北》第一卷第一号，1920年9月20日）。

10月10日，高振霄在"国庆纪念号"纪念武昌首义十周年专刊上发表《武昌起义有三件可纪念的事》等文章（《新湖北》第一卷第二号，1920年10月10日）。

11月6日，唐继尧致电高振霄等上海各省军驻沪代表，呼吁合力一心共济时艰（上海《民国日报》，1920年11月14日，《唐总裁不渝救国初衷》）。

11月27日下午三时，高振霄参加旅沪各省自治联合会筹备会，协商组织自治联合会（《申报》，1920年11月28日）。

11月29日，国会议员高振霄等117人致电刘显世谓："……务肯仍任联军副司令，与唐公共策大计，早就总裁之职，以西南局势，翼达护法目的。"（韩信夫等编：《中华民国大事记 第一册 第一卷至第十二卷》，1997）

同年史料记载：高振霄还担任湖北参议长、驻沪军代表等职。

1921年

3月24日（阴历二月十五），子嗣高兴庭出生。

4月7日，高振霄在广州参加林森议长主持召开的国会非常会议，通过《中华民国政府组织大纲》，选举孙中山为非常大总统。《中华民国政府组织大纲》是高振霄原提案《组织军事委员会行政委员会草案》的继续与发展，为孙中山当选非常大总统制定了法律依据。

5月5日，孙中山正式就任中华民国非常大总统。

同月，高振霄担任起草委员会委员长，与理事张凤九等11人撰写讨伐徐世昌、吴佩孚檄文。宣布徐世昌欺世盗名、祸国残民等"十大"罪状，以及吴佩孚集误国、叛国、卖国之罪于一身的讨伐檄文——《宣布徐世昌罪状之通电》《宣布吴佩孚罪状之通电》。

7月27日，国会议员高振霄等提出请派太平洋会议代表议决案获通过（《申报》，1921年7月31日）。

7月29日，高振霄以非常国会参议院参议员身份向非常国会提交议案，咨请政府速派代表参加太平洋会议。要求借助太平洋会议，取消日本灭亡中国的

“二十一条”，收回德国在山东的权益，并修改和废除其他一些侵害中国主权的不平等条约。当时，中国有志之士对华盛顿会议投入了极大的关注和热情，并寄予了很大希望，甚至将太平洋华盛顿会议视为“中国生死存亡之关键”、中国收回主权的绝佳机会。

8 月 12 日，高振霄参加国会非常会议讨论通过北伐案。

8 月 13 日，高振霄提出讨论出席太平洋会议人选事宜，多数人士属意伍廷芳，伍亦允担此任（《申报》，1921 年 8 月 13 日）。

8 月底，孙中山致高振霄《咨复国会非常会议已饬外交部筹办出席太平洋会议文》。文云：

为咨复事：7 月 29 日，准贵会议咨开，议员高振霄提出咨请政府速派太平洋会议代表议决案，文曰：“美总统召集太平洋会议一事，关系远东及太平洋问题，至深且钜。我国日受强邻之压迫，北京拍卖主权，国几不国，今此一线生机，正我正式政府独一不二之机会，所有取消不平等之条约，及裁减军备实行民治诸事，尤为我国生死之关系，应请即日开会讨论议决，请政府速派得力代表迅赴列席，实为至要”等语。经于本月 27 日开会议讨论，依法提付表决。大多数表决，照案通过。相应备文咨达，即希查照办理等因前来。查此事政府早已虑及，现正在筹备进行中。准咨前因，除仍饬外交部妥为筹备外，相应咨复贵会议查照。此咨。国会非常会议。孙文（《国父全集》）。

9 月 9 日，高振霄与焦易堂、李希莲等提议宣布徐世昌、靳云鹏及吴佩孚罪状案，经国会非常会议出席议员约 200 人表决通过（《申报》，1921 年 9 月 11 日）。

同月，高振霄参加林森动议国会非常会议，通过“否决北方发行国库公债案”；高振霄参加叶夏声动议组织全院外交委员会以研究应付太平洋会议亦获通过（丁旭光：《护法时期的林森与广州国会》）。

9 月 23 日，高振霄在广州与各界人士代表丁象谦、朱念祖、谢英伯、蔡突灵、汪精卫等数十人在当地图书馆召开发起人会议，发起成立“中韩协会”并任该协会委员（康基柱：《近代史研究》——《“中韩互助社”述评》，1998 年第 3 期）。

9 月 27 日，高振霄与朱念祖、谢英伯、汪精卫、丁象谦、张启荣、蔡突灵、金檀庭、金熙绰、朴化佑、孙士敏等在广州文德路图书馆正式召开“中韩协会”成立大会。“中韩协会”《宣言书》谓：“我中韩两国以历史上地理上之关系，休戚与共，唇齿相依者垂数千年……爰是集合同志，组织斯会，相与提携，共相扶助，持正谊于人类，跻世界于大同，寸本亲善之精神，用求互助之进步。”

同月，高振霄与丁象谦、朱念祖等草拟“中韩协会”组织简章，经委员会通过八条如下:本会为中韩两国人民之组织,故定名曰'中韩协会'(第一条);本会为谋中韩民族之发展,以互助为宗旨(第二条);本部暂设于广州,上海各处得设支部(第三条);入会人以男女国民为限,并须有普通知纳、正当职业,再经会员二人以上之介绍,始得入会(第四条);会费除发起人自行任担外,会员费分特别、普通两种,依其人之志愿定之(第五条);会务设毕术、议事、干事、文书四部,每部得互选主任一人、副主任二人,其章则另定之(第六条);本简章如有未尽事宜,依议事部或发起人之提议得修正之。"(《民国日报》,1921年10月4日)。

10月3日,高振霄与张凤九起草的《宣布徐世昌罪状之通电》《宣布吴佩孚罪状之通电》已报告大会,出师北伐箭在弦上(《申报》,1921年10月3日)。

10月13日,高振霄在广州参加国会非常会议。会议决定赴广西取道湖南出兵北伐(魏志江:《论大韩民国临时政府与广东护法政府的关系》)。

12月29日,高振霄与朱念祖等起草广州国会对外宣言——"反对山东问题直接交涉宣言",不承认北京卖国代表有代表国家之资格,不承认国际上有碍中华民国之领土及主权不平等之解决及待遇。并在国会非常会议通过后发布(《申报》,1922年1月4日)。

同年史料记载:高振霄还担任起草委员会委员长、"中韩协会"委员等职。

1922年

3月10日,参议院审查委员会委员、主席高振霄等审议广州国会议员提出之"废止新刑律第二百二十四条"一案,于14日通过(《申报》,1922年3月19日)。

同月,高振霄四弟高振亚(字东屏)自广州世界语学校毕业后,任广东省政府科员,10月转任光化县。

6月3日下午二时,高振霄在广东参加非常国会会议,一致主张反对恢复民六解散之国会。高振霄与丁骞等起草"王家襄议员资格丧失"通电,表决通过拍发;高振霄动议并起草"否认王家襄等召集六年国会主张"通电,表决通过拍发(《申报》,1922年6月11日)。

6月4日,高振霄得知叶举在广州实行戒严,忧心忡忡,在醉仙居酒楼喝得酩酊大醉,奇遇沈爱平。

6月5日,高振霄与张凤九等审查员召开审查会,审查通过黎元洪、徐世昌罪状案,并咨请政府宣布该罪状案,再次明令出师讨伐以谋国家统一(《申报》,1922年6月13日)。

6月6日,高振霄题写了"视民如伤,侠骨柔肠"八个大字的条幅,赠予沈家。

6月7日，高振霄等非常国会议员发表通电，忠告黎元洪勿复任总统（上海《民国日报》，1922年6月14日，《国会议员重要通电》）。

6月16日，陈炯明亲信叶举在广州发动武装叛乱，炮击总统府。孙中山于凌晨突围后即登上“永丰舰”指挥平叛。

同日，高振霄与蔡突灵、张大昕、卢元弥、陈家鼎等数十名国会议员于广州海珠国会议员招待所（长堤海珠酒店）遭陈炯明叛军抢辱（鲁直之、谢盛之、李睡仙：《陈炯明叛国史》）。

当日下午，被炮火惊醒的沈爱平，听说高振霄等国会议员遭受凌辱，立即赶赴议员公馆，公开对驱赶议员的官兵宣称，她是高振霄的家属，誓死要与高振霄一同乘船赴港。

6月18日，高振霄偕同沈爱平与部分护法议员乘轮离粤转港赴沪。

同月，高振霄以“旅沪国会议员”身份，在上海国会议员通讯处（恺自迩路二八二号）继续从事护法活动。

7月3日，高振霄等旅沪国会议员发表声讨陈炯明称兵作乱、图覆国本第二次、第三次宣言（《申报》，1922年7月4日）。

第二次宣言——民国成立十一年耳，濒于危亡者二次：一曰洪宪之乱，一曰复辟之变。皆以解散国会肇其端……

第三次宣言——……兹复诱令陆军总长陈炯明称兵作乱，图覆国本，扰害一时之秩序。其罪小残破人类之道义，其罪大应由大总统行使国会赋予职权，外僭窃之奸徒，内清反侧之叛徒，澄奠民国，巩固共和于焉……

7月25日，高振霄等旅沪国会议员所组织法统维持会在尚贤堂开成立大会，发表宣言誓坚持护法废黜奸邪（《申报》，1922年7月26日）。

8月22日下午二时，高振霄在上海恺自迩路通讯处出席旅沪国会议员茶话会，商派各省代表谒见中山。高振霄等起草通电，略谓任何势利护法之志始终不渝，现在护法前途已有开展，更当力持初衷云（《申报》，1922年8月23日）。

8月24日，孙中山在法租界莫利爱路二十九号孙府设晚宴，邀请高振霄等部分旅沪国会议员与上海报界人士餐叙，一切亮多盛况也（《申报》，1922年8月23日）。

9月3日，孙中山先生覆高振霄书信：“手书暨报告国会各情，均悉。兄等间关流离，不堕初志，至可钦佩。文力所及，自必为诸兄后盾，务期合法者战胜非法，统一乃可实现。至继续进行如何，日来已屡与代表诸君接谈，兹不别赘。专此奉复，即颂台祉。孙文”（中国国民党党史馆藏亲笔原稿049/317）。

9月6日，高振霄等旅沪护法议员发表通电，指斥吴景濂指使仆役殴辱议员之暴行(《中华民国史事纪要(初稿),1922年(7—12月)》)。

9月16日,高振霄联署旅沪国会议员致函驻华各国公使并电全国各公团,反对借款与北方非法政府(《申报》,1922年9月17日)。

9月24日下午二时,高振霄等旅沪国会议员在上海恺自迩路通讯处开谈话会,研究应否派代表与孙中山先生接洽及经费管理等事宜(《申报》,1922年9月25日)。

9月26日,高振霄联署旅沪国会议员致各国驻华公使并电全国,否认北京国会效力(《申报》,1922年9月26日)。

10月14日,高振霄随众议院议员同乘沪宁路夜车赴宁转车北上(《申报》,1922年10月15日)。

11月6日,大总统令,任命高振霄为政治善后讨论委员会委员(《申报》,1922年12月9日)。

12月24日,中华民族自决会发起人筹备会公举高振霄等五人负责筹备一切事宜(《申报》,1922年12月30日)。

同年史料记载:高振霄还担任参议院审查委员会委员、审查委员会主席;黎元洪、徐世昌罪状案审查员;政治善后讨论委员会委员等职。

1923年

1月9日,大总统令,授予高振霄二等嘉禾章(《申报》,1923年1月12日)。

1月24日下午三时,高振霄等在上海恺自迩路通讯处开旅沪国会议员谈话会,高振霄与于洪起起草致讨伐陈炯明各军慰问电(《申报》,1923年1月25日)。

同月,高振霄与沈爱平走上红地毯。

2月1日下午三时,中华民国国民自决会在西门勤业女子师范召开预备会,高振霄被公推为审查委员(《申报》,1923年2月2日)。

3月,孙中山以"洪棍"(洪门元帅)身份与高振霄交谈振兴上海洪帮事。

4月4日,高振霄等介绍约翰沙斐尔入谒张阁(张绍曾),欲取道新疆遄返土耳其被杨增新拒之(《申报》,1923年4月4日)。

同月,上海最大洪门(洪帮)组织"五圣山"在上海宣告成立(《浙江文史资料选辑》,第10辑第101页)。"五圣山"结义的宗旨是反对北洋军阀及国外列强。总山主向松坡,字海潜。副山主高振霄,字汉声。

高振霄与沈爱平一同迁居上海法租界巨籁达路晋福里(巨籁达路181弄晋福里10号),晋福里整座楼群共八栋、高三层,主要用做洪帮活动场所。

6月16日下午三时,高振霄在上海恺自迩路通讯处参加旅沪国会议员会议，起草并修改《旅沪国会议员发表宣言》，表决通过。宣言说："凡能声讨曹吴者，皆引为良友。消灭一切党派及地域之狭隘私见，右陈诸义系吾人职权所在，责无可辞。"(《申报》,1923 年 6 月 17 日)。

7 月 27 日九时，高振霄在上海恺自迩路通讯处参加旅沪国会议员谈话会，高振霄被推为起草员。会上，高振霄等相继发言，对于护法彻底的研究，互相讨论，非达到实行护法目的不已(《申报》,1923 年 7 月 29 日)。

10 月 7 日，高振霄在上海恺自迩路通讯处参加护法议员紧急会议，联署护法议员发表宣言，反对北京非法国会公开贿选曹锟伪总统(《申报》,1923 年 10 月 7 日)。

10 月 8 日，高振霄在上海恺自迩路通讯处参加护法议员会议。高振霄提出对移沪国会应发宣言，并被公推为起草员，于双十节上午十时至下午二时，在大世界共和厅庆祝共和纪念并公祭殉义各先烈，准于公祭时下半旗以志哀云。又闻各议员以北京国会贿选曹锟，实足为国家奇耻大辱(《申报》,1923 年 10 月 9 日)。

10 月 18 日，国会议员尚镇圭疾终沪寓。高振霄等护法议员为其发起筹备追悼会，19 日在国会议员通信处决议订期追悼，23 日筹备追悼事宜(《申报》,1923 年 10 月 22 日)。

10 月 23 日，高振霄在上海恺自迩路通讯处参加护法议员会议。(一)关于讨论追悼尚镇圭事宜，先由高振霄报告国民党及陕西同乡会方面亦在筹办，本处似可与彼等会同办情形。会议推高振霄等为筹备员。(二)高振霄动议以孙中山发表征求组织政府主张后，各方已有同意者，本处应有表示。会议推高振霄等为起草员，草电致中山，请其恢复十一年六月十五日以前之政府国会，并由各省推出一二人接洽签名，签毕即发云(《申报》,1923 年 10 月 24 日)。

10 月 27 日，高振霄为尚镇圭追悼会起草通告，张秋白撰拟祭文(《申报》,1923 年 10 月 27 日)。

11 月 18 日下午一时，高振霄在上海尚贤堂商科大学礼堂参加国会议员同志会，当选宣传干事(《申报》,1923 年 11 月 19 日)。

同年史料记载：高振霄还担任"中华民国国民自决会"审查委员、"五圣山"副山主等职。

1924 年

1 月 8 日下午，高振霄在上海恺自迩路通讯处参加护法议员会议。高振霄等致函广东国会询问时局方针，推谭惟洋、徐可亭代表赴粤谒见孙中山面商办法(《申报》,1924 年 1 月 9 日)。

1月20日，高振霄在广州参加孙中山主持召开的中国革命党（国民党）第一次全国代表大会，参与制定“联俄、联共、扶助农工”三大政策，将旧三民主义发展成为新三民主义，促成实现第一次国共合作。

4月1日，高振霄在上海恺自迩路通讯处参加国会议员会议，当选文事组干事（《申报》，1924年4月2日）。

10月28日下午三时，高振霄在上海恺自迩路通讯处参加旅沪国会议员会议，推张知本起草通电，促曹吴下台、维持约法、反对委员制（《申报》，1924年10月29日）。

11月9日，高振霄与康如䂭、张凤九等二十余名拒绝参加曹锟贿选的在沪议员召开会议，议决即日北上，向各方接洽解决时局办法，并于次日致章士钊并京津同志电谓——同人公决：（一）贿选分子及伪国会应即驱除，（二）在津设反对贿选议员办事处，（三）同人当陆续北行（《中华民国大事记》，1924年11月）。

11月10日下午二时，高振霄等不投贿选票之国会议员在上海恺自迩路通讯处开谈话会。决定：以本日开会议决案分函各处护法同人，即日北上积极进行并推定代表数人向各方接洽解决时局办法（《申报》，1924年11月11日）。

同年，讨伐曹锟告成，上海恺自迩路二八二号国会议员通讯处议员分赴京郑各处，仅留高振霄一人主持一切。

1925年

3月12日，闻孙中山逝世，高振霄联署《旅沪护法议员电》致电孙科吊唁孙中山。附唁电：

北京铁狮子胡同孙哲生（即孙科）先生鉴。文晚闻前大总统孙公噩电，不胜惊骇。孙公手造民国，启迪颛蒙劳身，焦思护法救国，扫历朝之积毒，开东亚之曙光。纺氓受其帡幪，环球钦其学理，而乃未竟全功，大星忽陨，小民共悲慈父，国家顿失长城。先知既没后生，何依瞻念前途，弥深悲痛。愿先生节哀继志，从事恢宏，临电神驰，哀悼不尽（《申报》，1925年3月17日）。

3月19日，孙中山灵柩由协和医院移至中央公园（今中山公园）社稷坛前殿，从24日起，举行公祭。

4月2日，孙中山灵柩移往北京香山碧云寺金刚宝座塔内安放。高振霄赴北京参加孙中山先生公祭和国葬。

4月3日，上海恺自迩路二八二号国会议员通讯处历经九年风雨、屡次集会表示正义主张，由于各方均无款接济高振霄，以负担过巨，不得已于此日将该通讯处房屋退租。这标志着恺自迩路二八二号国会议员通讯处即“广州南方护法政府驻沪办事处”关门歇业，“掌门人”高振霄引退，旅沪国会议员的护法活动一切暂告结束(《申报》,1925 年 4 月 3 日)。

6 月 11 日,继上海发生五卅惨案后,汉口又发生了英帝国主义者屠杀我国同胞惨案。高振霄与章炳麟联名发出《为汉口英租界惨案唤醒全国军人》的通电。通电一方面义正辞严地谴责声讨英帝国主义屠杀我同胞的罪行,提出“迅速收回租界市政”,“使水深火热之民早登衽席”的主张;另一方面指出惨案频发,是由于“频年军界内争,置外患於不顾,故英人得伺隙而起”,矛头直指国内军阀混战,揭示了帝国主义趁机肆虐的根源。通电掀起武汉广大市民罢工、罢课、罢市运动,在国内外引起强烈的反响(章念弛:《章太炎与五卅运动》)。

同年,高振霄发表《我之大同观》,强调:欲达大同,先除异小,以个人进步,来互助精神、排除障碍、改造环境、脚踏实地、再接再励,行见人同此心、心同此理,极乐世界就在此方寸中也(《几萳提》)。

1926 年

2 月 22 日,高振霄与章炳麟(太炎)、徐绍桢、冯自由等受孙传芳邀请专程赴南京商议时局问题。当日晚间,孙传芳在总司令部为高振霄与章炳麟(太炎)、徐绍桢、冯自由等设宴洗尘(《申报》,1926 年 2 月 27 日)。

2 月 24 日午,前南洋第九镇同人沈同午、杨建时等一百余人在沈氏私邸欢宴高振霄与章炳麟(太炎)、徐绍桢、冯自由等,下午一同赴玄武湖游览(《申报》,1926 年 2 月 27 日)。

4 月 18 日午 12 时,高振霄与章太炎等各界名流在上海四马路一枝香参加国民外交协会第二次同志聚餐会,会后当选出版股干事(《申报》,1926 年 4 月 19 日)。

4 月 18 日下午三时,高振霄在上海长浜路陆家观音堂斜对过庆国公学参加华侨教育协会第七届干事会,当选华侨教育协会会员(《申报》,1926 年 4 月 20 日)。

4 月 25 日午后三时,高振霄参加国民外交协会评干联席会议。高振霄与黄介民等起草对内对外宣言,对于军阀及帝国主义者加以警告(《申报》, 1926 年 4 月 26 日)。

5 月 5 日午后三时,反赤救国大联合召集干事会,主席章太炎缺席,严伯威代表高振霄提出关于宣传应行事件案(《申报》,1926 年 5 月 6 日)。

1927 年

4 月 12 日,发生“四一二”事件,高振霄表示极大愤慨,自此淡出政坛。

6 月 8 日,高振霄与李宗仁等在南京丁园参加蒋介石庆祝北伐胜利宴会(《申报》,1927 年 6 月 11 日)。

7月15日，汪精卫宣布“分共”，“第一次国共合作”最后破裂，高振霄退出政界。

同年，高振霄母亲袁太夫人由湖北来上海，宋庆龄与蒋介石、宋美龄等亲自到码头迎接，蒋介石尊称高振霄为老师。

1928年

10月20日，高振霄与李宗仁、张难先等组织在武昌首义公园设灵公祭刘公。

10月21日，高振霄与李宗仁、张难先等在武昌宾阳门外卓刀泉御泉寺南山之阳举行公奠刘公典礼。

11月23日，高振霄在武昌首义公园参加蔡济民公祭典礼。高振霄报告蔡济民事迹，张知本主祭，李宗仁代表国府致祭（《申报》，1928年11月28日）。

1929年

3月，国民政府农矿部宣布成立汉冶萍公司清算委员会，高振霄为委员，限令自本月起煤铁矿厂资产由该委员会接管。高振霄直接参与汉冶萍公司之“实业救国”运动，实践其“振兴中华，福利民众”的宏远大业。

6月，高振霄在南京参加孙中山先生安葬（迁葬）南京紫金山中山陵园活动。

1930年

2月8日，国民政府教育部规定：每年3月12日孙中山总理忌日植树。

3月12日，高振霄参加种植纪念孙中山树木活动。

1931年

秋，高振霄闻“九一八”事变，怒火中烧。

秋冬时节，高振霄与参加辛亥革命武昌首义的老战友黄申芗在上海滩重逢。

1932年

高振霄与王亚樵、景梅九、陈群、何天风等成立“安那其学会”，以无政府主义相号召，发行刊物，从事宣传（《合肥文史资料第三辑—王亚樵》）。

高振霄四弟高振亚（字东屏）任平汉铁路副局长室秘书。

1933年

11月，高振霄得知陈铭枢领导的福建事变发生，赞赏其抗日主张。

1934年

1月，福建事变失败，陈铭枢等流亡英国，高振霄深表同情。

1935年

8月，高振霄得知中共《八一宣言》，赞赏并投身救国会运动。

10月初，张执一任上海各界救国会干事，参加学运、军运和兵运工作。在鲁迅逝世的追悼大会上，张替鲁迅先生扶灵。

注：1927年至1935年近10年期间，高振霄退出政界先后赴汉冶萍公司从事“实业救国”运动，或在上海法租界巨籁达路晋福里（巨籁达路181弄晋福里10号）以洪帮大佬及上海“寓公”身份与爱国民主人士、社会贤达交集从事爱国救国运动（张执一：《张执一自述》，《湖北文史资料》，1988年第二辑，总第二十三辑）。另：高振霄在上海，以灵学治疗法，悬壶于市（《中国近代报刊发展近况》，第479页至480页）。

1936年

2月，高振霄加入上海各界救国联合会。

3月20日，高振霄在上海法租界贝勒路辣斐德路五百七十二号会所，参加组织上海著名律师李时蕊治丧事宜的律师公会联席会议（《申报》，1936年3月20日）。

同月，高振霄会同向松坡、汪禹丞等洪门大佬将“五圣山”“五行山”等三十多个洪门团体联合成立“洪兴协会”，取义“同心协力，复兴洪门”，并在上海老西门关帝庙召开成立大会（邵雍：《中国秘密社会·第六卷·民国帮会》，福建人民出版社）。

5月，张执一（后任中央统战部副部长）在上海通过黄申芗、许澄宙结识高振霄，后成为世交。

6月，高振霄安排共产党人张执一、陈家康在居住地上海法租界巨籁达路晋福里（今巨鹿路181弄晋福里10号）寓所与向松坡会晤，商谈秘密组织支持“救国会”的活动，并通过洪帮的名义组建游击队，以洪帮的名义组织工人活动，宣传抗日。至此，高振霄与向松坡所率领的上海洪帮组织成为帮助共产党抗战的一支重要组织力量，高振霄寓所成为共产党抗战的一个重要据点（张执一：《张执一自述》，《湖北文史资料》，1988年第二辑，总第二十三辑）。

7月，张执一经当地党组织负责人刘晓（江苏省委书记）、刘长胜（江苏省委副书记）、张爱萍（上海军委书记）等允许，与上海洪帮头目向松坡与高振霄联系并联合，积极开展抗战运动，扩大抗日民族统一战线社会影响（张执一：《张执一自述》，《湖北文史资料》，1988年第二辑，总第二十三辑）。

8月19日，高振霄与李烈钧、吴佩孚等发起筹备革命先进孙伯兰追悼会（《申报》，1936年8月19日）。

8月30日上午10时，高振霄与李烈钧、吴佩孚等在福煦路河北同乡会举行孙伯兰追悼会（《申报》，1936年8月19日）。

9月,高振霄创办洪门报纸《群众社》,宣传抗日。

11月23日上午,沈钧儒、章乃器、邹韬奋、史良、李公朴、王造时、沙千里等7位救国会的领导人(即“七君子”),以“支持工人罢工,扰乱社会秩序,危害民国”的罪名陆续在住宅被捕。

同年,高振霄、沈爱平与张执一及其夫人两家人时有来往,共同探讨革命与时局。

1937年

4月3日,国民党控制的江苏高等法院正式起诉“七君子”。

4月28日,刺杀汪精卫、宋子文案在扑朔迷离六年之久后最终判决,高振霄曾因被误供(1933年6月26日张玉成、李松得等在公共租界巡捕房供)遭本案牵连,终脱干系(《申报》,1937年4月28日)。

5月,宋庆龄找到高振霄,希望利用高振霄在国民党内的地位与关系,以及洪帮的影响,参与营救“七君子”。

同月,高振霄找到蒋介石,质问他:“爱国难道有罪吗? 如果爱国也有罪,那么你把老夫也抓到监狱里去好了。”

6月,经高振霄斡旋,向松坡介绍陈家康、张执一、王际光、余纪一等共产党人加入洪帮(名义)(张执一:《张执一自述》,《湖北文史资料》,1988年第二辑,总第二十三辑)。

7月,高振霄与向松坡同宋庆龄、何香凝、胡愈之、张之让、潘震亚、沈兹九、彭文应、潘大逵等,营救上海抗日“救国会”当时闻名全国的“七君子”:邹韬奋、沈钧儒、章乃器、李公朴、沙千里、史良、王造时等。

7月21日,高振霄会同向松坡等致电声援北平宋哲元委员长暨二十九军全体将士。电称:

君等抗战,忠勇激发,无忝于我民族英雄之本色,今者政府态度坚决,人民万众一心,前线士气,必益涨起,杀敌图存,千钧一发。海潜韬晦沪滨仍愿本总理反清复明精神,率海内素以保障民族为职志之在乡健儿,请缨政府,群起与彼周旋,粉身碎骨,亦所弗辞,谨布衷忱,用以互勉(《申报》,1937年7月24日)。

7月22日,高振霄与向松坡等又直接致电蒋介石,表示:“潜虽不才,愿以在野之身,统率海内健儿,与暴日一决生死,一息尚存,义无反顾,悲愤待命,无任屏营”。据当时帮会巨头宣称,“有群众数十万人,听候点编指挥”(邵雍:《中国秘密社会·第六卷·民国帮会》,福建人民出版社)。

7月31日,“七君子”被释放。高振霄与向松坡等在家公开宴请上海抗日“救国会”“七君子”,为其接风洗尘,公开表示支持“救国会”运动,扩大救亡运动声势。

8月，高振霄与向松坡同戴笠、杜月笙、黄金荣、张啸林、刘小籁（商会会长）、钱新之（银行界浙江财阀大佬）、刘志陆、朱学范（后任邮电部长）组织“江浙行动委员会”（直属国民党军委会，带有民间性质机构）抗日组织。下设“动员部”和“游击总指挥部”，又称“别动队”，建立上万人的抗日武装（张执一：《张执一自述》，《湖北文史资料》，1988年第二辑，总第二十三辑）。

9月，上海沦陷。南京政府考虑到高振霄是同盟会、国民党元老，德高望重，又年事已高，安排他退居敌后。高振霄执意不肯，并寄信给湖北家人说：无国哪有家，为拯救中华，驱逐日寇，视死如归。

10月，汉阳铁厂、大冶厂矿西迁。未能搬迁的设施就地炸毁或沉入江底。

同月，日军占领上海后，向海潜离沪到后方组织洪帮抗日，高振霄留在上海滩接手洪帮“五圣山”山主，继续与倭寇周旋。

注：向海潜离沪到后方组织洪帮抗日。向先到武汉活动，后进入万县，最后到重庆。在四川袍哥范绍增（八十八军军长）等人的帮助下，“五圣山”在四川扩展开来。首先，向海潜将礼字袍哥、副总社长廖开孝，仁字袍哥、军统骨干罗国熙，原二十军中将、副军长夏炯转入“五圣山”，然后通过这些洪帮首领将重庆的仁、义、礼各堂袍哥全部转入“五圣山”。这样，“五圣山”成为全国势力最大的洪门山头。向海潜在重庆也十分活跃，常到洪门弟兄集中的党政机关和企业访谈，鼓励弟兄们全力抗日。他还派人到湖北组织抗日游击队，以便深入敌后打击日军。

11月，张执一写信给高振霄说：“初到芜湖，天气很冷，冻得吃不消，需要御寒的外套等等”。高振霄得知后，立刻派人把自己喜爱的一件灰色马裤呢长袍送给张执一。

同月，高振霄派人到芜湖与张执一会合，护送一批共产党青年干部去苏北革命根据地。

12月，高振霄营救张执一。

1938年

1月，高振霄通过洪帮关系护送一批共产党地下工作者赴延安，途中因奸细告密，地下工作者不幸被日寇抓捕并遭毒打，后由高振霄安排“线人”营救。

2月10日（农历正月十一日），由于高振霄多次护送、营救共产党地下工作者遭日军嫉恨，是日被日军抓捕。日军威逼、毒打高振霄招供共产党和爱国志士的名单及住所未果。

3月2日，高振霄被捕20天后被保释。在保释期间，日本宪兵司令部要求其随传随到。

1939 年

5 月，汪精卫来到上海筹建伪政权，高振霄代表“五圣山”旗帜鲜明表示反对。

8 月底，汪伪国民党中央执行委员会特务委员会特工总部即“76 号”成立，周佛海任特务委员会主任委员，丁默邨任副主任委员，李士群任秘书长。高振霄为“五圣山”立“铁规”，告诫兄弟要提高警惕，防止被拉下水。

9 月，面对国民政府军事调查统计局（简称“军统”），上海区区长王天木等纷纷叛变。蒋介石下令在上海成立国民政府军事调查统计局抗日策反委员会，文强为主任委员，高振霄为委员。高振霄留沪联络伪方军警掩护后方工作人员，颇著辛劳（1947 年 8 月 22 日《武汉日报》）。另，文强称道：“委员高汉声湖北人，民初国会议员，又是有名的洪帮大爷，清高自赏，贫病交加，颇有骨气的书生本色。”（文强、沈忠毅：《军统与汪特在上海的一场争斗》）。

11 月，高振霄备家宴欢迎文强走马上任。

12 月，文强被日伪和平反共建国军第十二路军司令丁锡山绑架到沪西百乐门饭店。正值危难之际，高振霄与龚春圃破门而入。高振霄冲到丁锡山面前“啪啪啪”扇了几个耳光，指着丁锡山的鼻子骂道：“你这个忘恩负义的家伙，那时候让杜月笙把你保出来，是文先生说的话，如果不是文先生说了话，你早就被枪毙了。你这身汉奸皮呀，只有文先生说一句话才脱得下来，你这个为日本人卖命的汉奸，早晚会死在日本人的手中”。接着高振霄喝令丁锡山立即派车，与文强一起离开险境（《文强口述自传》）。

同月，高振霄与文强、龚春圃及其侄等在上海锦江川菜馆“特别间”的雅座（专供文人雅士、各界名流用餐，国共两党的抗日地下工作者常以此作为谈话场所）共进晚餐，讨论最近南京汪伪动态。正值餐间，忽听店伙计惊呼声（提前约好的报警声），发现有日本人从窗外开枪射击，幸好听到伙计的报警声，高振霄与文强、龚春圃等躲过一劫（何蜀：《“孤岛”时期的军统局策反委员会》）。

1940 年

9 月 16 日（中秋节），高振霄花甲大寿。国共两党政要代表、上海各界名流及至亲好友纷纷前来祝贺。高振霄将收到的全部贺礼捐赠给由于战争造成无家可归的难民及孤儿。

冬，高振霄智斗日军特务头目影佐祯昭。

1941 年

4 月 4 日，高振霄与黄金荣等参加耆绅闻兰亭等创办的中国胃肠专科病院开幕式(《申报》,1941 年 4 月 5 日)。

12 月,在高振霄等策反委员的策反下,驻浦东伪军师长丁锡山率全师起事抗日。后来丁锡山加入共产党,在解放战争中牺牲。

同月,文强撤离上海,高振霄依然坚守上海继续与日伪抗争。

同年,高振霄与文强等领导的“策反委员会”先后对汪伪政府军委会委员、参军处参军长、和平建国军第三集团军总司令唐蟒,汪伪军委会委员、开封绥靖公署主任刘郁芬,汪伪武汉绥靖公署参谋长罗子实,驻苏州伪军军长徐文达,驻无锡伪军师长苏晋康,汪伪军委会委员、苏皖绥靖总司令和第二集团军总司令杨仲华等策反成功(何蜀:《“孤岛”时期的军统局策反委员会》)。

1942 年

春,高振霄先后营救并送出中共中央派往延安学习深造的 12 名共产党青年干部等大批抗日志士。

夏,第五战区司令长官李宗仁驻扎在湖北老河口,高振霄在上海欣闻儿子高兴庭、儿媳孙运英在湖北老家喜添长孙,特备 400 元大洋并委托李氏部属送至老家贺喜。

深秋,李先念化名抵沪,被汪伪特工告密被捕并关押在日伪军监狱。高振霄利用特殊身份关系将其保释并接到家里养病,后又筹备大量抗日急需的棉衣、药品等物资,租用两艘大船派人将李先念和物资安全护送至苏北革命根据地(《房县志》,中国文史出版社第 671,672 页))。

1943 年

4 月 5 日下午二时,中华洪门联合会筹备委员会在愚园路会所举行第二次筹备委员会会议,高汉声与李炳青、陈亚夫、白玉山、许凤翔、李凯臣、周拂尘等四十余人参加。会后于金门饭店茶会,招待日本头山满翁之公子头山秀三氏,中日名流莅会陪席,颇为踊跃(《申报》,1943 年 4 月 6 日)。

9 月 6 日晚,汪精卫政权最高军事顾问柴山兼四郎,密令手下的宪兵队长冈村少佐,在百老汇大厦毒死了不听话的“76 号”特工头子李士群。高振霄以李氏为反面教材,进一步开展策反活动。

9 月 14 日(中秋节),高振霄委托四弟振亚(字东屏)在房县城西家中,召开全县东、南、西、北四个片的高氏宗谱联宗会,除东片未到外,其他三个片达成共识:将高振霄为高氏所续字派“振兴中华,福利民众”作为高氏宗谱。

冬季,汪精卫政权的最高军事顾问、日军特务头子柴山兼四郎,密令手下的宪兵队长冈村少佐带领十几个日本随从,抬着一大箱钞票与金银首饰,送到高振霄家里,企图收买高振霄,让其出任汪伪政府上海市负责人,遭到高氏断然拒绝。

1944 年

春夏之交,高振霄配合打入汪伪的爱国将领唐生明开展策反工作。

1945 年

春节,高振霄以“五圣山”的名义进行募捐,将所募的衣物与食品通过国际红十字会,送到上海的各个国际集中营。另一方面通过国际友人披露集中营真相,争取国际舆论支持。

3 月 20 日,日军驻沪最高头目再次威逼高振霄出任上海市长伪职,并为其设宴,高振霄义正严词拒绝。他说:“中国的事情岂能听从侵略者安排!”日军头目恼羞成怒,暗令特务冈村在酒中投毒。

3 月 23 日凌晨,即日军投毒第三天,高振霄不幸逝世。高振霄在弥留之际,向家人交代了四件事:一、不准请医生,二、不要通知任何人,三、焚烧所有资料(包括生前写过的大量文章、图片等),四、留下遗训“远离政治,莫入官场。”

4 月 14 日,逝者“三七”祭日,上海社会各界人士,不顾日伪特务的白色恐怖,纷纷齐聚淡水路关帝庙,为“革命元勋、抗日英烈”高振霄举行隆重的追悼会。同日,《申报》披露《追悼革命元勋高汉声》消息,赞高振霄“高风硕德,足资楷模”。

4 月 25 日,逝者“五七”祭日,南京、上海社会各界人士再次举行高振霄祭奠活动。有文章《悼高汉声先生》曰:

呜呼!

老成凋谢耆硕云亡,国方多难追怀宿将,天胡不憖痛失元良,公望高山斗共感凄苍。

赞翊共和品重圭璋,护法统名垂不朽,伸民权会集非常,匡时柱石建国栋梁,功成身退志洁行芳。

精神矍铄杖履徜徉,寿享期颐星辉南极,禅参领悟佛证西方,夙根独厚余泽方长。

或钦楷模或共梓桑,剑挂徐君树云泪陨,笛闻向秀薤露神伤,型兮宛杜爱兮难忘,乎秋血食一瓣心香。

5 月 10 日,逝者“七七”祭日,延安发来挽联,追祭高振霄。联云:

赤胆忠心守孤岛,视死如归,是辛亥功臣本色;

单刀赴会斗顽敌,以身殉国,为中华民族争光。

接着,由家人、国共两党、上海社会各界人士及高振霄生前好友,将高振霄的遗体安葬于上海万国公墓。

同月，南京国民政府行政院院长宋子文为高振霄亲笔题匾，额曰：“忠贞体国”。后来，这块匾被运到高振霄的湖北房县城关镇西街的老宅，在堂屋悬挂。

9月，国民党接管上海，蒋经国赴上海“接收敌伪财产”工作时，特地将蒋介石所题“精忠报国”匾额，转赠给高振霄遗孀沈爱平。

10月，国民政府授予高振霄“民族英雄、抗日烈士”称号并将烈士证书、奖章等交高振霄子高兴庭。

20余年来(“文革”期间墓地被毁)，每逢高振霄祭日或清明，总有许许多多知名或不知姓名人士前往高振霄墓碑前献花致哀，祭拜先辈。

新中国成立后，宋庆龄曾多次诚邀高振霄遗孀沈爱平女士赴京参政，均被婉言谢绝。

李先念、张执一曾多次托秘书寄钱、物给高振霄遗孀沈爱平女士，以感念高振霄抗日战争时期的搭救与抗日爱国行动。

“文革”期间，高振霄遗孀沈爱平家中遭到“造反派”清洗，高振霄生前部分资料及照片遭毁。与此同时，江青“文革专案组”分别组成“李先念、张执一专案调查组”专门来沪调查李先念、张执一在上海“被捕写自白书”“叛变”一案。高振霄遗孀沈爱平出面作证讲出当时事实真相，为李先念、张执一洗冤。

四、文稿收集情况一览表

序号	主要文稿/报刊名称	角色	发表时间	信息来源	备注
第一部分　已编录文稿					
1	惟民周刊 1-8,10 号	主编	1919 年	惟民周刊	约 6 万字
2	新湖北 1-3 期	创办人	1920 年	新湖北	约 1 万字
3	人报	撰稿人	1919-1920 年	人报	约 1 万字
4	申报(通电、议案、宣言等)	被报道	1912-1925 年	申报	约 9 万字
5	民国日报	被报道	1919-1925 年	民国日报	约 1 万字
第二部分　未找到文稿					
1	湖北日报	编辑	1908 年	湖北省志人物志稿	无
2	扬子江小说报	创办人	1909	中国近代报刊名录	
3	政学日报	编辑	1911 年	湖北省志人物志稿	
4	夏报	创办人	1911 年	湖北省志人物志稿	
5	长江日报	创办人	不详	武昌起义档案资料选编	
6	五权宪法研究报告	研究、编撰	1918 年	国父给我的启示	
7	巴黎和会派遣欧洲代表建议案	提案人	1918 年	西南之对外问题(申报)	
8	两院依法速选总统议案	提案人	1919 年	旧议员之政治谈话会选举大总统问题发生(申报)	
9	改组军政府组织选举会案	提案人	1919 年	章炳麟致参众两院议员函(近代史资料)	
10	改组军政府为联合会政府提案	提案人	1919 年	改组军府案之起草会(申报)	
11	通令各省确定教育计划迅予恢复原有经费并增筹经费建议案	提案人	1919 年	军政府公报	
12	裁撤参战军通电	起草人	1919 年	裁撤参战军(申报)	
13	最黑暗的川广女界	作者	1919 年	惟民周刊 第 9 号	
14	一周纪事	作者	1919 年	惟民周刊 第 9 号	

续表

序号	主要文稿/报刊名称	角色	发表时间	信息来源	备注
15	致刘显世电	起草人	1920 年	中华民国大事记	部分缺失
16	宣布徐世昌、靳云鹏、吴佩孚罪状案议案	提案人	1921 年	提议徐吴靳罪状案（申报）	无
17	咨请政府速派太平洋会议代表议决案	提案人	1921 年	孙中山复国会非常会议文（民国日报）	部分缺失
18	讨伐陈炯明出力各军慰问电	起草人	1923 年	旅沪国会议员开会（申报）	无
19	对移沪国会宣言	起草人	1923 年	护法国会议员开会纪又将发表宣言（申报）	
20	致中山通电恢复十一年政府国会原状	起草人	1923 年	护法议员开会纪 将请中山恢复十一年政府国会原状（申报）	
21	致函广东国会询问时局	起草人	1924 年	议员通信处开会纪 询问粤省时局方针 组织旅行团之计议（申报）	
22	国民外交协会对内对外宣言	起草人	1926 年	国民外交协会开会记（申报）	
23	蔡济民公祭典礼报告	报告人	1928 年	武汉各界公祭蔡济民（申报）	
第三部分　参阅文稿					
1	协和报	署名“汉声”	1913—1917 年	协和报	600 余篇、60 余万字，参阅文稿选 4 万余字。
2	东方杂志	署名“汉声”	1912—1918 年	东方杂志	6 篇、约 2 万字，参阅文稿选近 2000 字。

续表

序号	主要文稿/报刊名称	角色	发表时间	信息来源	备注
第三部分　参阅文稿					
3	时事汇报	署名“汉声”	1914 年	时事汇报	3 篇、约 1 万字，参阅文稿均选。
4	铁路协会会报	署名“汉声”	不详	铁路协会会报	3 篇、约 1 万字，未选。
5	地学杂志	署名“汉声”	1917 年	地学杂志	1 篇、约 600 字，未选。
6	公余	署名“汉声”	1937 年	公余	1 篇、约 1 万字，未选。

参考文献

1. 中国人民政治协商会议湖北省暨武汉市委员会等. 武昌起义档案资料选编[M]. 武汉:湖北人民出版社,1981.

2. 辛亥革命武昌起义纪念馆. 辛亥革命人物像传[M]. 武汉:武汉大学出版社,1993.

3. 贺觉非. 辛亥武昌首义人物传[M]. 北京:中华书局,1982.

4. 杨玉如. 辛亥革命先著记[M]. 北京:科学出版社,1958.

5. 贺觉非,冯天瑜. 辛亥武昌首义史[M]. 武汉:武汉大学出版社,2006.

6. 蔡寄鸥. 鄂州血史[M]. 北京:龙门联合书局,1958.

7. 湖北省地方志编纂委员会. 湖北省志人物志稿[M]. 北京:光明日报出版社,1989.

8. 张难先. 湖北革命知之录[M]. 北京:商务印书馆,民国35(1946)版.

9. 胡祖舜. 辛亥革命在湖北史料选辑[M]//六十谈往. 武汉:湖北人民出版社,1981 年版,第 56 页.

10. 李明伟. 清末民初中国城市社会阶层研究(1897—1927)[M]. 北京:社会科学文献出版社,2005.

11. 皮明庥. 近代武汉城市史[M]. 北京:中国社会科学出版社,1993.

12. 皮明庥. 武汉近百年史(1840—1949)[M]. 武汉:华中工学院出版社,1985.

13. 史和等. 中国近代报刊名录[M]. 福州:福建人民出版社,1991.

14. 长江日报新闻研究室. 武汉新闻史料 · 第一辑[M]. 武汉:长江日报社,1983.

15. 李新. 中华民国史第一编全一卷[M]. 北京:中华书局,1981.

16. 中华民国史事纪要编辑委员会. 中华民国史事纪要(初稿),1983.

17. 陈国安. 1911—1912:辛亥首义阳夏之战[M]. 武汉:湖北人民出版社,2006.

18. 张玉法. 清季的革命团体, 中央研究院近代史研究所,1982.

19. 张玉法. 民国初年的政党[M]. 长沙:岳麓书社,2004.

20. 徐友春. 民国人物大辞典[M]. 石家庄:河北人民出版社,1991.

21. 秦孝儀. 国父全集[M]. 近代中国出版社,1989.

22. 中国社会科学院近代史所等. 孙中山全集[M]. 北京:中华书局,1981.

23. 丁旭光. 孙中山与近代广东社会[M]. 广州:广东人民出版社,1999.

24. 胡训珉,贺建. 上海帮会简史[M]. 上海:上海人民出版社,1991.

25. 赵宏. 中国旧社会帮会丛书:洪门[M]. 北京:团结出版社,2006.

26. 中国人民政治协商会议湖北省委员会文史资料研究委员会编. 湖北文史资料:1988 年第 2 辑, 张执一自述. 总第 23 辑[M]. 武汉,中国人民政治协商会议湖北省委员会文史资料研究委员会,1988.

27. 何蜀. “孤岛”时期的军统局策反委员会[J]. 文史精华,2001(12).

28. 何蜀. 从中共高干到国军将领:文强传[M]. 广州:广东人民出版社,2008.

29. 文强口述,刘延民笔录. 文强口述自传[M]. 北京:中国社会科学出版社,2003.

30. 全国政协文史资料委员会. 文史资料存稿选编精选(1－10)[M]. 北京:中国文史出版社,2006.

31. 汤锐祥. 护法运动史料汇编[M]. 广州:花城出版社,2003.

32. 谢振民编著,张知本校订. 中华民国立法史(上下册)[M]. 北京:中国政法大学出版社,2000.

33. 邵雍. 中国秘密帮会·卷 6·民国帮会[M]. 福州:福建人民出版社,2002.

34. 广州市地方志编纂委员会. 广州市志[M]. 广州:广州出版社,1998.

35. (清)黄式度修. 汉口小志[M]. 南京:江苏古籍出版社,2001.

36. 李新,韩信夫,姜克夫,朱信泉等. 中华民国大事记[M]. 北京:中国文史出版社,1997.

37. 中国人民政治协商会议合肥市委员会文史资料委员会. 合肥文史资料第三辑(王亚樵)[M]. 中国人民政治协商会议合肥市委员会文史资料委员会.

38. 彭勃. 中华监察大典(人物传)[M]. 北京:中国政法大学出版社,1990.

39. 中国人民政治协商会议湖北省委员会. 辛亥首义回忆录[M]. 武汉:湖北人民出版社,1980.

40. 中山大学学报编辑部. 辛亥革命论文集[M]. 中山大学学报编辑部,1981.

41. 中国人民政治协商会议上海市委员会文史资料工作委员会. 上海文史资料选辑第五十四辑[M]. 上海:上海人民出版社,1986.

42. 邱远猷等. 中华民国开国法制史(辛亥革命法律制度研究)[M]. 北京:

首都师范大学出版社,1997.

43. 李金河. 中国政党政治研究(1905 - 1949)[M]. 北京:中央编译出版社,2007.

44. 教育部. 中华民国建国史[M]. 国立编译馆,1991.

45. 林家有. 看清世界与正视中国“孙中山与世界”国际学术研讨会论文选集[M]. 天津:天津古籍出版社,2005.

46. 戴逸. 中国近代史通鉴[M]. 北京:红旗出版社,1997.

47. 武汉大学历史系中国近代史教研室. 辛亥革命在湖北史料选辑 革命家张振武[M]. 武汉:湖北人民出版社,1981.

48. 湖北省社会科学院历史研究所. 湖北简史[M]. 武汉:湖北教育出版社,1994.

49. 中国社会科学院新闻研究所《新闻研究资料》编辑部. 新闻研究资料[M]. 北京:中国社会科学出版社,1989.

50. 李家璘. 北洋军阀史料 吴景濂卷[M]. 天津:天津古籍出版社,1996.

51. 汕尾市人物研究史料编纂委员会. 汕尾市人物研究史料 陈炯明与粤军研究史料[M]. 汕尾市人物研究史料编纂委员会,1993.

52. 鲁直之,谢盛之,李睡仙. 陈炯明叛国史[M]. 北京:中华书局,2007.

53. [韩]裴京汉. 从韩国看的中华民国史[M]. 北京:社会科学文献出版社,2004.

54. 胡适:《新思潮的意义》.

55. 康基柱. “中韩互助社”述评[J]. 近代史研究,1998(3).

56. 杨天石. 中韩爱国志士的早期联系[J]. 史学月刊,2007(3).

57. 白寿彝. 中国通史[M]. 上海:上海人民出版社,2004 年 7 月 1 日出版(修订本).

58. 刘昕. 辛亥武昌首义人物像传[M]. 武汉:武汉大学出版社,1993.

59. 邵雍. 中国秘密社会 · 第六卷 · 民国帮会[M]. 福州:福建人民出版社,2002.

60. 湖北省房县市编纂委员会. 房县志[M]. 北京:中国文史出版社,1991.

61. 金正明. 明治百年史丛书[M]//朝鲜独立运动Ⅱ,东京:原书房,1967.

62. 闵石麟. 中韩外交史话[M]. 重庆:东方出版公司,1942:34.

63. 陈锡祺. 孙中山年谱长编[M]. 北京:中华书局,1991.

64. 狭间植树:《孙文与韩国独立运动》,《青丘季刊》第 4 集,1990.

65. 森悦子:《关于中国护法政府对大韩民国临时政府的正式承认问题》,

《史林》第76卷第4号, 1993.

66. 石源华,金俊烨主编:申圭植闵弼镐和韩中关系(韩文版)[M]. 首尔. 罗南出版社,2003.

67. 马义:《韩国临时政府史略》,载韩国国家报勋处编《韩国独立运动史资料集》中国篇,1988.

68. 赵琬九:《韩国临时政府奋斗史》,《韩民》第1卷第5期,1941年6月15日.

69. 高振霄 百度百科:http://baike.baidu.com/view/226196.htm? fr=ala0_1

70.《申报》,1912-1928.

71.《协和报》,1913-1917.

72. 高振霄.《惟民》周刊(第一号至第十号),1919年8月10日—1919年10月12日.

73. 高振霄等创办:《新湖北》月刊(第一号至第三号),1920年9月20日—1920年11月15日.

74. 胡香生辑录,严昌洪编. 朱峙三日记(1893—1919)[M]. 武汉:华中师范大学出版社,2011.

75. 李穗梅主编,李兴国,曾舒慧撰稿. 孙中山与帅府名人文物与未刊资料选编[M]. 广州:广东科技出版社,2011.

76. 章太炎. 章太炎全集[M]. 上海:上海人民出版社,2014.

77. 高中自,王琪琨. 辛亥功臣高振霄史迹录[M]. 北京:知识产权出版社,2011.

78. 中国社会科学院近代史研究所,《近代史资料》编译室主编,天津市历史博物馆编. 秘籍录存[M]. 北京:知识产权出版社,2013.

79. 中国社会科学院近代史研究所,《近代史资料》编译室主编. 一九一九年南北议和资料[M]. 北京:知识产权出版社,2013.

80. 中国社会科学院近代史研究所,《近代史资料》编译室主编,杜永镇. 陆海军大元帅大本营公报选编[M]. 北京:知识产权出版社,2013.

81. 中国社会科学院近代史研究所,《近代史资料》编译室主编. 辛亥革命资料类编[M]. 北京:知识产权出版社,2013.

82. 中国社会科学院近代史研究所,《近代史资料》编译室主编,蔡寄鸥. 鄂州血史[M]. 北京:知识产权出版社,2013.

后 记

我出生上海,除了十年内蒙古的知青生涯,我的生活基本上都是在上海度过的。虽然我出生时,外公离开人世间已有八年之久,但是外婆和父母从我懂事起,就不断向我讲述外公生平的点点滴滴。

外公对于我,甚至对我的整个家庭影响都是巨大的。外公虽一介书生却戎马一生。17 岁由湖北房县赴武昌求学,后参加了辛亥革命、南京临时政府建立、护法斗争、抗日战争等重要历史时期的各项重大活动,一生辗转武汉、南京、上海、广州、北京等地后又回到上海从事革命生涯近半个世纪。1937 年,抗日战争全面爆发,外公已是近六十岁的老人了。南京政府考虑到他是同盟会、国民党元老,德高望重,又年事已高,安排他退居敌后。但外公执意不肯,并寄信给湖北老家:“无国哪有家,为拯救中华,驱逐日寇,视死如归”。外公不但自己组织洪帮在上海积极抗日,还联合共产党及社会贤达、爱国民主人士一致对外反对日伪。1936 年还将长女婿、我的父亲王国熊送到抗战前线。外公虽有不舍但还是对我父亲说,“国家兴亡、匹夫有责”,当前正值全民抗战需要大批有志青年奔赴抗日前线,不能眷顾小家而不顾国家。在外公的教诲下,我父亲毅然参加抗日。1936 年在浙江金华干训班受训后,于 1937 年随国民革命军 74 军王耀武将军奔赴第九战区抗日前线,历经武汉会战、长沙会战与日寇进行浴血奋战,在炮火连天的战场上九死一生。长沙会战后,1942 年又随卫立煌、戴安澜将军奔赴缅甸参加中国远征军,直至抗战全面胜利。一日,在我童年时偶然看到了父亲曾从缅甸寄来的家书,使我难以忘怀的是我父亲在贺我姑母生日的家书中写道:“此时正值二姐的生日,而我却在潮湿的森林里与日寇转战二十余日,眼前的战友一个个倒下,我无限留恋上海的亲人,但我的岳父六十高龄的老人为了国家为了民族还坚守在上海与日寇面对面的斗争,我们虽在不同的战场,但都是为了国家、为了民族,我还有什么留恋和不舍呢?”可见外公这种民族大义的精神对我们下一代的影响是很深的。外公一生中许多可歌可泣的悲壮历史场面就像一幕幕电影,不时地在我眼前浮现。年幼的我对外公传奇的人生与威武不屈的精神非常崇拜,他的英雄事迹在上海滩留下了深深的印记,吸引着我常常去追寻、去体会、去感悟。

2014 年 8 月的上海,正值盛夏酷暑,我陪同中自弟、刘萍妹、高才君、毛南君、王辉君等《高振霄三部曲》创作班底一行根据当年历史进行了一场追根溯源、寻访外公足迹之旅。

巨鹿路181弄的晋福里是我们寻访的第一站。巨鹿路给人的印象是神秘的，它曾以法国驻沪总领事的名字巨籁达(LouisRatard)命名为巨籁达路，按上海谐音又叫巨鹿路。晋福里是百年沧桑巨鹿路的见证之一，临院门中央还保留着凸起的"晋福里"字样，坐落当时旧上海最为繁华处之一的法租界巨籁达路内。眼前这八栋颜色陈旧发灰的三层民国式建筑群，是当年外公为开立"五圣山"时为洪门兄弟活动所购置。今天楼群虽经翻修过，但是，依然透视出近百年历史岁月的变迁与沧桑。寻访时，巧遇我家当年外婆佣人的女儿，一起聊起外公、外婆当年的一些往事，历历在目、清晰可辨，使人感触良多。此处正是护法后期外公受孙中山安排留上海与向松坡共同创建最大的洪帮"五圣山"之地，外公与汪禹丞、徐朗西、谭道南、邱子佩等洪门大佬曾在这里掩护过许多爱国主义分子，在抗日战争期间也是外公与共产党等爱国志士联合开展抗战活动的重要据点之一。外公与国民党、共产党、帮会及工人、学生在这里发起建立抗战武装，外公还利用抗日策反委员会委员及洪帮首领的特殊身份对汪伪政府军委会委员、参军处参军长、和平建国军第三集团军总司令唐蟒，汪伪军委会委员、苏皖绥靖总司令和第二集团军总司令杨仲华等策反成功，还营救过李先念、张执一及12名共产党青年干部等大批爱国志士，并将营救后的李先念安放在此处养伤。张执一与夫人石碧也是这里的常客，他们一起探讨革命与时局，并相互结下了深厚的情缘。由于外公的一些抗日举动引起日军的不满和嫉恨，他也成为当时上海孤岛时期日伪打压和拉拢的重点对象之一。日军先是抓捕严刑拷打，外公至死不渝，后以重金高官收买，又被外公当场拒绝，日寇恼羞成怒暗藏杀机，外公慷慨赴死、为国捐躯……后来外婆与母亲及小姨搬迁至晋福里10号，身居斗室生活了数十年，直到"文革"后，才搬离此处。

上海恺自迩路二八二号国会议员通信处很多人可能都不甚了解，我们也没有查到历史学家对此有所研究的资料。说实话，要不是通过《申报》记载，我也不清楚这个地方竟然会与外公等许多护法议员有着千丝百缕的关系。此处是1917年孙中山率舰由上海南下广州护法时，南方护法政府为了便于广州与上海之间的联系与工作，特设的驻沪办事处。此地距离晋福里只有两公里左右。护法期间，外公常常奔走于沪穗之间。护法失败后，外公基本上与其他旅沪国会议员在此工作。外公与胡祖舜、范鸿钧、张知本、曹亚伯、白逾桓等同人不仅在这里创办了《新湖北》，还多次召开旅沪议员会议，拥护孙中山、声讨陈炯明叛变、反对曹锟贿选、坚持护法等活动。1925年4月3日，由于孙中山病逝及各方均无款接济外公，通讯处历经九年风雨，负担过巨，外公不得已于该日将该通讯处房屋退租。堪称护法国会议员驻沪通信处"掌门人"的高振霄引退，旅沪国会议员的一切护法活动暂告结束。经查上海地方志，今天恺自迩路已改名为金陵中路，恺自迩路二八二号大约位于金陵中路与黄陂南路交叉处，现已经改造成为上海广场公园。原貌虽已离我们远去，但是当年的历史风云，仿佛依稀可见。

百乐门大饭店伫立在愚园路与万航渡路交叉口，雄伟壮观不失上海滩当年之霸气。作为民国时期上海最著名的娱乐场所之一，这里发生了无数个动人心魄的历史故事。1938 年，时任抗日策反委员会主任委员的文强被日伪"和平反共建国军"第十二路军司令丁锡山绑架至此处。丁锡山早就知晓外公是上海滩大名鼎鼎的大佬级人物。恰巧外公与另一洪帮大佬龚春圃正准备到此对丁锡山进行策反。正值危难之际，外公与龚春圃破门而入。外公冲到丁锡山面前"啪啪啪"就是几个耳光，指着丁锡山的鼻子骂道："你这个忘恩负义的家伙，那时候让杜月笙把你保出来，是文先生说的话，如果不是文先生说了话，你早就被枪毙了。你这身汉奸皮呀，只有文先生说一句话才脱得下来，你这个为日本人卖命的汉奸，早晚会死在日本人的手中。"丁锡山当即跪拜在外公与龚春圃两位大佬面前，痛哭流涕地求情并表示悔过。接着外公与龚春圃喝令丁锡山立即派车，与文强一起离开险境。在外公与龚春圃两位前辈威恩并重的呵斥与教育下，丁锡山终于被策反，后来在解放战争中牺牲并成为了一名烈士。今天重游此地，看到百乐门大饭店斜对面不足五十米的上海古刹静安寺，二者一起"生活"了八十余载，一动一静，相得益彰，共同记载了整个上海大世界的沧桑岁月。

关帝庙是我们追根溯源、寻访外公足迹的最后一站。上海曾经有很多的关帝庙，有关外公的历史记载中提到的就有两处。一是老西门关帝庙，外公与向松坡、汪禹丞等洪门首领将"五圣山""五行山"等 30 多个洪门团体联合成立"洪兴协会"，取义"同心协力，复兴洪门"，成立大会就在此处召开；二是淡水路关帝庙，外公被日寇杀害后，上海各界人士奔走相告，在此为外公召开追悼会。《申报》在追悼会当日刊登《追悼革命元勋高汉声》文章，赞其"高风硕德，足资楷模"。这两处关帝庙现已找不到，它们只留在历史的文献中，留在那段血雨腥风的岁月里。

外公一生不仅为民主、共和、自由生命不息、奋斗不止，他还是一个有信仰、有气节、有操守、有自己观点和判断的人，通过手中的笔针砭时弊、激浊扬清，为民呐喊。外公参加辛亥革命是为了推翻帝制、改制共和，但后来革命成果被袁世凯窃取，接着宋教仁案发生、护国护法内斗外争，外公悲愤地看到真正的革命在渐行渐远。他在《武昌起义有三件可纪念的事》中说："提起辛亥故事，我是很悲伤的……我的悲伤并不是我革了命，没得什么权利，我才伤心的。我所悲伤的是辛亥以后的革命，一回不如一回。什么癸丑呢？丙辰呢？靖国呢？护法呢？都带点英雄革命的彩色，甚至毫无结果。"外公追随孙中山南下广州护法，是为了反对北洋军阀和国外列强，维护法统、坚持共和。当西南军阀设立七总裁、排斥孙中山之时，外公在《关于组织军事委员会行政委员会的提案》中说："吾人自辛亥以来，凡事改革、卒居退让，致为一般官僚、武人所把持，驯至吾人血汗终成泡影，国家前途更不堪问，是前车也，是吾人之罪也。吾今悔罪，吾人之责也。吾人之责，不死中求生，更为国之罪人……故此泣恳同人，抛却一切将就敷衍的思想，共起最后之决心，由两院组织军事委员会、行政委员会，以代议资格作救亡的奋斗。"日本铁蹄蹂躏中国大地，外公怀着匡时济世之志、救民水火之心，义无返顾地投身抗日战争，利用国际关系斡旋于中美之间，促进抗日联盟。外公早在1919年发表的《息争论》中就有观点阐明："记者古房陵州人，房陵之南，崇山峻岭，界四川大岭，其间之居民，如不相识之人至其家饮食数日，不取值，彼亦不问其姓名。此种浑厚之风，在今日欧美各国，无论何地，恐无此风。世界两大民族，一美国，一中国，皆以不侵犯他族利益为美德。将来实行社会主义，惟此两大民族，最为相宜。"中国人民坚持抗战八年，与世界人民共同开展反对法西斯侵略的战争最终取得了胜利，这也是中美两国政府及人民同仇敌忾、携手抗日、共同抗击法西斯侵略取得的重要成果。

外公在历史上是一个举足轻重的传奇、风云人物，是一个了不起的真君子、大丈夫、大英雄。然而，历史却将他覆盖得很深，致使他传奇的人生与英勇事迹鲜为人知，他的海量级作品只浮出冰山一角。这是历史原因及他一生泰然处之、淡然若定之修炼所致，他功成身退，为人处世低调，不善表现自己，颇具仙风道骨的世外高人之风范。日军经过多次软硬兼施、威逼利诱无果，最后再次请外公赴"鸿门宴"。外公"明知山有虎、偏向虎山行"，当日军驻沪最高头目向外公"敬酒"时，外公虽心知肚明，却还是毅然举杯一饮而下。回到家后，外公觉得腹部胀痛，外婆要请医生，却被他拦住。临终前，外公向家人交代了几件事：第一，不准请医生；第二，不要通知任何人；第三，焚烧了所有资料包括生前写过的大量文章、手稿、图片等；第四，告诫家人"远离政治，莫入官场"。值得庆幸和感谢的是，由于历史的机缘，由于外公在天之灵之佑护，在高才君、中自君、毛南君、王辉君相互配合、不懈努力及母亲高正和，姐妹王琪珍、王琪玮、王琪琼、杨晓坤，妻子卢慧琳，女儿王晓璐、方闻等家人之充分理解和大力支持下，外公的传奇人生与英勇事迹及他生前的作品集结成册——《高振霄三部曲》付梓并与大家见面。

在这里我还要深切感谢中华辛亥文化基金会的鼎力相助，特别感谢中华辛亥文化基金会邓中哲会长(辛亥元老邓玉麟将军之孙)、王志雄(孙中山曾外孙)、黄建舲(辛亥元老黄兴之孙女)、蒋祖明(辛亥元老蒋翊武将军之孙女)、孙吉森(辛亥元老孙武之孙)、黄淑华(辛亥元老早期共产党员黄申芗女儿)、田伯炎(辛亥元老田桐之侄、田桓之子)、李淑媛(辛亥元老王云龙之外孙女)、许绍煊(辛亥元老许崇智将军之孙)、居国鸣(辛亥元老居正之曾孙)等人的关心和大力支持。同时深切感谢在武汉的辛亥元老后裔刘重喜(刘公之孙女)、熊永铸(辛亥元老武昌首义打响第一枪的熊秉坤之孙)、余品绶(辛亥元老余诚侄、余祖言之孙)、张铭歌(辛亥元老解放后任湖北省副省长张难先之孙女)、李良丽(辛亥元老李作栋之孙女)、蔡礼鸿(辛亥元老蔡济民将军之孙)、徐政致(辛亥元老徐万年将军之孙)等关心和大力支持。还要特别衷心感谢我外公生前挚友向海潜将军之子,现居住在台湾的向榕铮先生在海峡彼岸的关心和大力支持。

今天,《高振霄三部曲》在纪念抗日战争胜利七十周年之际付梓。这不仅是我们用心为纪念抗日战争胜利七十周年献上的一份薄礼,同时也是我们对外公遭受日军杀害七十周年纪念及对千千万万个抗日先辈祭奠和缅怀的一个最好表达。

王琪珉

2015 年 4 月于上海